PAIDEIA

The Ideals of Greek Culture

教化

古希腊文化的理想

第二卷

探寻神圣的中心

In Search of the Divine Centre

[德] 韦尔纳·耶格尔（Werner Jaeger） 著

陈文庆 译

华东师范大学出版社

·上海·

华东师范大学出版社六点分社　策划

教育是全人类的避难所。(《箴言诗》[*Monost.*]312)

目　录

前　　言

　　本书第一卷完成十年后，现在第二卷付梓了。第三卷也会随之而来。这里的前言把二、三两卷放在一起介绍，主要是由于它们在本书的框架之内构成一个独立的单元：因为它们考察的是公元前四世纪（即柏拉图时代）的古希腊智识发展史，因此是互相补充的。这两卷结束了希腊（Hellas）古典时期的历史。既然古典时期确立的教化理想在希腊-罗马文明的进一步发展和扩张中起到一种如此重要的作用，那么为古代晚期的几个世纪筹划一部续作就很有吸引力了。我在下面会对这一扩展计划做一个简要概述。不过，无论能否实现这个理想，我都要感谢命运给了我这个机会，让我完成了关于希腊生活最伟大时期的著作，这个最伟大的时期，在其失去此世的一切——国家、权力、自由乃至古典意义上的市民生活——之后，仍然能够让它最后一位大诗人，也就是米南德，说：

　　　　一个人无法剥夺的财富就是他的教育。（《箴言诗》2）

仍然是同一个诗人写下了我们选作本卷扉页的话：

教育是全人类的避难所。(《箴言诗》312)

如果我们相信历史的本质是各个民族的有机生命,那么就必须把公元前四世纪不仅看作是希腊政治权力衰落一个更高阶段,而且是希腊社会内部结构衰落的一个更高阶段。从这个角度看,我们会发现,要想理解为什么这一时期会如此重要,以至于需要这么大的篇幅来讨论是不可能的。但是,从文化史的角度看,它却是一个具有独特重要性的时代。由于政治灾难愈演愈烈,仿佛是时势造英雄,现在那里涌现出许多伟大的教育天才,连同他们的古典哲学体系和政治雄辩术。他们的文化理想被作为人性可能的最高表达形式,传递给了古代其他民族及其继承者,自由已逝,城邦不再,但理想长存。习惯上,人们无意于那个时代为争取政治和精神的自我保存而进行的痛苦且沮丧的斗争——古希腊人一向把他们的这种斗争理解为决定教育和文化的真正本质的艰苦努力——而是从一个超时代的维度来研究古希腊人的文化理想。

不管怎样,从本书一开始,我就在努力做一件与众不同的事情,即根据其历史背景来解释希腊文化理想的社会结构和社会功能。本着这样的宗旨,我以此两卷著作来处理柏拉图的时代;假如它们有什么价值的话,那就是它们特别有助于理解柏拉图的哲学。因为柏拉图自己深知,他的哲学是在一种特定的思想氛围中产生的,并且在希腊精神的整个发展过程中占据着一种特殊的地位,所以他总是让他的对话采取戏剧的形式,以当时不同意见的代表人物之间的辩论开场。另一方面,没有一个大作家比他更清晰地揭示了这一真理:精神是历史中唯一持存的因素,不仅是因为他的思想穿越千年仍历久弥新,而且还因为早期希腊的思想都流淌在他的血液里。柏拉图的哲学是对希腊文化此前各个阶段的一种重新整合;因为他深思熟虑且有条不紊地承担起了前柏拉图时期的各种问题,并在一种更高的哲学水平上解决这些问题。在此意义上,整个第一卷(不仅是探讨前苏格拉底思想家的那些部分,而且还有论述立法者和诗人的那些部分)都应该被看作柏拉图研究的一种导论。整个第二卷以及接下来的第三卷,我们都假定读者已经读过了第一卷。

再者,柏拉图的著作和性格与同一历史时期其他伟大人物之间的对比,也在柏拉图(他必定是任何一种希腊教育史的顶峰)身上投下了一道间接的光亮,尽管他们通常被作为与哲学无关的人物来研究。我试图把哲学的力量和反哲学的力量围绕公元前四世纪文化主导权的竞争解释为一出单一的历史剧——我们不可能在不损害我们对戏剧整体理解的情况下,在不模糊这种对立态势(这种对立是迄今为止的人文主义历史的基本规律)的情况下,打破这出历史剧。

我没有在严格的时间顺序意义上使用"公元前四世纪"这一措辞。按照历史发展来说,苏格拉底属于前一个世纪;但在这里,我将其看作柏拉图时代开端时的智识转折点。苏格拉底的真正影响发生在他死后,当公元前四世纪的人们开始争论其人格和重要性之时;我们所知道的关于苏格拉底的一切(除了阿里斯托芬的夸张讽刺之外),都是其年轻同辈受其影响所写下的内容,他们都在苏格拉底死后成名成家。在第三卷中,考虑到医学对苏格拉底和柏拉图的教育结构的强烈影响,我把医学作为一种关于人的本性的理论来对待。我的原初构想是,第二卷一直延伸到希腊文化获得世界性支配地位的时期为止(参见第一卷前言)。现在,我抛弃了这个计划,认同对公元前四世纪教育的两个主要代表(即哲学和修辞学)的一种更加彻底的分析,后世人文主义的两种主要形式都来源于哲学和修辞学。因此,希腊化时代将在另一本独立的书中再做探讨。亚里士多德与泰奥弗拉斯托斯(Theophrastus)、米南德和伊壁鸠鲁将在希腊化时期的开端一起讨论,因为希腊化时期之根深植于公元前四世纪;就像苏格拉底,他是新旧两个时代交替之际的标志性人物。然而,在亚里士多德这个智识的大师那里,教育的观念在情感强烈程度上经历了一种明显的下降,这使得我们很难将其置于柏拉图这个真正的教育哲学家之旁。文化和科学之关系所涉及的问题——这是希腊化时期的亚历山大里亚学派的特征——首次清晰地出现在亚里士多德学派中。

除了这两卷所描述的公元前四世纪的文化争论和理想文明对罗马的影响之外,希腊化时期的希腊教化向基督教教化的转变也是本书最大的历史主题。如果这部作品完全取决于作者的意愿,那么他的研究将以对一个巨大的历史过程的描述而告终——经由这一历史过程，基督教被希腊化了，而希腊文明则变成了基督教文明。是希腊的教化，为希腊精神和基督宗教——它们都力图征服或同化另一方——之间长达数个世纪之久的激烈竞争，也为双方最终的结合奠定了基础。除了考察它们各自的历史时期之外，本书第二、第三卷还旨在弥合古典希腊文明和古代晚期的基督教文化之间的鸿沟。

逻辑上，处理问题的方法要受材料性质的支配，而材料的性质，除非希腊的教化在其中得以显现的一切不同的形式、差异、层次和水准在其个别性和典型性两方面都得到仔细的区分、描述和分析，否则就不可能被充分地理解。我们所需要的是真正历史意义上的一种文化形态学。"希腊文化的理想"不是在社会学抽象的空洞空间中单独建立起来，并被作为普遍的类型来对待的。希腊精神所产生的每一种形式的德性，每一种新的道德准则，都必须从它起源的时空背景来研究——召唤古希腊精神前进并与之发生冲突的各种历史力量包围着它，它体现在伟大的创造性作家的作品中，是他们赋予了它代表性的艺术形式。作家描述外部事件和刻画人物的客观态度，并不亚于史学家，当他关注社会现实的智识方面时，他必定记录了进入视野的每一个重要现象：这可以是荷马的王子身上表达出来的人物理想，或者是品达诗歌中年轻英勇的运动员身上反映出来的贵族社会，也可以是伯利克里时代的民主制度，连同其自由的公民资格理想。在这些全都被哲学的世界公民理想和新的"精神"贵族——这是希腊化帝国时代的特征，它构成了向基督教生命观的一种过渡——取代之前，其中的每一个阶段都为希腊文明的发展做出了持久的贡献。每一阶段的基本要素都存留至后来的时期。本书不止一次地指出，希腊文化，不是通过摧毁之前的各种自我，而是通过改变它们，来获得其自身发展的。曾经流通的钱币不是作为毫无价值的东西被抛弃；它只是被加盖了一个新的印章。从荷马到新柏拉图主义和古代晚期的基督教教父，斐洛（Philo）的规则"*μεταχάραττε τὸ θεῖον νόμισμα*[改造神圣的习俗]"支配着希腊文化。希腊精神通过超越先前达到的高度而起作用，但是它在其中起作用的形式永远受严格的连续性法则的制约。

　　这一历史进程的每个部分都是一个阶段,但是没有一个部分仅仅只是一个阶段,而没有任何其他东西。因为,如一位伟大的史学家所言,每个时代都"直接与上帝相联系"。每个时代都有因其自身之故而被赞扬的权利,其价值不仅在于它是产生另一个时代的工具。每个时代在历史的全幅图景中的最终地位,取决于它为自己时代的最高成就赋予精神和智识形式的能力;因为正是通过这种形式,它才得以或强或弱地持久影响后来的世代。史学家的职能就是运用他的想象力,深深地投入到另一个更加生动的世界的生活、情感和色彩之中,全然忘却自身以及自己的文化和社会,从而以诗人为其人物注入生命气息的相同方式,将自身思入到陌生的生活和未曾体验的情感方式之中。这种方式不仅适用于男人和女人,也适用于已逝的理想。柏拉图曾经告诫我们,不要将诗人与诗人笔下的英雄相混淆,不要将诗人的理想与英雄们的理想相混淆,或者,不要用他们相互矛盾的观念来建构一种我们归诸于诗人自己的思想体系。与此类似,史学家千万不要试图调和那些相互冲突的思想——它们是在伟大心灵之间的战斗中涌现出来的——或者试图对它们进行裁断。史学家的使命不是改进世界,而是理解世界。史学家所探讨的人物之间很可能相互冲突,从而相互制约。他必须将他们之间的对立问题留待哲学家解决。尽管如此,这并不是让精神的历史成为一种纯粹的相对主义。史学家确实不应该承担决断谁拥有绝对真理的重任,但他在很大程度上能够运用修昔底德的客观主义标准,标注出一种历史样式的主要线索、各种价值符合事实的自然演化、一种能在国家和民族的生与死中幸存下来的理想。因此,他的作品成了一部源于史学沉思精神的哲学剧。

　　在写作一部公元前四世纪的教育史时,史学家对材料的选择很大程度上是由幸存下来的证据类型决定的。在古代晚期,文献的选择与保存完全取决于其与教育理想的关系;几乎每一本由此看来缺乏代表性意义的书籍都任其消亡了。因此,希腊教育的历史就直接与古典文本的手稿保存和传播史合二为一了。这就是为什么从公元前四世纪保存下来的文献的实际性质和数量对我们的目的非常重要的原因。为了表明教育观念是如何自觉地存在于这些文献之中,并支配着它们的形式，本书讨论了从那个时代幸存下来的所有著述。唯一的例外是法庭演说；尽管有大量的幸存，但我在此没有对它做单独处理；这并非因为它与教育毫无关系：伊索克拉底和柏拉图经常说，吕西阿斯（Lysias）及其同人自称是高级教育的代表。这是因为政治演说很快使法庭演说术的教师们黯然失色了。对演说术的两个分支都进行详尽的论述，不现实，也不可取，因为材料太过丰富；实际上，伊索克拉底和德摩斯梯尼是比那些写作法庭演说词的人们更加令人印象深刻的雄辩人物。

对柏拉图的研究在二、三两卷的框架内自成一体。多年来，柏拉图一直是我的兴趣核心，对他的研究自然在我对本书的构想中起一种决定性作用。将近二十年前，本人念兹在兹的主要是柏拉图，那时，我试图将学者们的注意力吸引到古希腊人称之为教化的希腊历史方面。之后，我在一系列题为"柏拉图在希腊教育重建中的地位"（Platos Stellung im Aufbau der greichischen Bildung）（柏林，1928）的演讲中，陈述了我研究柏拉图的这一视角；实际上，早在此前，在我的论文《柏拉图的城邦伦理学》（Platos Staatsethik）（柏林，1924）中，我就已经提到这一点了。我的学生所出版的大量关于柏拉图的文章、专著和学位论文传播了我的这些想法，也在这个直接的圈子之外产生了一些影响；但我以前从未将这些视为一个相互联系的整体。本书完稿之际，审视全书，我真希望里面有关于柏拉图的《蒂迈欧》的一章，来考察其宇宙观与其哲学的基本教育倾向之间的关系。本书没有重复描述柏拉图的学园（Academy），读者直接阅读拙著《亚里士多德：发展史纲要》中的相关章节就可以了；至于希腊哲学中的神学，我已经斗胆推荐了一本即将出版的书。① 我对希腊医学一章的预备性研究因篇幅过大而超出了本书的限度，故已作为另一本书单独出版（《卡里斯图斯的狄奥克勒斯》[Diokles von Karystos]）。与此类似，我对伊索克拉底和德摩斯梯尼的讨论也建立在我之前出版的专论之上。

---

① 译注：指作者的《早期希腊哲人的神学》（The Theology of the Early Greek Philosophers），Oxford，1947。

　　本卷的注释比第一卷扩展了很多。将所有这些注释全部放在书尾是有必要的，这也是我要向使用本书的学者们表示遗憾的地方。① 不管怎样，出于鼓励大批读者阅读此书的愿望，出于对出版商此时出版如此规模的著作所冒的风险的感谢，我同意了把注释放在书尾。我还要衷心感谢他们对本书的板式和印刷给予的关心。

　　我要特别感谢本书的译者，纽约哥伦比亚大学的哈艾特教授（Gilbert Highet），尽管他在战争中担负着更为紧急的任务，但仍克服大量困难完成了本人德文手稿的翻译，而且使本书成为了一本不只是从德文翻译过来的书，而是一本真正的英文著作。再者，他还检查和讨论了每一个有争议的段落，帮助解决了一切编校问题。对他对本书三大卷孜孜不倦的兴趣，以及他对为英语世界接受我的著作所付出的无可估量的贡献，我要表示公开的感谢，为了这部著作，他放弃了自己多年的私人工作时间。

　　我还要对我的助手布朗博士（Dr. Hellen A. Brown）表示感谢，他帮我完成了第二卷的索引。

W. 耶格尔

1943 年 7 月

哈佛大学

剑桥，麻省

---

① 译注：为方便阅读，中译本已将尾注改为脚注。

英译者的话

本卷(英文版)译自耶格尔教授的德文手稿,因为他的著作德文版第二、三卷还没有正式出版。译文与作者详细讨论过。

来自希腊著作的摘录偶尔被扩展或压缩了,以便与德文手稿中的引文篇幅相一致。在一段文字有几种可能的解释的地方,我当然遵从耶格尔教授的选择。无论如何,我要对一些小的改动负责,比如,《王制》中的 φύλακες[卫士],习惯上称为 guards[卫兵],而不是 guardians[保卫者],后者听起来更像是法律上的,而不是军事上的。

翻译过程中,牛津古典文献(Oxford Classical Texts)是常用的参考书。

吉尔伯特·海厄特(Gilbert Highet)

哥伦比亚大学,纽约

第一章 公元前四世纪

[3]公元前404年,在近三十年的希腊城邦混战之后,雅典轰然倒下。希腊文明成就最辉煌的世纪,在历史上最黑暗的悲剧中落下帷幕。伯利克里帝国曾经是希腊这块土地上建造起来的最伟大的政治组织;确实,曾经有那么一段时间,它似乎是希腊文化命中注定的家园,世世代代,直至永远。战争结束之后不久,修昔底德就以如椽之笔写下了在雅典阵亡将士葬礼上的演说,并将其诉诸伯利克里之口,其中,他仍然将雅典看作那种辉煌焕发出来的最后光芒,字里行间仍然洋溢着那种蓬勃的热情,那种短暂而辉煌的梦想,值得雅典的才俊之士为之献身的梦想——巧妙地建设一个城邦,以便它在力量和精神之间保持长久的平衡。当修昔底德构思这一演说之际,他早就明白了他那代人必须学会的一个似非而是的真理:腾蛇乘雾,终归土灰,即使最稳固的尘世权力也必将烟消云散,只有表面脆弱的壮丽精神才能永久持存。雅典的发展好像突然被倒转。她被扔回到了一百多年前,来到了孤立的城市国家的时代。在希波战争中,她曾经是希腊人的领导者和捍卫者,对波斯作战的胜利让她渴望成为他们的霸主。现在,就在即将得到这种霸权之际,它突然从她的掌控之中被抢走了。

雅典的灾难性倒塌使希腊世界发生了剧烈的震动,在希腊各邦之间留下了一个巨大的缺口，一个后来被证明为无法填补的缺口。雅典战败的道德和政治反响，只要城邦如其所是的那样对希腊人继续保持其真实的存在和意义，就不可能不被希腊人察觉到。从一开始，希腊文明就与城邦的生活不可分割地联系在一起，而这种联系在雅典最为紧密。因此，这种灾难的后果必然远非政治灾难那么简单。它动摇了全部的道德准则，打击了宗教信仰的根基。[4]如果想修复这种灾难性后果，那么这一进程就必须从宗教信仰和伦理道德开始。这一进程的实现既发生在哲学家们的理论思考中，也发生在凡夫俗子们日复一日的生活中；公元前四世纪也因之成为一个从里到外不断努力重建的时代。但是，这次打击太深太重了，以至于（从现在这个距离看）希腊人对这个世界的价值的内在信念，即他们此时此刻就能将"最好的城邦"、"最好的生活"变为现实的信念，是否能在这样一次经历中幸免于难，以便以其原初的纯洁与活力得到再造，似乎从一开始就变得令人怀疑了。正是在这个痛苦的时代，希腊精神第一次开始向内转向自身——在随后的数个世纪里，它在这方面会做得越来越多、越来越深入。但是，公元前四世纪这一时期的人们，即使是柏拉图这样的理论思考者，也仍然坚信他们的任务是一种实际的重建。他们不得不改变世界，改变这个世界——即使他们目前可能无法完全做到这一点；而那些务实的政治家现在也是这样看待他们的使命的（尽管是在另一种相当不同的意义上）。

雅典城邦外在康复的速度及其所动用的物质和精神资源的巨大数量，确实令人震惊。这种最高的危机比雅典历史上任何其他时候的危机都更加清晰地表明了，雅典的真正力量——即使作为一个城邦——是她的精神力量。是她的精神文化指引她走上康复之路，在她最需要的时候赢回了一度掉头而去的希腊人的心，并且向全希腊证明了，即使在她缺乏国家力量来维护自己的时候，她也有继续存活下去的权利。因此，公元前四世纪第一个十年期间发生在雅典的智识运动，即使从政治的角度来看，也必须占据我们的兴趣中心。当修昔底德回顾伯利克里治下雅典权力登峰造极的盛世，并看到这种权力的核心与灵魂乃是人的精神时，他看得非常真切。现在，与曾经的一样——实际上，比曾经的更加如此——雅典是希腊的文化中心,是全希腊的 paideusis[学校]。不过,现在,雅典的全部能量都集中在历史赋予新一代的艰巨任务之上:在一个牢固且持久的基础上重建城邦以及城邦的全部生活。

在战争期间,甚至在战争爆发之前,[5]生活结构上的变化已经开启了这一进程,才智之士的全部精力也因此聚焦于城邦。指向这一方向的不只是智术师的新式教育理论和教育实践;诗人、演说家和历史学家(甚至更不可抗拒地)也被卷入到这一历史大潮之中。战争结束时,年轻一代从战争最后十年的可怕经验中得到教训:要将他们的全部力量投入到眼前的重任之中。如果现存国家没有为他们提供有价值的社会和政治工作,那么他们必然会为自己的精力寻求某种智识上的出路。我们已经追溯过整个公元前五世纪的艺术和思想的教育重点的发展历程,直到修昔底德的巨著《伯罗奔尼撒战争史》——它从整个世纪的政治发展中汲取了适当的教益。同一个思想潮流现在汇入到了重建城邦的洪流之中。眼下的政治和社会危机,以及随之而来的所有痛苦,极大地增加了教育的压力,增强了教育的重要性,丰富了教育的含义。因此,教化的观念成了新生代的精神目标的真正表达。如果我们认为教化的意思是"教育和文化的一种自觉理想"的发展的话,那么公元前四世纪就是教化历史上的经典时期。公元前四世纪有充足的理由成为这样一个至关重要的世纪。正是它的那种忧患意识将希腊精神最为清晰地从其他各民族中突显出来。辉煌的公元前五世纪在智识和道德方面的普遍崩溃,使希腊人面临众多的问题与困难,但正因为希腊人充分意识到了每一个问题与困难,他们才能够如此清晰地理解自己的教育和文化,以至于成为后世所有国家的教师。希腊是西方世界的学校。

从智识的角度看,公元前四世纪实现了前五世纪和更早的世纪的承诺(潜在的或半实现的承诺);但另一个方面,公元前四世纪又是一个剧烈变革的时代。此前的世纪一直致力于完善民主制度的使命,致力于将自治的理想扩展到所有自由公民;尽管这一理想从未完全实现过,尽管实际政治的世界对这种可能性提出了严肃的异议,[6]但是,世界应该感谢它为我们创造了一个人格观念,一个充分自觉并对自己负责的人格观念。甚至公元前四世纪雅典的重建,也只能在一种可能的基础上完成，那就是法律统治下的平等——isonomia。尽管雅典已经失去了埃斯库罗斯时代那种精神上的高贵——那时，整个共同体对一流文化的向往似乎不算太过好高骛远——但如今平等的理想成了一流的理想。尽管雅典拥有巨大的物质优势，但她的失败暴露了其政治结构的弱点，她好像没有注意到这一事实；斯巴达的胜利对雅典的真正影响不是在政治上，而是在哲学和教育上。雅典与斯巴达视角之间的思想冲突，使雅典在整个公元前四世纪颇为纠结，直到她作为一个独立的民主城邦寿终正寝。问题不在于她是否应该接受斯巴达胜利这一事实，并改变其法律和政制与此相适应——当然，这是雅典刚刚战败之后的反应；问题在于，战争结束一年后，"三十僭主"被驱逐了，而这种反应也迅速停了下来。甚至在民主制度得到"恢复"，大赦令宣布之后，问题既没有得到解决，也没有被遗忘，而只是被转移到了另一个领域：从实际政治的领域转移到了旨在内在重生的智识努力领域。人们逐渐相信，斯巴达所实行的与其说是一种不同的政治制度，不如说是一种以始终如一的逻辑运转的教育体系。斯巴达的力量在于其严明的纪律；而民主制度，由于其乐观主义的信念——人有能力管理自己——也认为所有人都应该得到高级的教育。这自然表明，教育应该（如阿基米德之所言）成为我们撬动世界、撬动政治世界的支点。这不是一个旨在吸引大众的理想，但它使精神导师们的想象力更为之神魂颠倒。公元前四世纪的文献在每一个可能的细微变化上都展示了这一理想：从对斯巴达集体教育原则的单纯且盲目的羡慕，到对这一原则的完全拒绝，再到一种更新颖更高贵的文化理想和个体与共同体之关系的理想取代这一原则。当然，还有另外一些人，他们既不宣扬来自胜利的敌人的外来理想，[7]也不传授他们自己创造的一种哲学上的乌托邦，而是念念不忘雅典已逝的光荣。回顾往昔，他们努力还原历史，尽管他们钦羡并试图恢复的辉煌历史通常只不过是其自身政治原则的反映，其中大部分只是浪漫的怀古梦，但不可否认，此种态度包含了一种严肃的现实考虑——因为它总是从对当今社会及其不能胜任的理想的一种尖锐批评开始。而所有这些教导，都以教育努力的形式呈现：也就是说，以教化的形式呈现。

公元前四世纪的人们苦思城邦与个体的关系，因为他们正试图从个体灵魂的道德革新开始来再造城邦。不过，除此之外，还存在着另一个原因；这就是他们已经认识到，个体公民的生活在多大程度上受社会和政治因素的影响——在希腊，这种影响不可避免，希腊一直就是一块城市国家的土地。创造一种新的教育以使城邦更强更好的努力，必然会使希腊人认识到个人与共同体之间相互影响的关系。他们自然会想到，雅典的教育——它迄今为止全然在私人体系中运行——从根本上就是错误的和无效的，它应该被公共教育所代替。城邦自身没有采取任何措施来回应这一主张，但哲学家们开始从事这一事业，并想方设法使其被普遍接受。甚至城邦政治独立性的崩溃，也只是更加清晰地说明了公共教育的重要性和意义。这里，正如历史中经常发生的那样，赖以挽救的知识总是姗姗来迟；只有到喀罗尼亚（Chaeronea）的灾难降临之后，雅典人才逐渐认识到，他们应该用教化的理想，用适合雅典精神的文化理想来渗透自己的国家。演说家和立法者吕库古（Lycurgus）现存的唯一演说《诉列奥克拉特》（Against Leocrates），就是这样一篇爱国文献：教育救国、再造雅典；他肩负起德摩斯梯尼重新教育雅典人民的重任，提议出台法律，使他们得到系统的教育，从而使他们不只是某种即兴创作的产物。但是，这并没有改变这一事实：即公元前四世纪期间所创造的伟大教育体系，尽管是在思想自由的保护下成长起来的，但从智识上并不植根于当时雅典的民主制度。战败的灾难和民主制度的精神困境，[8]确实为推理的火车提供了最初的动力；但是，它们在启动之后，就不再被局限在传统规定的范围之内，也没有将自己束缚于为传统辩护。它们沿着自己的道路前进，以完全的自由创造出新的理想体系。希腊的思想——不仅在宗教和道德方面，而且也在政治和教育方面——高飞远举，远超于此时此地之上，并为自己创造出了一个独立的精神世界。它走向新教化的旅程始于这样一种认识：即必须要有一种更新更高的关于国家和社会的理想，但它以寻找一个新神而结束。公元前四世纪的教化，在看到了尘世的王国化为尘土之后，将它的家安在了天国。

即使在文学的外部发展中，我们也能看到一个终结和一个新的开端。人们确实仍在使用诗歌原有的伟大形式——公元前五世纪所铸就的肃剧和谐剧，因为它们拥有传统的声望；大量令人尊敬的诗人仍然用这种形式写作。但是，肃剧的强劲灵感已经随风而逝，诗歌现在也失去了它在精神上的领导地位。公众越来越呼吁定期重温上个世纪的杰作，它们的上演最终得到了法律的规定。一方面，伟大的戏剧已经成为文化经典——它们像荷马和早期诗人的作品那样，在学校里被作为教材来学习，在演说和论文中被作为权威来引用；另一方面——既然表演[的技巧]已经开始支配戏剧舞台——现代演员们就把它们用作有价值的实验工具，他们只对可能的表演效果感兴趣，而无意于它们的形式和内容。谐剧已经元气耗尽，政治不再是它的主要兴趣。我们很容易忘记，在公元前四世纪，人们仍然创作了大量的诗歌（尤其是谐剧诗），但这些数以千计的戏剧都消失不见了。所有留存下来的文献都是大散文家们的作品——柏拉图、色诺芬、伊索克拉底、德摩斯梯尼、亚里士多德以及一些次要人物的作品。然而，这种看似随意的历史选择是公正的，因为公元前四世纪真正创造性的作品是以散文的形式完成的。散文对诗歌的智识优势如此巨大，以至于最终在历史中抹去了其竞争对手的一切痕迹。[9]只有米南德及其艺术家同行的新谐剧（始于公元前四世纪后半叶），才对那个时代以及后来时代的人们有很大影响。新谐剧是希腊诗歌的最后类型，它真正对更广泛的公众说话——不仅像它的前辈（伟大时代的旧谐剧和肃剧）那样，对城市的公众说话，而且是对"文化气息浓厚的"社会说话——这个社会的生活和观念在新谐剧中得到了反映。尽管如此，这个时代的真正斗争不是出现在感觉敏锐和富于人文精神的演说中，也不是出现在戏剧这种高雅艺术的文明交谈中，而是出现在了那些对真理进行更深探索的对话中，这些对话是新的哲学的散文诗，在这些对话中，柏拉图及其同伴们将苏格拉底对人生目标的探索的最内在意义呈现给了世界；而伊索克拉底和德摩斯梯尼的演说，则让我们置身于希腊城邦的问题和痛苦之中——希腊城邦在这些问题和痛苦中度过了其最后的岁月。

　　这些新式的散文文学不仅是其作者的人格的反映，更是那些伟大而有影响力的哲学学派和修辞学学派的表达，是剧烈的政治和道德运动的表达——上下求索着的人们的全部精力都集中在这场政治和道德运动上。即使是这些努力所寻找到的出口的形式，也使得公元前四世纪的智识生活与前五世纪迥然不同。思想家们现在创造体系，宣布方案，为既定的目标而工作。当时的文献体现了所有这些学派和学说之间的冲突；这些学派和学说仍然全部处在热情洋溢的青春期：它们的问题都是直接从那个时代的生活中生长出来的，它们的共同兴趣由于这一事实得到了大大加强。全部努力的核心是教化。所有当代思想——哲学、修辞学和科学——的各种表达形式都在教化中找到了一种更高的统一性。政治、经济、法律、战略、狩猎、农业、旅行和冒险活动（如数学和医学这样的特殊科学），以及雕刻、绘画、音乐这样的艺术，所有这些实际科目将这些学派和学说联结在一起。这些学派和学说都为困扰那个时代全体希腊人的问题做出了自己的贡献，它们是主张要重铸品格、传授文化的力量：它们宣称要解释它们的主张赖以建立的原则。在我们所面对的时代中，这种至关重要的内在统一性，无法在一种纯粹的文学类型史中得到把握和解释——这种文学类型史近年来极为普遍，它只关注形式，只关注文体的 eidos[类型]或样式。这场确定教化真正本质的思想运动虽然苦涩，但盛大而热烈，正是在这样的艰苦斗争中，[10]那个时代的现实生活找到了它特有的表达方式；那个时代的文学，只有在参与了这场斗争的意义上，才是真实的。通过各种强大的教育力量（它们在希腊早期诗歌的重要性日益增长）和这个时代的理性思想（它现在越来越关心人类生活的现实问题）之间的联盟，散文赢得了对诗歌的胜利。最后，文学中哲理性或劝诫性的因素完全摆脱了诗歌的形式，为自己创造了一种新的形式，一种更加适应自身需要的形式，从而能够在自己的根基上与诗歌竞争——实际上，散文自身就是一种新的、更高级的诗歌类型。

希腊人的精神生活原先被局限在有限的学派或狭窄的智识社团之中。之后，这些学派和社团获得了一种新的文化能量，一种属于它们自己的更充实更丰富的生活。请将这一现象与早期阶段相比较。那时，高级文化是某个阶层的特权（比如居统治地位的贵族阶层），要不就是在伟大的诗歌形式中，通过诗句和音乐、舞蹈和动作传达给整个国家。

而在现在这个新时代中，精神被危险地从它所属的社会圈子中分离出来，从而遭受了一种致命的损失：即作为共同体内部建构性力量的功能。当诗歌不再是理智的创造性工作的工具，不再是生活的决定性的表达媒介，当它给一种更严谨的理性表达形式让路时，这种丧失便迟早会发生。事情发生之后，一切都昭然若揭，变化的进程似乎遵从某种固定的规律，而一旦完成这一进程，就不可能再随意逆转了。因此，诗歌在早期希腊所拥有的、那种将民族塑造为一个整体的强大力量，并没有随着对教育问题的觉悟和对教育实践的诚挚而增加。与之相反，我们感觉到，当生活强有力的联结力量——宗教、道德和"音乐"（它对希腊人而言总是包含着诗歌）——丧失其影响力时，公众也逃离了精神的塑造性力量。他们不是汲取纯净的泉水，而是满足于廉价的昙花一现的替代品。国家中各个阶层曾经宣誓效忠的理想和标准，仍然被昭告天下，而且还在得到不断的修辞和装饰，但对其真正的关注却越来越少。人们乐于闻听这些理想和标准，也能在短时间内被它们所吸引，但是很少有人从内心深处被它们所打动，而且对绝大多数人来说，[11]它们在关键时刻毫无用处。说有教养的阶层应该努力填平这一鸿沟是很容易的。这个时代最伟大的人物，对涉及到社会和城邦的重建的困难，比任何人都看得清楚的思想者是柏拉图，柏拉图在其晚年接受了这一挑战，他解释了为什么他对给出一种普遍的福音无能为力。在柏拉图所代表的哲学文化和由他的伟大对手（即伊索克拉底）通过政治所坚持的教育理想之间，虽然存在各种冲突，但是在填平鸿沟一事上，他们之间并无差异。不过，让精神的最高力量奉献于一个新社会的建立的愿望，从来没有哪一个时代比这个时代更加严肃和自觉。但是，这种精神力量首先指向的是如何解决领导者和统治者的教育问题，只有解决了这一问题之后，领导者在塑造共同体时所使用的方法问题才能提上议事日程。

攻击的重点已经转移。这种转移（原则上）是从智术师们开始的，它将新世纪与旧世纪区分开来；而且它在那时标志着一个新的历史纪元的开端。新的学会和学派从对待问题的新态度那里获得了它们的起源；它们是封闭的社团，这一事实只能从它们的起源得到理解，是它们的起源使得这一点无可避免。当然，如果历史能够给它们更长的时间让它们做出自己的努力的话，也很难说它们能给希腊人的社会和政治生活带来什么影响。它们的真实结果与它们当初预想的截然不同；因为在希腊独立城邦最终崩溃之后，它们创造了西方的科学和哲学，并且为普世宗教（也即基督教）铺平了道路。这才是希腊公元前四世纪对世界的真正意义之所在。哲学、科学和它们永远的敌人（即修辞学［雄辩术］）的形式力量——这些都是表达思想的媒介，通过它们，希腊的精神遗产被传递到东西方的同代人与后继者那里，对于它们，我们首先要感激其保存之功。它们从公元前四世纪确定教化的本质的努力中获得了自己的形式和原则，现在它们以此形式和原则来传递希腊的精神遗产——换句话说，它们是希腊文化和教育的浓缩，而希腊在教化这一主题词之下完成了对世界的精神征服。[12]从希腊民族的角度看，他们为这一通向世界性荣誉的头衔付出的代价似乎太大了。不过，我们必须记住，希腊国家并非死于其文化；哲学、科学和修辞学［雄辩术］，是希腊人的永恒成就得以传承的唯一形式。因此，公元前四世纪的一切发展成就之上都笼罩着崩溃的悲惨阴影；尽管如此，仍有一种出于天意的智慧的光辉照耀着希腊，在这种智慧面前，禀赋卓绝的希腊民族的尘世命运只不过是其历史成就的漫长生命中的一日而已。

第二章　回忆苏格拉底

ὁ ἀνεξέταστος βίος οὐ βιωτὸς ἀνϑρώπῳ.

[未经审视的人生是不值得过的。]

[13]苏格拉底是永垂不朽的人物之一,他已经成为象征。那个真实的苏格拉底,那个大约出生于公元前 469 年并于前 399 年被处死的雅典公民,当他踏入历史的长河时,全身上下散发着人格的魅力,成为了一个永恒的"代表性人物"。苏格拉之所以被推崇备至,声名显赫,与其说是由于他的生活或者学说(如果他有任何学说的话),还不如说是由于他为持守信念——他的全部生活都基于此种信念——而欣然赴死。在后来的基督教时代,人们给苏格拉底戴上了前基督时代的殉道者的桂冠;宗教改革时期伟大的人文主义学者,鹿特丹的埃拉斯谟(Erasmus of Rotterdam),大胆地将苏格拉底列入他的圣人名单,并以"圣苏格拉底,为我等祈(Sancte Socrates ora pro nobis)"向其乞灵。但是,这种祷告虽然保留着中世纪和教会的记忆,呼吸的却是开启文艺复兴新时代的自由精神。在中古时代,苏格拉底只不过是亚里士多德和西塞罗提及的一个杰出人名而已,但随着文艺复兴的深入发展,天平的苏格拉底这边陡然上升,天平的另一边(即学院派王子亚里士多德)则悄然下沉。苏格拉底成了一切现代启蒙和现代哲学的领导者,成了道德自由的矢志不渝的倡导

者,他不为任何教条所束缚,不被任何传统所桎梏,截断众流,卓然独立,只倾听良知的内在呼声,这一呼声宣告一种关于这个世界的新宗教,宣告一个经由我们自己的自由精神——不是通过恩典,而是通过永不止息的使我们的本性臻于完美的努力——所发现的此生此世的新天堂。当然,这些话语不足以穷尽自中世纪结束以来,苏格拉底在几个世纪之间的全部意蕴。假如人们未曾诉诸于苏格拉底,那么就没有一种新的道德或宗教观念可能产生,没有一种精神运动可能得到发展。苏格拉底的重生不仅是一种重新复活的学术兴趣所导致的,也是对苏格拉底的心灵和品格的一种真正热忱所导致的——如今重新发现的希腊著作,尤其是色诺芬的书籍,描述了苏格拉底的这种心灵和品格。①

[14]有一种想法认为,鉴于中世纪已经使亚里士多德成为基督教哲学的基础,所以在苏格拉底精神的引领下,为建立一种新的"人文主义宗教"所做出的全部努力,都与基督宗教背道而驰;没有什么比这种想法更离谱的了。恰恰相反:异教哲学家帮助创造了一种现代文化,在这种现代文化中,耶稣的教导的不可磨灭的内涵,与取自希腊人文主义思想的某种本质特征融合在了一起。这是一种全新的革命性的人生观所导致的——这种新的人生观现在劈风斩浪,占据了主导地位,它是由对人类理性不断增长的信心和对新发现的自然规律不断增长的敬畏所构成的。"理性(Reason)"和"自然(Nature)"曾经是古典文明的根基。当基督教处心积虑地寻求接收这些原则,并使其成为自身的一部分时,它是在做自其扩张以来的第一个世纪开始就一直孜孜以求的事情。基督宗教发展的每一个新纪元,都以其自身的方式,挑战并征服了古典时代关于人和神的思想。在此无止境的重复过程中,希腊哲学(以其强大精微的抽象推理能力)所扮演的角色,就是为"理性"和"自然"及其权利提供一种理智的辩护——换句话说,希腊哲学是作为"理性神学"或"自然神学"而起作用的。在宗教改革做出回归福音的"纯粹"形式的首次严肃尝试之后,作为一种无可

---

① 写一部苏格拉底的影响史将是一个极其艰巨的任务。成功的最佳可能是将其分成若干单独的时期,独立处理,波姆(B. Boehm)的《苏格拉底在十八世纪:现代人格意识形成过程研究》(*Sokrates im achtzehnten Jahrhundert : Studiem zum Werdegang des modernen Persönlichkeitsbewusstseins*,Leipzig,1929)便是此类专著。

避免的反冲和补偿，随之而来的是启蒙时代的苏格拉底崇拜。这种崇拜并非试图取代基督宗教，而是给基督宗教增加了另一种力量，这种力量对那个时代的人来说，似乎是不可或缺的。即使是虔敬主义——纯洁的基督徒感情对一种已经僵化成无生命之物的理性神学的反叛——也求助于苏格拉底的名字，并相信苏格拉底是自己的一个精神同道。人们常常将苏格拉底与耶稣相比。今天，我们可以看到，在基督宗教和"自然的人"之间的一种可能的调和——这种调和是由希腊哲学所导致的——的真正重要意义；我们可以判定，这样一种调和，从古典文化那里——它以苏格拉底这一人物为核心——得到了多么重要的帮助。

自现代社会肇始以来，苏格拉底作为一个"天生的基督徒的灵魂（anima naturaliter Christiana）"的典范，具有极其重大的影响。但是，当尼采宣称放弃基督教并声言超人的来临时，苏格拉底也为此付出了巨大代价。[15]看来，苏格拉底与基督教的二元理想——它将每个人分为身体和灵魂两个部分——之间的联系是如此长久和紧密，以至于他注定要与之生死相随。与此同时，尼采对苏格拉底的新仇，唤醒了埃拉斯谟的人文主义对"生命和人性可以被约简为一连串抽象概念"的学院观念的旧恨。尼采认为，苏格拉底，而非亚里士多德，才是那种僵化的理智的学院哲学的真正体现，这种学院哲学在超过半个千年的时间里，禁锢了欧洲人的自由心灵，而且，尼采（一个叔本华的真正学生）看到，它仍然在由德国唯心主义学派所代表的神学思想类型中阴魂不散。① 尼采的苏格拉底观，应该感谢德国哲学史家策勒（Zeller）在他那个时代的《古希腊哲学史纲》（*History of Greek Philosophy*）中所勾画的苏格拉底形象；而策勒的著作则受到黑格尔对历史辩证进程重建的影响：在黑格尔对历史

---

① 尼采对苏格拉底的仇恨，甚至在他的第一部著作《肃剧从音乐精神中的的诞生》（*Die Geburt der Tragödie aus dem Geist der Musik*）中就出现了，其中，尼采将苏格拉底作为纯粹的"理性和科学"来处理。这部著作的最初印刷商原稿（后来由梅泰[H. Mette]在慕尼黑于 1933 年出版）——它不包含关于瓦格纳和现代歌剧的段落——在其标题"苏格拉底和希腊肃剧（Sokrates und die griechische Tragödie）"中表明，尼采在苏格拉底的理性精神和希腊人的肃剧世界观之间做了一种深刻的比较思考。尼采对这一主题的专注，如果不与他理解和把握希腊精神的终生努力联系起来看，就不能得到正确的评估。参见斯普兰格（E. Spranger），《尼采论苏格拉底》（Nietzsche uber Sokrates），收录于《特奥菲尔·博雷亚斯四十周年庆》（40 *Jahrfeier Theophil Boreas*），Athens，1939。

的辩证进程的构想中,欧洲的精神通过调和古典理想和基督教理想之间的冲突发展而来。现在,尼采宣告了一种新的人文主义,转而挑战强大传统的威望。这一人文主义发现了所谓的"前苏格拉底"希腊思想,并对其赞赏有加。"前苏格拉底"的真正意蕴是"前哲学"。对尼采及其追随者来说,那个古老时代的思想者们与他们时代的伟大诗人和音乐家们组合成了一组"希腊肃剧时代(The Tragic Age of Greece)"的群像。① 在肃剧时代及其作品中,阿波罗崇拜和狄奥尼索斯崇拜——这是尼采努力寻求统一的两种元素——仍不可思议地结合在一起。身体和灵魂仍浑然一体。于此盎然之春天,希腊光辉灿烂的和谐(后世对它的认识是如此贫乏和无力)仍然祥和宁静,波平如镜,危险与未经探测的深渊尚潜藏于下,未露峥嵘。但是,当苏格拉底使理性的论证推理(即阿波罗因素)获得胜利之后,二者之间的张力被摧毁——阿波罗因素本来是平衡非理性的狄奥尼索斯因素的——苏格拉底因此破坏了希腊原初的和谐。(尼采宣称)苏格拉底接收了古希腊人所持的肃剧人生观,并使之成为一种道德的、理性论证的人生观,一种学院式的行尸走肉。② 后来的希腊人在其中殚精竭力的一切理想化、道德化、精神化的迷雾,都是从苏格拉底的头脑中构想出来的。基督教思想一直认为,苏格拉底是基督教可以容忍的"自然"的最终极限;[16]而现在,尼采断言,苏格拉底的的确确将希腊人的生活从"自然"中赶了出来,并且将"非自然(Unnatural)"置于"自然"的位置。因此,苏格拉底被剥夺了十九世纪的唯心主义者们在其历史图景中分配给他的安全位置——如果不是至高无上的位置的话——从而再一次被拖进了当时的论战泥潭。与他在十七和十八世纪一直所是的那样,苏格拉底再次成为一种象征;不过,他现在是一种否定意义上的象征,一个堕落和失败的标志。

---

① 关于希腊早期哲学家们的这种新观念——它在尼采的早期著作《希腊肃剧时代的哲学》(Die Philosophie im tragischen Zeitalter der Griechen)中得到了代表性的表达——与其说是由策勒的《希腊哲学》(Philosophie der Griechen)第一卷对前苏格拉底哲学的历史叙述引进的,倒不如说是由黑格尔和叔本华的哲学引进的。黑格尔的矛盾理论可以回溯至赫拉克利特,叔本华的意志学说本质上与前苏格拉底的思想范式很相似。

② 抱着这些信念,黑格尔坚定地支持阿里斯托芬的批评,阿里斯托芬曾经指控苏格拉底是"智术师",参见本书第一卷,第 447 页以下。

　　苏格拉底被拣选出来作为这一伟大攻击的目标，在某种意义上，是他的一种荣耀；这增加了关于苏格拉底之真正重要性的争论的紧张程度。无论尼采激烈的反传统判断是真是假，多年来，这都仍然是苏格拉底未曾失去其力量和挑战的首要符号。超人感觉到，苏格拉底是对其自身存在之安全的一个致命威胁！我们很难说尼采描绘了一幅新的苏格拉底画像。在此历史意识相当敏锐的年代，为一个历史人物描绘一副新画像，意味着某种与尼采所为截然相反的东西——尼采几乎将苏格拉底从其时代和具体环境中完全分离出来了。不过，确定无疑的是，苏格拉底远比绝大多数伟大人物更值得从其自身的历史情境之中被判断——苏格拉底是如此专注于其时代为他确立的历史使命，以至于他不屑于为子孙后代留下哪怕只言片语。在其反抗过分理性化的现代生活的无休止战斗中，尼采对苏格拉底时代的精神困境既无兴趣，亦无同情。然而，那一危机（我们将它描述为"雅典人的灵魂的危机"）是历史拣选来安顿苏格拉底的重要时刻：命运使之成为苏格拉底人生的生存背景。但是，即便我们主要是从其时代和位置来断言苏格拉底，仍然存在着许多误解他的可能性——正如最近人们为世界提供的诸多苏格拉底肖像所显示的那样。思想的不确定性与离奇反常，在对待苏格拉底这件事情上，比在整个古典思想史中的任何问题上，都要更加普遍。因此，我们必须从基本的事实开始。

苏格拉底问题

　　[17]我们可以把握的最基本的事实，不是苏格拉底本身——因为他没有留下任何文字，而是他的学生们的一堆著作，它们写于差不多同一时期。想要确切地断言哪些著作问世于苏格拉底生前是不可能的，但要断言它们在苏格拉底生前未曾问世则大有可能。① 正如人们常常

① 两位最杰出的现代学者——里特尔（C. Ritter）《柏拉图》[*Platon*]，Munich，1910，第一卷，第 202 页）和维拉莫维茨《柏拉图》[*Platon*]，Berlin，1910，第一卷，第 150 页）——认为苏格拉底的对话作为一种文学形式，在苏格拉底生前就已经出现了。他们对柏拉图的第一篇对话的年代的测定，是他们关于柏拉图的这些著作的性质和哲学内容的一般观念的一部分，参见本卷第 95 页及以下。

指出的那样,在苏格拉底文献的起源和关于耶稣的生平及教导的最早基督教传统之间,确实存在着某种显而易见的相似之处。与耶稣一样,苏格拉底对学生们的深刻影响也只是在他死后才转变成一幅确定的苏格拉底图像。那种压倒一切、势不可挡的精神体验给他们的生命造成了一种剧烈而深刻的断裂。显然,他们是在大灾难的巨大冲击之下,才开始写下他们所知道的导师的。[①] 在此之前,苏格拉底的人物形象是流动和变化的,从此之后,就固化成型了,对他的同时代人和后世子孙而言,他的形象特征也固定了下来。在苏格拉底为自己申辩时,柏拉图甚至让苏格拉底告诉陪审团,在他死后,他的追随者和朋友们是不会让雅典人民安宁的,他们会作为永无休止的质疑者和劝诫者继续他的工作。[②] 苏格拉底运动的程序就包含在柏拉图的这些话中,而且其影响也随着苏格拉底相关文献的迅速增长而急剧放大。[③] 为了将苏格拉底及其言行从雅典人民的记忆中抹去,俗世的正义已经判处苏格拉底死刑,但他的学生们决意认为,应该使苏格拉底令人刻骨铭心的人格永垂不朽,从而无论今生,还是后世,他的忠告和劝诫都不会在人们耳旁渐行渐远乃至销声匿迹。一直以来局限在其追随者的小圈子之内的良心不安,现在迅速扩散,直至侵袭大多数公众的心灵。他的思想成了新世纪所有哲学和文献的关注焦点,而由此生发的运动,在雅典帝国的俗世权力轰然倒塌之后,成了它世界范围的精神统治的中流砥柱。

从留给我们的残存文献——柏拉图的对话、色诺芬的对话、色诺芬的《回忆苏格拉底》(Memoirs of Socrates),以及安提斯泰尼(Antisthenes)和司菲都斯的埃斯基涅斯(Aeschines of Sphettus)所写的对话残篇——可以看出,虽然它们各有侧重,互有出入,但有一点是清楚的:苏格拉底学生们的主要目标,就是重构导师无与伦比的人格——它

---

① 作为对里特尔的反对,迈尔(H. Maier)在其《苏格拉底》(*Sokrates*,Tubingen,1913,第106页及以下)中已经给出了支持这一理论的详细细节;泰勒(A. E. Taylor)在其《苏格拉底》(*Socrates*,Edinburgh,1932,第11页)一书中也接受这一观点。

② 柏拉图,《申辩》39c。

③ 迈尔在其《苏格拉底》一书(第106页)中已经表明了这一点。

改变了他们的生活。[18]为达此目的，苏格拉底圈子发明了对话和传记体回忆录这两种新的文学形式。① 这两种新的文学形式的存在都归功于学生们的这一信念：苏格拉底作为一个教师的智识和精神力量，与他作为一个人的伟大品格密不可分。尽管要想给那些从未亲见和亲炙苏格拉底的人们，留下一个关于其人格的清晰印象相当困难，但做出尝试迫在眉睫。从希腊人的观点来看，我们不能过分强调这类尝试的创造性勇气。希腊人看待人和人的品格的方式，不仅受其传统习俗的支配，而且还同等地受其公私生活的影响。如果我们看一下公元前四世纪上半叶出现的另一种文学类型——颂词，就可以了解苏格拉底是如何被古典时期占支配地位的方式所赞颂的。颂词这种文学类型，也是为了表达对一个卓越个体的钦羡和赞美之情而产生的；不过，颂词的唯一方法是，肯定其赞颂对象拥有做理想公民或理想治国者的全部美德。以颂词这种形式，永远不可能道出苏格拉底的真相。从而，心理描写的艺术第一次从对苏格拉底人格的探究中产生了，古代世界心理描写艺术最伟大的大师是柏拉图。苏格拉底的文学形象是古典希腊所创造的、伟大的原创性人格的唯一真正栩栩如生的描写。那些创造这一形象的人们，既无意于探究人的灵魂的隐秘之处，也不从事精致琐细的道德研究，而是致力于我们所谓的"人格"印象的重现——尽管他们既无"人格"的概念，也无表达这一概念的词语。苏格拉底的范例改变了德性的含义；这种改变，无论过去，还是现在，都在对他的品格的永不穷竭的兴趣中得到了反映。

然而，苏格拉底的品格首先反映在他对其他人的影响之中。这种影响通过说出来的话语产生作用。苏格拉底本人从未写下只言片语，因为他认为唯一重要之事乃是话语和活生生的人——在某个特定时刻，话语与之交谈的人——之间的关系。对任何想要描述他的人来说，这几乎是一个无法逾越的困境，尤其是因为他习惯于用提问和回答——一种不与任何传统文学范式相适合的形式——来交谈。[19]即

---

① 参见布伦斯(I. Bruns)，《希腊的文学人物形象》（*Das literarische Protrat der Griechen*），Berlin，1896，第 231 页以下；希泽尔(R. Hirzel)，《对话》（*Der Dialog*）1，Leipzig，1895，第 11 页。

使我们假定苏格拉底的某些对话被记录了下来,因而大致上可以被精确地重构,正如柏拉图的《斐多》所示的那样,这一困境也真实不虚。正是这种困境促使柏拉图创造了"对话"这一文学形式,从而被苏格拉底的其他学生所模仿。[①] 不过,尽管我们可以非常紧密地接近苏格拉底的个人品格,尤其是通过柏拉图的著作,但对于老师对话的内容,苏格拉底的学生们相互之间是如此截然不同,以至于他们很快处于公开的争论与持久的敌意之中。伊索克拉底在其早年的著述中展现了小圈子外部那些居心不良的围观者是如何对此幸灾乐祸的,又是如何使煽动无知者反对苏格拉底的任务易如反掌的。苏格拉底去世数年之后,其追随者团体分崩离析。苏格拉底的每一个学生,都热切地坚持其个人关于导师的教导的思想,确实也由此产生了许多不同的苏格拉底学派。基于此种自相矛盾,尽管与其他任何古代哲学家相比,我们拥有关于苏格拉底的更多历史传统,但仍然不能就其真正的重要性取得一致意见。今天,随着历史理解和心理阐释技术的不断增进,我们似乎获得了更加坚固的立足之地,这一点确定无疑。但是,苏格拉底的学生们——我们阅读的是他们对苏格拉底的描述——是如此紧密地将他们自己的个性品格与老师的相混淆(只是因为他们无法将自己的个性品格与老师施加给他们的影响相分离),以至于数千年之后,我们是否能够从混合物中提炼出纯粹的苏格拉底精髓一事,令人怀疑。

柏拉图对话的形式当然在很大程度上是由一个历史事实所造就的,这个历史事实就是苏格拉底以问和答的形式来教导学生。苏格拉底认为,对话这种形式是哲学思考的原初样式,是两个人为达到对任何主题的一种理解的唯一方式。苏格拉底的人生目标就是跟与他交谈之人达到一种理解。柏拉图是一个天生的戏剧家,在遇到苏格拉底之前,写过不少肃剧作品;据说,当他感受到这位伟大的提问者的人格冲击力之后,他将这些作品付之一炬。但是,在苏格拉底归天之后,当柏拉图决心让乃师永生不朽之时,他发现,他可以谋求在模仿苏格拉底的对话

---

① 关于对话早期发展的论述,参见希泽尔,《对话》,第 2 页及以下;关于对话所采取的形式和写作苏格拉底对话的主要作者的论述,参见希泽尔,《对话》,第 83 页及以下。

时将其戏剧天赋服务于哲学。此外，不仅仅是对话的形式归功于苏格拉底的原创，某种非常独特的、似非而是的表达，[20]在柏拉图的苏格拉底身上一次又一次地出现，在色诺芬的苏格拉底著作中也不断重现，这一事实使得这一点确定无疑：即在某种程度上，柏拉图对话的内容同样来自苏格拉底的思想。问题只在于它们在何种程度上是真实的苏格拉底的。色诺芬的记载只有小部分与柏拉图一致，因而给我们留下这样一种感觉：色诺芬说得太少了，而柏拉图则说得太多了。甚至亚里士多德也表达了这样的观点：由柏拉图归诸苏格拉底的绝大多数哲学，其实不是苏格拉底的，而是柏拉图自己的学说。亚里士多德将其判断建立在几个假定之上，关于它们的价值我们稍后再考察。他认为柏拉图的对话是一种新的艺术形式，是介于诗歌和散文之间的中间物。① 毫无疑问，这首先指的是其形式，它确实是一种用散文写的智识戏剧。不过，考虑到亚里士多德关于自由——柏拉图以此探讨历史上的苏格拉底——的观点，我们必须推断，无论是在对话的形式还是内容方面，亚里士多德都将其视为诗歌和散文的一种混合物：它们将真实与创作(Wahrheit und Dichtung)混在了一起。②

当然，任何将色诺芬和苏格拉底其他学生的对话用作历史资料的企图，都面临相同的怀疑和困难。色诺芬的《申辩》(此书通常被视为伪作而弃置，不过后来重新被认可为色诺芬真作)因其为苏格拉底掩饰的明显意图而直接受到怀疑。③ 不过，色诺芬的《回忆苏格拉底》长期以来被认为具有历史真实性。如果此事属实，我们马上就能从伴随我们讨论的每一步的不确定性中解脱出来。但是，最近的研究已经表明，色诺芬的《回忆苏格拉底》也具有强烈的主观色彩。④ 色诺芬在年轻时就

---

① 第欧根尼·拉尔修，《著名哲学家的生平和学说》，"亚里士多德"，3—37(亚里士多德残篇73[罗斯编])。

② 希腊化时期的哲学家们早就已经持这种观点，西塞罗在其《论共和国》(*De rep.*)1.10.16中也遵循了这种观点(英译者注：歌德的著名自传的题目就是"Wahrheit und Dichtung[诗与真]"，也就是《真实与创作或诗歌》[*Truth and Fiction or Poetry*])。

③ 我认为冯·弗里茨(K. von Fritz)(《莱茵古典语文学杂志》N. F. 80，第36—38页)已经为认为色诺芬的《申辩》是伪作给出了新的理由。

④ 迈尔，《苏格拉底》，第20—27页。

知道并钦佩苏格拉底，但从未成为苏格拉底的正式学生之一。他很快离开了苏格拉底，作为一名战士，参加了反叛的波斯王子居鲁士（Cyrus）推翻其兄弟阿尔塔薛西斯（Artaxerxes）的战役；从此，他再也没有见过苏格拉底。他关于苏格拉底的著作绝大部分是几十年之后撰写的。唯一明显属于早期的一篇是《申辩》（Defence）——针对某一"指控"证明苏格拉底的无辜。① 这一"指控"显然是一种文学虚构，一直被等同于公元前400至前390年之间由智术师波吕克拉底（Polycrates）撰写的一本小册子。吕西阿斯和伊索克拉底自然对此做了回应，但我们从色诺芬的《回忆苏格拉底》可以得知，与此同时，他毅然奋起保卫苏格拉底。② [21]显然是这篇《申辩》首次将色诺芬带进了苏格拉底写作者的圈子（几乎已经没有人记得他是苏格拉底的朋友了），尽管此篇之后，他沉默了许多年。后来，他将这篇《申辩》附于《回忆苏格拉底》的开端，但它的结构统一性、完整性以及明确目的，都足以表明它曾经是一篇独立的作品。③

无可否认，与《回忆苏格拉底》诸篇一样，《申辩》的目的在于表明苏格拉底是一个最高级别的爱国的、虔敬的、正直的雅典城邦公民，他献祭神明、求神问卜、为朋友扶难济困、为城邦尽责尽力。对此的唯一反对理由就是，如果苏格拉底仅仅是一个市侩（Babbitt），他就永远不可能引起其同胞的猜疑，更不会被作为城邦的危险人物处以极刑。最近，一些学者的研究使我们认可色诺芬对苏格拉底的赞誉变得更加困难，这些学者致力于证明，色诺芬是在苏格拉底事件记录在案多年之后进

---

① 在用《申辩》作为色诺芬的《回忆苏格拉底》的前两章（1.1—2）的名称方面，我采用迈尔（《苏格拉底》，第22页以下）以及其他一些人的主张。

② 在《回忆苏格拉底》1.1—2中，色诺芬只谈到了单数形式的"控告者"，而柏拉图在《申辩》中，则谈到了复数形式的"控告者们"，这符合案件的实际事实。尽管色诺芬的《申辩》也是从回答起诉书开始的，但他主要是对波吕克拉底的小册子中对已逝的苏格拉底的指控（我们从其他资料来源知道这些指控）进行反击。

③ 参见迈尔《苏格拉底》第22页以下令人信服的论证；他还考察了色诺芬的"辩护"与他的《申辩》的关系。可以表明色诺芬如何能够将本来独立的一篇作品整合进一个更大的整体之中的例子，是《希腊史》（Hellenica）的开头（1.1—2.2）。这部分本来意在续补修昔底德的历史，自然以《伯罗奔尼撒战争史》的结束为终结。后来，他加上了公元前404至前362年的希腊历史。

行的写作，他又是如此缺乏哲学天赋，以至于他的著作不得不依赖于他人的著作，尤其是安提斯泰尼的著作。若此，事情将变得非常有趣：它将允许我们重构一个苏格拉底的学生和柏拉图的竞争者的著作，但这个人实际上非我们所知。不过，这会把色诺芬的苏格拉底降格为仅仅是安提斯泰尼的伦理学专题论文的代言人。毫无疑问，我们已经将此假定推论得太远，但这种探究可使我们对下述可能性保持敏感：尽管，甚至是由于，色诺芬的哲学幼稚（naïveté），但他毕竟勾勒了一幅苏格拉底的肖像，这幅肖像在许多方面，与我们所相信的柏拉图的苏格拉底肖像一样具有主观色彩。①

此即苏格拉底问题的历史证据的特征，存在逃离这一进退维谷之困境的可能吗？施莱尔马赫（Schleiermacher）是第一个以一个简单浓缩的问题道出这一历史难题全部复杂性的人。施莱尔马赫也曾达到这样的信念：我们既不能完全相信色诺芬，也不能完全相信柏拉图，而是必须像那些技巧娴熟、处事机敏的外交官那样，用一个党派来暴露另一个党派的弱点。因而，他问道："除了色诺芬所说的苏格拉底所是的一切之外，在不与色诺芬明确宣称属于苏格拉底的品格特征和生活规律相冲突的情况下，苏格拉底能够（can）是什么样子呢？——苏格拉底必须（must）是什么样子，才能够让柏拉图有足够的动力和理由在其对话中如此描述苏格拉底？"②[22]当然，这些话并非整个苏格拉底问题的开门咒（Open Sesame），它们只不过是尽可能准确地界定迷雾重重的领域，在此领域之内，我们必须尽其所能地运用批评的手段。如果没有另一种判断标准告诉我们可以在何种程度上采信证据的来源，那么这些话自然会让我们回头求助于自己的主

---

① 色诺芬的苏格拉底描写对安提斯泰尼的依赖，首先是杜默（F. Dummer）在其两篇论文《安提斯泰尼》（Antisthenica）和《学园》（Academica）中考察的，然后祖尔（K. Jöel）在其严谨博学的大部头著作《真的苏格拉底和色诺芬的苏格拉底》（*Der echte und der xenophontische Sokrates*，Berlin，1893—1901）中对此做了考察。不过，祖尔的结论太过依赖于假设，以至于不能令人信服。迈尔（《苏格拉底》，第 62—68 页）曾经试图挑出作者的夸张之处，并表明他真正达到了何种可以接受的结论。

② 施莱尔马赫（F. Schleiermacher），《论苏格拉底作为哲学家的价值》（*Ueber den Wert des Sokrates als Philosophen*）（1815），见《全集》（*Sämtliche Werke*）III，2，第 297—298 页。

观印象。

　　长久以来，人们都认为亚里士多德对此的相关评论为我们提供了这一标准。亚里士多德仿佛是一个客观中立的学者和思想家，在证实苏格拉底到底是谁以及苏格拉底究竟意味着什么方面，他不像那些苏格拉底的亲炙学生那样怀抱热切的个人兴趣，但他在时间上又与苏格拉底足够接近，比任何现代人都更了解苏格拉底。① 无论如何，亚里士多德对苏格拉底的历史评述，对我们来说都弥足珍贵，因为它们只限于一个问题：苏格拉底和柏拉图的型论之间的关系。② 这是一个中心问题，在柏拉图的学园中多有争论；更何况，在学园中度过的二十年中，亚里士多德必定经常听说他们讨论型论的起源问题。现在，柏拉图的对话将苏格拉底作为提出型论、并明确地认定其学生对此了然于胸的哲学家呈现给了读者。柏拉图在此事上对苏格拉底的刻画确有其历史准确性吗？抑或没有？如果我们希望重构从苏格拉底的教导进展到柏拉图哲学的创造的智识进程，这个问题就有了根本性的重要意义。亚里士多德并不接受型论，即普遍概念具有一种与感官感觉到的个体事物相分离的客观存在。对于柏拉图与苏格拉底在这一问题上的关系，他做了三点重要评论。

　　（1）柏拉图还是一个年轻学生时，有一次参加赫拉克利特的学生克拉底鲁（Cratylus）的演说，克拉底鲁教导说，万物皆流，无物永存。之后，当他遇到苏格拉底时，一个新的世界向他打开了大门。苏格拉底将自己完全限定在伦理问题之上，试图发现正义（the Just）、善（the Good）、美（the Beautiful）等的永恒本质。乍一看，万物皆变的观念和存在一个永恒真理的设定是相互排斥的。但是，柏拉图对克拉底鲁万物皆变的思想如此深信不疑，[23]以至于即使是他从苏格拉底那里获取的强烈印象——苏格拉底在伦理世界中锲而不舍地寻求一种坚固不

---

① 这是策勒在苏格拉底问题上所持的观点，见其《希腊哲学史》(*Die Philosophie der Griechen*)II，I⁵，第 107、126 页。

② 译注：柏拉图的 eidos(idea)有多种译法，考虑到耶格尔强调该词与希腊传统神话故事中的模型(模范、榜样)的一脉相承性，本书将其译为"型"，the theory of ideas 译为"型论"；"型"既是理想的模型或模范，又是理性的视力之所见("相"不能反映该词的神话故事起源)。

移的支点——也无法动摇其信念。因而，柏拉图得出结论：克拉底鲁和苏格拉底都是对的，因为他们谈论的是两个不同的世界。克拉底鲁的万物皆流，指的是他所知道的唯一世界——可感的现象世界；柏拉图甚至在后来也坚持认为，对感觉世界来说，永恒流变的学说真实不虚。但是，苏格拉底在寻求诸如"善"、"正义"、"美"——我们作为一种道德存在物的生存建立在它们之上——这些述语的概念性本质时，他正在寻找一个不同的实在世界，它并不流变，而是真正的"是（is）"，因为它无可改变且永恒同一。

（2）是苏格拉底使柏拉图初次认识到普遍概念，现在，柏拉图认为普遍概念构成了真正存在（true Being）的世界，它远离永恒流变的世界。柏拉图将这些我们只能在思想中把握、真正存在的世界存在于其中的本质，命名为"型（the Ideas）"。柏拉图在这一点上逾越了苏格拉底——苏格拉底既从未谈到过"型"，也未认定它们与感觉世界相分离。

（3）根据亚里士多德所言，有两样东西可以公正地和毫无争议地归功于苏格拉底：他定义了普遍概念，他运用归纳法发现了它们。①

如果这一叙述正确无误，那么就会使我们很容易将柏拉图对话呈现给我们的苏格拉底形象中的苏格拉底因素与柏拉图因素区分开来。施莱尔马赫的研究方案就不会是一种无法企及的理想，而是在某种程度上可以付诸实施的计划。在那些最近世纪的研究已经表明属于柏拉图最早作品的对话中，苏格拉底确实常常在询问有关普遍的问题：什么是勇敢？什么是虔敬？什么是自制？甚至色诺芬也顺带地明确说到苏格拉底在不断地追问它们的性质，并力图定义这些普遍概念。② 如此看来，似乎确实有一条逃离进退维谷的困境的道路：柏拉图，抑或色诺

① 亚里士多德对此问题的评论——有时重复，有时互补——参见《形而上学》A. 6. 987a32—b10, M. 4. 1078b17—32, M. 9. 1086b2—7；《论动物部分》(de part. An.)1. 1. 642a28。与他对苏格拉底和柏拉图之关系的看法相一致，泰勒试将亚里士多德提出的二者之间的差异最小化。与泰勒相反的意见，参见罗斯，《亚里士多德的形而上学》(Aristotle's Metaphysics)，Oxford, 1924, I, 第 xxxiii 页及以下，该书对亚里士多德所提供的证据的意义重新进行了细致的考察，证实了它的价值；亦可参见其《苏格拉底问题》(The Problem of Socrates)，收录于《在古典协会上发表的主席致辞》(Presidential Address delivered to the Classical Association)，London, 1933。

② 色诺芬，《回忆苏格拉底》4. 6。

芬？苏格拉底是抽象概念哲学的创立者。这就是策勒在其《希腊哲学史》中，实施施莱尔马赫的研究方法，呈现苏格拉底的方式。① 按照这种理解，可以这样说，苏格拉底无非是柏拉图哲学之前一个普通的准备阶段。苏格拉底避开了柏拉图大胆的形而上学冒险，而且，通过从自然转向人事，将自己局限于伦理问题的探讨，[24]表明了他的真正兴趣在于为实践生活的新准则找到一种理论基础。

多年来，人们认为这种看法是苏格拉底问题的终极解决。它建立在亚里士多德的伟大权威之上，又得到健全合理的科学方法的支持。但是，它不可能永远让人满意，因为它将苏格拉底降格为一个单薄的毫无说服力的人物，将他的概念哲学归结为仅仅是一种微不足道的东西。这就是尼采曾经恶毒攻击过的那种抽象的学院派人物的形象。有许多人深信苏格拉底是一个震撼世界的重要人物，尼采无法摧毁他们的信念；他们对亚里士多德的可靠性失去了朴素的信任。对他自己如此激烈反对的型论的起源，他真的能保持完全客观中立的态度吗？在他关于历史事实的叙述中，他没有犯错吗？尤其是在他的哲学史观中，他不为自身哲学的先入之见所左右吗？当然，亚里士多德想要略过柏拉图，回到苏格拉底，并使苏格拉底更节制——也就是说，更亚里士多德化？——的想法是相当可以理解的。但是，他对苏格拉底的了解，真的比他自己所想的他可以从柏拉图的对话中发现的更多吗？带着这些问题以及类似的疑问，对苏格拉底学说的现代研究开始了。② 学者们被迫再次放弃他们自己奠定的坚固地基；从那以后得到的苏格拉底各种形象之间的两极差异，比任何东西都更清楚地证明了问题的不确定性。两个最引人注目、最富学术性的寻找历史上的苏格拉底的尝试，为此提供了一个很好的例子，这就是柏林哲学家迈尔（Heinrich Maier）关于苏格拉底的巨

① 策勒，《希腊哲学史》，第二卷，第107、126页。原则上，祖尔（《色诺芬的苏格拉底的真实性》，第203页）和冈珀茨（《希腊思想家》，第二卷，第四版，第42页及以下）都认同策勒对亚里士多德所提供的证据的信心。

② 尤其可参见迈尔，《苏格拉底》，第77—102页；泰勒，《苏格拉底杂集》(*Varia Socratica*)，Oxford，1911，第40页。

著，以及苏格兰学派所做的工作——以文献学者伯内特和哲学家泰勒为代表。①

两派都对亚里士多德的证据不予考虑。两派都将苏格拉底看作史上最伟大的人物之一。他们之间的争议可以归结为一个问题——苏格拉底真的是一个哲学家吗，或者他根本就不是？他们一致同意，如果关于苏格拉底的早期看法——这种看法将苏格拉底描述为仅仅是一个等而下之的人物，站立在柏拉图宏伟的哲学大厦的门墙之外——是正确的话，他就不是哲学家。不过，他们在除此之外的论证方面有很大不同。[25]根据迈尔的理解，我们不能简单地将苏格拉底作为一个哲学家来判定其价值，并以此来衡定苏格拉底的伟大。苏格拉底毕生所为、心血所灌注的乃是创立一种新的生活态度，它构成了向人类自由攀升的一个漫长而痛苦的过程的顶峰，永远无法超越。他宣扬的信条是道德品格的自律和自足。因而，他是耶稣基督的相反类型，是东方救赎宗教的相反类型。这两种原则和两种信条的斗争，现在甚至才刚刚开始。并非苏格拉底，而是柏拉图创建了哲学唯心主义，创造了逻辑，发现了抽象的普遍。柏拉图是一个全然不同而独立自存的人物，不能将其与苏格拉底相提并论：他是一个系统思想家，一个理论建构者。在他的对话中，他运用艺术家的创作自由将其理论归诸苏格拉底。只有在他的早期作品中，柏拉图才给出了苏格拉底实际所是的样子。②

苏格兰学派的学者们也赞成，柏拉图是苏格拉底的真正能够为导师给出一种同情的描述的唯一学生——但他们认为，柏拉图在其所有

---

① 参见迈尔的《苏格拉底》和泰勒——他与迈尔正好相反——的《苏格拉底杂集》与《苏格拉底》（Edinburgh, 1932）。泰勒基本同意伯内特的观点——伯内特详细展示和论证了他的观点，参见伯内特的《希腊哲学史》（London, 1924）和他撰写的"苏格拉底"条目（收录于哈斯丁[Hasting]编，《宗教和伦理学百科全书》[Encyclopaedia of Religion and Ethics]，第十一卷）。里特尔（《苏格拉底》，Tubingen, 1931）是另一个否定亚里士多德所提供的证据的价值的学者。

② 迈尔（《苏格拉底》，第104页及以下）认为关于苏格拉底的真实品格的主要证据，是由柏拉图的"个人"作品（《申辩》和《克力同》）所提供的；在它们之后，他相信，就是篇幅较小的对话，如《拉刻斯》（Laches）、《卡尔米德斯》（Charmides）、《吕西斯》（Lysis）、《伊翁》（Ion）、《游叙弗伦》（Euthyro），以及两篇所谓的《希庇阿斯》（Hippias）——他认为这两篇是虚构的，但在本质上是真实的。

的苏格拉底对话中都是这么做的。在他们看来,色诺芬只不过是一个出类拔萃的庸人,没什么哲学文化修养,他不理解任何苏格拉底的真正意义。但他知道自己的局限性,因而只承担为其他人的苏格拉底著作拾遗补缺的任务。一旦他触及到真正的哲学问题,他就避而不谈,满足于为读者给出一个简单的提示:苏格拉底远比他所能描述的要伟大。根据这种观点,关于苏格拉底的流行思想中的一个巨大错误,是相信柏拉图并不想如苏格拉底真实所是的那样描述苏格拉底,而是旨在将苏格拉底展现为柏拉图自己的型论的创立者,尽管苏格拉底与其毫不相干。柏拉图不是一个可以在这样一种双重意义上含糊其辞的人。有些人在早期柏拉图和后期柏拉图之间作出了人为的区分,并假定只有"早期柏拉图"想要描述苏格拉底本人,而"后期柏拉图"则将其导师作为自己逐渐发展出来的哲学的一种面具来使用。根据苏格兰学派的看法,这内在地是不可能的。更何况,柏拉图的早期对话预设了他后来更富建设性的作品(例如《斐多》和《王制》)。真正的真相是,一旦柏拉图停止展示苏格拉底的教导,并开始阐释他自己的学说时,[26]他就不再使用苏格拉底作为其对话的主导人物,而且,柏拉图以其完美的一致性,利用其他人物,有时是无名氏,来表达自己的学说。苏格拉底就是柏拉图所说的那个苏格拉底——那个创立了型论、灵魂的前世存在与回忆、灵魂的不朽和理想城邦的理论的人。换句话说,苏格拉底是欧洲形而上学之父。①

　　这就是关于苏格拉底问题的两种极端观点。一个说,苏格拉底根本就不是哲学家,他只不过是一个启发道德灵感的人,一个道德生活的英雄。另一个说,苏格拉底是思辨哲学的创建者,柏拉图将这种思辨哲学人格化于苏格拉底身上。这种截然两分的含义,不过是那种旧式划分的重现:苏格拉底去世不久,这种划分就将他的学生离析为互相对立的学派;现在每个学派正在各自再次创造自己的苏格拉底。与之前一样,这里有两个主要的流派。安提斯泰尼否认我们知道任何事物的可能性,其学说的核心是"苏格拉底的勇毅",即坚定不移的道德意志。另

---

① 参见泰勒的著作和上页注释①所引伯内特的著作。

一方面，柏拉图认为，苏格拉底的假装无知，只不过是寻找一种更深层、更牢固、已然潜在于灵魂之中的价值之知的道路上的一个阶段而已。这两类解释者各自进一步宣称，自己的苏格拉底才是真正的苏格拉底，并都将自己的思想贯彻到底。这两种同样相互冲突的观点在苏格拉底去世之后以及在我们的时代都有出现，不可能仅仅是一种巧合。我们也不可能用以下事实来解释它的重现：即我们的证据来源于这两个学派的这一个或另一个。正是基于这一考虑，我们必须努力超越两派观点的不足之处——因为它们是不充分的，尽管在一定意义上，它们中的每一个都得到了实际历史的证明。尽管一方面是迈尔，另一方面是伯内特和泰勒，两方面都根据历史的原则来处理苏格拉底问题，但他们的思维方式歪曲了自己对历史事实的解释。每一派都觉得，要接受一个未曾对他们自己觉得是关键性问题的东西做出决断的苏格拉底是不可能的。因此，历史学家必须进而推断，苏格拉底的人格统合了各种矛盾，这些矛盾的统一体在当时或者在他去世不久就分崩离析了。[27]从我们的观点看，这使苏格拉底更有趣、更复杂，当然也更加难以理解。他是一个非常伟大的人，他的同时代人中的最有智慧者感受到了他的这种伟大。他是如何能够既伟大又无定论的呢？他是一种对立面之间的和谐的最后体现吗？这种和谐甚至终其一生，都处于一种解体的进程中？无论真相如何，苏格拉底看起来都站立在早期希腊人的生活方式和一种新的未知领域之间的边缘地带，苏格拉底已经比任何人都更接近这个领域，但他并未命中注定要进入这一领域。

教师苏格拉底

现在，我们的研究的总体趋势确定了描述苏格拉底的路线。苏格拉底是塑造希腊人灵魂的中心人物。他是欧洲历史上最伟大的教师。如果我们试图在理论领域和系统哲学的领域寻找他的伟大之处，就会要么认可他太多而认可柏拉图太少，要么以二者都不相信而告终。亚里士多德坚持认为柏拉图诉诸于苏格拉底之口的哲学理论结构本质上是柏拉图自己的产物，这是正确的。但是，苏格拉底远非一堆启发性观念的堆砌——这些观念是我们从柏拉图对他的描述中抽取了"型论"和教条学说之后的残渣余物。苏格拉底的重要性在于另一维度。他既不是科学传统的传承者，也不是各种哲学学说的继承者。实事求是地说，他是他那个时代的一个人。他呼吸着扑面而来的历史气息，并为历史的光芒所照亮。他从雅典的中间阶级登上了理智的独立和自主，很久以前，雅典杰出的贵族领袖梭伦和埃斯库罗斯都曾向这个始终如一、敬畏神明、听从良心的阶级呼吁他们的坚定忠诚。现在，这个阶级通过它自己的儿子——一个来自阿提卡的阿罗贝克（Alopeké）胞区的公民，一个雕刻匠和助产婆的孩子——之口发声和说话。梭伦和埃斯库罗斯曾经在正确的时刻，接收外来输入的已萌芽的革命性观念，并将它们吸收进自己的思想。他们是如此深刻地把握和滋养了这些外来观念，以至于他们不仅没有打碎雅典人的原有品格，而且还唤起了雅典人内心最强大的力量。[28]现在，苏格拉底出现了，出现在一个同样是精神危机的时刻。伯利克里时代的雅典，一个庞大帝国的女管家，现在被众多不同种类和起源的势力淹没了；而且，尽管她拥有各个艺术领域和实际生活的特殊技能，但她即将丧失精神上的稳固地位。她沉醉于自己激情洋溢、情感充沛的唠叨，她在最短的时间内说服一切传统价值放弃其存在。然后，苏格拉底出场了，成为道德世界的梭伦。因为雅典城邦和社会是从道德世界的角度被连根拔起的，因而也必须由此得到拯救。在希腊历史上，这是阿提卡精神第二次召唤希腊人灵魂中的各种向心力来与各种离心力战斗——通过建立一种牢固的道德秩序来抗衡伊奥尼亚的思想创造，即一个各种自然力量相互冲突的哲学世界。梭伦发现了社会和政治共同体中的自然法则。现在，苏格拉底开始探索灵魂中的道德秩序（cosmos）。

苏格拉底的青年时代正值希波战争的伟大胜利之后的急剧扩张时期，这个时期的雅典的标志性事件，外则是伯利克里帝国的创立，内则是完全的民主制度的实施。苏格拉底的事例证实了伯利克里在葬礼演说中的表白：在雅典，才智和美德不会丧失展示自己的机会。[①] 无论是

① 修昔底德，《伯罗奔尼撒战争史》2.37.1。

他的血统，还是他的阶层，甚至是他的外貌，都无法注定能让他使雅典的众多贵族子弟——他们以政治家为志业，或者像他一样，跻身于阿提卡社会的精英阶层，位于最优秀者（kaloi kagathoi）之列——聚集在自己周围。最早的传闻说，苏格拉底大约三十岁时，是阿那克萨哥拉的学生阿尔克劳（Archelaus）的追随者。开俄斯的肃剧诗人伊翁，在其旅行日志中记载了他与苏格拉底在萨摩斯岛上的相遇。① 伊翁熟知雅典，是索福克勒斯和西蒙（Cimon）的朋友，他补充说，阿尔克劳属于西蒙的朋友圈。② 我们很难说，苏格拉底的政治观点是否受到了这个伟大的贵族人物的影响，西蒙战胜了波斯，是雅典亲斯巴达保守派的首领。

在其人生的盛年，苏格拉底见证了雅典权势日隆，目睹了阿提卡创造的古典诗歌和艺术最伟大的光荣；他是伯利克里和阿斯帕齐娅（Aspasia）家中的座上客；他的学生中有才华横溢而名声可疑的政治家，[29]诸如阿尔西比亚德和克里提亚。其时，雅典正绷紧每一根神经来保卫她赢得的疆域，她要求其公民的伟大奉献。苏格拉底因在数次战斗中作战英勇而闻名。在审判他时，他还强调了这一点，以抵消他在政治参与上的不足。③ 尽管苏格拉底非常热爱雅典普通民众，④但他无疑是一个贫穷的民主派支持者。他并不羡慕雅典人在议事会和法庭上的热烈政治行为。⑤ 他平生只有唯一一次政治亮相。他作为议事会的轮值主席，主持雅典海军将领的审判，获得埃吉纳斯（Arginusae）海战

---

① 第欧根尼·拉尔修，《著名哲学家的生平和学说》2.23。

② 普鲁塔克，《希腊罗马名人传》之《西蒙传》4 的开头和结尾，都提到阿尔克劳写给西蒙的诗，西蒙与阿尔克劳的关系可能和美米斯（C. Memmius）与卢克莱修（Lucretius）的关系一样。译注：美米斯是古罗马政治家，文学与艺术的保护者，卢克莱修的长诗《物性论》就是献给他的。

③ 柏拉图，《申辩》28e。

④ 关于苏格拉底对普通民众的爱，参见色诺芬，《回忆苏格拉底》1.2.60。

⑤ 参见柏拉图，《申辩》31e 中苏格拉底自己的话："因为我可以确信，如果我真的去从事政治的话，我早就死掉了，这样对我自己和任何别人都没什么好处。你们不要因为我说实话就生气，事实就是：不管是在你们中间，还是在其他任何群体中间，一个诚实的反对国家政治中邪恶和不公的人，肯定都不得好死。从事政治的人要是真的想为正义而战斗，他如果想多活一会儿，就只能活在他的私人生活中，而不涉足政治领域。"这些话中的急切情绪其实是柏拉图自己的：它来源于对苏格拉底之死的认知。当然，这些话旨在解释苏格拉底的实际行为。

胜利的海军将领被全体判处死刑（此前没有类似判例），因为恶劣的天气阻止了他们搭救雅典遇难船只的幸存者。执政团中只有苏格拉底一人挺身而出，力排众议，拒绝将此提议付诸表决，因为这是违背法律的。① 后来，这一事件可能被解释为一种爱国行为，但无可否认，苏格拉底认为多数决的民主原则根本上是错误的，与之相反，城邦应该由最有智慧和最高贵的人来治理。② 在伯罗奔尼撒战争期间，当雅典的民主制度年复一年变本加厉地腐败堕落时，苏格拉底得出这样的结论是一个轻而易举的推论。他是在希波战争胜利的精神氛围中成长起来的，他曾目睹雅典帝国的崛起。二者之间的对比如此尖锐，必然在他的头脑中产生了各种批判性怀疑。③ 这些观点给他带来了很多具有寡头倾向的公民同胞的同情，后来，在审判中，他们也向他伸出了友谊之手。民众不明白苏格拉底独立自主的态度完全不同于像阿尔西比亚德和克里提亚这样野心勃勃的阴谋家，不理解苏格拉底的态度具有比政治领域远为广阔的智识基础。但是，在那时的雅典，即使是远离政治行为的人，也必须接受一种政治立场，城邦问题对每个公民的思想和行为具有决定性的影响，无一例外；理解这一点非常重要。

　　苏格拉底成长的时期，见证了雅典的第一批哲学家和第一波哲学活动。即使没有关于他与阿尔克劳之间关系的传言，[30]我们也必须假定，作为欧里庇得斯和伯利克里的同代人，苏格拉底早就熟悉阿那克萨哥拉和阿波罗尼亚的第欧根尼的自然哲学。我们不必怀疑，他在柏拉图的《斐多》中所做的关于自身思想发展的陈述——至少是当他谈到自己早期对阿那克萨哥拉的自然哲学的兴趣时——具有历史的准确性。④ 在柏拉图的《申辩》中，他明确否认对这一领域有什么特殊兴趣；⑤但是，与每一个有教养的雅典人一样，他曾经阅读过阿那克萨哥拉的著作，（正如他在同一段落中所说）这样的书在剧院乐队的流动书摊上用一个德拉

① 柏拉图，《申辩》32a；色诺芬，《回忆苏格拉底》1.1.18。

② 柏拉图，《高尔吉亚》454e 及以下，459c 及以下，以及其他各处。

③ 参见色诺芬，《回忆苏格拉底》3.5.7 和 14，其中，苏格拉底谈到了雅典的"古德（ἀρχαία ἀρετή）"的崩溃；另可参见柏拉图，《高尔吉亚》517b 及以下。

④ 柏拉图，《斐多》96a—99d。

⑤ 柏拉图，《申辩》19c。

马克就可以买到。① 色诺芬说，即使在后来，他也常常在自己家里与朋友们一同浏览"旧时圣贤们"的著作——也就是诗人和哲学家们的著作，以便为他们撷取其中的重要段落。② 因此，当阿里斯多芬描述苏格拉底正阐释第欧根尼关于漩涡创造宇宙、气是一切存在的本原的自然哲学理论时，也许并不像大多数人所想的那样完全是谬悠之说、无端崖之辞。但是，苏格拉底到底在多大程度上将这些科学学说吸收进了自己的思想呢？

在《斐多》中，他说，当他拿起阿那克萨哥拉的书籍时，他原本所望甚大。③ 有人把阿那克萨哥拉的书给了他，导致他期望在书里找到他正在寻找的东西。这意味着，甚至在此之前，苏格拉底对自然哲学家们关于宇宙的科学解释就一直持怀疑态度。阿那克萨哥拉同样让他很失望，尽管其著作的开头一度激起他的希望。阿那克萨哥拉在其中所说的大意是心灵（Mind）是安排宇宙的本原；不过，随着著作的进展，他不再进一步运用这一解释原则，而是像其他自然哲学家一样，把一切归诸于机械原因。苏格拉底本来期望他对事物是如何发生的问题作出解释，并表明它们是以"因为那样最好"的方式发生的。也就是说，他认为自然的法则必须直接指向一个有益的目的。根据《斐多》中的叙述，苏格拉底从这一对自然哲学家的批评出发，抵达了型论；尽管如此，根据亚里士多德令人信服的陈述，型论根本不能归之于真正的苏格拉底。毫无疑问，柏拉图觉得他有正当理由让苏格拉底来解释型是一切现象的终极原因这一学说，[31]因为他本人通过苏格拉底对遍布于一切事物的善（Good）的本性的研究达到了型论。

为了找到自己的问题的答案，苏格拉底同样也研究过自然。在色诺芬的《回忆苏格拉底》中，他赞成关于支配宇宙结构的目的的谈话，并

---

① 柏拉图，《申辩》26d。

② 色诺芬，《回忆苏格拉底》1.6.14。《回忆苏格拉底》4.2.8 及以下的话说明了色诺芬所谓的旧时圣贤的著作指的是医生、数学家、自然哲学家和诗人的著作。人们可以从后一段话推断苏格拉底鄙视一切书本知识，但是这与《回忆苏格拉底》1.6.14 相矛盾。苏格拉底在 4.2.11 中所做的一切，都是在责备旁观博览的读者，因为他们忽略一切技艺中最重要的技艺，即政治的技艺，政治的技艺包含和隐含其他一切技艺。

③ 柏拉图，《斐多》97b 及以下。

试图在自然中发现一切好的和有目的的东西，以便证明世界中存在着一种建构性的精神本原。① 他关于人类身体器官的技术完美性所说的话，似乎来自阿波罗尼亚的第欧根尼的一部自然哲学著作。② 苏格拉底很少声称他引证的某个证据是他自己的原创；因此，这并不反对我们下述考虑，即关于支配宇宙结构的目的的谈话的所有基本环节，都具有历史真实性。如果其中包含着从别处借用的思想，那么这些思想肯定特别体现了他的思维方式。在第欧根尼的著作中，苏格拉底找到了他在柏拉图的《斐多》中所说的正在寻找的东西③——也即阿那克萨哥拉运用到自然界无数个体现象中的本原。但是，这一谈话仍然不能使苏格拉底成为一名自然哲学家：它只表明了苏格拉底处理宇宙论问题的切入角度。对一个希腊人来说，试图在宇宙中找到一个本原——他将这个本原看作是人类生活的秩序的基础，并将其从宇宙中提取出来——是自然而然的。我们已经多次指出这一点，现在再次得到了苏格拉底的印证。④ 因此，苏格拉底对自然哲学家们的批评间接证明，从一开始，他的兴趣就被道德问题和宗教信仰问题所吸引。他的一生中，确实不存在一个致力于自然哲学的时期，因为科学无法回答他心中的问题，以及其他任何有赖于此的问题。因此，他便不再想它了。准确无误，毫不迟疑，永远朝着自己的目标迈进，这正是苏格拉底的伟大之处。

柏拉图、亚里士多德以及此后的许多人都经常强调苏格拉底对自然哲学缺乏兴趣，但是还存在着另一方面的事实很容易被我们忽略。色诺芬对苏格拉底试图在宇宙中追寻一个目的的描述表明，他对待自然的方式与早期自然科学家们遵循的方式是截然相反的。他对待自然的方式是人类中心论的。他的推理完全是从人，从人体的结构开始

---

① 色诺芬，《回忆苏格拉底》1.4 和 4.3。

② 色诺芬，《回忆苏格拉底》1.4.5 及以下。关于这一理论的起源，参见泰莱（W. Theiler）有洞察力的著作，该书分析了其前辈们的研究成果：《亚里士多德及其之前的自然目的论研究史》(*Geschichte der Teleologischen Naturbetrachtung bis auf Aristotle*)，Zurich，1925。

③ 柏拉图，《斐多》98。

④ 在希腊精神的每一个发展阶段，我都强调伦理和社会结构与宇宙秩序的一致性，这种一致性是希腊思想的显著特征；参见本书第一卷，第 3—5 页，第 63—65 页，第 69—70 页，第 193—194 页，第 203—205 页，第 228 页及以下，第 329 页，第 392—395 页。

的。如果他引用的事实确实来自第欧根尼的著作，那么将有助于我们确证这一点：即第欧根尼不仅是一个自然哲学家，而且是一位名医；[32]因此人的生理学在他的体系中（与其他后来的一些生理学家一样，例如恩培多克勒），比在任何其他老的、前苏格拉底的自然体系中占据着远为重要的位置。这必定会激起苏格拉底的兴趣，并使他想到新的问题。现在，我们可以看到，与苏格拉底对同时代人的自然科学的明显否定态度一样，他还有一种肯定态度，这常常为我们所忽略。我们不应该忘记，那时的自然科学不仅包括宇宙论和"气象学"——我们通常认为它们涵盖了整个自然领域——而且还包括医学技艺，那时医学刚刚开始（在理论和实践两个方面的）大扩展，我们下卷将会讨论这一点。即使像《古代医学论》（*On Ancient Medicine*）这种当代著作之作者的一名医生，也认为医学是自然科学中，唯一建立在真实的经验和准确的知识之上的部分。苏格拉底相信，自然哲学家及其假设不可能教给他任何东西，但他可以从第欧根尼那里学到很多东西。① 这种人类中心主义的态度，是后来阿提卡肃剧和智术师时代的特征；正如希罗多德和修昔底德所表明的，它与以观察和经验为依据的方法相联系，当医学摆脱了自然哲学家们的宇宙论假设的束缚时，它就显现出来了。

　　苏格拉底拒绝宇宙学家们的玄虚思辨，医学是此种态度最引人注目的相似物。在检查人们生活的真实情况方面，医学显示了与自然科学相同的理性决心。② 与医学一样，苏格拉底发现人的本性（human nature）——它是最为我们所知的世界的一部分——是他对实在的分析的最坚实的基础，是他理解实在的线索。如西塞罗所言，苏格拉底将哲学从天上带回到人的城邦和家庭。③ 正如我们现在所看到的，这意味着，苏格拉底不仅改变了哲学研究的兴趣和对象，而且还发展出了一种更加严格的知识概念（如果确实存在着知识这样一种东西的话）。旧

----

① 希波克拉底，《古代医学论》12 和 20。

② 色诺芬（《回忆苏格拉底》1.1.12,16）和亚里士多德强调了这一点。参见西塞罗，《论共和国》1.10.15—16。

③ 西塞罗，《图斯库勒论辩》（*Tusc. Disp.*）5.4.10。

哲学家们所称之为知识的东西，其实不过是关于宇宙的一种哲学假设——对苏格拉底来说，它意味着云山雾罩的幻想和美丽动人的胡说。① 每当他对其高贵的智慧、他无法企及的智慧表达尊敬之情时，他都是在说具有讽刺意味的反话。② 他自己（正如亚里士多德正确地评论的）常常通过归纳法前进；他的方法类似于医学中就事论事的经验主义者的方法。[33]他的知识理想是τέχνη[技艺]，它在治疗技艺中得到了最好的体现，尤其是因为这种技艺有一种实际的目的。③ 那时，世界上还不存在诸如所谓的精确科学。苏格拉底同时代的自然哲学都是非精确的。因此，那时也不存在什么哲学上的经验主义。在古代世界，经验是关于实在的一切精确知识的基础这一原则，为医学所坚持，并且只为医学所坚持。这就是为什么那时的医学在智识世界中比现在具有更高的哲学地位的原因。同样，是医学将这一观念传递给了我们自己时代的哲学，现代哲学中的经验主义，不是希腊哲学的子嗣，而是希腊医学的子嗣。

如果我们想要理解苏格拉底在古代哲学中的地位及其人类中心主义的态度，就必须永远牢记他对医学的尊敬——在苏格拉底的时代，医学是最伟大的智识力量之一。众所周知，苏格拉底经常使用医学上的例子。不过，他不是随便使用这些例子：他使用它们是因为它们适合于他的思维方式；实际上，它们与他自己的人格、气质、他的全部生活非常适宜。苏格拉底其实是一名医生。色诺芬确实说过，苏格拉底关心朋友们的身体健康，与他关心他们的精神幸福一样多。④ 不过，他主要还是一名治疗灵魂的医生。在根据人的身体结构推论出宇宙也有一个目的的证明中，苏格拉底的思维方式清楚地表明，他的目的论思想与他经验主义的、准医学的观点紧密相连；它只能与人和自然的目的论观念相结合来理解——医学界首次公开承认了这种目的论观念，从此以后，它变得越来越明确，直至在亚里士多德关于宇宙的生物学观点中找到最

---

① 柏拉图，《申辩》18b，23d。

② 柏拉图，《申辩》19c。

③ 色诺芬，《回忆苏格拉底》4.2.11；柏拉图，《高尔吉亚》465a，以及其他许多段落。

④ 色诺芬，《回忆苏格拉底》1.2.4；4.7.9。

终的哲学表达方式。当然，苏格拉底对"善"的本性的探究，完全属于他自己的兴趣，而不是从别人那里学来的。在他那个时代，一个严肃的自然哲学家肯定认为这只是一个浅薄的涉猎者的探究——对此，纯物理学家的那种英勇怀疑论是找不到什么答案的。但是，这个涉猎者的问题却是一个原创性问题；对我们来说，通过将其与希波克拉底和第欧根尼的医书相比较，认识到它构成了那个时代最深刻的怀疑，是非常重要的。

[34]我们不知道，当苏格拉底在雅典开始他所从事的工作时——如他的学生在对话中所表明的那样——是多大年龄。柏拉图将他的一些对话置于伯罗奔尼撒战争的第一年——比如在《卡尔米德斯》中，苏格拉底刚刚从波提狄亚(Potidaea)的艰苦战役中回来。那时，苏格拉底差不多40岁；不过，在这段时间之前，他无疑已经开始了自己的教学生涯。柏拉图深信，苏格拉底谈话的时代语境极端重要——以至于柏拉图以最愉快的细节一次又一次地描述谈话的具体情境。苏格拉底从不在演讲大厅那种没有时间背景的抽象世界中说话。苏格拉底属于雅典的体育学校(也即体操馆)的忙碌生活，在那里，他与教练和医生一样，很快成了一个不可或缺的定期访客。① 当然，参与他的谈话——这些谈话在整个雅典都很著名——的那些人，并不一定像斯巴达运动员那样赤身裸体地闲逛，尽管他们可能经常这样做。但是，思想的激动人心的搏斗——苏格拉底为之耗费了整个一生——发生在体操馆中，不只是一种偶然。在苏格拉底的谈话和运动员进场之前脱光衣服以便接受医生或教练的检查的行为之间，存在着一种深刻的具有象征意义的相似性。柏拉图让苏格拉底自己数次将这二者进行类比。② 在那些日子里，雅典人在体操馆里比在家里狭窄的四壁之间——那是他们吃饭睡觉的地方——觉得更自由自在。那里，在天空的清澈阳光的照耀下，无论老少，每天都集合训练，以使自己的身体健康舒适。③ 休息的间歇为谈话所占据。毫无疑问，这种谈话常常是一些闲言琐语；尽管如此，

---

① 关于苏格拉底的日常生活，另可参见色诺芬，《回忆苏格拉底》1.1.10。

② 柏拉图，《卡尔米德斯》154d—e；《高尔吉亚》523e。

③ 参见讨论日常养生法的医学文献，每天花在锻炼上的时间(本书第三卷，第48页及以下)。

世界上最著名的两个哲学学派——柏拉图的阿卡德摩（Academy）和亚里士多德的吕克昂（Lyceum）——就是以雅典众所周知的体育场地命名的。任何一个人，如果他有一些大家都感兴趣的话要说，但又不方便在议事会和法庭上说，那么他肯定会到体操馆与自己的朋友和熟人们说。一个人在那里会看到谁，常常是一件激动人心的事。作为换换口味，人们可以访问诸如此类的机构中的任何一个，无论是私人的，还是公共的。① 像苏格拉底这样一个对人们兴致勃勃的常客（habitué），熟悉场面上的每一个人；任何一张新面孔（尤其是年轻人中的新面孔）的出现，都会引起苏格拉底的注意，并询问这是谁家的孩子。作为雅典青年的一位敏锐观察者，他的眼光是无与伦比的。他是人性方面的伟大权威。[35]他的辞色锋利的提问是检验每个天才及其每项潜在能力的试金石；那些最杰出的公民在培养和教育孩子方面都要咨询他的建议。

只有会饮及其承载的传统分量，才能与体操馆的智识活力相提并论。因此，柏拉图和色诺芬描述的苏格拉底的对话，同样发生在这两种环境中。② 他们提到的其他所有情境或多或少都有偶然性——比如阿斯帕齐娅（Aspasia）的沙龙，或者人们聚集闲谈的市场，或者某个著名的智术师到访期间，某个富有的哲学赞助人的家中。体操馆是最重要的聚会场所，因为人们按部就班地定期到访。体操馆不仅仅是身体的训练场地：通过鼓励心灵与心灵的接触，它们产生了一种智识的能量，这种智识的能量使其成为对任何新思想或者所热衷的事物的最有接受力的土壤。体操馆是闲暇和放松的场所：没有一种特定的兴趣可以在那里长久存在，在这样的环境中，忙忙碌碌、汲汲营营没有立足之地。因此，体操馆的常客尤其是准备来这里讨论普遍的人生问题的。而且，他们不只是对话题感兴趣，还对用以讨论话题的才智的精微与活力感兴趣。那里诞生了一种智力的体操运动，它很快变得像身体的锻炼那样精致复杂，像身体的锻炼那样令人羡慕。人们早就认识到，它就是长期以来体育锻炼被认为所是的那个东西，即某种形式的教化。苏格拉

---

① 加德纳（E. N. Gardiner），《希腊的体育运动和节日》（*Greek Athletic Sports and Festivals*），London，1910，第 469 页及以下。

② 参见本卷第 200 页及以下，论作为一种智识聚焦场所的宴饮。

底的"对话(dialectic)"完全是一种个人的、朴素的锻炼类型，它与同一时期成长起来的智术师的教育方法截然不同。智术师是一群来自外邦的巡游教师，头顶名声的光环，为一群忠诚的学生所崇拜。他们收费教学，在某项特殊的技艺或者知识的分支上给予指导，对一群经过挑选的公众讲话，即对有产阶层的如饥似渴的孩子们讲话。他们在私人住所或者临时提供的演讲大厅发表冗长而华丽的演说。另一方面，苏格拉底则是一个淳朴的雅典人，人人都知道他。他所产生的影响很难被理解：他可能从一个自发的但明显具有目的性的话题开始一个刚好谈到的问题。他不传授什么特殊知识，也没有学生——至少他自己是这么说的；[36]他只有朋友或伙伴。年轻人被他那势不可挡的锐利思想所吸引。对他们来说，苏格拉底是一出全新的、真实的阿提卡肃剧：他们全神贯注地用心倾听，他们热烈欢呼他的胜利，他们努力模仿他，在他们自己的家里以及自己的朋友圈中，以同样的方式审视人的本性。雅典最优秀的年轻头脑被吸引到苏格拉底身边，而且，一旦他们走近苏格拉底，他巨大的个人魅力就再也不会让他们自由逃离。任何试图以漠不关心的傲慢、或以冷漠的保留态度对待他的人，任何对其提问的古怪形式表示抗议的人、或任何对他那些刻意琐碎例子表示反感的人，很快不得不放下高高在上的架子，恭恭敬敬，脚踏地面。

很难找到一种单一的描述来解释这样一个奇特而复杂的人。柏拉图以极大的关爱和详尽的细节描写了苏格拉底所有的独特方式，但即便如此，似乎也只是暗示着苏格拉底不可能被界定——他只能被理解。另一方面，要理解严格的哲学史家为什么将柏拉图所描绘的苏格拉底形象中的所有这些特征仅仅作为一种诗意的点缀而弃置一旁，是很容易的。苏格拉底之成其为苏格拉底者，似乎都潜存于高水平的抽象思想之下——这种高水平的抽象思想，是哲学家们应该向之移动并显示其存在的场所。通过戏剧性地显示苏格拉底的影响远胜于具体知识对活生生的人的影响，仅仅是描述苏格拉底的智识能力的一种间接方式。不过，除非我们充分认识到苏格拉底对他正在与之谈话的实际个体的幸福的关怀，否则就不可能理解他正在言说的到底是什么，尽管哲学家可以在抽象的、学术的意义上认为，苏格拉底与他的对话者之间的这种关系无足轻重；但柏拉图表明了，这一点对苏格拉底来说至关重要。这足以让我们怀疑，我们总是处于通过我们称之为哲学的这种中介物来看待苏格拉底的危险之中。确实，苏格拉底自己将他的那种"行为"（πρᾶγμα）描述为"哲学"和"哲学实践"。在柏拉图的《申辩》中，苏格拉底向陪审团保证，只要他一息尚存，他就永远不会放弃这种哲学和哲学实践。[①] 但是，我们切不可认为，苏格拉底意指的是后世经过漫长发展之后所成为的那种哲学——一种抽象思维的方法，或者一堆由理论表述所构成的学说或教义，我们很容易将这种哲学与创造它的人相分离而对其进行超然的思考。[37]全部有关苏格拉底的文献，都在异口同声地反对苏格拉底的学说可以与其个体自我相分离的想法。

那么，柏拉图将苏格拉底奉之为典范、而苏格拉底则在他自己的申辩中坦承要坚守的那种"哲学"，到底是什么呢？柏拉图在许多篇对话中对其性质作了解释。柏拉图越来越把关注的重点放在由苏格拉底及其对话者所承担的那种探索的结果之上；但是，在这样做时，他一定觉得他仍然忠于苏格拉底精神的本质。他想让每一篇对话都再次证明它的丰盈。但是，对我们来说，既然要想确定一个原点——从这个原点开始，柏拉图的苏格拉底越来越成为柏拉图，而不是苏格拉底——非常困难，我们就必须努力在其最简洁朴素的表述的基础上，界定苏格拉底的"哲学"之所是。诸如此类的表述还不少。在《申辩》一文中，由于柏拉图仍然惊恐于雅典人对苏格拉底所犯的巨大错误，且希望为老师赢得其他学生，他以最简短、最明白的形式描述了苏格拉底的工作的本质和意义。虽然苏格拉底的讲话经过太多的人为修饰，因而只能是他在法庭上即席发表的实际讲话的一个修正版，[②]但它对苏格拉底的真实生活和品格的描述仍然惊人地真实。它以纠正和拒绝承认谐剧诗人与公众意见对苏格拉底的滑稽讽刺开始；然后随之而来的是一段令人动容

---

① 柏拉图，《申辩》29d。

② 在那些相信《申辩》是一件精心创作的艺术作品的人中，沃尔夫（E. Wolf）值得特别的关注，他的《柏拉图的〈申辩〉》（Platos Apologie）（载《新语文学研究》，耶格尔编，第六卷）对作品的艺术形式给出了一个详尽的分析，令人信服地证明了这是柏拉图对苏格拉底本人墨彩飞扬的描述；柏拉图让他的老师自己描绘自己。

的、苏格拉底对哲学的信仰告白，柏拉图意在将其与欧里庇得斯忠于缪斯女神的那段著名告白相提并论。① 不过，苏格拉底是在他面临即将到来的死亡时作此告白的。苏格拉底所服务的权力，不仅可以美化我们的生活，减轻我们的痛苦，还可以征服世界。"［只要我还有生命和能力］，我就永远不会放弃哲学实践"，紧接着这一抗议的就是一个他说话和教学方法的典型例子，要理解其内容，我们必须从其形式——如柏拉图著作中的这段文字和许多其他段落例示的形式——开始。

柏拉图将真正属于苏格拉底的方法归结为两种：劝告（protreptikos）和检验（elenchos）。二者都以提问的形式出现。提问-形式（question-form）是最古老的劝勉（parrainesis）或鼓励类型的一种衍生物，我们可以经由肃剧将此种劝勉或鼓励追溯到史诗。在柏拉图的《普罗泰戈拉》的导论性对话中，我们可以又一次看到这两种方法的再次并置使用。② [38]这篇对话将苏格拉底与大智术师普罗泰戈拉相对比，在我们面前展示了智术师用以教学的各种套路和形式：神话故事、论据证明、解释一首诗、问-答形式的查问；但苏格拉底自己独特的讲话方法，连同其所有古怪的迂腐和反讽的谦逊，被描写成幽默的和生动的。在《申辩》和《普罗泰戈拉》中，柏拉图告诉我们，苏格拉底谈话的这两种方法——劝告和检验——根本上是相互类似的。实际上，它们只不过是同一个精神进程的两个不同阶段而已。这一点可以从《申辩》得到证实，在《申辩》中，苏格拉底将他的这两种方法描述如下：

> 我永远不会停止哲学实践，我会敦促每一个我见到的人，把我的想法告诉大家，说我常说的话："我的朋友，你是伟大的、强盛的、

① 欧里庇得斯，《疯狂的赫拉克勒斯》（*Her.*），第 673 行及以下：
οὐ παύσομαι τὰς χάριτας　　　［我将不停地把美惠女神
Μούσαις συγκαταμειγνύς　　　和缪斯女神结合在一起
ἁδίσταν συζυγίαν.　　　　　　使之成为最美的群体。］
参见柏拉图，《申辩》29d：ἕωσπερ ἂν ἐμπνέω καὶ οἷός τε ὦ, οὐ μὴ παύσωμαι φιλοσοφῶν［只要我还有生命和能力，我就永远不会停止哲学实践］。
② 在《普罗泰戈拉》311b 及以下，我们第一次看到一段对话，在这段对话中，苏格拉底诘问希波克拉底，然后就有了一段劝告性话语，参见 313a 及以下。

富有智慧的、雅典城邦的公民，你那么在意积累金钱、荣誉、名声这种东西，而对有关善和真理的知识以及自己灵魂的完善却从不关心，你不觉得羞愧吗？"如果有人反驳我说，他很在意他的灵魂，我不会马上放他走的，我会诘问他，检验他，驳斥他；如果我认为他没有什么美德，而只是自称他有，我会责怪他贬低了生命中伟大的部分，而高估了无价值的东西。我会这样对待每一个我见到的人，不管是老年人还是年轻人，同胞还是异乡人——但首先是你们这些雅典公民，因为你们在血缘上与我更亲近。因为这是神的旨意，你们必须知道这一点；而且我相信，对你们而言，没有比我对神的效劳更有意义的事了。因为我所做的一切，就是四处说服你们老老少少所有人，不要那么在意自己的身体和金钱，而是要关心你们的灵魂的完善。①

　　苏格拉底说他在从事"哲学实践"。显然，苏格拉底并非以此意指他从事抽象的哲学思考，而是说他在从事劝告和教育。他使用的方式之一就是苏格拉底式的检验，以及对一切虚假的知识和美德的拒绝。这种检验尽管看起来是这类进程最有独创性的方面，但它只是苏格拉底所描述的整个进程的一部分。[39]但是，在研究这种对话式的"对人的检验"——人们通常认为它是苏格拉底哲学的本质——的特征之前，我们必须更仔细地看一下他的告诫的开场白。当苏格拉底把总是渴望赚钱的生意人的生存，与他自己的高级理想相比较时，他的比较取决于人们最重视的对于外在善的关心或在意。苏格拉底劝告人们关怀自己的灵魂($\psi\nu\chi\tilde{\eta}\varsigma$ $\vartheta\varepsilon\rho\alpha\pi\varepsilon i\alpha$)，而不是在意钱财。这一观念出现在苏格拉底申辩的开头，并且在申辩的结尾重现。② 但是，这里没有任何证据证明，灵魂比身体和外在的善更加重要；它被假定为是不言自明的，尽管在实际生活中人们并不真的如此行动。对我们来说，这一点至少在理论上是不存在任何异常之处的；实际上，它似乎更像是一种老生常谈。但是，对那个时

---

① 柏拉图，《申辩》29d 及以下。

② 柏拉图，《申辩》29d，30b。

代的希腊人来说，它也像对我们——两千年基督教传统的传人——而言的那样不言自明吗？在《普罗泰戈拉》中，苏格拉底在讨论中向年轻人说明了同样的道理。其中，他也以这种方式——说他的年轻朋友的灵魂正陷入危险之中——来开始他的谈话。[1] 在这一点上，灵魂陷入危险的主题是典型的苏格拉底式的，而且最后总是导致他关怀灵魂的召唤。他像一个医生那样说话——只不过他的病人不是一个身体存在，而是一种精神存在。在苏格拉底学生的著作中，存在着数量极其巨大的段落，在这些段落中，苏格拉底将关怀灵魂描述为人的最高利益。这里，我们可以深入了解苏格拉底对自己的职责和使命的看法：他觉得它就是教育的责任和使命，而教育的工作就是服侍神。[2] 它可以被恰当地描述为一种宗教责任，因为它是"关怀灵魂"的责任。[3] 因为在苏格拉底看来，灵魂是人身上的神性部分。苏格拉底将"关怀灵魂"与关于价值和真理的知识（即 phronêsis 和 alétheia）紧紧联系在一起来描述。[4] 与灵魂被从外在的善区分开来相比，它被更明确地与身体区分开来。这暗示了苏格拉底关于价值的一种等级观念，它将精神的善置于最高等级，身体的善处于精神的善之下，而财物和权力这样的外在善则最低。

　　苏格拉底信心十足地展示了这些价值等级，[40]认为它们不言自明，但在这些价值等级之间存在着一条巨大的鸿沟；希腊人流行的看法，在一首古老精美的酒歌中得到了很好的表达：[5]

---

① 柏拉图，《普罗泰戈拉》313a。

② "服侍神"这一观念在希腊文献中早就出现过，但赋予其我们现在这里讨论的意义的是柏拉图。在《申辩》30a 中，苏格拉底谈到了 ἡ ἐμὴ τῷ θεῷ ὑπηρεσία［对神的侍奉］。"ὑπηρεσία［侍奉］"一词与"θεραπεία［关怀］"一词同义，而θεραπεύειν θεούς［服侍神］就是 deos colere［给神着色、敬神、崇拜］。它总是带着一种宗教意义；苏格拉底作为一个教师的行为，对他来说，是某种类型的崇拜。

③ 参见上页注释②。"关怀灵魂"这一短语对我们的耳朵来说，有一种特有的基督教声调，因为这一观念已经成为基督教信仰的一部分。不过，它被吸收进基督教是由于这一事实，即基督徒具有与苏格拉底一样的宗教信念：教化就是真正的服侍神，而关怀灵魂就是真正的教化。在建构这一观念时，基督教直接受到了柏拉图所呈现的苏格拉底的思想的影响。

④ 柏拉图，《申辩》29e。

⑤ 无名氏评注（Scol. Anon.）7《古希腊抒情诗集》[Anth. Lyr. Gr.]，狄尔编）；亦可参见鲍勒（Bowra），《古希腊抒情诗》（Greek Lyric Poetry），第 394 页。

> 对终有一死的人来说,健康最好,
>
> 其次是外貌俊美,
>
> 然后是心安理得无可指责的财产,
>
> 最后,是青春、朋友和欢宴。

苏格拉底的思想增加了一些新东西——内在的世界。苏格拉底所谈论的这个内在世界的德性就是灵魂的卓越。

然而,到底什么是灵魂(这个苏格拉底称之为 psyché 的东西)? 如果我们首先从语义学的角度来探讨这个问题,令人惊讶的是,无论是柏拉图笔下的还是其他人笔下的苏格拉底,都总是以一种格外的强调、一种热切的、恳求似的急迫运用"灵魂"这个词。在他之前,没有一个希腊人曾经以这种语气说"灵魂"这个词。我们可以感觉到,这是我们现在在某种语境中称之为灵魂的东西在西方世界的首次出现,尽管现代心理学家并不将其看作是一个"真实的实体"。由于"灵魂"一词的意义在其中得以发展的智识背景,我们总是在这个词中听到它的弦外之音,即它的道德或宗教意味。与他的"服侍神"和"关怀灵魂"一样,"灵魂"一词听起来好像是基督教的东西。但是,这个词首先是在苏格拉底的劝告性说教中获得了其崇高的意义。与此同时,我们不要问,苏格拉底的灵魂概念在多大程度上影响了不同发展阶段的基督教,无论是直接的影响,还是经由后世哲学中介的影响;也不要问,苏格拉底的灵魂概念与基督教的灵魂观念,在多大程度上相一致。我们这里必须要做的,是要认识到,这样一个划时代的观念在希腊的精神发展史上到底是什么。

如果我们请教罗德(Rohde)的巨著《魂灵》(Psyche),就会发现,在希腊精神的发展中,苏格拉底似乎没有什么重要意义。罗德完全将他忽略不计。[①] 这部分地是由于他对苏格拉底的偏见,从年轻时代起,他就与尼采一样认为苏格拉底是一个"理性主义者",但更多的则是由于罗德处理这一问题的特殊方式。尽管他自己不是基督徒,但他处理问

---

① 罗德在《魂灵》一书中只有一次提到苏格拉底(第二卷,第 263 页,第八版)。他关于苏格拉底不得不说的一件事就是苏格拉底不相信灵魂的不朽。

题的态度仍然是基督教的，因而他将丧礼和对永生的信仰作为灵魂包罗万象的历史的核心来看待。我们立刻可以承认，苏格拉底在这些思想领域毫无建树。[41]不过，值得注意的是，罗德从未注意到，psyché（即"灵魂"）一词，是从哪里，在何时，通过谁获致其特殊品格的——这种特殊的品格使之成为隐含于西方人的智识和道德人格之中的一切价值的真正代表。此事首先发生在苏格拉底教育性的劝勉演说中，一旦这一事实得到明确的说明，要想对它产生怀疑就是不可能的了。苏格兰学派的学者们已经强调过这一点；他们的著作完全不受罗德的影响；伯内特有一篇很好的论文，在该文中，他追溯了灵魂观念在整个希腊精神史中的发展进程。他表明，无论是荷马和史诗的幻影（eidolon），亦即哈德斯地狱的鬼魂（shade），还是伊奥尼亚哲学家们的气-灵魂（air-soul），或俄耳甫斯信仰的精灵（soul-daemon），或阿提卡肃剧的 psyché［心灵］，都不能解释苏格拉底赋予"灵魂"这个词的新含义。① 至于我本人，正如我上面所做的那样，通过分析苏格拉底演说的形式，早就得出了相同的结论。如果我们不能感受伴随苏格拉底运用"灵魂"一词而来的精神情感，那么就几乎不可能理解苏格拉底的劝告模式。苏格拉底的劝告式演说是长篇抨击（diatribe，希腊化时代巡游的犬儒和斯多亚教师发表的树桩讲道文章）由之而来的源头，这种长篇抨击文章进一步影响了基督教讲道文章的结构。② 不过，关键的要点不仅仅是一种文学形式通过不同的年代和运用持续传承下来。学者们已经从文学形式的角度，通过追溯从劝告演说而来的独立主题如何被其继承者所接收和修改，详尽了解了其文体转换的细节。但是，所有这三种类型的演说的基础是这样的信条："一个人如果失去了自己的灵魂，那么即使他得到了整个世界，对他又有何好处呢？"在其《基督教的本质》（Wesen

---

① 参见伯内特，《苏格拉底的灵魂学说》（The Socratic Doctrine of the Soul），载《英国科学院学报》（Proceedings of the British Academy），1915—1916，第 235 页及以下。几乎不用说，我在描述苏格拉底的作为一种"学说"的灵魂观念时，并没有像强调灵魂的重要性那样追随伯内特。

② 道德教训，或长篇抨击，起源很早，但支配基督教传教的讲道文章的教育和道德形式（连同其教条形式和释经形式）是从有关苏格拉底的著作那里就得以形成的，而苏格拉底著作自身又是从导师自己的教导那里形成的。

des Christentums）一书中，哈纳克（Harnack）正确地将这种对个体灵魂的无限价值的信仰描述为基督宗教的支柱之一。① 但是，在此之前，它一直是苏格拉底的"哲学"和教育思想的支柱。苏格拉底讲道，并改变人的信仰。他为"拯救灵魂"而来。②

我们要尽可能简单明了地解释苏格拉底的使命观念的基本原则，在能够更进一步之前，必须在这里稍作停顿。我们必须对一些事实获得批判性评估，因为它们直接影响到我们的生活。[42]苏格拉底的教导是基督教的一个希腊先驱吗？ 或者，毋宁是说他将一种奇怪的东方精神引进了希腊思想——这种东方的精神，通过希腊哲学的伟大教育力量，对世界历史产生了巨大的改变，并且朝着一种西方和东方的联合而运动？ 在俄耳甫斯运动中——我们可以以许多不同的方式在公元前六世纪起的希腊宗教中追溯它——不存在同一潮流的另一个事例吗？俄耳甫斯教义将灵魂与肉体相分离：它认为人的精神是一个堕落的精灵，被囚禁在肉体之中，由此，人死之后，它会在一系列肉身中漫游，直至最终回归天上的家。然而，尽管许多人认为，俄耳甫斯信仰属于东方或者"地中海地区"，但其起源模糊不清；而且，它的末世论和鬼神论信仰没有一个出现在苏格拉底的灵魂观念中。是柏拉图将它们引进了苏格拉底的灵魂及其命运的神话修饰中。柏拉图的《斐多》提出的灵魂不朽的学说，和《美诺》中出现的关于灵魂前世存在的学说，都被归诸苏格拉底，③但这两个互补的观念显然在起源上是柏拉图的。苏格拉底关于灵魂不朽的真正意见也许是在《申辩》中正确地提出的——其中，面对即将来临的死亡，他对灵魂死后的命运表示存疑。④ 这比《斐多》中提出的灵魂不朽，更适合他那种平实的、批判的、非教条的精神气质；尽管一个对灵魂有如此高贵的想法的人对灵魂问题——即使他不能解决

---

① 《基督教的本质》(*Wesen des Christentums*)，第三讲，第 33 页。
② 参见柏拉图，《普罗泰戈拉》356d—357a。这段话当然是一段典型的苏格拉底式的戏仿，指出了生命的拯救（βίου σωτηρία）在于选择（αἵρεσις）适当的善好。在《法义》10.909a 中，柏拉图又一次以苏格拉底的语调谈到"灵魂的拯救"。不过，柏拉图推荐的拯救灵魂的手段（对无神论者的审判）居然是除了苏格拉底的方式之外的任何方法！
③ 伯内特，《希腊哲学》，第 156 页；泰勒，《苏格拉底》，第 138 页。
④ 柏拉图，《申辩》40c—41c。

这个问题——浮想联翩，也是顺理成章之事。① 不管怎样，他不相信这种解决是至关重要的。基于同样的原因，对归之于灵魂的实体的准确类型，他从未做出任何断言。他并不（如柏拉图那样）认为灵魂是一个独立的"实体"，因为他没有清楚地表达，灵魂是否可以与肉体相分离。服侍灵魂即服侍神，因为他认为灵魂就是心智和道德理性。这就是为什么灵魂是世界上最神圣之物的原因——并不是因为它是一个来自于遥远天国的、负罪的精灵-访问者。

因此，结论无可避免。在苏格拉底的教导中，貌似具有基督教情感魅力的所有引人注目的特征，[43]实际上都来源于希腊。它们发源于希腊哲学；只有那些完全误解其特性的人才拒绝相信它们的希腊起源。希腊精神不是在对诸神的崇拜中（希腊的宗教史通常围绕它来展开），而是主要在哲学中（在希腊人建构系统的宇宙论的天赋的帮助下），达到其宗教的最高发展阶段。哲学确实是意识发展一个相对较后的阶段，神话先行于哲学。在狄奥尼索斯崇拜和俄耳甫斯信仰中，我们可以指出许多苏格拉底教导的类似物和初级阶段；但这并不是因为苏格拉底特有的思想和话语抄袭了一些宗教教派——我们可以将它们作为非希腊的东西冷淡地打发，或者作为东方的东西热烈地钦羡。苏格拉底是一个孜孜以求、朴实无华的思想者：对他来说，接受狂热的宗教崇拜的影响是毁灭性的，因为宗教狂热诉诸灵魂的非理性因素。真实的情况毋宁是，这些宗教派别和崇拜仪式只不过是希腊人中间旧的民间信仰的一些形式——它们看起来确实像是一种个人信仰的开始，或者，似乎有一种相应的个人生活方式和传道形式。② 在哲学这个思维的王国，相应的形式要么从类似的精神处境中独立地产生，要么从流行宗教

---

① 在断定苏格拉底是否认为灵魂不朽方面，有一则证据特别重要。那就是这一事实：在柏拉图的《斐多》中（伯内特和泰勒都认为这是对事实的一个真实陈述），他从"型论"推断出灵魂的前世存在和不朽。他说，型论与灵魂不朽的信念必然进退与共，一存俱存，一毁俱毁（《斐多》76e）。但是，如果我们接受亚里士多德的陈述，即"型论"不是苏格拉底的，而是柏拉图的，那么《斐多》灵魂不朽的学说也必然属于柏拉图，因为二者相互依存。

② 亚里士多德残篇15[罗斯编]描述了一个处于作为 $\pi\alpha\vartheta\epsilon\nu$[感受、体验]的神秘仪式中的信仰者的典型宗教经验（参见拙著《亚里士多德：发展史纲要》，第160页）。与官方宗教相对比，这种宗教经验会影响信仰者的性格，在信仰者的灵魂中产生某种气质（$\delta\iota\acute{\alpha}\vartheta\epsilon\sigma\iota\varsigma$）。

的套话中借用一些词汇和短语,在哲学语言中,人们将其作为某种隐喻和象征来使用,从而降低了其地位。①

在苏格拉底的谈话中,大量带有宗教余响的词语,来自苏格拉底的工作与医生的工作的类比。这就是为什么苏格拉底对灵魂的看法带有特别的希腊色彩的原因。苏格拉底的态度——人的精神存在是人的"自然"的一部分——一部分是由数个世纪之久的思想习惯产生的,另一部分则是由希腊精神的基本结构决定的。这里,我们终于遇到了苏格拉底哲学和基督教灵魂之间的区别。理解苏格拉底所谈论的灵魂的唯一方式,是将灵魂作为同一个人的自然(human nature)的两个不同侧面来考虑。在苏格拉底的思想中,灵魂的人(psychical man)和自然的人(physical man)之间并不相互对立;来源于自然哲学的旧观念的自然(physis)现在也吸收了精神,因而有了本质性改变。[44]苏格拉底不能相信人有一种对精神的垄断权。② 如果在自然的什么地方有精神的位置——正如人的理智的存在所表明的那样,那么这自然原则上必定能够承担精神的力量。但是,由于作为同一个人的自然(human nature)的不同部分的身体和灵魂的共存,正如人的身体的自然被精神化了一样,人的灵魂反过来也呈现出一种令人吃惊的新现实:它凭自身的权利变成了一种自然(physis)。在苏格拉底眼中,灵魂似乎比身体更柔软可塑,因此有能力接受形式和秩序。与身体一样,它是有序整体(cosmos)的一部分。实际上,它本身就是一个有序整体,尽管没有一个希腊人会怀疑呈现在这两个不同领域的秩序中的原则本质上是同一个。因此,灵魂和身体的类比必须扩展到希腊人称之为德性的东西。在希腊城邦中,通常包含在德性(即"卓越"或"美德")这一名称之下的那些品质——勇敢、审慎、正义、

---

① 哲学语言与宗教语言之间的联系,以及哲学写作者对宗教术语和宗教概念的吸收和采纳,会是一部著作非常有趣的主题。

② 色诺芬,《回忆苏格拉底》1.4.8。译注:意思是精神不只体现在人身上,还体现于自然中。引文如下:"你能以为别处就没有智慧[精神]吗? 你知道尘土是极多的,而在你身体中的只有一点点,水是浩瀚的,而你的身体里也只有一点点,你的身体的构造也只能使你从其他无量数的元素中每样接受一点,你能以为自己非常幸运地把天下的智慧[精神]尽皆攫为己有,而这个广袤无垠、无限无量的事物的会合,竟是由于某种没有智慧[精神]的东西维系着的吗?"(吴永泉译,北京:商务印书馆,1997,第29页。)

虔敬，正如健康、力量和美貌是身体的卓越一样，都是灵魂的卓越。更确切地说，它们是与灵魂的特定部分相对应的力量，或者说，它们就是灵魂的特定部分之间的合作——在人的自然能够胜任的范围内，灵魂的各部分被培育到极致的那种合作。身体和精神的德性的秩序本质（cosmic nature）无非是"各个部分之间的对称"——灵魂和身体都依赖于这些对称的部分之间的合作。记住这一点，我们就能明白苏格拉底的"善[好]"（the good）概念是如何与现代伦理学中的相应概念不同的。所有这些概念中的大多数不可翻译，很容易产生误解。一旦我们不是将它作为"善（good）"而是作为"对某人好（good for one）"来理解，我们就能把握它的希腊含义：因为这使它与拥有它的人之间的关系，以及它对什么人好一目了然。在苏格拉底看来，"善[好]"就是那因其本身之故我们应该意愿的东西或去做的事情。诚然如此。但是，这对那些有用的东西（the Useful）、有益的东西（the Beneficent）、从而那些令人愉快的（the Enjoyable）和带来幸福的东西（Happiness-bringing）也是同样的——因为它有助于人的自然实现它自身。

一旦我们接受这一点，那么，很显然，道德就是人的自然的体现——被知识正确地理解和培育的人的自然的体现。人有一个心灵和灵魂，如果人没有灵魂，就不可能有一种道德规范；这一事实将人从单纯的动物生存状态中区分出来。但是，所谓培育人的灵魂使其服从道德行为规范，[45]就是遵循人的自然之道，人在这样做时，就达到了与宇宙本性的和谐——或者，用希腊的话语来说，就是获得了完美的幸福，即 eudaimonia。苏格拉底由衷地确信，人的道德存在与世界的自然秩序和谐一致，正是基于这一信念，他与每一个时代的希腊人的情感保持完全的、无条件的一致。苏格拉底思想中的创新之处，是他的这一信念：人不可能通过培养和满足他自己的感官和身体的自然（无论社会的禁忌和义务怎样限制）来达到这种与存在的和谐一致，而是只能根据他探索自己的灵魂所发现的法则，通过对他自己的完全的主宰，才能达到这种与存在的和谐一致。通过断言人必须努力主宰那个最属于他自身的领域，即灵魂，苏格拉底给他那种特有的幸福主义增添了一种新的力量，以抗拒外在的自然和命运——它们不断增长的危险威胁着人的自由。歌德曾经问道:如果不能让一个人的幸福成为可能,那么宇宙中日月星辰的这一切奇妙展示又目的何在呢? 根据他自己的假设,苏格拉底当然不会将此问题称为"邪恶的"——就像现代批评家们在这个实在和道德不再合二为一的时代所称呼的那样。在让道德的幸福与实在的事实和谐一致方面,"理性主义者"苏格拉底没有困难,尽管我们现在的道德幸福被现实的冲击所碾压,因为我们的道德与实在相冲突。没有任何迹象表明,与苏格拉底临终那天就着那杯毒酒一饮而尽的快活相比,这世上还有更美好的事情。

　　苏格拉底宣布灵魂是人生最高价值的源泉。因此,他特别强调灵魂的内在生活,这一点成了希腊文明后来发展阶段的基本特征。德性和幸福现在成了精神的品质。在做出这一改变时,苏格拉底充分认识到了其隐含的后果。他甚至断言,在绘画艺术中,精神也应该占据支配地位。他说,画家不应该只是模仿身体的美,还应该呈现灵魂的特征($\dot{\alpha}\pi o\mu\iota\mu\varepsilon\tilde{\iota}\sigma\vartheta\alpha\iota\ \tau\dot{o}\ \tau\tilde{\eta}\varsigma\ \psi\upsilon\chi\tilde{\eta}\varsigma\ \tilde{\eta}\vartheta o\varsigma$)。据色诺芬记载,[1]在苏格拉底与大画家帕拉修斯(Parrhasus)的谈话中,他提出了这一新思想;而帕拉修斯则说,他对于绘画是否能够进入不可见的和不对称的世界,有些吃不准。色诺芬描述二人的此次会谈,[46]仿佛苏格拉底对灵魂重要性的强调已经向他那个时代的画家们揭示了未经勘察和不可逆料的精神世界[灵魂内部的世界]。苏格拉底声称,人的身体,尤其是人的面部,只是灵魂及其品质的一种反映,而画家帕拉修斯则对这一伟大的思想报之以惊讶和不决。这个故事是象征性的。无论那个时期的哲学和艺术是什么关系,色诺芬必定相信,哲学,并且只有哲学,指引了进入新发现的灵魂园地的道路。对我们来说,要衡量这一变化的巨大影响是困难的。其直接后果是形成了一种新的价值秩序,并且在柏拉图和亚里士多德的哲学体系中被辩证地构建出来。新的价值秩序以这种形式成为后来接收希腊哲学之火炬的数个世纪的精神基础。我们不得不对这些哲学家建构抽象的思想体系的惊人力量感到由衷的钦佩——在此抽象的思想结构体系中,苏格拉底所认识到的真理可以被更加清晰地认识

---

[1]　色诺芬,《回忆苏格拉底》3.10.1—5。

和理解，从而，可以说，它构成了宇宙系统图像的中心——其他一切存在都指向这个中心。不过，尽管如此，"物始于行"①，是苏格拉底对人们"关怀灵魂"的召唤，才真正将希腊人的心灵转向一种新的生活方式。自此以降，哲学和伦理学中的一个重要部分即将由生活即 bios 的概念来扮演——bios，不是被看作只随时间流逝而随波逐流的人的生存，而是被看作一种明明白白的、可以理解的统一性的生存，一种精心塑造的生活样式的人的生存。这一创新是由苏格拉底的生活方式引起的；他扮演了这种新生活——建立在精神价值基础之上的生活——的榜样的角色。他的学生们意识到，苏格拉底的教化的伟大力量来自于他所促成的这一变化，他改变了旧的以英雄为榜样(Example)的教育观——英雄的榜样本来是其他人要遵循的一种生活样式。苏格拉底使自己成了他教导的生活理想的化身。

我们现在必须努力对苏格拉底的教导做出更多的细节描述。尽管柏拉图在《申辩》中让苏格拉底将"关怀灵魂"描述成"服侍神"，但"服侍神"这句话其实没有什么超自然的涵义。恰恰相反，一个基督徒会认为苏格拉底的体系非常简单和世俗。首先，他并不认为"关怀灵魂"意味着对身体的忽略。当苏格拉底从身体的医生那里知道，灵魂无论是生病，还是健康，[47]都同样需要特殊的"治疗"时，他怎么可能因为"关怀灵魂"而忽略身体呢？他对灵魂的发现，并不像有人经常错误地断言的那样，意味着灵魂与身体的分离，而是只意味着灵魂对身体的支配地位。无论如何，除非一个人的身体本身是健康的，否则他不可能适当地照顾灵魂。古罗马诗人尤维纳尔(Juvenal)的祈祷，"健全的精神寓于健全的身体(mens sana in corpore sano)"，是以真正的苏格拉底的精神

---

① 译注："物始于行(in the beginning was the Deed)"，出自歌德的《浮士德》。歌德笔下的角色浮士德在某个夜里渴望得到上帝的启示，于是他打开《约翰福音》，试图把原本是希腊文的约翰福音翻译成德语。《约翰福音》第一句话的英文是 in the beginning was the Word，即"物始于言"。言，即上帝之圣言，或译"太初有言"。浮士德再三斟酌，把"物始于言"改为"物始于思"，因为言语是表现思想者，必先有思想，而后始有言语；接着，他认为思想不能创造世界，必须有一种力量，所以把"物始于思"改为"物始于力"，但他仍然觉得这样不够恰当，因为必须有行动，始能发挥力量，所以最后改成了"物始于行"。

说出来的。苏格拉底本人既没有忽视自己的身体，也没有赞扬过那些忽视他们身体的人。① 他教导朋友们，要考验身体以使它们保持健康，而且就合理的饮食这一话题与他们进行详尽的讨论。他反对过分饮食而妨碍对灵魂的照料。他自己的生活是按照斯巴达人艰苦朴素的生活法则来进行的。稍后，我们必须讨论肉体苦行（askésis）的道德规则，并研究其附加在苏格拉底的那种思想之上的意义。

　　柏拉图和色诺芬都对苏格拉底作为一个教师的影响力做出了尽可能的说明——这是因为他与那些智术师们截然不同。他们是公认的名师大家，在教学技艺方面相当新颖。苏格拉底似乎总是在监视着他们，并随时挑战他们，纠正他认为他们错了的地方。尽管他志存高远，但他总是从他们的水平起步。他们的教化是一种混合产物，由各种不同来源的要素构成。其目的是对头脑思维的训练；但是，对什么是训练思维的最佳知识这一问题，他们没有达成一致意见。他们每一个都各有专长，所以自然而然地相信自己的专长最适合于训练思维。苏格拉底没有否认他们传授的科目的各自价值，但他的"关怀灵魂"的召唤，蕴含着一种借以判断他们传授的科目的价值标准，以及对他们的某种限制。② 一些智术师认为，自然哲学的学说是很好的教育资料。老一辈自然哲学家从未这样说，尽管他们认为在教育的高级意义上，他们确实是教师。要断定科学研究是否能够教育年轻人，是一个新的问题。正如我们已经看到的，苏格拉底对自然哲学兴趣甚微，不是因为他不理解自然哲学的问题，而是因为他所问的问题与他们的问题不同。如果他劝阻别人穷究宇宙论问题，这是因为他相信，他们的聪明才智可以被更好地用来思考"人间事务"。③ [48]再者，普通希腊人认为宇宙事务充满魔力，超越有死凡人的理解能力。苏格拉底也有同样的感觉，这一点甚至出现在亚里士多德的《形而上学》的开头。④ 对于像埃利斯的希庇阿斯

---

① 色诺芬，《回忆苏格拉底》1.2.4，4.7.9。

② 色诺芬，《回忆苏格拉底》4.7。

③ 色诺芬，《回忆苏格拉底》1.1.16；柏拉图，《申辩》20d。

④ 柏拉图，《申辩》20e；色诺芬，《回忆苏格拉底》4.7.6；亚里士多德，《形而上学》A2. 982b28。

这样头脑更加现实的智术师所从事的数学和天文学研究，苏格拉底持类似的保留态度。他本人曾经是这些学科的一个非常敏锐的学生，并认为一定程度的相关知识必不可少；但他坚定不移地相信，这种事不应该走得太远。① 这是我们从色诺芬那里得到的信息，色诺芬被人指控为功利主义者，一个偏重于实践科学的人。柏拉图曾经在色诺芬的苏格拉底和他自己的苏格拉底之间做过一个略无奉承的比较，他在《王制》中说，数学是真正通向哲学的唯一道路。② 但是，后一个观点受到柏拉图自己智识发展的影响，它使他成了一个辩证法大师，对知识的理论感兴趣；然而，在他晚年的著作《法义》中——其中，他正在讨论的不是高级的教育，而是初级的教育——他采取了与色诺芬的苏格拉底相同的态度。③ 如此这般，苏格拉底对人类事务的特殊兴趣，给迄今为止被认为构成文化的各学科提供了一个选择的标准。"我们究竟应该研究某个学科到多深多远？"这个问题，包含着更大的问题："这个学科的好处是什么"，以及"生活的目的是什么"，在这些问题得到回答之前，教育是不可能的。

因此，道德因素再一次回到了兴趣的中心——是智术师的教育运动将道德因素推离了人们的兴趣中心。智术师运动起源于统治阶级对高级教育的需求，起源于对理智能力的新重视。④ 智术师们心中都有一个清晰的实际目标——培养城邦治理者（statesmen）和政治领袖；而且，在一个崇拜成功的时代，智术师目标的清晰性促进了他们将强调的重点从道德转向聪明才智。现在，苏格拉底在道德和智识文化之间重新建立起了必然的联系。但是，苏格拉底并未试图以一种非政治[非城邦]的理想——由纯粹的人格打造所构成的理想——来抗衡智术师的

---

① 色诺芬，《回忆苏格拉底》4.7：ἐδίδασκε δὲ καὶ μέχρι ὅτου δέοι ἔμπειρον εἶναι ἑκάστου πράγματος τὸν ὀρϑῶς πεπαιδευμένον[应该知道的事，只要他自己知道，他总是非常乐意教导他们，如果他自己不熟悉的话，他就把他们带到知道的人那里去]（吴永泉译）。对几何学的研究见4.7.2，对天文学的研究见4.7.4，对算学的研究见4.7.8，对辩证法的研究见4.7.9。

② 柏拉图，《王制》522c及以下。

③ 柏拉图，《法义》818a：ταῦτα δὲ σύμπαντα οὐχ ὡς ἀκριβείας ἐχόμενα δεῖ διαπονεῖν τοὺς πολλοὺς ἀλλά τινας ὀλίγους[在这些事情上，多数人无需劳心费力到完全精准，这是对少数人的要求]（林志猛译）。

④ 参见本书第一卷，第353页及以下。

政治教育。教育的目的不能被改变：在希腊的一个城市国家中，教育的目的必然始终如一。在陈述苏格拉底教授政治学[城邦学]方面，柏拉图和色诺芬意见一致。① 如果苏格拉底未曾教授政治学，[49]他又怎么可能与城邦发生冲突？他又为何被判处死刑？对希腊人的感受来说，苏格拉底所孜孜以求的"人间事务"的最高成就，就是城邦共同体的繁荣幸福，这是个体生命赖以生存的基础。② 在苏格拉底时代的雅典，一个其教导无关乎"政治[城邦]"的苏格拉底会发现没有学生愿意跟随他。苏格拉底的创新之处在于，他认为人类生活的核心——共同体生活也一样，是人的道德品格。不过，这不是使阿尔西比亚德和克里提亚追随他成为其学生的东西。他们被在城邦政治生活中起一种领导作用的野心所驱使，希望苏格拉底能告诉他们如何实现这一目标。③ 这就是苏格拉底被控告所做的事情；色诺芬为苏格拉底辩解，认为他们后来对政治训练的利用与苏格拉底教导他们的目的背道而驰。④ 无论如何，当他们进一步了解他，并发现他是这样一个伟大人物，并以其灵魂的全部热情寻找和拥有"善[好]"时，他们都深感震惊。⑤

但是，苏格拉底给予的是何种类型的政治教育呢？我们实在不能将苏格拉底在柏拉图的《王制》中所阐述的乌托邦城邦理论归诸苏格拉底，因为它完全依赖于柏拉图的型论。这种情况也是不可能的，即当苏

---

① 这一基本观念贯穿于柏拉图和色诺芬对苏格拉底的全部描述之中。关于柏拉图，参见本卷第 102 页及以下。色诺芬在《回忆苏格拉底》1.1.16，2.1 和 4.2.11 中承认政治文化是苏格拉底的目标。即使他的反对者也通过宣布阿尔西比亚德和克里提亚是他的学生，从而认定他的教导旨在城邦政治(参见色诺芬，《回忆苏格拉底》)1.2.47)。即使色诺芬未曾就此进行争论，但仍试图表明苏格拉底的πολιτικά[政治事务]观念是某种与众不同的东西。在三十僭主统治期间，使得克里提亚等人λόγων τέχνην μὴ διδάσκειν[禁止他和青年人讲论]，剥夺他施教的权力，也是由于他的教导的政治方面原因，尽管严格说来，他并不教授修辞学[演说术](色诺芬，《回忆苏格拉底》1.2.31)。

② 表明苏格拉底教导的"人类事务(ἀνθρώπινα)"就是"政治事务"的主要段落是色诺芬的《回忆苏格拉底》1.1.16。它证明了我们称之为"伦理学"并让其自立门户的东西，与政治学难分难解地联系在一起；这一点不仅对色诺芬而言是正确的，对柏拉图和亚里士多德而言也是正确的。

③ 色诺芬的论述使这一点昭然若揭，参见《回忆苏格拉底》1.2.47。

④ 苏格拉底的政治教学旨在引导青年达到 Kalokagathia[尽善尽美]，参见色诺芬，《回忆苏格拉底》1.1.48。

⑤ 这一点的最佳证明就是阿尔西比亚德的表白，参见柏拉图，《会饮》215e 及以下。

格拉底正在进行哲学教育时，他像在柏拉图的《高尔吉亚》中所做的那样行动；其中，他声称自己是他那个时代唯一真正的政治家，并说与他的工作相比，所有职业政治家的努力——如他们所做的那样，仅仅致力于外在的权势——全是空洞无物的胡说八道。① 这些充满情绪色彩的话语，是柏拉图在批判导致苏格拉底被判处死刑的整个政治倾向时，事后加上去的。但问题的关键是：为什么苏格拉底本人不参与政治活动，却给别人提供一种政治教育？② 色诺芬为我们提供了一个很好的概述，这个概述包含苏格拉底在政治讨论中所涵盖的大量主题——尽管我们为了理解它们的深层含义，必须利用柏拉图的苏格拉底关于德性本质的那些对话。色诺芬告诉我们，苏格拉底与他的学生一起探究所有类型的政治技艺：各种不同类型的政体之间的区别，③法律和政治制度的起源，④政治人物的行动目的，政治家职业生涯的最佳准备，⑤政治和谐的价值，⑥视遵从法律为最高公民德性的理想。⑦ [50]他不仅讨论城邦的治理，还讨论家庭的管理，即oixía[家政]。政治学和"经济学(oikonomika，即家政)"在希腊人的头脑中总是紧密相连的。智术师们经常讨论这些话题，与他们一样，苏格拉底常常将诗人（尤其是荷马）的诗行作为赖以发展出典型事例或用以说明政治观念的文本。在那个时代，一个熟知并传授荷马诗歌的人被称为"'ομήρου ἐπαινέτης[荷马的称扬者]"，因为他通过挑选出诗人的某个段落加以赞扬来进行教学。⑧ 苏格拉底在他的挑选行为中被控具有反民主的倾向。⑨ 我们已经注意

---

① 柏拉图，《高尔吉亚》521d。

② 色诺芬，《回忆苏格拉底》1.6.15（智术师安提丰对苏格拉底的指控）。

③ 色诺芬，《回忆苏格拉底》4.6.12；1.1.16，其中，苏格拉底谈话的主题据说是ἀρεταί（意指公民的美德，即πολιτικαὶ ἀρεταί），以及诸如此类的问题：何为国家？何为政治家？何为统治？谁是正确的统治者？何为民众，参见4.2.37；以及何为一个好公民的义务，参见4.6.14。

④ 色诺芬，《回忆苏格拉底》1.2.40及以下。

⑤ 色诺芬，《回忆苏格拉底》4.2.11及以下，3.9.10。

⑥ 色诺芬，《回忆苏格拉底》4.4.16及以下。

⑦ 色诺芬，《回忆苏格拉底》4.4.14及以下。阿尔西比亚德与伯利克里关于法律和政府的对话，参见色诺芬，《回忆苏格拉底》1.2.40及以下。关于未成文法的讨论，参见4.4.19。

⑧ 参见柏拉图，《伊翁》536d；《王制》606e。在《普罗泰戈拉》309a中，该短语意指一个熟知荷马诗歌的人，而非一个传授荷马诗歌的人。

⑨ 色诺芬，《回忆苏格拉底》1.2.56及以下。

到苏格拉底对选举体系和民主原则的批评——抽签选举使得政府官员的选择非常死板,民主原则就是人多就永远正确。① 不过,无论如何,苏格拉底的批评绝非一种党派行为,这一点的最好证明就是色诺芬《回忆苏格拉底》开头一幕中令人难忘的场景。在三十僭主统治期间,苏格拉底从前的学生、雅典现在的最高统治者克里提亚,征召他赴任政府官职,并命令他停止教学,隐隐地威胁他如或不从唯有一死:尽管由于苏格拉底的行为的特殊性,但他的这种教学并不隶属于关于修辞学教学的一般禁令的范围——三十僭主的禁令将修辞学教学作为一种假托的例证。② 城邦的统治者们显然知道,苏格拉底会泄露他们胡作非为的真相,就像他当时无情地揭露过分放纵的暴民统治一样。

我们的依据[柏拉图和色诺芬]一致认为,就军事事务关涉到政治问题和道德问题而言,苏格拉底毫无拘束地讨论军事事务。我们确实不能断定他们的证据在多大程度上对应于历史事实;但是,他们的证据并非全然不像历史上的苏格拉底——他对战争的最佳规则和公民最好的军事训练给予了详尽的论述,就像柏拉图在《王制》中让他所做的那样。③ 在柏拉图的《拉刻斯》中,两个有影响的雅典人向他征求建议,他们是否应该让他们的孩子接受最新式的战术训练,而两个著名的雅典将军,尼基阿斯和拉刻斯,急切地想听听他的意见。谈话很快上升到一个更高的平台,变成一个对勇敢的本质的哲学讨论。色诺芬以极大的篇幅记录了苏格拉底关于培养未来将军的谈论。④ 在雅典,政治教育的这一分支尤其重要,因为那里没有正规的军事学校,被选举出来担任军事指挥的公民,常常训练糟糕,[51]不足以履行义务。私人教师应运而生(显然是作为一种长期战争的结果),并宣称同时传授军事战略。苏格拉底的技术能力标准定得太高,以至于他在自己没有专门知识的领域不能再给予指导。在这种情况下,我们经常看到,苏格拉底想为向

---

① 参见本卷第 29 页。
② 色诺芬,《回忆苏格拉底》1.2.31—38。译注:所谓"假托",意思是名为教学,实则包藏祸心。
③ 当然,在《王制》中,在讨论这一问题时,柏拉图置于苏格拉底之口的建议的细节,实则是柏拉图自己的。关于这一主题的分析,参见本卷第 286 页及以下。
④ 色诺芬,《回忆苏格拉底》3.1—5。

他求学的可造之材寻找合适的教师。比如,他打发一个学生到狄奥尼索多洛(Dionysodorus)那里,后者刚好来到雅典,是一个熟悉军务的巡游教师。① 随后,当苏格拉底听说狄奥尼索多洛只给那个年轻人战略战术方面的指导,而没有解释他应该如何使用自己的军事技能,只解释了如何为优秀的和糟糕的战士定岗,而没有解释什么样的人是优秀的和什么样的人是糟糕的,他就严肃地批评了狄奥尼索多洛。另一回,苏格拉底重拾荷马对阿伽门农的正式描述,即"人民的牧者",并据之展开了一段关于领导者的真正德性的谈话。他在这里也抨击这样一种观念,即将才纯粹是一种外在的技术,只是一种职业技能。例如,他问一个新近履职的骑兵军官,他是否认为改善部队的马匹是其义务的一部分;如果是,他是否也应该改善其部队的人员;如果是,他是否也应该改善他自身——因为战士们会最心甘情愿地追随最好的人。② 尤为意味深长的是,作为一个雅典人,他赋予了将军的演说能力极大的重要性——在这方面,修昔底德和色诺芬著作中的将军们的演说为苏格拉底提供了支持。③ 通过将好的将军与好的家政经营者(economist)和管理者(administrator)作比较,使得苏格拉底能够将二者的卓越之处归结为一个原则,并将其称之为一个好领导的必要品质。④

这些谈话的其中一个抛开总的主题,将其置之一旁,去讨论更受关注的话题去了。这就是苏格拉底与小伯利克里之间的谈话,在伯罗奔尼撒战争后期,苏格拉底对他的军事能力寄予很高的期望。⑤ 那是雅典的势力不断衰退的一个时期;苏格拉底年轻时曾经历过希波战争之后雅典的急剧扩张,而现在,他只能满怀旧情,回顾已经消逝的辉煌岁月。他描绘了一幅旧德性(ἀρχαία ἀρετή)的理想图画,与伊索克拉底和德摩斯梯尼所描绘的一样美丽而不祥。⑥ 这幅图画无非是如此频繁地在他们的演说中得到阐释的历史哲学的一种反映(毕竟这部加入了旧

① 色诺芬,《回忆苏格拉底》3.1.1 及以下。
② 色诺芬,《回忆苏格拉底》3.3。
③ 色诺芬,《回忆苏格拉底》3.3.11。
④ 色诺芬,《回忆苏格拉底》3.4;关于一个好的领导者的德性的论述,参见 3.2。
⑤ 色诺芬,《回忆苏格拉底》3.5。
⑥ 色诺芬,《回忆苏格拉底》3.5.7,3.5.14。

德性的理想图画的作品是色诺芬的晚年之作)？［52］还是它的这种对比——衰落的现在与胜利的过去之间的对比——真的可以追溯到苏格拉底人生将尽时所表达的思想？我们必须承认，色诺芬在写作其《回忆苏格拉底》之时，他对那一时期的历史背景的描述具有强烈的怀旧之情。对色诺芬来说，苏格拉底与小伯利克里之间的谈话，充满了关乎主题的重要意义。尽管如此，这并不能证明苏格拉底从未表达过这样的想法。在伊索克拉底写下他关于理想化的往昔的文字相当长一段时间之前，柏拉图的《美涅克塞努》(Menexenus)，在一个关于已逝的雅典将士的讲话中——他说他是从阿斯帕齐娅那里听说这个讲话的，这个讲话中包含了许多相同的想法——已经让苏格拉底颂扬较早世代的德性和教化了。① 为了抵消伯利克里的儿子自然而然地表达的绝望的悲观情绪，色诺芬的苏格拉底召唤雅典民族精神中的斯巴达因素。② 他不相信他的祖国会走向灭亡，尽管它已经四分五裂。他指出，雅典人在戏剧的合唱队中，在体育竞赛中，以及在海军舰队中，都能接受严格的训练；他暗示，尽管军队的训练已经堕落，军队的指挥措置失当、无的放矢，但战神山议事会仍然拥有权威，是雅典未来有望的一种象征。一代人之后，在伊索克拉底改革雅典危险的激进民主制的计划中，恢复战神山议事会的权威就成了一个关键点；而苏格拉底的评论——合唱队的训练应该成为军队训练的一种典范——再次出现在德摩斯梯尼的第一篇《反腓力辞》(Philippics)中。③ 如果苏格拉底确实表达过这些观点或者类似的想法，那么对城邦中不断恶化的自由主义的批评应该在苏格拉底的圈子中有其根源。④

---

① 柏拉图，《美涅克塞努》238b，239a，241c。

② 色诺芬，《回忆苏格拉底》3.5.14，3.5.15。

③ 关于雅典战神山议事会的地位，参见色诺芬，《回忆苏格拉底》3.5.20。本书第三卷第140页将其与伊索克拉底"应该把教育的权威还给战神山议事会［最高法院］"的主张进行了比较。在色诺芬的《回忆苏格拉底》3.5.18中，节日合唱队被用作秩序和训练的一种典范；与此类似，德摩斯梯尼在《反腓力辞》1.35中称赞酒神节和泛雅典娜节，以及在准备这些节日期间所保持的良好秩序。

④ 色诺芬可能是从苏格拉底那里获得了这些批评的基本知识，然后将其进行了整合。苏格拉底与小伯利克里谈话中的某些内容确实属于第二次雅典海上同盟的衰落；关于这一事实，以及《回忆苏格拉底》的教育目标，参见本书第三卷，第207—208页。

如何为城邦培养领导者的问题（色诺芬将其置于最显著的位置），是苏格拉底与居勒尼的阿里斯提卜（Aristippus of Cyrene）之间一段很长的讨论的主题——后者后来成为快乐主义的主要倡导者。① 这是对苏格拉底与他的学生们之间思想对立的有趣一瞥，他们师生之间的对立必定早就很明显了。苏格拉底的基本假设是，所有这些教育都必须是政治教育。教育必须将人要么训练成统治者，要么训练成服从者。[53]这两类训练之间的区别甚至要延伸到饮食起居的日用之道。为了履行紧要的义务，年幼的王子必须克制身体的需求和欲望；必须成为自己的饥饿和焦渴的主人；必须习惯于短暂的休息和晚睡早起；必须不惮劳烦、不辞辛苦；必须不能被感官的诱惑所吸引；必须劳其筋骨、不避寒热；必须风餐露宿而略无抱怨。任何做不到这一切的人都只能成为被统治者，而不是统治者。苏格拉底给这种自制和禁欲的教育起了一个希腊名字叫"训练"，即 askésis。② 这种"训练"（与"关怀灵魂"一样）是希腊教育的一种本质性的理想，其与之后来自东方宗教的另一些因素相混合，对后世的文化有广泛的影响。不过，苏格拉底的"训练"或苦行，不是那种僧侣的德性，而是一个统治者的德性。当然，它对阿里斯提卜来说毫无意义。他既不想成为主人，也不想成为奴隶，他只想自由；他唯一的目标就是尽可能像一个农夫那样生活。③ 阿里斯提卜认为，对一个城邦的公民来说，那是绝无可能的：只有一个永久的外乡人，一个只拥有部分公民权的外侨（metic）——他不是公民全体的一部分，也没有公民的义务——才能享受这样一种生活。④ 与学生的这种新的、不那么显山露水的个人主义相反，苏格拉底代表了永久公民义务的古典理想，并坚持认为他的政治使命，就是通过他们自愿的"训练"，将他们教育成统治者。⑤ 因为诸神

---

① 色诺芬，《回忆苏格拉底》2.1。
② 色诺芬，《回忆苏格拉底》2.1.6。译注：英语中的"ascetic"和"asceticism"便是来源于希腊语"askésis"，即通过严格的克己训练，在身体和精神上达到一种理想的完美状态。
③ 色诺芬，《回忆苏格拉底》2.1.8 和 2.1.11。
④ 色诺芬，《回忆苏格拉底》2.1.13。
⑤ 色诺芬，《回忆苏格拉底》2. 1. 17：οἱ εἰς τὴν βασιλικὴν τέχνην παιδευόμενοι, ἣν δοκεῖς μοι σὺ (Socrates)νομίζειν εὐδαιμονίαν εἶναι[苏格拉底，那些你认为是幸福的受了统治术训练的人又如何呢]。"统治术"似乎在其他地方也是苏格拉底的教育目标，例如在与欧绪德谟的谈话中，4.2.11。

赐予人类的真正的善,没有一样是无需艰苦努力和认真劳作的。与品达一样,他为这种类型的教育讲了一个神话故事:智术师普罗狄科关于赫拉克勒斯在选择的十字路口[是通过艰苦训练的途径走向生活,还是通过享乐的恶行走向生活]的著名寓言,讲述了赫拉克勒斯如何受到美德女士(Lady Areté)教育的故事。①

通过苏格拉底,自制(self-control)成了道德行为规范的一个核心概念。流行的守法目标只要求我们对法律给予外在的遵从,而自主(self-mastery)的目标,则主张道德行为发源于个体内在的灵魂。不过,既然希腊道德思想起源于社会和政府治理的政治观念,希腊人通过将灵魂比作一个治理良好的城邦,从而认识到了自主的意义。对我们来说,理解这种政治理想向灵魂转移的真正意义的最佳方式,是追忆在智术师时代法律的外在权威是如何崩溃的。结果是内心的法律成了至高无上的法律。② [54]正当苏格拉底努力解决道德问题之时,在阿提卡方言中出现了一个新词:ἐγκράτεια[自制],这个词意味着道德上的自制、适度和坚贞。苏格拉底的学生色诺芬和柏拉图大约在同一时期开始使用这个词,而且是频繁使用。另外,受到苏格拉底思想强烈影响的伊索克拉底也间或使用这个词。结论是必然的,那就是这一新概念归因于苏格拉底的道德思考。③ 这个词来源于它的形容词形式ἐγκρατής[控制的],过去常常用于对

① 这是普罗狄科一篇辞藻华丽的演说,作为一本书(σύγγραμμα)问世;它将赫拉克勒斯看作努力拼搏追求德性的化身。赫拉克勒斯的教育(Ηρακλέους παίδευσις)的寓言故事,是英雄成长为伟大人物的一个重要阶段,参见色诺芬,《回忆苏格拉底》2.1.21及以下。关于这个演说的题目和形式,参见色诺芬,《回忆苏格拉底》2.1.34。尽管寓言故事本身充满枯燥乏味的道德主义和理性主义色彩,但它仍然感觉到了赫拉克勒斯神话的某种真实特征,参见维拉莫维茨,《赫拉克勒斯》(Herakles),第一卷,第101页,他将其与希罗多德关于赫拉克勒斯在当代传奇中的教育故事进行了对比。

② 关于法律权威的崩溃,参见本书第一卷,第390页及以下。其中,我曾经提到苏格拉底从外在世界转向内在世界的变化。德谟克利特以αἰδώς[羞耻]的一种新的意义(即一个人为他自己感到羞耻[αἰδεῖσθαι ἑαυτόν])代替了其旧的社会性意义(即一个人在其同胞面前感到羞耻)。这一新概念的出现在道德意识的发育过程中具有高度的重要性。

③ 相关的段落收集在施图茨(F. Sturz),《色诺芬词典》(Lexicon Xenophonteum),第二卷,第14页,以及阿斯特(F. Ast),《柏拉图词典》(Lexicon Platonicum),第一卷,第590页。参见伊索克拉底,《尼科克勒斯或塞浦路斯人》(Nic.)44(参见39):在此,置于一个统治者之口的自主理想是苏格拉底的理想。"enkrateia"的概念在亚里士多德的思想中起着最为重要的作用。

任何事物拥有权力和权威的任何人；但其名词形式只在道德意义上的自制中存在，在此之前未曾出现；因而，它显然是造出来表达这个新观念的，并非事先作为一个纯粹的法律术语而存在。"enkrateia"并非任何特定的美德，而是（用色诺芬的话说①）"一切美德的基础"：因为它意味着人的理性摆脱了动物本性的主宰，以及精神对激情的合理控制的确立。② 既然苏格拉底认为人身上的精神因素才是人的真正自我，我们可以用"自制"来翻译"enkrateia"一词，无需超越其实际之所是而作过分解读，在我们自己的语言中，"自制（self-control）"是其直系后裔。"enkrateia"一词包含着柏拉图《王制》的萌芽，以及《王制》所依据的思想的萌芽，这个思想就是，正义就是人在自己的灵魂之内与法则的和谐一致。③

苏格拉底的自制原则包含着一种新的自由。值得注意的是，自法国大革命以来，主导现代思想的自由理想在古典希腊远没有那么重要，尽管希腊人当然对它耳熟能详。希腊民主制度首先要保证的是公民和法律的平等，即 $τὸ\ ἴσον$。"自由（Freedom）"是一个涵义过于复杂的概念，在获致平等方面无所助益；它可以意指一个个体或整个国家和民族的独立。当然，他们也谈论一个自由的政体，或者把这样一个政体的公民叫作自由的，以表示他们并非奴隶。但是，"自由的（$ἐλεύθερος$）"一词的首要意义是"不是一个奴隶（$δοῦλος$）"。它并没有现代自由观念中那种包罗万象、模糊不清的伦理学和形而上学涵义，后者已经被十九世纪所有的艺术、诗歌和哲学所渗透和丰富。④ 我们的自由理想产生于自然权利的哲学；[55]它在任何地方都通向奴隶制度的废除。古典希腊的自由理想是一个来自于政治权利领域的积极概念，它建立在奴隶制作为一种永恒的制度而存在的基础之上，而奴隶制度实际上是公民团体的自由（liberty）的基础。它的同源词"$ἐλευθέριος$［宽宏大度的、自由的］（liberal）"描述的是适合于一个自由公民的行为举止，无论是慷慨

---

① 色诺芬，《回忆苏格拉底》1.5.4。

② 色诺芬，《回忆苏格拉底》1.5.5—6。

③ 参见本卷第 274 页及以下。

④ 参见克罗齐（Benedetto Croce），《十九世纪的欧洲史》（*Geschichte Europas im neunzehnten Jahrhundert*），Zurich，1935，第一章，"自由的宗教（Die Religion der Freiheit）"。

大方的花费,还是坦率清晰的谈吐(这在奴隶那里是不合适的),或是一种彬彬有礼的生活方式。自由技艺(liberal arts)就是那些属于"自由(liberal)"教育的学科——而这就是自由公民的教育(paideia),作为不自由的奴隶未经教化的庸俗粗鄙的对立面。

是苏格拉底首次将自由(freedom)看作一个道德问题。在他之后,这个问题在苏格拉底学派中得到了不同程度的讨论。到目前为止,对将一个城邦的居民划分为自由人和奴隶的社会制度还没有根本的批判。这种划分仍在继续。但是,当苏格拉底将奴役和自由之间的对比从社会领域转移到内在的道德世界时,这种划分失去了其最深层的意义。现在,与作为理性对欲望的主宰的"自制"概念的发展相对应,一种新的精神自由的观念产生了。① 拥有它的人与那种成为自身肉欲的奴隶的人截然对立。② 它对政治自由的唯一意义是它的言外之意,即一个自由公民或一个统治者,在该词的苏格拉底意义上,仍有可能是奴隶。不过,这会导致这样的结论,即这样的一个人并不是真正的自由,不是一个真正的统治者。有趣的是,尽管自治观念(现代哲学家将其运用在这一联系中)在希腊政治思想中非常重要,它意味着一个城邦独立于其他城邦的统治,但没有像其他概念那样被带入道德领域。在苏格拉底看来,事关重要的显然不是一个人独立自主于某些外在的规范,而是他应该成为自己的真正主人。因此,对他而言,道德的自律意味着独立于人的动物本性:这与一个更高的宇宙法则的存在不相抵触,自制这种道德现象将是更高的秩序法则(cosmic law)的一个范例。与这种道德自主紧密相连的是苏格拉底的艰苦朴素和

---

① 关于这一理想的起源及其在苏格拉底之后的希腊哲学中的发展,参见冈珀茨(H. Gompertz),《希腊哲学中的人生观和内在自由的理想》(*Die Lebensauf Fassung der Griechischen Philosophen und das Ideal der inneren Freiheit*),Jena,1904。从这一角度出发,冈珀茨讨论了希腊道德哲学的全部发展过程,从而证明了精神自由理想的巨大历史意义,为我们理解苏格拉底提供了有价值的贡献。不过,从内在自由的角度出发,我们无法理解苏格拉底的全部。首先,我们无法理解他的经柏拉图之手的逻辑和科学思想的发展;其次,他的研究进路会使犬儒派、昔勒尼派和斯多亚派(在斯多亚派那里,道德上的独立自主是核心问题)达到希腊哲学的顶峰和圆满。他的著作在许多重要特征上预示了迈尔的苏格拉底观;因为迈尔著作的最后一章以类似的方式改变了哲学史的视角。对迈尔来说,苏格拉底也是道德自由的倡导者。

② 参见色诺芬,《回忆苏格拉底》1.5.5—6 和 4.5.2—5。这种新的自由观与苏格拉底的自制理想之间的联系,在这个段落中一目了然。

无求于外的理想，即 autarkeia[自足]，强调这一点的主要是色诺芬（也许是受到安提斯泰尼的著作的影响）；①[56]柏拉图并没有更多地谈论；但是，要想质疑苏格拉底确实宣讲过这一点是不可能的。苏格拉底死后，犬儒派的道德学家们发展了这一方面，使自制（abstemiusness）成为真正的哲学家的显著标志。不过，柏拉图和亚里士多德在他们对哲学家的完美幸福的描述中，也将其放了进来。② 明哲之人，在其无求于外在世界之时，在新的精神境界上，重建了传统的神话英雄的品质。在希腊人眼中，他们之中的最伟大者，就是勇士赫拉克勒斯及其艰苦战斗（πόνοι），英雄的品质就是自助自立。赫拉克勒斯的故事以英雄"让他的双手保持脑袋"的力量开始，对抗敌人、怪兽和各种各样的危险，以他最终获得胜利结束。③现在，这种英雄品质成了一种精神品质，只能被这样一个人所获得：他将自己的希望和努力限定在他力所能及的范围之内[不追求超出他能力范围的东西]。只有那些在其自身内心中驯服狂野欲望的明哲之人，才是真正的自足。他最接近神，因为神独立自足一无所需。

正当智术师安提丰试图通过嘲笑苏格拉底的贫穷来动摇其学生对他的忠诚时，苏格拉底在与安提丰的谈话中，详尽阐释了他的这种犬儒理想的涵义。④ 但是，苏格拉底并没有像他死后的犬儒派一样，将这种自

①　色诺芬没有使用名词"αὐτάρκεια[自足]"。形容词"αὐτάρκης[自足的]"出现在《居鲁士的教育》（Cyropaedia）的一个段落中和《回忆苏格拉底》的四个段落中，但只在《回忆苏格拉底》1.2.14 中以"独立于外在事物"的含义出现过一次。不过，此处是苏格拉底本人使用了这个词。

②　在《蒂迈欧》68e（参见 34b）中，柏拉图说，autarkeia[自足]是宇宙的完美和幸福的一部分，而在《菲利布》67a 中，柏拉图说，autarkeia 是一个好人的基本品质。在《王制》387d 中，一个令人钦佩的人，即ὁ ἐπιεικής，被叫作"自足的人"。亚里士多德也把"独立自足"和"完美无缺"作为同义词来使用。关于明哲之人的 autarkeia，参见《尼各马可伦理学》10.7.1177b1。策勒描述了犬儒派如何模仿和夸大了苏格拉底的自足概念（《希腊哲学史》II, I⁵，第 316 页；参见冈珀茨，《希腊哲学中的人生观和内在自由的理想》，第 112 页及以下）。

③　参见维拉莫维茨的评论，《欧里庇得斯的赫拉克勒斯》（Euripides' Herakles）I²，第 41、102 页。

④　色诺芬，《回忆苏格拉底》1.6.10，苏格拉底对神的独立自足的评论。这一观念也出现在欧里庇得斯那里（《赫拉克勒斯的儿女》[Her.]，第 1345 行），它显然可以追溯至我们首次在塞诺芬尼那里见到的对神灵拟人化的哲学批判（参见本书第一卷，第 218 页）。苏格拉底在色诺芬那里的评论的幽默在于这一事实：这话是对安提丰说的，安提丰曾经挖苦苏格拉底对外在事物的独立性；因为安提丰本人曾经以几乎同样的词赞扬过神的独立自足（参见残篇 10[第尔斯本]）。

足和节制的理想推到极端个人主义的地步。苏格拉底的自足,与犬儒派不同,它不排斥公民身份,不断绝一切人事联系,不对一切外在事物漠不关心、无动于衷。苏格拉底仍然归属于城邦共同体。因此,他将各种类型的共同体都包括在"政治生活"之下:他把人视为家庭的一部分,在亲戚和朋友圈子中占有一席之地——家庭是自然形成的更小社会,没有它,人就无法生存。因此,他将和谐的理想从政治生活领域(和谐理想首先是为政治生活构建出来的)延伸到家庭之中,并通过与身体的类比——手、脚和其他肢体,没有一个可以孤立存在——论证了在家庭和城邦中共同合作的必要性。① 尽管如此,还是有人指控他的教导削弱了家庭的权威。这一指控表明,苏格拉底对年轻人的影响有时会成为对旧式家庭生活的一个重大威胁。② 他在为人的行为追问一种确定的标准,在一个一切传统规范都土崩瓦解的时代,即使是对父母权威的严格忠诚,也提供不了这种标准。在讨论中,苏格拉底对流行的偏见做了详尽的分析和冷静的解剖。[57]另一方面,我们千万不要忘记,有多少家长曾经就孩子的教育问题向他咨询建议。苏格拉底自己正处于青春期的儿子兰普洛克勒斯(Lamprocles)向他抱怨母亲赞西佩(Xanthippe)的坏脾气,他与儿子的谈话表明,他离不假思索地谴责什么人是多么的遥远,离反抗父母的一切习惯甚至弱点是多么遥远。③ 凯勒克拉斯(Chaere-crayes)不能与其兄长凯勒丰(Chaerephon)和睦相处,苏格拉底向凯勒克拉斯解释说,兄弟关系就是一种朋友关系,正如即使在共同哺育起来的禽兽之间尚且也有友爱,我们人自然更有手足之情。④ 为了将它发展为某种有价值的东西,我们需要知识和理解,正如我们在恰当地使用一匹马时所做的那样。这种知识毫无新颖或复杂之处。任何人,如果要想被别人友好对待,就必须首先善待别人。友谊的原则与仇恨是一样的。⑤

---

① 和谐(ὁμόνοια)作为一种政治理想,参见色诺芬,《回忆苏格拉底》4.4.16;3.5.16。家庭不同成员之间的合作,参见《回忆苏格拉底》2.3;有机体的不同部分之间的合作作为合作的典范,参见《回忆苏格拉底》2.3.18。

② 色诺芬,《回忆苏格拉底》1.2.49。

③ 色诺芬,《回忆苏格拉底》2.2。

④ 色诺芬,《回忆苏格拉底》2.3.4。

⑤ 色诺芬,《回忆苏格拉底》2.3.14。

此时此刻，我们必须考察一下苏格拉底的友谊观。它不只是一种理论，它还植根于苏格拉底的生活方式：因为在这里，哲学和理智的努力，不可分割地和一个人与其同胞的友好关系相联系。我们所有的资料都毫无异议地强调这一点，并将很多关于人际关系的新颖而深刻的观点归诸苏格拉底。在柏拉图那里，在《吕西斯》《斐德若》和《会饮》中，苏格拉底的友爱（philia）概念被提升到形而上学的高度。稍后，我们必须考察柏拉图建立在其之上的理论；与此同时，我们必须将其与色诺芬提供的证据相比较——色诺芬的证据以另一种方式给予了友谊问题差不多同样多的重要性。

一个忠实的朋友是一个人终其一生的重大财富。但是，朋友的价值也像奴隶的价值一样在变化。任何理解这一点的人都会问自己在朋友们心目中的分量，并竭尽全力提升自己的价值。① 这种对友谊价值的新评估是战争年代的症状。它起源于战争，并在后苏格拉底哲学学派中产生了一整套关于友谊的文献。当然，我们也能在早期希腊诗歌中找到对友谊的赞扬。在荷马那里，友谊是战场上的袍泽之谊；在泰奥格尼斯的贵族教育准则中，友谊是在凶险的政治生活和政治动乱期间的互相保护。② 苏格拉底也强调了这一点。[58]他建议克力同去找一个会像一只看家狗那样保护他的朋友。③ 在一个不断增长的政治冲突和谄媚逢迎正在蚕食社会、一切人际关系、甚至家庭根基的时代，孤独的个人感到一种令人毛骨悚然的不安全感。但是，让苏格拉底能够掌握友谊的新技艺的，是他的这样一种认识：一切真正的友谊不是建立在外在的有用性之上，而是建立在内在的精神价值之上。的确，经验表明，在有崇高理想的好人之间常常不存在什么友谊或善意，他们彼此之间只有仇视，比那些卑不足道的小民更甚。④ 认识到这一事实真的令人心灰意冷。人天生有友爱的性情，又天然有同等的敌对倾向。他们彼此需要，为共同的利益通力合作；他们拥有同情的天赋；他们乐于助人，他们心怀感激。但是，他们同样竭力达到相同的目的，因而相互竞争，无论他们的目的是崇高

---

① 色诺芬，《回忆苏格拉底》2.5。
② 参见本书第一卷，第 253 页及以下。
③ 色诺芬，《回忆苏格拉底》2.9
④ 色诺芬，《回忆苏格拉底》2.6.14。

的事物,还是简单的快乐;他们被意见的分歧所孤立;纷争和恼怒导致战争;贪得无厌的欲望使他们相互敌视;嫉妒又孵化出仇恨。尽管如此,友谊仍然穿过所有这些障碍,迂回曲折地出现,把那些高尚而善良的人们联系在一起——因此,他们更喜欢友谊的精神价值,而非黄金或荣誉,并慷慨地允许朋友们分享他们自己的财产和服务,正如他们享受朋友们的财产和服务一样。如果一个人努力想要达到崇高的政治目标,希望在城邦获得荣誉,或者在为城邦服务中出类拔萃,既然他自己有这样的心情,为什么不可以与自己具有同样心情的人坦诚相待而不是相互敌视呢?

　　在友谊中,一个人首先必须完善自己的品格,努力成为一个有德行的人。然后,他还要有成为另一个人的"热爱者"的禀赋(苏格拉底嘲讽地说他自己有这样的禀赋)——这"另一个人"需要其他人并将他们找出来,他从自然接受了这种禀赋,并将其发展为一门技艺,一种取悦那些取悦他的人的能力。① 这样一个人不是像荷马的斯库拉(Scylla)那样的人,斯库拉直接动手抓人,因而甚至在很远的地方,他们早就逃之夭夭了。他像海妖塞壬(Sirens),以美妙的歌声从远处引诱人们。苏格拉底把自己对友谊的天赋用于对朋友们的服务,免得他们在赢得朋友上需要他的斡旋。他认为友谊不仅仅是联结每一个政治组织的纽带,而且是每一种人与人之间富有成效的联系的真正形式。这就是为什么他不说他的"学生们"如何(像智术师那样)而说他的"朋友们"如何的原因。② [59]这种苏格拉底式的表达后来成为伟大的哲学学派——阿卡德学园和吕克昂学园——的常规语言,并作为一种套话保存下来。③ 但对苏格拉底来说,

---

① 色诺芬,《回忆苏格拉底》2.6.28。

② 苏格拉底不说他的"学生们",并拒绝被称为任何人的"老师"(柏拉图,《申辩》33a)。他只与其他无论什么年龄的人都有一种"交往",即 συνουσία,并与他们"交谈(διαλέγεσθαι)"。因而,他也不像智术师那样收取学费,参见《申辩》33b;关于他的贫穷,参见《申辩》23c。

③ "记名的朋友(registered friends)"这一短语,在泰奥费拉斯托斯的意思中常常意味着"登记过的学生(registered students)"(第欧根尼·拉尔修,《著名哲学家的生平和传说》5.52):οἱ γεγραμμένοι φίλοι[记名的朋友]。与此类似,苏格拉底死后,其他类似的词语也成了阿卡德学园的常规术语的一部分:例如,教师和学生的 association(关系)是 συνουσία[交往],conversation(谈话)=教学(διαλέγεσθαι),学校=闲暇(σχολή),消遣=讲座(διατριβή)。这些术语被转移到职业教育的领域,这个领域是苏格拉底努力使自己摆脱关系的领域;因此,由智术师们精心发展出来的教育技艺征服了作为苏格拉底教导基础的人格和精神。

它并非陈词滥调。他总是将他的伙伴们视为完整的人格，而不是"学生"；而提升青年的使命——这是智术师承诺要做的——对他来说（尽管他鄙视他们的自吹自擂），是他与别人全部友好交往的深层意义。

这是一个有趣的悖论：这位不世出的教师居然避免别人将他自己的工作称作教育（paideia），尽管每个人都将他视为教育的最完美化身。当然，这个词不可能被永久地搁置：柏拉图和色诺芬不断地用它来描述苏格拉底的活动及其哲学。不过，苏格拉底认为，同时代的教育理论和实践已经使得这个词对他来说过于沉重，以至于让他不能再使用了。① 这个词要么要求得过多，要么蕴涵太少。因此，当苏格拉底被控败坏青年时，他解释说，他从未声称要教育他们②——意思是，从未让他们接受智术师们给予的职业训练。苏格拉底不是一个"教师"，但是他在不断地追寻一个他从未找到过的真正教师。他找到的常常是一个能干的专家，一个在某个领域出类拔萃的专家；③但他找不到一个完全意义上"教师"。一个真正的教师是一种稀有之物（a rare bird）。的确，诗歌、科学、艺术、法律、城邦、智术师、雄辩家和哲学家，每一个都声言自己正在襄助伟大的教育事业，甚至每个正直的雅典公民——他们帮助维持城邦的法律和秩序——都想象自己正在竭尽全力提升青年。④ 苏格拉底不认为他自己懂得教育这门技艺。他只是感到惊奇：他居然是那个唯一正在败坏青年的人。他用一种新的教育观念测量他人的狂妄自负，这种新的教育观念使他怀疑他们的可信性；但是他感到他本人也低于自己的理想标准。因此，这一点就变得非常明显：在所有真诚的苏格拉底式反讽背后，关于真正的教师的使命及其困难，苏格拉底具有一种比任何同时代人都要高远的看法。

他对自己的教学所持的嘲讽态度有助于解释这一明显的悖论：[60]即他既想保持教育的必要性，又拒绝其他人最诚挚的教育努力。⑤

---

① 他认为高尔吉亚、普罗狄科和希庇阿斯是当代教育（paideia）的典型代表，参见柏拉图，《申辩》19e。

② 柏拉图，《申辩》19d—e：οὐδέ γε εἴ τινος ἀκηκόατε ὡς ἐγὼ παιδεύειν ἐπιχειρῶ ἀνθρώπους，……οὐδὲ τοῦτο ἀληθές[你们听到有人说我想要收费授业，……这不是真的]。

③ 色诺芬，《回忆苏格拉底》4.7.1，3.1.1—3。

④ 柏拉图，《申辩》25a；《美诺》92e。

⑤ 参见柏拉图，《申辩》19c：如果真有什么人能"教育别人"，那这正是令人羡慕之事。

苏格拉底对教育的热爱，他的 eros［爱欲］，主要落到了出类拔萃的年轻人身上，只有他们才能胜任最高级的理智和道德文化，即德性。他们灵敏的才智、良好的记忆和学习的迫切愿望都在呼吁教育。苏格拉底深信，除非这些人受到恰当的教育，否则不可能在达到他们想要达到的全部目标的同时还能使他人幸福。① 还有一些人鄙视知识，仰赖自身的天赋。对于这些人，苏格拉底解释说，越是禀赋好的人越需要受教育——正如最优秀的狗和马，它们天生具有上佳的血统和性情，必须得到严格的控制和训练，如果未经驯服和训练，就会比其他的狗和马更糟糕。如果想要获致某种与自身能力相匹配的成就，优异的禀赋就比寻常之物更需要洞见和关键的判断。② 至于那些以财富自夸，认为不需要接受教育，财富会成就他们的心愿、使他们受人尊敬的人，苏格拉底也让他们知道，如果不能分辨好歹，单凭财富是如何的无用。③

　　但是，苏格拉底对那些在文化上自命不凡的人照样大刀阔斧；这些人骄傲地认为，凭借他们的文化知识和智力兴趣，他们已经高踞于同侪之上，并确信自己已经在政治生活中赢得了最伟大的成功。欧绪德谟，这个厌倦了享乐的青年，是此种类型的一个相当迷人的代表人物。④ 苏格拉底批评了他的一般文化素养，在他高度华丽的外表下找到了一道裂缝：因为，尽管他拥有每一个可能的特定领域的知识，从诗歌到医学，从数学到建筑，但在他的知识框架中仍然有一个缺口。那就是，那里没有对政治德性的指引。而对一个年轻的雅典人来说，政治德性是任何普遍才智和教育的自然目标。那么，政治德性是一个自学者可以与权威对话的唯一技艺领域吗⑤——虽然一个自学者在医学领域会被称为江湖郎中？在治国理政的技艺领域，难道一个人可以不靠师承，不凭以前的所作所为，单凭证明自己一无所知，就可以得到大家的信任？苏格拉底使欧绪德谟相信，他正在从事的职业是一种国王似的职业，⑥

① 色诺芬，《回忆苏格拉底》4.1.2。
② 色诺芬，《回忆苏格拉底》4.1.3—4。
③ 色诺芬，《回忆苏格拉底》4.1.5。
④ 色诺芬，《回忆苏格拉底》4.2。
⑤ 色诺芬，《回忆苏格拉底》4.2.4。
⑥ 色诺芬，《回忆苏格拉底》4.2.11。

如果为人不正、行事不直，没有人能在这里获得成功。就像他激励未受教育者有所作为以提高自身的修养，现在，他让那些文化上的附庸风雅之辈[61]认识到自己欠缺一种关键的知识。欧绪德谟被拖入了一场关于正义和非正义的本质的严密盘问之中，这场严密盘问表明，他其实既不懂什么是正义，也不懂得什么是非正义。现在，除了书本知识的学习，苏格拉底给欧绪德谟指明了达到政治德性的另一条道路：它始于自知其无知，始于自知之明——也就是说，始于对自身能力的知识。

我们的证据说明，这毫无疑问是苏格拉底的真正步骤，他的教育热情的目标就是这同一种政治德性。政治德性的意义在柏拉图早期的苏格拉底对话中得到了最清晰的展示。今天，我们通常用亚里士多德赋予的名字来称呼这些著作——他将其称为"伦理［道德］对话"。① 但是，现在这个名字很容易导致误解。我们并不认为"伦理的"［道德的］一词意味着对共同体生活的分享和分担——而这对亚里士多德来说恰恰是个中应有之义；②实际上，我们经常认为，伦理［道德］的本质就在于它与政治相分离。各个个体的内在生活与共同体的这种分离，不仅仅是现代哲学家们所做的一种抽象，它深深地植根于我们的思想和生活方式，是由数个世纪之久的现代"基督教"世界的双重标准所造就的——现代世界承认福音真理对个体道德生活的严格主张，但以另一种"自然的"标准来判定国家的政治行为。它不仅分离了在希腊城邦生活中原本统一的两个因素，而且改变了伦理和政治的特有含义。这一事实比其他任何东西都让我们难以理解希腊：因为它使我们在说苏格拉底讨论的德性就是"政治的"德性时容易产生误解，就像我们在谈论苏格拉底的对话是"伦理的"［道德的］对话时一样。当我们说，在苏格拉底和亚里士多德所指的意义上，希腊人的全部生活和伦理道德是"政治的"时，我们所指的是某种与政治和国家的现代技术概念非常不同的东西。如果我们思考一下"国家（state 来自于后来的拉丁语 status）"这一现代术语所发出的抽象声音与"城邦"这一具体的希腊词语——它

---

① 亚里士多德，《形而上学》A 6.987b1。
② 参见亚里士多德，《尼各马可伦理学》1.1.1094a27,10.10,尤其是结尾部分。

在我们的脑海中唤醒了栩栩如生的回忆:活的共同体整体,和与这一共同体整体以及其他个体有机地联系在一起的个体生活——之间的差别,我们就能认识到这一点。现在,正是在这一古典的意义上,我们说,柏拉图关于虔敬、正义、勇敢和节制的苏格拉底对话,[62]都是关于"政治"德性的本质的研究。正如我们已经表明的,在通常所谓柏拉图"四德"的四重标准中,"四"这个代表性的数字显示,这四个标准是流行于早期希腊城邦的公民德性理想的一种遗风,因为我们发现早在埃斯库罗斯时就已经提到它了。

柏拉图的对话揭示了苏格拉底工作的一个方面——在色诺芬那里,这个方面几乎完全隐藏在苏格拉底对他人的鼓励和劝告中;这就是苏格拉底的问答法(elenchos),即他的诘问(cross-examination)和对谈话者的反驳。不管怎样,正如柏拉图对苏格拉底的常规谈话模式所描述的那样,这种查问是对劝勉的必要补充:它通过显示被查问者的知识只是一种想象的知识,从而在准备播种时先松软土壤。

这些诘问总是按照同样的思路进行。它们是找出普遍概念的反复尝试——普遍概念隐藏在描述一种道德标准的特定名称(诸如"勇敢"或"正义")背后。问题的形式(什么是"勇敢")似乎表明,研究的目标是寻找一个定义。亚里士多德明确地说,概念的定义是苏格拉底的一个成就,①色诺芬也这样说。② 如果属实,它为我们迄今为止所勾勒的苏格拉底的形象增加了新的重要特征:它会使苏格拉底成为逻辑学的发明者。苏格拉底是概念哲学的创建者,这一旧观念就建立在这一基础之上。不过,最近,迈尔辩驳了亚里士多德和色诺芬的证据,他竭力证明它只是来自于柏拉图的对话,柏拉图是在阐释他自己的学说。③ 根据这一论点,柏拉图在苏格拉底那里发现了新知识观的大致轮廓,然后从中发展出了逻辑学和抽象概念;苏格拉底只是一个劝告者,一个道德

---

① 亚里士多德,《形而上学》A 6.987b1;M 3.1078b18,27。

② 色诺芬,《回忆苏格拉底》4.6.1。

③ 迈尔,《苏格拉底》,第98页及以下,迈尔相信亚里士多德的陈述——即苏格拉底发现了普遍性并试图定义概念——来源于色诺芬,《回忆苏格拉底》4.6.1;他认为色诺芬是从柏拉图的后期对话《斐德若》、《智术师》、《政治家》中得到这一想法的。

自律的先知。无论如何，接受这种观点和相信与之相反的观点——即苏格拉底自己教导型论①——一样困难重重。说亚里士多德和色诺芬的证据仅仅取自柏拉图的对话，这既不能得到证实，也没有可能。② 我们的证据毫无异议地表明，苏格拉底是对话艺术——问答形式的谈话——的无与伦比的大师，尽管与苏格拉底的劝告活动相比，色诺芬描写他的对话艺术相对较少。[63]给概念下定义的尝试的目的和意义究竟是什么，这是另外一个问题；但毫无疑问是苏格拉底在给概念下定义。我们必须同意，如果采信苏格拉底无非是一个抽象哲学家的传统观点，那么我们就不能理解，为什么他的学生安提斯泰尼全身心地奉献给伦理和道德劝诫。但是，另一方面，如果将苏格拉底的教导仅仅局限于"道德意志的信念"，我们就不能理解柏拉图型论的起源，以及柏拉图将其与苏格拉底的"哲学实践"紧密相连的事实。只有一条路可以逃离这一两难困境。我们必须承认，苏格拉底用以解决伦理问题的形式，不只是一种先知的消息，一种压倒一切的道德说教，而是"关怀灵魂"的道德命令的精神能量进入了一种以理性（logos）力量发现道德准则本质的努力之中。

苏格拉底对话的目的，是就一个主题，也就是说，人生的最高价值问题——所有关注这一主题的人都对它怀着无与伦比的兴趣——与其他人进行讨论，达成一致意见——它必须被所有人认可为有效。为了达到这样的结果，苏格拉底通常从被人认可的东西开始：要么是参与谈话者认可的东西，要么是一般人认可的东西。这种认可被用作"逻辑前提"，即讨论的基础。然后，讨论一步步弄清楚从前提假设而来的东西，并用我们已经知道是确定无疑的事实来检验这些从前提假设得出的发现。因此，对话进展中的一个关键因素，就是发现矛盾——当我们以某些明确的表述作为论据时，我们所遭遇的矛盾。这些矛盾迫使我们重新检验我们已经断定为真的判断的正确性，有时修正这些判断，有时干

---

① 这是伯内特和泰勒的观点，参见本卷第 24 页及以下。
② 参见本人在《德意志文学学报》（*Deutsche Literaturzeitung*，1915）第 333—340 页和第 381—389 页对迈尔著作的评论；关于证据传递的假设的批评，以及对迈尔否定苏格拉底哲学的逻辑学方面的批评。霍夫曼和普拉希特（K. Praechter）也在这几点上批评迈尔。

脆放弃这些判断。所有这些进程的目的，都是为了将道德标准领域中的孤立现象归结到一个最高的普遍标准之下。但是，苏格拉底在其研究中并没有从寻找这个"善本身"开始。他从某个以一种特定的道德品质命名的"德性"开始，例如，从我们称之为"勇敢"或"正义"的品质开始。因此，在《拉刻斯》中有许多试图找出什么是"勇敢"的尝试，但是关于什么是勇敢的表述必须一个接一个地被抛弃，因为每个对"勇敢"本质的描述，要么太狭窄，要么太宽泛。在色诺芬的《回忆苏格拉底》中，苏格拉底与欧绪德谟关于"正义"的讨论也遵循相同的思路。①［64］因而，这确实是历史上的苏格拉底所使用的方法。"方法（method）"一词不足以表达苏格拉底的对话步骤的伦理学意义，但它是一个苏格拉底式的词语，是对伟大的诘问者的进路（approach）的一种适当描述，这种进路对苏格拉底而言是自然而然的，但它已经被打磨成一种技艺。从外表看，这种方法很容易与一种非常危险的文化技巧相混淆，这种技巧大约在同一时间发展到了技艺的层次——即赢得辩论的技巧。在苏格拉底的对话中有许多这样的辩论胜利，它使我们想起争论不休的"论客们"所钟爱的抓漏洞（catch-arguments）方法。我们千万不要低估苏格拉底对话中对纯粹的口舌之争（verbal competition）的热爱。柏拉图已经对其做了逼真的描述，我们可以从中看出，为什么苏格拉底派的竞争对手与同时代人（如伊索克拉底）可以把他们径直称为职业辩手。② 这表明其他人是如何强烈地意识到了苏格拉底方法的好辩一面。但是，尽管柏拉图的对话充满了这种新的智力体操的乐趣和享受，充满了对苏格拉底的确定而灵活的把控能力的娱乐热情，一种深层的严肃性、一种对真正目标——它在整个对话游戏中危如累卵——的全神贯注仍然占据着柏拉图对话的最重要位置。

苏格拉底的对话，不是对伦理问题进行逻辑定义的某种新技艺的实践。它仅仅是"方法（μέϑοδος）"，即理性（logos）为达到正确的行为所取的"道路"。柏拉图的苏格拉底对话没有一篇以它正在检验的道德概念

---

① 色诺芬，《回忆苏格拉底》4.6。

② 参见本书第三卷，第64页。

的一个真正定义为结局——事实上，长久以来，人们都相信，柏拉图的苏格拉底对话以根本没有任何结果而结束，但它们又确实达到了某种结果，尽管在把好几个对话一并解读并了解其中有代表性的东西之前，我们不能发现这种结果。所有这些试图定义某个特定德性的尝试，都以其必定是某种类型的知识而结束。苏格拉底并不是那么关心几个德性之间的区别，也就是说，各个德性的定义；他更多地是关心它们共享的相同因素，也就是说，"德性本身"。从每一次谈话的开头起，心照不宣的期待或设想——即这将是某种类型的知识——似乎都一直萦绕着讨论：除非提问者希望在实践中不断接近目标，即达到善，否则耗费所有这些精神能量在解决一个伦理问题之上，又有什么用处呢？不过，苏格拉底所持的这种信念与贯穿整个道德史的流行意见正好相反。[65]绝大多数人总是认为，在绝大多数情况下，一个人非常清楚地看到了他应该做什么，但他仍然决定做错误的事情。① 我们称之为道德的软弱。② 苏格拉底的论据看起来越是令人信服地表明德性说到底必然是一种知识，他的对话形式的探究越是迫切地追求那种已计划好的公正奖赏，他的这种达到结论的方式在心存疑虑的旁观者看来，就必然越是荒谬反常。

在这些对话中，我们看到希腊人对知识的信任与钟爱把知识提升为了最高的力量。在心灵迫使外部世界的各个部分将自己安排在一个有序结构中之后，它便开始尝试更大胆的任务：把人类混乱的生活置于理性的支配之下。亚里士多德仍然对心灵的结构力量抱有这种大胆的信念，当他回顾哲学发展史时，他认为苏格拉底的"德性即知识"是对理智的夸大；通过强调在人的道德教育中驯服欲望和激情的重要性，亚里士多德试图把理智的力量放在一个恰如其分的位置上。③ 但是，苏格拉底"德性即知识"的断言并不是要揭示一个心理学上的真相。任何一个试图从他的悖论中提取出我们正在努力求索的积极意义的人，都很容易认

---

① 这是柏拉图在《普罗泰戈拉》355a—b 中说的。

② 在古希腊，这种道德的软弱被叫作"给快乐让路"，即ἡττᾶσθαι τῆς ἡδονῆ，参见《普罗泰戈拉》352e。在《普罗泰戈拉》353c 中，苏格拉底的注意力被引导到这一点上：例如，找出这种道德软弱的真正本质。

③ 参见亚里士多德，《尼各马可伦理学》6.13.1144b17 及以下。"伦理德性"主要是从快乐和痛苦这两个角度来考虑，参见 2.2.1104b8。

识到,他不喜欢在此之前一直被称为知识的东西,也不喜欢被证明为缺乏道德力量的东西。苏格拉底所达到的关于善的知识,不是一种智力活动,而是(如柏拉图所认识到的)一种存在于人类精神中的东西的自觉表达和即时表达。它植根于灵魂深处,处于灵魂的这样一个层次:在那里,被知识所洞察和拥有为我们所知的对象并非两种不同的状态,本质上是同一种状态。柏拉图的哲学是这样一种努力:即达到苏格拉底的知识观念的新深度,并将蕴藏在其中的一切都发掘出来。① 对苏格拉底来说,"德性即知识"的表述,与说"在绝大多数人的经验中知道善和践行善并非同一件事情"不存在矛盾之处。这种经验只能表明真正的知识是何等稀少。苏格拉底并没有吹嘘自己拥有这种真知。不过,通过证实那些自认为拥有知识的人其实一无所知,他为一种知识概念开辟了道路:这种知识与他的前提假设[无人愿意作恶]相呼应,而且确实是灵魂中最深层的力量。对苏格拉底来说,[66]这一真理(即存在这样一种知识)是自明的、无条件成立的,因为一旦用我们的假设来分析它,就会发现它是一切道德思想和道德行为的基础;但对他的学生来说,这并不是一个简单的悖论,就像最初看起来的那样;它是对人的自然的一种最高潜能的描述,这种潜能一旦在苏格拉底那里成为现实,它因此就存在了。

　　善的知识——关于单个德性的讨论总是指向这种知识——是某种比勇敢、正义或者任何其他单个德性都要涵义广泛的东西,它是多方面地呈现于所有单个德性之中的"德性本身"。不过,在这里,我们遇到了一个新的心理悖论。例如,如果勇敢是善的知识,特别是关于那些确实被人惧怕或者不被人惧怕的事物的知识,那么单个的勇敢德性显然将关于德性的知识假设成了一个整体。② 因此,它必定不可分割地与正

① 柏拉图所设想的知识(phronésis)意指对善的理解以及这种理解对灵魂的掌控,参见拙著《亚里士多德:发展史纲要》,第83页。它是一种尝试,意在实现苏格拉底说"德性即知识"的全部意蕴。显然,苏格拉底确实使用过"phronésis"一词,该词不仅出现在柏拉图那里(出现在那些看起来富有苏格拉底色彩的段落中),而且还出现在其他苏格拉底学派、色诺芬和雅典政治家埃斯基涅斯那里。

② 这一点在柏拉图的《拉刻斯》199c及以下得到了证实,当苏格拉底准备证明所有的德性本质上是同一个时——例如,一种关于善的知识——这一点就成了苏格拉底特别强调的观点,参见《普罗泰戈拉》331b,349d,359a—360e。

义、审慎、虔敬这些其他德性联系在一起,它要么与它们相同,要么与它们极其相似。不过,在我们的道德经验中,没有比下述现象更司空见惯的了:即一个个体具有最伟大的勇气,但他却极端地不正义、无节制和无所敬畏;而另一个人则非常平和与公正,但却全无勇气可言。① 因此,即使我们退一步,承认这几个德性是一个综合性德性的"部分",我们也很难赞同苏格拉底的观点,即这个综合德性完全呈现在各个部分之中而全部有效。最多,我们可以将各个德性设想为一个面孔的各个部分,例如,这个面孔眼睛漂亮而鼻子丑陋。尽管如此,在这一点上,与苏格拉底在"德性即知识"上的信念一样,他是不会屈服的。真正的德性是一个不可分割的整体;②一个人不可能拥有其某个部分而不拥有其他。一个不节制、不审慎或者不正义的勇敢者,可以是一个战场上的勇士,但他在面对他自己和他的真正敌人(即他自己狂暴的欲望)时,他就不是一个勇敢者。对诸神忠实地履行自己的义务、但对自己的同胞不公正、心中充满仇恨和狂热、言行偏激的虔敬者,不可能拥有真正的虔敬。③ 当苏格拉底向将军尼基阿斯和拉刻斯阐述勇敢的真正本质时,他们感到十分惊讶,明白了他们此前从未真正仔细思考过它,从未认识到它的全部重要含义,更不用说在他们自己身上体现它。严格的虔敬者游叙弗伦(Euthyphro)发现,[67]自己自以为是和怀恨在心的虔敬被苏格拉底驳斥得体无完肤而羞愧难当。人们传统意义上称之为德性的东西,只是各种片面训练的产物的堆积,这些片面的训练互不相融,相互矛盾。苏格拉底虔敬而勇敢,正义而节制,一切集于一人之身。他的生命既是一场战斗,也是对神的服务。他没有忽略对诸神的祭祀义务:这就是为什么他能够向只是外表上虔敬的人表明,世上还存在着

----

① 这是在柏拉图的《普罗泰戈拉》329d,330e,331e,349d 以及其他各处中,普罗泰戈拉例举出来反驳苏格拉底的例子。这是一般人的态度,它使苏格拉底看起来是在公然违背常识。

② 柏拉图有好几次描述苏格拉底试图发现德性各部分之间的真正关系,这一特征显然来自历史上的苏格拉底。对苏格拉底来说,强调德性的统一性是无可避免的,因为他是第一个提出"德性本身是什么"这一问题的人。

③ 柏拉图的《拉刻斯》通过表明内在的勇敢同样重要(191d),从而使人对作为一种纯粹的军事德性的勇敢的传统观念产生怀疑。在《游叙弗伦》中,他以同样的方式批判传统的虔敬观念。

一种更高类型的虔敬的原因。他在城邦的屡次战役中作战勇敢,超乎寻常;这就是为什么他能够与雅典武装力量的最高长官抗辩,说"在用手中的剑赢得的胜利之外,世上还有其他胜利"的原因。因此,柏拉图在平头百姓的寻常德性和高级的哲学的完美德性之间作出了区分。①柏拉图将苏格拉底视为一个道德超人。不过,柏拉图宁愿用只有苏格拉底拥有"真正的"德性来表达这一点。

如果我们考察色诺芬所描述的苏格拉底的教育——我们已经对其丰富内容做了首次全面审视②——就会发现它似乎是由一系列独立的、有关人类生活的实际问题组成;如果我们检查由柏拉图提供的苏格拉底的教育,那么这些问题的潜在的统一性马上就会浮出水面。实际上,我们最终认出了,苏格拉底的知识,或 phronésis[实践智慧],只有一个对象:它就是"善的知识";但如果所有智慧都在一种知识那里臻于完美——我们在尝试精确定义任何一种单独的善时都会被不可避免地带回到这种知识——那么在这种知识的对象和人的努力与意志的最深本性之间必然存在着一种本质性的亲缘关系。一旦我们体认出这种亲缘关系,我们就能认识到,苏格拉底"德性即知识"的断言,是如何深深地植根于他对人生和人性的整体看法之中了。苏格拉底本人当然没有建立一种关于人性的完整的哲学体系,这样做的是柏拉图,但是柏拉图相信它早已呈现在苏格拉底的思想之中。柏拉图自己所需要做的一切,只剩下验证它是从苏格拉底某个最喜欢的表述而来即可。一个完整的形而上学体系不仅潜在于"德性即知识"与"德性不可分"之中,而且还潜在于"无人愿意犯错"这句话中。③

这句话是苏格拉底教育智慧的悖论的最清晰最大胆的表达。[68]同时,它说明了苏格拉底毕生心血所贯注的方向。记录在法典和法理学中的个体经验与社会经验,在自愿和非自愿的行为(或错误

---

① 柏拉图,《王制》500d;《斐多》82a;《法义》710a。

② 参见本卷第51页及以下。

③ 柏拉图的苏格拉底把这句话说了一遍又一遍。这句话现在普遍被认为是柏拉图最早的对话——这些对话可以追溯至历史上的苏格拉底——的那些要素之一。参见柏拉图,《普罗泰戈拉》345d,358c;《小希庇阿斯》373c,375a—b。

行为）之间作出了适当的区分，因而似乎是证明了苏格拉底的对立面的正确性。① 这种区分同样建立在人的活动的知识因素之上：它对明知故犯的错误和无知之错有着相当不同的判决；但苏格拉底的思想意味着，不可能存在有知的犯错，因为如果存在有知的犯错，那就成了自愿犯错。解决此种看法与长期流行的罪错观念之间的矛盾的唯一方法，是像我们在对待苏格拉底的知识悖论时那样做：即推断苏格拉底是在运用一种与通常的法律和道德意志不同的意志观念。两种见解位于两个不同的层次。为什么苏格拉底不能接受在有知的罪错与无知的罪错之间作出任何区分？因为罪错是一种恶，而正义是一种善，它就在善的本性之中，因而应该被每一个认可它为善的人所意愿。现在，人的意志成了争议的焦点。在希腊神话和肃剧中，由沉迷于罪错的意志（infatuated will）和欲望所引起的全部灾难，似乎都无一例外地在驳斥苏格拉底的主张。因此，他格外坚定地强调这一点［无人愿意犯错］，同时也由此揭露了肃剧的人生观，并表明这种肃剧的人生观是一种浅薄的人生观。他认为，说意志能够有知地意愿恶的东西是一种自相矛盾。这种观点假定人的意志有一个目的：意志的目的不是消灭和伤害自身，而是保存自身和增进自身。意志本身是合理的，因为它指向善［好］。酿成人类不幸的沉迷行为的无数事例并不能反驳这一点。柏拉图让苏格拉底在愿望（desire）和意志之间作出了一个明确的区分。真正的意志，只有当它建立在它所指向的真正的善的知识之上时才存在。单纯的愿望是一种旨在外表之善的努力。② 在意志被设想为具有这种深层的积极目的的地方，它自然以知识为基础；而获致这种知识——如果这样做是可能的话——就意味着人类的完美。

自从苏格拉底建构了意志概念以来，我们一直在谈论人的决断，以

① 亚里士多德（《尼各马可伦理学》3.2—3）持希腊立法者们的观点。他对自愿行为（ἑκούσιον）给出了一个被普通法接受的广义定义：由行为主体自身发动的行为，对发生的事情有清醒的意识（τὰ καθ᾽ ἕκαστα ἐν οἷς ἡ πρᾶξις）。因此，没有一种行为是不自愿的，除非一个人是被迫（βία）或者因为在不知情（δι᾽ ἄγνοιαν）的情况下的所作所为。

② 关于意志和愿望的区分，参见（例如）柏拉图，《高尔吉亚》467c。意志的目标不是我们所做之事，而是我们为之做事的东西（οὗ ἕνεκα）。

及人的生活与行为的目标。① 生活的目标就是意志自然而然地所意愿的东西——善[好]。[69]目标这个隐喻假定了另一个事物(即道路)的预先存在,它在希腊思想中远为古老,并有其独立的历史。② 但是,在通向苏格拉底的目的的道路被发现之前,存在着许多不同的"道路"。善,现在被设想为人的努力的所有道路向之汇聚的终点(telos 或 teleuté),③被设想为射手的箭矢所指向的"目的(skopos)",④他有可能中的,也有可能脱靶。在这些意象中,生活呈现出另一种样子。生活成了向着一个决意要往的止息之所(stopping-place)或顶峰前进的运动,或者以一个对象为目标的行为。它变成了内在的统一,形成了一种形式,建立了一种张力。人们现在生活在一种持久的警醒之中,如柏拉图经常说的那样"放眼目标"。是柏拉图在抽象的理论和具体的形象中得出了苏格拉底人生观的所有这些逻辑结果,并让它们在他所描绘的苏格拉底的形象中得到体现,因此,很难在柏拉图和苏格拉底之间划出一条准确的分界线。但不管怎样,"无人愿意犯错"这个命题的前提,是意志指向作为其目的的"善",而且既然不只是柏拉图,其他苏格拉底学派也有这种思想,那么它显然是苏格拉底自己的思想。柏拉图所做的,是将由苏格拉底创造的这种新的生活态度在哲学和艺术中客观化。柏拉图按照各人想要达到的目标,将人归类到各种不同的生活类型之下,并

----

① 目标(τέλος)是一个行为的自然终点,行为主体"放眼目标"(ἀποβλέπει)而行动。这一观念首次出现在柏拉图,《普罗泰戈拉》354a 和 354c—e;参见《高尔吉亚》499e。

② 参见贝克(O. Becker)具有原创性的但有时主观武断的《希腊思想中的道路观念及其相近概念》(Das Bild Weges und verwandte Vorstellungen im Griechischen Denken)一文(载《赫尔墨斯》副刊,第四册,Berlin,1937)。

③ 理想的终点——即 telos 的概念——首见于柏拉图,《普罗泰戈拉》354a—b。在那里,柏拉图是在谈到绝大多数人所持的观点——即人生所有努力的目标是快乐,因而快乐就是"善",因为一切努力以快乐为终点(ἀποτελευτᾷ)——时解释"telos"一词的。本卷第 159 页及以下讨论了这种观点是柏拉图自己的信念这一误解。在《高尔吉亚》499e 中,柏拉图说"一切行为的目的"就是善;这才是柏拉图自己的观点。在其他地方,诸如"德性的目的"、"幸福的目的"、"生活的目的"这样的短语中,"telos"一词伴随有派生的意义:它不是指这些事物结束的时间,而是行为中预想的理想终点。这是一个全新的观念,它改变了人类精神的历史。

④ 在《高尔吉亚》507d 中,柏拉图说幸福在于正义,自制是目标(σκοπός),我们应该"放眼目标"而生活。瞄准(στοχάξεσθαι)的意象借自射击,它成了正确生活的一个象征,参见阿斯特,《柏拉图词典》,第三卷,第 278 页。

将这一观念扩展到全部存在领域。在柏拉图看来，在亚里士多德"生物学的"生命哲学中达到顶峰的东西，到苏格拉底那里已经有了一种丰富的发展。

无论这些逻辑结果对哲学史而言多么重要，但在教育史上，决定性的转折点是苏格拉底的生活目的观念。它为一切教育的目的和义务提供了一种新的解释。教育不是技能的训练，不是知识的某些分支的传授——至少所有重要的知识分支只是教育过程中的一种手段和一个阶段而已。教育的真正本质是使人达到生活的目的。因而，它与苏格拉底获致 phronésis（即善的知识）的努力相一致。这种努力不能被局限在所谓高级教育的少数几个年头之内。要么为了达到目的，生命不息，奋斗不止，要么半途而废，永无可能。教育的观念因此得到了本质性的改变；而教育，在苏格拉底的意义上，[70]就成了沿着经过哲学思考的道路来塑造一个人的生命的努力，成了为实现人的理智和道德定义来指引一个人的生命的努力。在此意义上，人是为受教育而生的。教育是人唯一真正的财产。所有的苏格拉底学派都同意这一点。因此，它必然经由苏格拉底而诞生，尽管苏格拉底本人说他自己不知道如何教人。我们可以引用无数判断来证明，教育的观念和意义经由苏格拉底肇始的众多变化之后，呈现出一种更为广阔、更为深刻的精神涵义，它将人的价值上升到了历史的最高点。我们只要引用哲学家斯提尔波（Stilpo）说的一句话就足够了，斯提尔波是欧几里德（Euclid）在麦加拉创立的一个小苏格拉底学派的著名成员。德米特里厄斯（Demetrious Poliorcetes）在洗劫了麦加拉之后，希望对斯提尔波表示特殊的关照，赔偿他一屋子的损失：因此，他命令斯提尔波提交一份所有损失财物的清单。① 斯提尔波机智地回答说："没有人能抢走我的教育。"这个警句是希腊七贤之一普里恩的毕亚斯（Bias of Priene）的一句著名格言的新版本，它的拉丁语形式仍然盛行：omnia mea mecum porto（"一切属于我的，我都随身携带"）。对苏格拉底的追随者来说，教育成了"一切属于他的"——他的内在生活、他的精神存在、他的文化教养——全部家

---

① 第欧根尼·拉尔修，《著名哲学家的生平和学说》2.116。

当的总和。人要在一个充满凶险的自然力的世界中保持灵魂的自由，在这样的斗争中，教育成了人不可动摇的抵抗核心。

但是，苏格拉底没有像希腊化时代早期的一些哲学家那样站在祖国的废墟之外。苏格拉底仍然生活在一个充满聪明才智和强大有力（直到他死亡之前不久）的城邦之内。在苏格拉底生命的最后数十年间，城邦为了生存对抗一个仇恨的世界越是艰苦，他的教育工作对城邦越是重要。他希望将同胞们引导到"政治德性"上面，希望告诉他们认识德性的真正本质的一种新方法。尽管他表面上生活在一个城邦开始崩溃的时期，但在精神上，他仍然生活在早期希腊的传统时代，其时，城邦是生活中所有最高的好和价值的源泉——柏拉图的《克力同》生动地说明了这一点。① 但是，尽管他仍然深信人生的政治目的，但由于城邦法律的精神权威受到了如此严重的损害，[71]所以他已经无法像任何先前的那些伟大的法律信仰者（如梭伦或埃斯库罗斯）那样信仰法律了。他所希望给予同胞的那种政治教育，以城邦内在道德权威的重建为前提。确实，他似乎不像柏拉图那样，基本上认定当时的城邦已经病入膏肓，无药可治。在精神上，他不是由其创建的理想城邦的一个公民，而是彻头彻尾的一个雅典公民。不过，柏拉图首先是从苏格拉底那里接受这样的信念：即仅仅是外在权威的重建，不可能对城邦的康复产生实质性的影响，城邦的起死回生必须从每个人的道德心（如我们应该用这个词来表达的那样）开始，或者（用古希腊人的话来说）从灵魂本身开始。只有来自被理性的检验净化过的内在真理的源泉，才能流淌出对所有人都具有无可争辩的约束力的真正道德标准。

因此，在苏格拉底看来，帮助别人认识这一标准的人是不是苏格拉底，完全无关紧要。他屡次三番地讲明这一观点。"不是我，苏格拉底，而是理性（logos）说的这话。你可以反驳我，但你不能抗拒理性。"哲学一旦从研究自然回到审视"人间事务"，也即回到城邦和德性的问题，并

---

① 参见哈德（R. Harder）的《柏拉图的〈克力同〉》（*Platos Kriton*, Berlin, 1934）中关于这部对话的精细赏鉴。

承诺为其重建标准,就会潜在地处于与城邦相冲突的状态。当哲学放弃泰勒斯的遗产成为梭伦的继承人时,这种冲突就在所难免了。柏拉图认识到了拥有权威的城邦和正在寻找行为规范的平民哲人(philosopher without office)之间的冲突的必然性,他试图通过让哲人成为他的理想城邦中的统治者来消除这种冲突。苏格拉底终其一生都是民主制度下的一个普通公民,在此民主制度之下,对于谈论城邦的繁荣幸福的公共事务,任何其他人都具有与他一样的权利。因此,他解释说,他自己只不过是在听从神的一项特殊命令。① 但是,城邦的保卫者们觉得,这个稀奇古怪的雅典人的自选角色只是一种伪装,它是一个才智杰出之士对城邦大多数人而言是正确的和美好的东西的背叛:因此,它是城邦安全的一个威胁。城邦希望成为任何其他一切事务的基础,独一无二的永恒不变的基础,似乎不需要任何其他根基来支撑。[72]城邦不能容忍一种声称是绝对的道德标准的确立,在它看来,此类绝对标准无非是一个狂妄自大的个体试图让自己成为共同体行为的裁决者而已。不止黑格尔一人拒绝承认主观理性有批判城邦的道德体系的权利,(他宣称)城邦自身就是世上一切道德准则存在的根源和具体理由。这是一种地地道道的古典观念,它告诉我们如何理解雅典城邦与苏格拉底的对立。从这个角度看,苏格拉底只是一个狂热的革命分子。然而,苏格拉底本人的态度完全是古典的——他更愿意城邦成为其应该所是(或者曾经所是)的样子,而不是像现在这个样子,他这样说,是为了把雅典带回到与其自身及其真正本性相一致的状态。从这个角度看,雅典是一个腐朽堕落的城邦,是一个真正的背叛者,而苏格拉底则不只是"主观理性"的声音,还是神的仆人,②是在其他人都摇摇欲坠、沦落跌倒之时那个唯一脚踏实地、稳稳站立的人。

苏格拉底与城邦之间的冲突以柏拉图的《申辩》最为我们所知,他的学生们对此态度各异。最不令人满意的是色诺芬,因为他不明白生死攸关的原则所在。色诺芬本人由于贵族倾向而被放逐,他竭

---

① 这是柏拉图在《申辩》20d 及以下、30a 和 31a 归之于苏格拉底对神圣使命的信念的真正意义。

② 柏拉图,《申辩》30a。

力表明,苏格拉底之被判刑和处死,只是由于他关于保存城邦的观点被极大地误解了。换句话说,整个事件只不过是一个不幸的偶然事件而已。① 在那些认识不到苏格拉底之死的深刻的历史必然性的人中,很多人持阿里斯提卜(Aristippus)所代表的观点,我们在他与苏格拉底讨论真正的教育的本质时已经见识过这种观点,②他认为,个体的精神自由与共同体不可避免的专制之间的冲突是必然无疑的。他说,只要一个人作为某个政治共同体的公民而生活,那么这种冲突就无可避免;而像他这种类型的人则悄然退隐,因为他们感觉不到殉道的召唤,他们只想不被世人注意,确保自己的一点生活乐趣或理智的闲暇。他们身在异国为异客,以便免于一切公民义务,并为自己在这种不稳定的基础之上建立一个象牙塔。③ 如果人们认识到他们所处的历史条件与苏格拉底不一样,那么他们的这种行为就非常容易理解了。[73]在《申辩》中,苏格拉底本人在劝勉同胞注意德性修养时,以"我的朋友,你们是最伟大、最以富有智慧而著名的雅典城邦的公民"开始,这是苏格拉底在劝勉时对自己的动机的一个重要指引。④ 通过插入这句话,柏拉图旨在间接地表现苏格拉底所在的位置。但是,当阿里斯提卜想到他自己的出生地、富庶的非洲殖民城市昔勒尼时,他能感受到与苏格拉底一样的一往情深吗?

只有柏拉图有足够的雅典情结和足够的"政治[城邦]"情结与苏格拉底心心相印。在《高尔吉亚》中,柏拉图揭示了悲剧的初始阶段;其中,我们可以看到这一切是怎么发生的:不见容于自己的国家而遭受放逐和离弃的命运的,不是那些来自其他城邦的不知廉耻的修辞学家和

---

① 尤其可参见色诺芬,《回忆苏格拉底》1.2.62—64 中"辩护"结束时的总结。

② 色诺芬,《回忆苏格拉底》2.1。

③ 色诺芬,《回忆苏格拉底》2.1.11—13。参见阿里斯提卜最后的话:"为了避免这一切,我不允许自己被束缚于任何一个城邦,而是作为一个外邦人四处漂泊($ξένος\ πανταχοῦ\ εἰμι$)。"这也就是为什么亚里士多德(《政治学》7.2.1324a16)把这种非城邦理想叫作"一个外邦人的生活($βίος\ ξενικός$)"的原因:"外邦人的生活"这个短语指阿里斯提卜这样的哲学家。亚里士多德的《政治学》承认,对城邦的这些不同态度之间的差别是一个问题:"一个积极主动的城邦公民的生活,或者一个外邦人的免于城邦一切义务的生活,究竟哪个更好?"

④ 柏拉图,《申辩》29d。

智术师们——他们训练学生利用城邦为自己谋利、将有利可图的职业作为财富的护花使者——而是那些对城邦的命运深感忧患、以城邦的未来为己任的雅典公民。① 苏格拉底对城邦的堕落的批评注定像是对城邦的反对，尽管他的目的是城邦的重建。他那个时代，卑鄙无耻的雅典人中具有代表性的领袖们都觉得他们自己处于被控告的危险之中：尽管苏格拉底为他们的窘迫处境——他的存在将他们置于此种窘迫之境中——找到了理由，并宣称雅典的绝望状态只是一场旷日持久的疾病的危难时刻。② 他宁愿回到过去的历史时期——当时的历史观将这一时期视作城邦辉煌和强大的时代——去寻找城邦染病的根源。但是，这一刺耳的判断只是增强了苏格拉底的否定性批判的冲击力。③我们不能指望可以分离出各个细微的阶段——在这些细微的阶段中，这一观点的苏格拉底部分逐渐转变成了柏拉图的观点，况且主观的判断不能令人信服。但是，无论苏格拉底是不是这样认为，至少这一点是无法否认的：即柏拉图重建城邦的愿望（这一愿望促成了柏拉图最伟大著作的产生），是由苏格拉底与当时城邦的悲剧性冲突的经验所塑造的，苏格拉底革新世界的教育使命使他卷入了与城邦的悲剧性冲突之中。柏拉图从来不曾说过苏格拉底应该以其他任何方式行动。他从未曾说陪审团可以更明智或者更好。对立双方的所作所为都是如其所是地不可避免，命运自己选择其无可更改的途径。柏拉图得到的结论是，城邦必须改弦更张，以便真正的人能够生活于其中。历史学家只能断定，城邦已经不再强大有力、不足以整合道德和宗教领域的时代到来了，[74]城邦不再像在早期希腊那样，就是一切的一切了。柏拉图表明，如果城邦实现了苏格拉底宣告人类生活的新目标时的初衷，那它应该就是其所是的样子了。但是，雅典城邦不是它应该所是的样子，雅典不能被改变，它有太过沉重的此世因袭（it was too much of this world）。因此，灵魂的内在世界及其价值的发现将柏拉图引领到创造一个新的理想城邦之上，而不是改造这个现存的城邦；在这个新的理想城邦中，

① 柏拉图，《高尔吉亚》511b。
② 柏拉图，《高尔吉亚》519a。
③ 柏拉图，《高尔吉亚》517a 及以下。

人们可以找到永恒的家园。

这就是苏格拉底悲剧的永恒意义,它在柏拉图解决难题的哲学奋斗中揭示得最为清晰。苏格拉底本人远未思考柏拉图从他的死亡中得出的结论,他更远远没有将他与城邦的冲突与死亡作为人类精神历史的一部分来判断和阐释,如果在他那个时代存在着历史理解,那么这就会摧毁苏格拉底命运中的悲剧因素。苏格拉底以一种独一无二的无条件的激昂情感体验所遭受的毁灭命运,就会被简化为一种发展的自然进程。将一个人自己的时代,甚至一个人自己的生活看作历史,是一种难以预料的殊荣。这种冲突只能以质朴天真之心来应对和承受,苏格拉底就是以此质朴之心立足并为真理而献身的。即使是柏拉图,也沿着这条道路追随苏格拉底。理论上,他肯定人必然是其城邦的一部分,但也正是基于这个原因,他从现实政治中后撤了,或者试图在别的什么地方,在条件更好的地方,去实现他的理想。苏格拉底注定全心全意地是雅典的。除了作为一名战士,驰骋沙场,为她拼杀之外,他从未离开过她。[①] 他未曾像柏拉图那样远游四方,他甚至连四邻八乡也不涉足,因为他无法与树林交谈。[②] 他说,他劝勉外乡人和公民照料他们的灵魂,但他又说,"尤其是雅典的公民,因为你们和我在血缘上最为亲近"。[③] 他为神的服务不是献给"人类",而是献给他的城邦。这就是为什么他从未著述的原因:他只与实际出现在城邦之中的人谈话。这就是为什么他不做抽象的理论演说,而只在辩论中就一个共同的观念提出理由,证明自己的道路,并与他的同胞们达成一致的原因;这个共同的观念是每一场诸如此类的谈话都预设的前提,它植根于共同的起源和共同的家园,共同的历史和共同的传统,[75]共同的法律和共同的政制。这种对共同的知识和信念的分享给了他一直在寻找的一般概念以具体的内容。他对科学与学术的相对忽略,他对价值问题的对话与辩论的享受完全是雅典的;他对城邦、对道德的感情,以及对神的敬畏完全是雅典的;贯穿他一生的才智魅力更是雅典的。他没有被从监狱出

---

① 柏拉图,《克力同》52b。

② 柏拉图,《斐德若》230d。

③ 柏拉图,《申辩》30a。

逃的主意所吸引，他朋友的黄金打开了监狱的大门，他可以越过边境逃到波奥提亚。[1] 在受到诱惑的那一刻，他说，他看见城邦的法律——城邦的法官们误用了它——出现在他面前，提醒他从孩提时代以来就从它那里接受的一切：[2]他与父母的联系，他的出生和教育，以及在他后来的生活中与其他公民一起分享的好处。他之前没有离开雅典，尽管如果他反对城邦法律中的任何东西的话，他可以这样做；七十年来，他在那里感到非常满意。因此，他认可城邦的法律，现在，他也不能收回这种承诺。当柏拉图写下这些话语时，他很可能不在雅典。在苏格拉底被执行死刑之后，他与老师的另一个学生逃亡麦加拉了，[3]在那里，或许是在旅途当中，他完成了关于苏格拉底的最早作品。他可能不知道自己是否还会重返雅典。这为他对苏格拉底的忍耐的描述，甚至是对他履行其最后的公民义务——即喝下那杯毒酒——的描述打开了一个奇特的侧灯。

苏格拉底在较早时期的希腊城邦中茁壮成长，他是最后一个此种类型的公民。与此同时，他还是道德和理智上的个人主义的新形式的具体体现和最佳范例。所有这些特征统一在他身上，互相之间各不影响。前者向后指向一个伟大的过去，后者展望新的未来。因此，他的存在是希腊精神史上的一个独特事件。[4] 他天性中两极之间的相互吸引和拒斥，使他创造出道德教育和政治教育的理想。这给了他的教育理想以深刻的内在张力——起点上的现实主义和目标上的理想主义。这是西方的难题（也即国家和教会之间的难题）的首次出现，这个难题还要持续许多个世纪。因为，正如苏格拉底所表明的，它不只是基督教特有的难题。[76]它不必然地要么与一个已经建立的教会相关，要么与一种启示宗教的信仰相关；它也出现在希腊的"自然人"及其文化发展

---

[1] 柏拉图，《斐多》99a。

[2] 柏拉图，《克力同》50a。

[3] 第欧根尼·拉尔修，《著名哲学家的生平和传说》3.6。

[4] 参见本卷第26—27页。苏格拉底是雅典的一部分，他深爱着他的雅典同胞。他的启示主要是针对他们的（第38—39页）。尽管如此，他不得不恳求审判他的陪审团（柏拉图，《申辩》17d）允许他用自己的语言而不是用他们的语言对他们说话。苏格拉底的意思是他像一个异邦人，如果在雅典法庭面前为自己辩护，他应该会被允许使用自己的语言。

过程中的相似阶段。在这里，不是国家和教会这两种社会形式（每一种都意识到其自身的权利）之间的冲突，而是早期城邦共同体中个人的公民义务与个人在精神上直接服务于神之间的张力。苏格拉底在服务于神中实施其教育事业，苏格拉底服务的神不是"城邦所信奉的诸神"。对苏格拉底的指控主要建立在这一点上：①它很有针对性。在此，想到苏格拉底的著名的守护神——它的内在声音把他从很多行动中拉回——当然是错误的。② 苏格拉底拥有一个守护神，充其量只意味着，与知识——他比别人更关注知识——的力量一样，他拥有盲目的理性主义者所缺乏的许多天赋品质。守护神（daimonion）的意义是天赋，而非知识的声音，正如他自己提到的守护神的数次介入所表明的那样。但是，关于人的本性和善的力量的知识以排山倒海之势占据了苏格拉底的灵魂，这种知识对他来说成了寻找神的新道路。苏格拉底的才智品格使他不可能忠诚于任何一种教条；但是，任何像他那样生活和死亡的人都是神的全心全意的仆人。苏格拉底的信条——我们必须听命于神，而不是人——③与他深信灵魂的超越一切的重要性一样，肯定是一种新的宗教。④ 在苏格拉底那里，从这种对神的信仰中生长出一种英雄主义精神的新形式，这种新的英雄主义精神从一开始就带有希腊德性理想的烙印。在《申辩》中，柏拉图将其呈现为最高的勇气和最伟大的精神的化身，在《斐多》中，柏拉图将苏格拉底之死作为对生命的一次英勇的胜利来讲述。⑤ 希腊人的这种英雄德性，即使在其最高境界的体现中，仍然恪守其原初品格。不亚于荷马史诗中的英雄们的光辉业

---

① 　参见柏拉图，《申辩》24b；色诺芬，《回忆苏格拉底》1.1。

② 　色诺芬，《回忆苏格拉底》1.1.2。

③ 　柏拉图，《申辩》29d；29a，37e。

④ 　参见本卷第 41 页及以下。

⑤ 　柏拉图的苏格拉底本人将他自己对死亡的无视与阿喀琉斯相对比，参见《申辩》28b—d。无独有偶，亚里士多德也将其好友赫米亚斯（Hermias）为哲学理想的献身与荷马英雄们的死亡相提并论：参见亚里士多德残篇 675 对德性的歌颂，以及拙著《亚里士多德：发展史纲要》，第 118 页及以下。关于荷马的英雄们的自视甚高（high-mindedness），参见本书第一卷，第 13 页及以下。在《后分析篇》（*An. Post.*）2.13.97b16—25 中，亚里士多德提到苏格拉底作为自重（megalopsychos）或自视甚高的人（high-minded man）的化身，将其与阿喀琉斯、埃阿斯和莱桑德相提并论。

绩，苏格拉底的奋斗，为塑造那些将目光投向他的人的品格创造了一个新的精彩范例——一个即将在柏拉图那里找到它的诗人和宣扬者的范例。

第三章　柏拉图及其后世子孙

[77]自柏拉图步入希腊理智生活的活动中心、并全神贯注于其新学园以来,两千年弹指一挥间;然而,时至今日,任何一种哲学的特征仍然都决定于它与柏拉图之关系。柏拉图之后,古典文化的每个新纪元,无论其如何变化,如何不可思议,都以柏拉图哲学的特征为标志;最后,在古代世界行将结束之际,新柏拉图主义的理性宗教在希腊-罗马世界占据着支配地位。增添了基督宗教、与基督宗教相混合、步入中世纪的古典文明,是一种其思想完全沿着柏拉图的轨迹而前行的文明。这是我们理解像奥古斯丁这样一个人的唯一可能的道路——奥古斯丁接受了柏拉图的《王制》,并将其基督教化为他的《上帝之城》(*City of God*),从而创造了为中世纪所接受的历史哲学。亚里士多德的哲学本身是另一种形式的柏拉图哲学;中世纪文明,无论是东方的,还是西方的,之所以能够在其最高发展阶段接收古典思想确立的宇宙观,是因为它消化吸收了亚里士多德的哲学。

在文艺复兴时期,即人文主义的时代,当古典文化得以重生之际,柏拉图也得以恢复活力。柏拉图的著作重见天日,这些著作实际上一直不为中世纪的西方世界所知。尽管如此,奥古斯丁的基督教新柏拉图主义,以及以狄奥尼修斯(Dionysius the Areopagite)之名行世的神秘主义著作，哺育了中世纪经院哲学的柏拉图主义潜流；与此类似，当柏拉图在文艺复兴时期被重新发现时，人们首先通过仍然存活的基督教新柏拉图主义传统学着理解他——土耳其入侵的逃难者把新柏拉图主义连同手稿一起从君士但丁堡带到了意大利。当拜占庭的神学家和神秘主义者卜列东（Gemistos Plethon）把柏拉图介绍给十五世纪的意大利人时，当美第奇（Lorenzo dei Medici）的柏拉图学园中的斐奇诺（Marsilius Ficinus）在佛罗伦萨教授柏拉图时，[78]人们是通过普罗提诺（Plotinus）的眼睛来看柏拉图的；接来下的几个世纪同样如此，直到十八世纪末。柏拉图主要被认为是一个宗教先知和神秘主义者；与世界的这个方面被新理性主义者、科学的和数学的思想家们所忽略一样，柏拉图对当时思想的影响，除了几个著名的例外，几乎都局限于这个时期的神学和美学运动领域。

十八世纪末，局面发生了变化。人们发现了真正的柏拉图；施莱尔马赫本人是一个神学家，但他与德国哲学和诗歌的新精神保持着积极的接触，是他发起了导致柏拉图的发现的这一运动。即使在那时，柏拉图也主要被当作以型为写作题材的形而上学家来看待。学者们和思想家们再次回到他的哲学，把他的哲学当作关于宇宙的本体论结构的思辨理论——这种理论正在快速退却，并遭到康德关于知识之基础的批判理论的严厉驳斥——的不朽原型来看待。即使是随之而来的时代（这个时代见证了德国哲学伟大的唯心主义体系），柏拉图仍被认为是激发这些体系创造者新形而上学能量的源头活水。它看起来像希腊精神的一次新复兴。柏拉图不仅是一位哲学家，还是一位最卓越的（par excellence）哲学家。与此同时，我们关于古典时期的知识在不断增长；一种新型的古典学在广泛的历史知识的基础上产生和发展（沃尔夫、贝克）；人们从一种新的角度来研究柏拉图的著作。这种研究方法的倾向是将柏拉图——他曾经成为一个脱离他的时代和历史的伟大人物——放在他自己的社会背景之内来看待，使他成为一个真实的、牢靠的历史人物。

既然柏拉图比其他任何希腊罗马作家都难以理解，学者们便试图通过抽取在其单篇对话中可以找到的教条式内容，以十八世纪特有的方式重建他的哲学。他们从柏拉图分散的表达中,努力为他建构起一种可以与后来的哲学家们相比较的形而上学的、自然哲学的、伦理学的理论,并将它们都整合进一个体系之中——因为他们无法设想一个没有体系的哲学家。[79]不过,施莱尔马赫具有浪漫主义者的敏锐洞察力:形式是理智和精神个性的体现;是他认识到了柏拉图哲学的特殊性质,即柏拉图哲学不想采取一个封闭的有序体系的形式,而是看起来像一场旨在发现真理的持久哲学讨论。当然,施莱尔马赫并非没有看到柏拉图的一些对话比其他对话更富建构性内容。他将包含大量创造性哲学内容的对话从那些仅仅是形式性的、介绍性的对话中区分出来。但是,尽管他认定柏拉图的著作都内在地相互关联,而且有一个或多或少由各篇对话概述出来的理想整体,但他仍然坚持认为,柏拉图的本质特征是要在辩证法的生命和运动中陈述某种哲学,而不是以一种已经完成的教义体系的形式建立一种哲学。与此同时,他在各种对话中指出了柏拉图对其同时代人和对手的暗示和影射,他表明了,柏拉图的思想如何在许多方面与他那个时代的哲学生活息息相关。因此,柏拉图的著作虽然给学者们布置了一项艰巨的任务,充满了艰难的假设,但有助于形成一种学术解释的新观念,这种解释学远高于纯粹的语义学研究和古文物研究的传统模式。我们甚至可以说,正如亚历山大里亚的哲学通过荷马研究创造出了一种属于它的方法,十九世纪的哲学史家们也在讨论柏拉图问题时建立了他们自己最好、最有探索性的训练。

这里不是讨论这一争论不休的问题的详尽历史的地方。关于这一问题所做的工作,无论是文献学者对细节的关注,还是美学家们对有机整体的同情体察,并非总是与施莱尔马赫的伟大努力处于同一水平——他对柏拉图哲学成就的奇迹的首次把握并非人人可以企及。对归诸柏拉图的单篇对话的文本及其真实性的细节研究几乎没有边际。实际上,在赫尔曼(C. F. Hermann)开始将柏拉图的著作看作其哲学逐级发展的诸阶段以来,整个柏拉图问题似乎正迷失在这些滩涂中。因为这种方法将一个问题——这个问题此前很少得到考虑——带进了研究兴趣的中心,[80]并赋予了它更大的重要性。这就是不同对话的写作日期问题。既然在断定对话写作日期时几乎没有什么绝对的标准可以使用，学者们先前试图根据其内容按时间顺序将其加以编排——主要是利用任何可以获得的迹象，这种迹象隐藏在一个发展中的道德说教计划背后。这是一种最自然不过的处理问题的方法，主要为施莱尔马赫本人所赞成。但是，这种方法似乎被证明是错误的，因为有人提议，柏拉图的对话可以被看作是其思想的一种无意识发展的前后相继阶段。通过分析柏拉图对话的内容，关于它们的顺序，学者们得到了相互矛盾的结论。因此，现在他们试图通过观察这些对话在语言上的细微变化，通过确立对某组对话而言共同具有、而对其他对话而言则只有它们才有的特定风格特征，来寻找它们之间的相对时间顺序。这种研究方法刚开始是成功的，不过，后来，由于其自身过于夸张，而失去了信任。实际上，这种方法纯粹是通过语言表格的机械运用，来承担决定每一篇对话准确日期的任务。但是，我们必须记住，自施莱尔马赫以来，在理解柏拉图方面，最伟大的革命归因于一种纯粹的语文学的发现。是苏格兰学者坎贝尔（Lewis Campbell）观察到了许多柏拉图的长篇对话之间有着共同的文体特征，这种共同的风格特征出现在其晚年未完成的著作《法义》中。他正确地推论说，这些特征是柏拉图晚年特有的风格。即使以这种方式确立柏拉图全部对话的时间顺序是不可能的，我们也可以用这种方式将柏拉图的作品划分为三个主要部分，以大概率的可能性将绝大多数对话划归到这三个主要部分的其中一个。

这一语文学的发现自然给了施莱尔马赫被广泛接受的观点致命一击（coup de grâce），因为它证实了柏拉图许多关于方法问题的对话实际上是成熟时期的作品，而施莱尔马赫曾经认为它们是柏拉图早期的初级作品。关于柏拉图哲学的总体观念，在保持了几乎半个世纪的不变之后被彻底改变了。现在，学者们的兴趣中心转移到了诸如《巴门尼德》、《智术师》和《政治家》这些"辩证法的"对话上，[81]在这些对话中，柏拉图以垂暮之年，似乎对他自己的"型论"进行了批判或重新解释。在坎贝尔发现语文学方法的时候，十九世纪德国伟大的唯心主义体系已经分崩离析，哲学家们正准备以一种新的批判性眼光，回过头来处理知识及其方法问题。他们之中的相当一部分人试图为康德对这个问题的批判找到一个新的答案。这些新康德主义者自然对他们自己的困难在柏拉图晚年哲学中的反映感到吃惊和着迷——此前一直无人怀疑柏拉图晚年的哲学，而现在，柏拉图对话的新年代顺序揭示了这一问题。有人认为柏拉图晚年的作品意味着他放弃了自己早年的形而上学（杰克逊［Jackson］，卢托斯拉夫斯基［Lutoslawski］），其他一些人则持新康德主义的观点，即柏拉图的型，原初是而且一直是柏拉图［追求知识］的"方法"（马堡［Marburg］学派也持此种观点）。无论如何，这种对待柏拉图的新哲学态度，过分强调柏拉图对方法的兴趣，就像此前五十年形而上学的研究方法过分强调柏拉图和亚里士多德的形而上学教义与康德相反一样。

尽管有这样的对比，但这种新柏拉图观——它将方法问题看作其全部思想的核心——与早期的形而上学解释有一个共同点。二者都认为型论是柏拉图哲学的真正实质。毕竟，亚里士多德已经认识到了这一点：因为他对柏拉图学说的批评集中在型上。对柏拉图的新解释在坚持亚里士多德对型的反对是一种误解中达到高潮；但是，在将强调的重点全部放在柏拉图哲学的逻辑方面时，它间接地证明了它来自于亚里士多德的柏拉图观，尽管它与亚里士多德的最终结论不同。在柏拉图还在世并即将到达其职业生涯的终点时，学园内部对其学说的批评（正如他的辩证法对话所表明的）一度集中在其本体论的方法问题上。那是亚里士多德开始批评型论之处。然而，这种批评遗漏了柏拉图的很多思想——正如我们通过阅读《克力同》和《王制》之间的那些对话可以看到的那样。在柏拉图晚年，《法义》甚至已经抵消了对型的讨论——在其中，型论已不再扮演任何角色，尽管它的篇幅占柏拉图全部著作的五分之一强。[82]即便如此，对十九世纪的唯心主义哲学家们来说，对柏拉图的型论重新燃起兴趣是自然而然的，而且他们的兴趣因为当代哲学对逻辑问题不断增长的关注而得到了加强。学院派哲学家持之以恒地提取柏拉图对话中包含的全部建设性学说的反复尝试也鼓励了这一潮流——十九世纪将柏拉图对话中的建设性学说看作哲学，因而是柏拉图著作中的本质性部分。

接下来理解柏拉图著作的重要一步，也完全是一种语文学的发现，尽管它再次打破了关于柏拉图著作之意义的狭隘的哲学观。这次发现关注的不是柏拉图著作的时间顺序，而是它们的真实性问题。尽管甚至古人也知道柏拉图著作集中有一些伪作，但直到十九世纪对可疑作品的批评才变得真正强烈起来。当然，这一怀疑思潮因走得太远而最终止步了。幸运的是，虽然留下了许多模糊不清和难以决断的难点，但似乎没有影响人们对柏拉图哲学的传统观点。对任何有能力的判断者来说，柏拉图主要作品的真实性都是毋庸置疑的。那些遭到非难的作品几乎都是一些次要的作品。不过，他的《书信》也被认为是伪造的。这些以柏拉图之名被保存下来的书信中有相当一部分肯定是伪造的，这一事实使人们拒绝承认其全部书信的真实性。因此，尽管大家公认，其中一些书信包含着有价值的历史信息，尤其是关于柏拉图的生平和柏拉图的叙拉古之旅的情况，学者们用问题《书信》的伪造者在其伪作中整合进了许多真实有用的资料的解释来敷衍了事。不过，像迈尔这样的史学家，被《书信》作为历史文献的真正重要性所打动，站出来支持它们的真实性，从而为语文学者们所追随。维拉莫维茨在其关于柏拉图的传记中，宣告它们之中最重要的几封信——第六、第七、第八封信——是柏拉图的真作。学术界如今几乎已普遍接受这一断言。此后，学者们一直致力于从中得出隐含的结论，并使之符合柏拉图的生活和性格的总体情况。[83]这些结论比刚刚发现时要重要得多。

维拉莫维茨本人力图描述的，不是柏拉图的哲学，而是他的生平。因此，维拉莫维茨将柏拉图的自述主要看作自传体资料——柏拉图在《书信》七中讲述了他如何去到西西里，试图让叙拉古僭主回心转意，以及他本人政治态度的变化。柏拉图对自己试图在政治上发挥积极作用的反复努力的生动描绘，不仅给他的传记作者提供了感人场景——与阿卡德学园与世隔绝的寂静形成鲜明的对比——而且还揭示了他职业生涯陷入困境的心理背景。很明显，柏拉图的沉思生活并非文人雅士的闲居野处，而是命运和一个天生的统治者的悲剧性冲突强加给他的人生逆境。成为一个积极有为的政治家的屡次尝试，似乎是纯粹理论生涯的一个不幸插曲——在那里，他一次又一次地试图在政治上实现其哲学的某种道德理想。但是，一旦我们认识到，那个在《书信》七中谈到他自己的精神发展和人生目标的人，他对自己哲学的态度是由他的事业所决定的人，就是真实的柏拉图时，我们注定要修正我们关于其哲学的全部观念。想要把柏拉图的生活与他的工作分开是不可能的。如果任何思想家都是如此的话，那么柏拉图也不例外，他的全部哲学就是他的生活的表达，而他的生活就是他的哲学。他的两部最主要的著作是《王制》和《法义》。这意味着，柏拉图并不认为政治是他职业生涯中少数时期的消遣——在这几个时期，他试图把思想转为行动，并把政治看成他整个精神生活的框架，看作他整个思想的主要且全面的目标。对于柏拉图哲学的真正本质的理解，经过多年的不懈努力，我最终得到了这样的看法，但此前我并没有给予《书信》以任何真正的考虑——因为与流行的看法一样，本人一直对其真实性抱有偏见。使我回心转意，相信《书信》七中的自传体资料的真实性的，不仅仅是维拉莫维茨的卓越品格和他举出的有力理由，更多地是由于以下事实：即柏拉图在那封信中对自己的个性和职业生涯的描述，[84]每一项都与我对它们的解释若合符契——这种解释是本人通过对所有对话的详尽分析独立达到的。

　　当然，我们想要在此对他的每一部著作都作出如此详尽的解释是不可能的。尽管如此，我们仍有必要描述一下柏拉图关于德性和教育的真正品质的学说是如何一步一步地、在一篇接一篇的对话中、从哲学的角度建立起来的。读者自己必须理解，柏拉图本人在其智识世界中给这个问题分配了一个什么样的主导地位，它是从何种类型的根基上生长出来的，它又以什么形式出现在他的哲学土壤上。因此，我们有必要在他的两部主要著作《王制》和《法义》中追寻他的思想从起源到顶峰的过程。我们会将柏拉图篇幅较小的对话放在一组；但篇幅较大的著作，即《普罗泰戈拉》、《高尔吉亚》、《美诺》、《会饮》和《斐德若》这些包含柏拉图关于教育基本观念的著作，必须从我们的角度独立进行处理。当然，《王制》和《法义》是我们的阐释的真正核心。自始至终，我们的目标都是捕捉从这些作品中浮现出来的柏拉图形象，并将其安放于希腊思想史的适当位置之上。我们将把柏拉图的哲学视为一种文化（一种教化）的胜利之一，这种文化到他那个时代已经成为历史和哲学的自觉。因此，我们不应将其当作一种独立的概念体系来看待，而是应该努力表明（比通常更彻底地表明）它在希腊思想的总体运动和希腊传统的发展中所具有的有机功能。因此，与技术上的细枝末节相比，我们更关注问题的形成轮廓——这些问题是历史本身对柏拉图思想的挑战，柏拉图的著作是在这些问题的基础上形成的。如果这样做意味着要把真正的重点放置在柏拉图哲学的"政治"特征之上，那么，在这一点上，"政治"的含义是由希腊全部教化的历史来决定的——尤其是由我们在前一章中关于苏格拉底及其作为一个"政治家"的影响所说的话决定的。[①] 被看作个人与城邦之理想关系的发生形态学的教育史，是理解柏拉图不可或缺的哲学背景。对柏拉图来说，人类获致真理的一切努力，最终是由知识在保持和塑造人类生活方面的必然性，[85]而不是由解决世界之谜的急迫性（如前苏格拉底时代的那些伟大的自然哲学家那样）来确证其正当性的。柏拉图的目标是要建立一个真正的共同体，以此作为人达到可能的最高德性的适当环境。柏拉图是一个为苏格拉底的教育精神所激励的改革者，苏格拉底的目标不仅是要了解事物的真实本性，而且是要做得好。柏拉图作为一个作家的全部工作在两个伟大的教育体系——《王制》和《法义》——中达到了顶点；他的思想也始终集中在所有教育背后的哲学假设之上，且念念不忘自己要成为塑造人类灵魂的最高力量的崇高主张。

柏拉图就这样披上了苏格拉底的斗篷，继承了他的老师在那场大争论中的领导权——在那场大争论中，哲学批判了他那个时代的各种教育力量和历史传统：智术和修辞、法律和国家、数学和天文、体育和医学、诗歌和音乐。苏格拉底说过，善[好]的知识是人的目标和标准。现在，柏拉图通过追问知识的本质来寻找通向这一目标的道路。在穿过苏格拉底的"无知"的净化之火后，柏拉图觉得，自己有能力继续推进那种关于绝对价值的知识——这种知识一直是苏格拉底孜孜以求的——从而恢复知识和生活之间失去的统一。柏拉图的"哲学"发源于苏格拉

---

① 译注：所谓柏拉图的哲学的政治特征或政治性，即它的城邦特征或城邦性，"政治家（statesman）"的实际含义就是"治邦者"。作者在此强调柏拉图哲学的教育品格或教化理想，而此教育品格或教化理想又与城邦（即政治）息息相关，不可分离。

底的φιλοσοφεῖν[哲学实践、爱智活动]。它在希腊思想史上的地位，是由以下事实决定的：它是教育，它旨在找到解决人类教育问题的大规模解决方案。从另一个角度看，它在希腊教育（paideia）史上的地位，是由以下事实决定的：它指向作为教育和文化的最高形式的哲学和知识。它接过了传统的问题，即怎样培养一种更好类型的人，并通过建立一种实在和价值的新范型来回答这个问题。这种新的道德准则取代了之前一切文化的基础——宗教。或者说，它本身就是一种新的宗教。这就是柏拉图哲学与德谟克利特那种科学体系的根本区别——在知识的历史上，德谟克利特的科学体系完全是柏拉图哲学的对立面，哲学史家们正确地将其作为希腊精神中真正具有原创性的思想体系之一与柏拉图哲学相比较。[86]然而，希腊的自然哲学——我们已经将其公元前六世纪的创始者们描述为真正的理性思想的创造者和教育史上的真正先驱——在阿那克萨哥拉和德谟克利特的时代，正越来越成为学者和专家们关注的专业问题。是苏格拉底和柏拉图首先创造了一种哲学的形式，这种哲学的形式可以在始于智术师关于教育本质的争论中发挥自己的重要作用，甚至可以声称自己已经解决了教育的本质问题。尽管从亚里士多德开始，哲学中的科学倾向越来越强烈，但他仍然把自己的教育精神注入了后来所有的哲学体系，将哲学提升为之后古典世界的最高文化力量。那个创立阿卡德学园的人，在凡是尊重哲学和科学的地方、凡是将哲学和科学作为塑造灵魂的力量来传授的地方，都被正确地认为是一个经典人物。

第四章　柏拉图的小苏格拉底对话

德性问题

[87]在一系列柏拉图的著作中,有一些作品相互之间非常相像、联系紧密,完全可以组成一组统一的文章。这些作品经常在严格的意义上被统称为"苏格拉底对话",尽管它们不只是围绕苏格拉底展开的对话。这些作品的形式最原始、最简朴、最接近真实,代表苏格拉底[本人]的对话。它们的篇幅足够短,看起来像一次偶然的谈话。它们开始出发的起点、前进的目标、所遵循的归纳方法,以及所使用的例子,都是如此相似,好像落进了同一个典型的模子,显然是那种它们想要代表的原始对话。它们都用简单的阿提卡会话口语写就,在全部希腊文学中,没有任何其他作品比得上它们那种轻快明丽的习惯用语,那种天然去雕饰的魅力、真挚和自由。即使不与诸如《会饮》、《斐多》、《斐德若》等篇的语言宏富、结构复杂相比较,这组对话的清新和盛放也足以将自身作为柏拉图青春时期的作品标志出来。对话的艺术,在创造它的艺匠的笔下,随着岁月的流逝,发展为一种精心结撰之作,最终融合进曲折的论证、复杂的证据、滔滔的雄辩和场景的戏剧性变化,这是必然的。毫无疑问,柏拉图写作这些苏格拉底对话的目的之一,是表明他老师在

实践其著名的对话技艺。① 柏拉图是一名天生的戏剧家,时代的急剧变迁和[情节或命运的]突然逆转(periperteiai)——思想家们的争论经由它们追求自己的逻辑进程——注定要挑战他去模仿它们。《游叙弗伦》暗示了苏格拉底的审判,而由于《克力同》和《申辩》——二者都讨论了苏格拉底之死——构成同一组对话的一部分,所以这些作品都极有可能作于苏格拉底被处以死刑之后,它们并不是每一篇都提到了苏格拉底之死,但这一事实与以下假设并不违背:[88]即这些精致的微型人物画不只是由一种幼稚的模仿冲动所造就的,而是因为敬爱的老师的死亡所造成的痛苦,以及将其记忆永恒化的渴望所造就的。

后来,有人提出,当柏拉图开始写作对话时,他的目的并非深刻的和哲学的,而是诗歌的和想象的——这在我们现在这种情况下意味着幼稚。② 这也是学者们试图将它们称作柏拉图的第一批"戏剧性短文"放置在苏格拉底之死之前的原因。③ 这当然使它们成了柏拉图青年时期的消遣之作——印象主义的素描或速写,可以说柏拉图是想在其中捕捉苏格拉底的精神活动、优雅举止以及他的谈话的嘲讽艺术。因此,它们被划分为两个部分:一部分涉及苏格拉底的审判和死亡(《克力同》、《申辩》、《游叙弗伦》和《高尔吉亚》),另一部分不包含此类悲剧故事,柏拉图漫不经心的快乐和花哨证明这些作品是在苏格拉底之死前创作的。④ 有人曾认为后一组对话是纯粹的戏剧作品,没有任何哲学的含义和目的;甚至把概念众多推理艰深的《普罗泰戈拉》也包含在这组作品之内。⑤ 这组作品被认为是柏拉图的成长的宝贵证据——与其说是柏拉图哲学思想

---

① 斯藤泽尔在其《柏拉图的辩证法的方法》(艾伦[D. J. Allan]译,Oxford,1940)中讨论了形式在柏拉图那里的重要性。

② 维拉莫维茨最明显地提出了这一观点,参见其《柏拉图》,第一卷,第123页及以下。

③ 例如,维拉莫维茨(《柏拉图》,第一卷,第150页)将《伊翁》、《小希庇阿斯》和《普罗泰戈拉》诸篇的写作日期断定为公元前403—前400年间,他将这段时间视为"因为与苏格拉底的接触,柏拉图正在成形的时期,还不知道他自己的人生发展方向在哪里"。

④ 维拉莫维茨(《柏拉图》,第一卷,第122页)将柏拉图的这些内容欢快的著作(他认为它们是柏拉图的最早作品)冠之以"喧闹的青春"的标题。

⑤ 阿尔尼姆在其《柏拉图年轻时期的对话和〈斐德若〉的形成时间》(*Platos Jugenddialoge und die Entstehungszeit des Phaidros*,Leipzig,1914,第34页)中,走得比维拉莫维茨更远:他试图使《普罗泰戈拉》也成为柏拉图最早期的著作,尽管他的理由与维拉莫维茨不同(参见本卷第117页,注释①)。

成长的证据，不如说是在他的哲学诞生之前，他的文学力量成长的证据。如果情况确实如此，那么我们就不得不认为，在这个过渡时期和属于这一时期的作品中，柏拉图作为一个年轻的诗人和戏剧家，被苏格拉底谈话的哲学戏剧深深地迷住了，从而身不由己地对其进行模仿，只不过确实更关注戏剧本身，而不是戏剧内在的严肃含义。

以这种纯粹审美的方式来看柏拉图的第一组对话，是把适合于现代印象主义时代的观念强加于古典文学之上；这种方法是靠不住的。然而，即使事实确实如此，这种理论也以牺牲柏拉图身上的哲学家成分为代价，使他身上的诗人成分太多了一些。毫无疑问，柏拉图的哲学读者一直以来倾向于柏拉图哲学的内容而忽略其形式，尽管柏拉图明显赋予了其作品的形式以很高的意义。只有伟大的诗人才能使他的文体在其作品中占有崇高的地位，在这些作品中，文体［形式］是事物本质的真实而直接的揭示。然而，从未有一个评论家在柏拉图的作品中发现过其诗歌形式和哲学内容不相互渗透的段落。从一开始，我们就看到，[89]柏拉图的艺术力量不可分离地黏着于一个主题之上，即使在其晚年也是如此。① 在柏拉图的首批短文中，这一主题——苏格拉底和他转化灵魂的影响力——没有任何在后来的作品中所具有的深层意义，几乎是不可能的；恰恰相反：我们应该期待发现它们充满了伟大的领悟，这种领悟是通过他与苏格拉底的联系、通过分享他的研究获得的，这种领悟以每一种可能的方式在柏拉图后来的作品中展开其自身。在柏拉图遇到苏格拉底之前（因而是很年轻的时候），他曾经是赫拉克利特派哲学家克拉底鲁的学生；而且，根据亚里士多德的并非不可能的陈述，由于柏拉图从克拉底鲁的永恒流变理论转向苏格拉底对一种永恒的道德真理的寻求，直到他在可感世界和可知世界之间作出根本区

---

① 即使在其晚年，柏拉图也写了一篇对话，在这篇对话中，苏格拉底是主要人物（《斐利布》［*Philebus*］）——尽管在其晚年的其他作品中，柏拉图让苏格拉底成了从属的次要人物：例如，在所谓的"辩证法对话"《巴门尼德》、《智术师》、《政治家》诸篇中，以及在论自然哲学的《蒂迈欧》中；而在《法义》中，苏格拉度干脆就不见踪影了，取而代之的是雅典的外乡人这一人物。柏拉图允许自己脱离自己的习惯，因为《斐利布》的道德主题是苏格拉底式的，尽管它的处理方法与苏格拉底的辩证法大异其趣。同样的道理适用于《斐德若》；关于其写作日期，参见本书第三卷，第 220 页及以下。

分——也就是他的型论——之前，柏拉图一度陷入进退失据、无从突破的困境之中。① 而当柏拉图仍在此种困境中奋力挣扎之时，他不可能只想把苏格拉底描绘成一个强大的艺术家，而没有任何哲学意图。柏拉图的第一批对话，不可能是在他仍然犹疑不决时写就的。不仅仅是某一篇单独的对话，而是整组对话，柏拉图都信心满满，成竹在胸，朝着思想中的目标径直前进。因为它们之中的每一篇都是对同一个根本问题的不同处理，我们越是阅读这些作品，这个根本的问题就越是清晰地浮现在它们身后。所有这些作品围绕着旋转的核心问题，就是德性的本质问题，在撰写这些作品时，为排除任何改变主题的可能性，柏拉图心心记挂、念兹在兹的就是这一核心问题。

初看之下，柏拉图的早期对话似乎是对诸如勇敢、虔敬、自制等道德概念的单独探究。苏格拉底及其对话者试图界定这些德性中的每一个的真实之所是。苏格拉底总是以同样的方式开始。苏格拉底先让另一个人做出一个陈述，这个陈述的结果证明了对话者在回答此类诘问时引人发笑的笨拙和稚嫩。所有这些通常的错误，都是由苏格拉底制造，并由他耐心纠正的。每一个新的定义都是部分地正确的，并与某种真实的体验相对应，这种新定义可以解释正在讨论的德性的本质。但是，没有任何一个回答令人满意，因为它们之中没有任何一个可以完全涵盖主题。它看起来毋宁更像一门由一流的头脑所掌控的初级逻辑的训练课程——这一点由于以下原因而显得更加如此：[90]即对类似的错误和方法的诀窍的不断重复，表明作者对这些对话的方法论方面有一种特别的强调。柏拉图不会描述一段问答离题的任意对话。他知道游戏的规则，而且显然是想把读者的注意力引向它们，并对它们的使用给出实际事例。这些对话的作者不是这样一个人——他刚刚才认识到勇敢的恰当定义不能以"勇敢是当你……"开始。即使无法证明这一点，我们也能立即感觉到，柏拉图让他的说话者所采取的每一个步骤——无论对错，都对它的意义有着充分的自觉——都进行过周密的规划。一个人需要非常天真，才能相信以下说法：因为这些对话中没有

① 亚里士多德，《形而上学》A 6.987a32。

一篇以对正在讨论的主题的有条不紊的定义而告终，所以它们是一个蹒跚学步者在一片未经开垦的荒地上的冒险探索之旅。这些反复盘问的所谓"否定性结果"，这些辩驳性[问答式]（elenctic）对话，意味着相当不同的东西。通过发现我们其实并不真的知道我们自认为知道的东西——也即是说，勇敢或自制的本质——我们结束了与苏格拉底的谈话。但是，这种我们付出全部努力仍然颗粒无收的状况并不令人沮丧——正如如果我们只认识到我们自身的无能为力就会大为懊丧那样——而是相当令人振奋。它激励我们与问题再次搏斗。苏格拉底好多次明确地说这个问题之后会再次讨论：就像真实的苏格拉底可能曾经在许多场合说过的那样。当我们注意到这些苏格拉底的小篇幅对话没有一篇包含一个预期的结论，而是全部都以一个问号结束时，我们会感觉到一种哲学上的激动，这种激动具有一种深刻的教育影响力。

柏拉图通过倾听和观察苏格拉底的谈话，经常感受到老师指引灵魂的力量。柏拉图必定深深地觉得，作为一个作者，在再现苏格拉底的教导时，自己最伟大、最艰苦的任务就是使他的读者感受到他本人曾经感受过的同一种震撼和影响。如果只是写下他从苏格拉底那里听到的那些提问和回答，他不可能做到这一点。确实，如果对话缺乏一种激动人心的戏剧力量，可能会非常乏味，不忍卒读；柏拉图的伟大文学发现是，在一种纯粹的哲学和科学探索的有力推进中，在为目标而奋斗的一连串新颖而令人吃惊的进展中，存在着一种巨大的戏剧魅力和惊心动魄。[91]没有一种思想交流的形式可以像一场规划周密、旨在发现真理的对话那样，如此确定无疑地唤起读者的兴趣和共情。苏格拉底通过汇集说话者的才智，为达到真理而进行的反复努力表明，柏拉图对这种教学艺术具有充分的掌控能力——这种教学艺术能使他的读者希望与作者合作[一起找到答案]。当我们阅读对话时，我们的思想越过正在进行的讨论，试图达到问题的目标；因此，当柏拉图将我们带进一个貌似僵局的处境时——不是一次两次，而是每次——他使我们想要跳出僵局之外，并继续进行从讨论开始时起的推理训练。如果这些对话是我们碰巧遇到的真实谈话，那么得出一种否定性的结论可能纯属巧合。不过，一个哲学的作家和教师——他一次又一次地将我们导向一种对无知的承认——想做的，必定不只是给我们提供一幅众所周知的苏格拉底之"无知"的逼真画面。他是在给我们设置一个谜语，他相信解决的办法就在我们掌握之中。

所有这些谈话都试图找到德性的本质；它们都导向了一种认同，那就是，这种德性，不管它是何种德性，都必定是某种类型的知识。如果我们问"是关于什么的知识"，我们就会发现它是关于善的知识。我们因苏格拉底的名言"德性即知识"而得知这一点。但是，与此同时，我们感觉到有一种新的力量在柏拉图的苏格拉底对话中起作用，这种力量不只是在重新塑造柏拉图的老师本人，而且还接过了老师的问题继续前行。柏拉图笔下的苏格拉底专心致志，心无旁骛，只关注德性问题，细心的读者会在这一事实中发现这种力量的运行。我们从《申辩》中得知，真实的苏格拉底把劝诫同胞实践"德性"和"关怀灵魂"看作高于一切；而伴随他的这种劝诫的反复诘问，以及使他的对话者意识到自身的无知，只不过是这种规劝使命的必要部分。它的目的就是使人心有所触动并敦促他们践行为己之学。但是，在柏拉图早期的其他作品中，这种劝诫性教导远没有辩驳性诘问重要。显然，柏拉图想要把他的读者推进到关于德性的知识之中，而不是让他们停留在关于自身之无知的意识之中。[92]无能为力（aporia）是苏格拉底的永久状态，但对柏拉图来说，它是解决问题和突破困境的一种挑战。柏拉图努力找到一种对"什么是德性"这一问题的肯定回答；他显然是在沿着一条经过详尽规划的道路前进：因为在这些对话中，他先处理一种德性，然后再讨论另一种德性。他表面上没有逾越苏格拉底自知其无知的供认，但也仅仅是表面上而已。因为这些对话中的每一篇都试图定义某个特定的德性，都以承认它必定是关于善的知识而结束。这种集中推进清楚地表明，它的指导策略整个地指向一个问题：苏格拉底在人们中间徒劳地寻求的那种知识——这种知识肯定隐藏在灵魂中的某个地方，因为如果没有它，人就不能达到真正的完美——的本质是什么？这种知识的对象，即"善"的本质又是什么？

首先，这两个问题没有一个得到了回答。但是我们并未被简单地置于黑暗之地：一只坚定的手在引导我们走出黑暗。柏拉图以对本质性事物的惊人天赋，似乎把那个千变万化的东西——即苏格拉底的精神——简化成了几个清晰的轮廓。通过用一只坚定的手将它们刻画出来，柏拉图塑造了一幅永恒的苏格拉底画像。尽管这些特征是真实的苏格拉底的典型特征，但它们在这里只专注于一个问题。与老师一样，柏拉图的注意力也完全集中在这一个问题上，因为这个问题与我们的生活休戚相关，它应该在此得到解决。但是，问题的所有理论结果在这些早期对话中都得到了清晰的阐述，这种清晰性也证明了它深深植根于一个柏拉图熟知的型世界——尽管这个世界仍被保留在柏拉图思想的背景之中；直到我们抵达《普罗泰戈拉》和《高尔吉亚》，并期待他的《王制》，这个型世界才浮出水面。因此，在柏拉图最早期的作品中，就出现了自施莱尔马赫以来的所有柏拉图阐释者都关心的问题：柏拉图的著作可以被一篇一篇单独解释吗？或者，它们中的每一篇都必须经由其他全部作品才能得到解释？施莱尔马赫认为后一个回答肯定是正确的回答。施莱尔马赫认为，很明显，尽管柏拉图的著作（它们采取了对话的教学形式）没有把他的思想发展为一个精心计划的体系，但仍然从一开始就旨在构建一个智识整体——这个智识整体是通过所有这些作品，一步一步辩证地展开的。但是，施莱尔马赫的对手们相信，这些步骤不过是柏拉图思想"发展"过程中的时间（temporal）现象，[93]柏拉图的著作分成若干不同的小组，每个小组只代表柏拉图在生活的某个特定时期的意见而已。他们认为下述做法是根本不可能的：拿出柏拉图著作中的某一篇（他在这篇著作中第一次处理某个问题），并用他后来写的那些作品来解释这一篇著作——这些后来写的作品看起来使人们对问题以及他处理问题的方法有了更清晰、更广泛的理解。①

---

① 现代柏拉图学的创始人施莱尔马赫，将其对柏拉图著作的理解建立在这样的信念之上：即柏拉图思想的内在统一性在其作品中逐步呈现出来。施莱尔马赫之后，赫尔曼以其《柏拉图哲学的历史和体系》（*Geschichte und System der Platonischen Philosophie*，Hiedelberg，1839）一书创始了柏拉图思想的"发展-理论"。关于柏拉图学及其阐释在现代的历史，参见宇伯威格（F. Ueberweg）的那部过时但有用的著作《柏拉图著作的真实性和年代顺序研究》（*Untersuchungen uber die Echtheit und Zeitfolge platonischer Schriften*），Vienna，1861，第一部分；参见本人《柏拉图在希腊教育重建中的地位》的导论——这篇演讲的名称是"十九世纪柏拉图形象的变迁"（Der Wandel des Platobildes im 19. Jahrhundert），首次发表在《古代文明》IV，1928，第 85 页及以下，然后作为一部独立的著作在柏林出版；最后，可参见莱泽冈（H. Leisegang），《当代的柏拉图阐释》（*Die Platondeutung der Gegenwart*），Karlsruhe，1929。

当我们讨论柏拉图青年时期的对话时，问题变得尖锐。那些认为它们只是小篇幅的、戏剧性的人物素描的人，自然将它们排除在所有其他作品之外。① 但是，即使那些相信它们多少具有哲学意义的学者们，也常常把它们当作柏拉图一生中"苏格拉底"时期的一种单纯纪念物，并且假定它们几乎没有、甚至根本没有柏拉图自己的思想。② 他们认为《高尔吉亚》是包含柏拉图学说大纲的第一部作品。而且，《高尔吉亚》似乎是第一部正视政治问题的对话——政治问题在公元前380至前370年的那部杰作《王制》中得到了充分解决。相应地，这些小苏格拉底对话则仅仅是由苏格拉底所常规性地追寻的那类伦理询问而已。那些持此观点的人们通常都假定（当然，这种假定会大大加重他们的理论的分量），当柏拉图在写作他的第一部对话时，他尚未构建好他的型论。据说，在它们之中不存在型论的直接线索，型论的创造是在他生命的后期，当他对逻辑问题和知识问题感兴趣时——正如他在《美诺》中开始对逻辑和知识问题感兴趣那样——才开始的。因此，柏拉图的这些早期对话，除了文字的美丽和优雅，它们的主要价值是历史价值，我们只应把它们当作真实的苏格拉底的个性特征和学说教导的证据来看待。

这种对待柏拉图作品的方法产生了许多重要事实，这些事实从未得到应有的重视。如果它不曾如此，就不可能守住阵地这么多年，反对所有其他解释。柏拉图终生都在写作对话，但是其对话-形式的语言、风格和结构，从《拉刻斯》和《游叙弗伦》到《法义》，在他手里经历了巨大的变化——一种不全是由于他正在处理的主题之间的差异而来的变化。随着我们对柏拉图著作的了解加深，我们逐渐明白，[94]有意识的目的和无意识的变化促成了柏拉图的文体风格的发展，这种发展与他人生中的各主要阶段明显对应，也使我们有了说柏拉图有一种早期风格、一种中期风格和一种公认的晚期风格的权力。他在《王制》和《法

---

① 这一学派的主要代表人物是维拉莫维茨，参见本卷第95页。

② 三位持此意见的学者分别是雷德尔（H. Raeder,《柏拉图哲学的发展》[*Platons Philoso-phische Entwicklung*], Leipzig, 1905)、迈尔(《苏格拉底》, Tubingen, 1913)和波伦茨(M. Pohlenz,《从柏拉图时代开始》[*Aus Platos Werdezeit*], Berlin, 1913)。

义》两部巨著中考察了教育和城邦的问题，他在中年时期对这一问题的态度与晚年时相差甚大。因此，我们必须承认，不仅诗人及其风格，还有思想者及其思想，都随着岁月的流逝而演变。不考虑柏拉图思想发展的历史事实，而试图在柏拉图哲学中发现系统性整体的每一次尝试，一旦它试图将柏拉图的所有作品置于同一层次，并将其作为具有同等权威的东西来对待，都会立即陷入不可避免的困难。策勒通过宣告柏拉图没有写作过《法义》开始，因为它与柏拉图的主要著作如此不同；在其希腊哲学史中，策勒被迫承认《法义》的真实性，但他不得不在一个附录中讨论它，因为它与他对柏拉图哲学的描述如此扞格不入——这种描述是他根据柏拉图的其他主要著作构建起来的。

但是，即使我们承认这些事实，我们也不可能接受从柏拉图的思想经历了一个持久的发展过程这一看法得出的全部结论。尤其是，尽管这种解释长久以来为人们所接受，但当这种解释遇到柏拉图最早期的对话时就失效了。我们所说的它们所包含的哲学内容，使人们再也不可能只把它们当作真实的苏格拉底的谈话的游戏性模仿来看待。① 它们也不可能是柏拉图思想中那个纯粹的苏格拉底时期的反映。② 正如我们反复指出的那样，将它们描述成一种伦理询问，并坚信柏拉图在其职业生涯的开端对"伦理学"感兴趣，是一种现代错误。一旦我们以柏拉图在其后期著作中赋予它们的那种更为广阔的背景为根据来审视这些道德询问，这种错误就一目了然了。在第一批对话中讨论的德性，几乎与理想国赖以建立的那些德性完全相同。勇敢、虔敬、自制、正义是城邦及其公民传统的政治德性。③ 前三种德性在早期对话中得到了讨论——每一个都在一篇独立的对话中得到讨论。与城邦的本质关系最为紧密、实际上也是城邦之灵魂的德性，即正义，在《王制》第一卷即得到了讨论。人们经常指出，这一导论性的第一卷，于《王制》的其余卷帙而言，[95]具有半独立的性质，而其形式最类似于柏拉图早期的"苏格拉底"对话。有些人甚至认为，《王制》第一卷曾经是一篇独立的作

---

① 参见本卷第 96 页及以下。

② 参见本卷第 100—101 页。

③ 参见本书第一卷，第 134 页。

品，为了在正义的基础上建构理想的城邦，柏拉图才将其整合进了《王制》之中。尽管仍然有许多人相信这一点，但这不过是一种聪明的假设而已。而且，无论真假与否，这确实说明了柏拉图的早期对话与《王制》背后的思想之间的那种紧密的有机联系——在《王制》中，柏拉图的思想世界第一次作为一个整体呈现出来。不只《王制》的第一卷，连同其对正义问题的讨论，还有《拉刻斯》、《卡尔米德斯》和《游叙弗伦》，连同三者对勇敢、自制和虔敬的本质的讨论，即便它们与《王制》没有结构上的联系，但仍然属于同一个思想领域。在某种程度上，可以说，它们是《王制》的基础材料。

在《申辩》中，苏格拉底对雅典公民的影响，和他教导同胞追求真正德性的方法，与"城邦本身"有关。这表明他的使命是一种政治使命。① 如果我们仔细看，就会看到柏拉图在所有小苏格拉底对话中都保持着这一调子。我们只需指出苏格拉底与其老友克力同的狱中对话即可，这篇对话讨论的是公民遵守城邦法律的义务，无论付出何种代价。②《拉刻斯》强调其问题——教育两个富裕公民之子的最佳方式问题——的政治意义，在这篇对话中，雅典的著名将军尼基阿斯和拉刻斯参与了谈话。③《卡尔米德斯》与《王制》及其基本学说有诸多联系；它是提到（作为一个"谜语"）几乎无法翻译的 τὰ ἑαυτοῦ πράττειν 的第一个对话，这个短语的意思是"关心自己的事情"、"做好自己的事情，别管其他闲事"。④《王制》中各社会阶层及其功能的区分正是建立在这种观念之上的。⑤ 什么是节制或自制？《卡尔米德斯》就是

---

① 参见《申辩》36c，其中，苏格拉底用一个简短、详尽的最后说明概括了他的全部影响力。他说，他千方百计说服每一个人关心他自己，而不是关心他的营生，使自己尽可能地完善和智慧；要关心"城邦本身（αὐτῆς τῆς πόλεως）"，不要总想着城邦的事务。请注意关心城邦事务和关心城邦本身、使城邦尽可能完善和智慧之间的区别：这是苏格拉底所理解的政治和通常意义上的政治之间的根本区别。其他提到苏格拉底对城邦的使命的段落见于《申辩》30e、31a 等，参见本卷第 49 页及以下。

② 《克力同》50a。

③ 《拉刻斯》179c 及以下。

④ 《卡尔米德斯》161b，161c。译注：这是卡尔米德斯在与苏格拉底讨论什么是节制时提到的一个定义："所谓节制就是做好自己的事情"。苏格拉底说，"这句话就像一个谜语"。

⑤ 《王制》，第四卷，433b。

围绕这一问题来设计的，柏拉图数次指出这一问题对立法者和政府的直接重要性。① 在《卡尔米德斯》中（与《高尔吉亚》一样），政治科学作为与医学科学相对应的事物出现；②而在《游叙弗伦》中得到讨论的虔敬，也与政治相联系：因为讨论起因于有关宗教虔敬的法律问题。但不管怎样，对古典时期的希腊人来说，虔敬绝对是一个政治概念，因为它意味着对城邦的神祇——它们维持着城邦的法律和制度——给予相应的尊敬。

[96]有了这一切之后，我们几乎没有必要再说所有这些询问的线索最后都汇聚到了《普罗泰戈拉》之中，《普罗泰戈拉》通过将它们一并叫作"政治的技艺"，即 πολιτική τέχνη，表明了它们一直以来的前进方向。③ 当柏拉图试图定义基本政治德性的本质时，他在早期对话中研究的正是这种政治技艺或政治科学的要素。后来，他要在这些同样的德性之上建构真正的城邦，而这就是那部鸿篇巨著的开始。因此，《王制》的核心问题在柏拉图最早期的作品中已经埋下了伏笔，《王制》后来显示为柏拉图教育活动的高潮——人如何获得关于善的型的知识。

只有当我们从这个角度来看待柏拉图年轻时期的对话，才能理解柏拉图在整个哲学框架中给予它们的位置。现在，我们知道了，从一开始，柏拉图脑海中浮现的整体就是城邦。在他关于政治的主要著作中，他坚持认为哲学家应该掌管城邦，因为他们拥有关于善的知识，并因而拥有对社会至关重要的东西，理解一切人类生活必须建立于其上的最高准则。由于他的最早期著作从各种不同的角度开始，都以一种数学般的确定性指向同一个核心，因此，很明显，柏拉图思想的一个基本特征就是这种对于总体规划的建筑学意识，它标志着诗性哲学家柏拉图的著作与任何非哲学的诗人的著作之间的一种本质区别。④ 他很清楚

---

① 《卡尔米德斯》171d—e，175b。

② 《卡尔米德斯》170b，173b，174c，其中，与在《高尔吉亚》、《王制》和《政治家》中一样，作者将医学技艺与领航技艺相提并论，并与"善的知识（ἡ περὶ τὸ ἀγαθὸν ἐπιστήμη）"相比较，尽管前二者从属于后者。

③ 《普罗泰戈拉》319a。在《普罗泰戈拉》中，一旦提到"政治技艺"，讨论就马上转向了对四种公民德性的追问。

④ 维拉莫维茨在其对作为诗人的柏拉图的评论中忽略了这一点（《柏拉图》，第一卷，第122页及以下）。

自己前进的方向和目标。当柏拉图写下第一篇苏格拉底对话的第一句话时,他就已经成竹在胸了。《王制》的圆满实现可以清晰地追溯到他的早期著作,但是这种写作方式是一种新颖而独特的事物,它是希腊人系统性创造能力的最伟大表现之一。柏拉图的聪明才智足以使他在具体细节上随心所欲、不逾矩地发挥创造,且仍能坚定地朝着一个至高无上且永远目所能及的目标前进,在这种强大禀赋的指引下,柏拉图的哲学好像一棵参天大树般自由和稳定地成长。如果你相信,当柏拉图写下这些小篇幅的智力戏剧时,他的精神视野并不比它们的前景更广阔,那将是一个严重的错误。许多学者赞同柏拉图的对话代表其思想发展的不同阶段这一理论,他们由于假定柏拉图在自己的每一部著作中都说了任何他可能说的东西,[97]而宣判了自己在柏拉图著作的审美理解和哲学理解上的失败。① 这就是赋予甚至是柏拉图最小的对话以无与伦比的力量的东西——对一个特定主题的清晰定义的探究,尽管看似枯燥乏味,内容受限,但它总是扩展自己的界限,并使自己广阔的哲学背景充满生机。

　　苏格拉底本人在主张人应该接受德性教育时,将其看作一个政治任务,因为它处理的是政治德性问题。在那里,柏拉图不必对苏格拉底的对话做任何变动,他认为进行道德教育的苏格拉底正在帮助建立城邦,在此意义上,从他的第一篇对话开始,他所做的一切都只是在继续老师的工作。在《申辩》中,苏格拉底的这种工作被叫作雅典服务。② 在《高尔吉亚》中,衡量雅典政治家的工作的标准是苏格拉底自己作为一名政治家和教师的伟大。③ 但是,即使像这么早的对话,柏拉图也已得出根本的结论:苏格拉底的目标永远不可能在任何当代城邦中完全实现。我们可以从柏拉图自己的宝贵证据(即《书信》七)中得知这一点。④ 柏拉图和兄弟格劳孔、阿德曼托斯(在《王制》中,柏拉图意味深长地让他成为苏格拉底的学生和对话者),

---

① 参见本人的讲座文稿《柏拉图在希腊教育重建中的地位》,载《古代文明》IV,1928,第92页。

② 同上,第382页。

③ 《高尔吉亚》517c,519a,521d。

④ 《书信》7.326a—b。

与克里提亚和阿尔西比亚德一样，显然属于古老的雅典贵族阶层的后起之秀。他们觉得他们的家族传统注定了他们要领导这个国家，他们来到苏格拉底这里，向他学习政治德性。因为他们常常从长辈那里听说一些对现存雅典民主制度的激烈批评，他们准备好了倾听老师的教导——他说，他想要让城邦在道德上变得更好。对像阿尔西比亚德和克里提亚这样贪婪的、野心勃勃的年轻人而言，苏格拉底的教导是火上浇油。不过，在民主制度被推翻之后，当柏拉图的叔叔克里提亚邀请他加入新的独裁政府时，他马上发现这个政府完全与苏格拉底的教导南辕北辙，因而拒绝了。① 苏格拉底本人与三十僭主的冲突，以及他们的命令，即苏格拉底必须停止讲学，对柏拉图来说，是新政府道德败坏的铁证。② 在三十僭主的政权崩溃、民主制度恢复之后，[98]柏拉图接到了第二次积极参与政治生活的邀请，但他又一次拒绝了，这一次是因为苏格拉底与民主国家的冲突，因为它的悲剧性结局，所以他对一切政治活动都退避三舍。③ 这种反复向柏拉图证明了，使城邦成为其最优秀公民的致命敌人的，既非寡头制，也非民主制，而是道德全方位的彻底堕落。

现在，柏拉图认为事情已经明摆着了：单凭一个人，无论这个人多么富有聪明才智，是无法改造雅典的。为了实现他的重造雅典之梦，他需要志同道合的朋友和同志。在《书信》七中，他说，正是在这段时期，他有了最深刻的孤独无助感，这种感觉自此之后成为他对最重大的人生问题、城邦问题的根本态度。为苏格拉底的教育使命所激励，他不得不相信，对他来说，积极参与雅典的政治生活将是时间和精力的无谓浪费：因为他觉得，当代国家，不仅在雅典，而且在任何地方，都已经迷失了，除非有一个来自上天的奇迹来拯救它。④ 苏格拉底一直全神贯注于教学；他对别人喋喋不休的权力毫不关心：因为他为之生活和工作的

① 《书信》7.325d。
② 《书信》7.324d—e；关于此事的详细记述，参见色诺芬，《回忆苏格拉底》1.2.31—37。
③ 《书信》7.325a。
④ 《书信》7.325e—326b，另可参见《王制》473d 中著名的类似段落。这一观点并非柏拉图后来发展的结果，而是在早期就活跃于他心中的思想，正如《申辩》31e 和 36b 的扼要概述所表明的那样。

城邦本身($α\dot{υ}τ\dot{η}\ \dot{η}\ πόλις$)是一种纯粹的道德秩序;①它凭其自身就能存在,无需权力。不过,柏拉图对政治永远有一种天生的本能;经由与苏格拉底的接触,柏拉图的思想和意志完成了道德转化,但这种转化从未深远到使这种本能麻木,或者干脆摧毁这种本能的程度,这种本能于柏拉图而言,是与生俱来的,又得到了后天教养的强化。苏格拉底曾经从积极参与政治生活中退缩,因为他帮助城邦的能力在于另一个领域。②柏拉图退缩是因为他知道,他并不拥有实现他认为是好的城邦所必需的能力。③尽管如此,他的努力总是旨在以某种方式使最佳城邦成为实际现实,使权力和智慧这些在世上总是分离的品质成为一体。④如此,经由苏格拉底与城邦的冲突,柏拉图很早就获得了他整个生活的基本观念:除非哲学家成为王者,或者王者成为哲学家,否则城邦和社会就不可能得到改善。

根据《书信》七的自述——在这封信中,柏拉图在年事已高之际描述了自己的政治观和哲学观的发展历程——柏拉图发现自己被这种想法深深吸引,[99]且甚至在他第一次南意大利和西西里之行前——也就是说,在公元前389至前388年之前——就已将它告诉了别人。⑤我们不必认为这件事情意味着他实际上已经完成了整个工作。他把西西里之行作为一个特殊的日期来提——在此之前,他已经有了这种信念[哲学家成为王者,或王者成为哲学家],因为他试图向朋友们解释,为什么后来他去到叙拉古僭主(他的外甥狄翁急切盼望着柏拉图的教导)的宫廷对他来说似乎是天意的一种补偿。因为正是他的到来给了狄翁推翻西西里僭主制的第一动力。柏拉图试图表明,狄翁是如何获得柏拉图自己终生保持且一直都在努力实现的想法的,这个想法就是:一个僭主应该被训练成哲学家。柏拉图宣布他创造了哲学家应该成为统治者的理论,并使狄翁接受了这种理论。因此,他解释了他自己是如

---

① 《申辩》36c。

② 《申辩》36b。

③ 《书信》7.325e 及以下。

④ 《书信》7.325e—326a。在《王制》499c 中,关于创造最佳城邦的可能性问题,柏拉图使用了类似的表达,尽管此事的契机(kairos),即合适的时机,不在眼前。

⑤ 《书信》7.326b。

何及何时发现这一信念的。根据这一证据，柏拉图获得这一信念与其说是因为西西里之旅，不如说是由于苏格拉底之死。① 因此，我们应该将其时间确定在早于公元前 389/388 年。它确实是柏拉图正写作第一批对话的时期。这一事实对于我们重建这些对话的哲学背景具有极其重要的意义。它证实了我们通过分析已经得出的结论：这些对话的真正目的是帮助建立一门政治科学——其使命是建构最佳的城邦。苏格拉底死后直到柏拉图第一次西西里之行之前，我们经常在柏拉图对自己思想发展的描述中发现一些难题，上述结论是对这些难题的一个简单但令人信服的解决办法。

城邦想要改善，哲学家就必须成为统治者，或者统治者必须成为哲学家，我们是通过《王制》熟悉这一论点的；在描述城邦的未来统治者的教育问题时，柏拉图写下了这一点。这是一个令人印象深刻的悖论，它使整个段落如此著名，以至于当他在《书信》七中提到它时，他好像是在引用他自己的话似的。只要《书信》七被认为是伪造的，这一事实就会被当作是其虚假性的证据。学者们认为，伪造者试图通过不断重复柏拉图最为人知的一个观念，为其作品打上真实可靠的烙印。但是，他们认为他未曾注意到这样做时，他会使柏拉图暗示《王制》（现代研究者将其置于七十年代的某个时候）是在公元前 400 至前 390 年间写就的。[100]既然我们再次相信《书信》七是真实的，另一个困难就出现了。它是真实的，柏拉图是在引用他自己的话；那么他必定知道他何时写的《王制》；因此，柏拉图是在九十年代写的《王制》！② 倘若果真如此，那么《王制》这部柏拉图最伟大的著作，以及其他著作——《王制》以其他著作为先决条件，我们已经学会将其他著作看作柏拉图三十年连续思考和写作的结果——居然是在柏拉图第一次西西里之行前完成的；当然，要相信这一点是不可能的。因此，其他一些学者拒绝接受上述结论，但他们提出存在一个《王制》更早和更短的版本，阿里斯托芬在其《公民大会妇女》(Women in Parlia-

---

① 《书信》7.325c—e。

② 这是泰勒在其《柏拉图》一书第 20 页中的论证。

ment)中开雅典帝国妇女的玩笑,就是从这一版本得到的素材,《公民大会妇女》是在九十年代末创作的。① 但是,这一意见并不比其他意见更有可能性。在《书信》七中,柏拉图并没有说他曾写下这一观点;他只是说他曾"谈到过它",实际上,下述情况是非常有可能的:当柏拉图在学园里教学和演说时,在他将对话中要表达的观点写下来并向外界解释其哲学和教育学说的真正本质之前,他经常在学园中解释和讨论这些要在对话中表达的观点。② 将心中的重要思想付诸文字自然会花费他许多年时间,但在口头教学中,他不会等上三十年之久,在将全部有关德性本质之探究的目的揭示出来之后,才开始谈论心中之所想。而且(尽管这一点经常被忽略),柏拉图无需用详尽的论据来劳心费力地证明他没有在学园成立之初(公元前 388 年)开始教学,而是只要证明他在九十年代写的所有作品,从最小的对话到《普罗泰戈拉》和《高尔吉亚》,都是为了帮助他实施一项教育计划——他正在通过自己的谈话和对话以真正的苏格拉底方式来推进这一教育计划——就可以了。

这为九十年代的小苏格拉底对话提供了背景。除非我们为它们在柏拉图的思想王国中找到适当的位置——这个思想王国是由《王制》和柏拉图自己关于那一时期的思想发展所做的陈述(《书信》七)来揭示的——否则就不可能重建这一背景。但是,柏拉图的同时代人在小苏格拉底对话中主要看到的,是苏格拉底对话对德性的辩证探究的延续,③苏格拉底去世后,柏拉图必定从自我放逐中回归,承担了这一任务。小苏格拉底对话表明了,柏拉图是如何继续这些讨论的,以及他的理论推理集中关注的要点是什么。[101]显然,柏拉图是从彻底搞清楚这些辩证探究所采用的逻辑程序的前提假设及其所遵循的常规逻辑模

---

① 参见波伦茨,《从柏拉图时代开始》(*Aus Platos Werdezeit*),Berlin,1913,第 227 页。

② 《书信》7.326a 中的话"*λέγειν τε ἠναγκάσϑην κτλ*[我不得不说]"——泰勒在其《柏拉图》第 20 页中认为这句话指向我们现有的《王制》——应该被当作对柏拉图的演讲和教学的一种暗指。在本人对泰勒著作的评论中(《日晷》[*Gnomon*],第四卷,第 9 页),我已经表明了这一点。这也解释了阿里斯托芬《公民大会的妇女》和柏拉图《王制》之间的一致。译注:柏拉图在《书信》7.326a 中说:我不得不说,只有正确的哲学才能分辨什么是正义;除非哲学家获得政治权利,或者政治家成为真正的哲学家,否则人类就不会有好日子过。

③ 在《申辩》39c—d 中有一个要将其继续下去的正式承诺。

式开始的。我们的证据如此，所以我们可能永远都不能断定苏格拉底
本人在这一方向上前进了多远，而柏拉图又从苏格拉底那里学习到了
多少逻辑。① 许多学者倾向于低估苏格拉底在这一领域的工作，倾向
于将所有这些第一步的工作都归功于柏拉图——来自柏拉图学园的下
两代人将探索这一需要两千多年才能解决的逻辑领域。② 苏格拉底创
造了一种"矛盾对话法"，并毕生致力于这种对话；可以肯定，他一定发
现了许多逻辑［知识］；他不可能只是一个普通的表演者。尽管如此，当
我们阅读他的其他学生的著作时，我们发现他们极少——如果有那么
一点点的话——对逻辑理论及其应用感兴趣。色诺芬的简短评论，即
苏格拉斯不厌其烦地为概念下定义，在我们理解苏格拉底作为一个逻
辑学家的能力方面无所助益。③ 如果我们记得是一个富于抽象思维的
体系性天才丰富和发展了对话的主题，那么柏拉图对苏格拉底辩证法
的描述应该是最容易被作为真实的对话来接受的。

　　但是，当我们权衡首批对话提供的关于柏拉图当时的辩证法的状
态的证据时，我们发现自己面临着同样的问题——它阻碍了我们评估
其道德和政治内容的努力。那些相信它们代表柏拉图思想发展的一个
早期阶段且明显不同于后期作品的人，认为它们证明了柏拉图早已熟
悉作为定义、归纳和概念的形式逻辑的基本要素。但是，正如我们曾经
说过的那样，他们指出它们之中并不存在明确的支持"型论"的证据，尽
管在柏拉图的后期著作中，这是柏拉图辩证法的特征。④ 从这个角度
看，就柏拉图教导"型"是独立自存的实体而言，想要思考柏拉图在抽象
逻辑方面，到底从如此平淡无奇的开端中得到了多少，是很困难的。据
亚里士多德所言，柏拉图认为苏格拉底研究过的伦理概念，属于一个永
恒实在的世界，不同于永恒流变的可感世界；任何一位理解希腊思想方

---

① 参见迭斯（A. Dies），《在柏拉图周围》（*Autour de Platon*），Paris，1927，第156页及以下。
② 这对迈尔的《苏格拉底》（第264页）而言尤其真实。伯内特和泰勒拒绝诸如此类否定苏
　格拉底的逻辑学的尝试，在这一点上，他们被证明是正确的，但他们在另一方向上走的太
　远了，而且，通过将柏拉图关于苏格拉底说的一切都归为"真实的"的苏格拉底，他们将这
　个问题过于简单化了。
③ 色诺芬，《回忆苏格拉底》，4.6.1。
④ 参见雷德尔、维拉莫维茨、波伦茨等人的著作。

式的人,必定同意这一叙述听起来是最自然而然的一种叙述,[102]尽管它因其唯名论预设而与现代思想格格不入。① 早期希腊哲学的全部传统使柏拉图认定,凡是有知识的地方,必有所知的对象存在。亚里士多德说柏拉图的第一位老师克拉底鲁,曾使柏拉图深信我们生活在一个永恒流变、永恒的生成和消逝的世界之中。然后,当他遇到苏格拉底时,一个新的世界对他打开了。苏格拉底试图发现正义、虔敬、勇敢等德性的本质,预先假定它们是永恒而无可改变的事物。② 我们应该说,苏格拉底关于正义、虔敬和勇敢的本质的问题,旨在发现它们背后的概念或共相。不过,尽管现在共相和概念已经是一种常见的思考方式,但在那个时代,它尚未被发现。在其后期对话中,柏拉图与之奋力搏斗,并逐渐掌握了它;而亚里士多德则完全理解了抽象概念的逻辑进程。但是,当苏格拉底问"何为善"、或"什么是正义"等问题时,当然并不意味着他和他的学生已经完全具有关于普遍概念的逻辑性质的理论知识。当亚里士多德说,苏格拉底不像柏拉图那样认为他正在探求的普遍概念存在于一个与感性世界相分离的世界之中时,亚里士多德并不是指苏格拉底拥有与他自己一样的关于普遍概念的知识,并不是说苏格拉底完全了解这些概念只不过是思维的抽象,而柏拉图,由于断定对应于正义的概念,存在着一个独立自存的正义的型,反而犯了复制这些概念的错误。真实的情况是,亚里士多德认为,就柏拉图将型持之为外在于可感世界的一个独立自存的实在世界而言,型是对可感世界的一种不必要的复制。亚里士多德知道普遍概念是不必要的,因为他已经认识到了它们的抽象特征。但是,这恰恰使得这一点更加确定无疑,即当柏拉图创造型论时,柏拉图未曾达到此种认识,更不用说苏格拉底了。柏拉图是第一个逻辑天才,他深入探究苏格拉底一直以来都以其关于善、正义等问题在努力寻求的那个某物的本质。对柏拉图来说,达到善自身、正义自身、美自身的辩证法道路——这是苏格拉底着手进行

---

① 例如,里特尔说,他不能理解一个人怎么可能在柏拉图那里找到像亚里士多德对作为独立的本质的"型"的陈述这样的东西(《柏拉图》,第一卷,第577页)。斯滕泽尔已经对这一困难进行了最终说明,参见本卷第95页,注释①。

② 亚里士多德,《形而上学》A 6.987a32及以下。

的道路——是真正的知识的道路。当苏格拉底在这一道路上前进得足够远,越过变化臻于永久之境、越过杂多达到统一时,柏拉图深信,他在这种永恒与统一中紧紧抓住了真正的实在。

[103]如果我们的解释是正确的,柏拉图认为他是在他的型论中捕捉苏格拉底辩证法的本质,并试图明确地表达其理论预设,那么它就暗含着某种新的不同于感性知觉的知识概念,以及一种新的与传统自然哲学家所持的概念不同的存在概念或实在概念。辩证法的方法试图找出潜在于"多(Many)"之下的"一(One)"。当柏拉图把这个"一"叫作"型(Form,用希腊语说就是 eidos 或 idea)"时,他使用的是同时代的自然哲学家们惯常所使用的词语——他经常以认同的态度间接地提到他们的方法。① 医生采集许多不同个体的病例——这些病例具有相同的基本特征,并将它们归并为疾病的一种形式,一种"类型(eidos)"。辩证法家在研究一个伦理问题时同样如此——例如,在寻求勇敢的本质时。辩证法家收集我们称之为勇敢的不同事例,并试图将它们归并为一个统一体。在柏拉图的早期对话中,我们可以看到一步一步洞穿德性本身——苏格拉底将所有单独的德性聚集在此统一体之下——的辩证进程。一次又一次,对一种特定德性的探究,以指向我们称之为德性的一切东西的一种更高统一、指向德性本身、指向对德性本身的知识而结束,而不是如我们所希望的那样,将其从其他德性清楚地区分出来而结束。在后期的其中一部著作中,柏拉图说,辩证发现的进程是概括(synopsis)——将所有的杂多放在一起审视,并将其看作一个"型(Idea)"。② 这就是柏拉图在小苏格拉底对话中所做的事情。在《拉刻斯》中提出的问题——什么是勇敢——的目的,似乎是界定"勇敢",但实际所达到的根本不是"勇敢"的一个定义:与此相反,对话以指出"勇敢"与所有其他德性一样、是通常所谓德性的一部分而结束。因此,对话的"否定性答案"与辩证探究的提要性特征形影不离地联系在一起。"什么是勇敢"这一问题的提出,不是为了发现勇敢是什么,而是为了定义

---

① 参见本书第三卷,第 22、26 页。

② 《王制》2.537c:真正的辩证法家是纵观全局者(the synoptic),他能将一切事物统一起来看。《斐德若》265d 中有同样的描述。

德性本身,即善的型是什么。辩证法的这种提要性特征,及其将众多不同事物归结为一个"型",不仅在每一部单独的著作中出现,而且更清晰地呈现于柏拉图巧妙地将它们围绕一个中心分门别类之中。以探究所有特定德性的本质开始,柏拉图表明,试图给它们之中的任何一个下定义的尝试,[104]都不可避免以将此德性和其他一切德性追溯至德性本身而结束,只有从德性本身出发,才能理解某个特定的特性。

　　有鉴于此,柏拉图在这些早期对话中实际上是否使用了 idea[型]和 eidos[相]这样的学术词语,就真的不是非常重要了。① 柏拉图没有泄露一个事实——它当然是一个事实——即这些对特定德性和关于善本身的知识的概念的探究,意在成为一种[理想]城邦的重建基础。我们不能指望柏拉图在赢得读者的兴趣、将读者的注意力引导到作为一个整体的问题上之前,吓读者一跳,为读者提供一个诸如型论这样的完整学说。即使在柏拉图最坚定地相信型论、最频繁地提到型论之时,柏拉图也没有在任何一部作品中,以一种陈列教条的方式,对型论给出一种完整的解释。在中期对话中,柏拉图只在一些孤立的事例中介绍了一下型论,他假定说话者早就知道它了;要不然就是寥寥几笔,勾画一下主要轮廓,使即便是初学者,也足以理解为止。他很少对自己的型论长篇大论。在型论的所谓数学阶段,当柏拉图试图将型解释为数时,亚里士多德提供了关于型论的很多细节;对我们来说,从亚里士多德那里得知柏拉图和学园中的学生制定出了一套体系——这套体系的存在我们甚至无法从柏拉图那时写下的对话中猜测——是令人惊奇的。只有在亚里士多德的帮助下,我们才能追踪到这一体系在它们之中的零星迹象。② 柏拉图学派在圈子内的秘密讨论与他向外部世界展示的哲学思想相当不同。无论如何,柏拉图在其首批对话中处理型论时的保留态度与这种秘传体系完全不一样。型论是柏拉图的伦理和政治思想得以建立的基础,他肯定知道,尽管他在那时还将型论作为一种秘密学说

---

①　对"eidos[相]"和"idea[型]"这两个词在柏拉图那里的产生和发展的研究,没有一种可能是完全彻底的,除非这种研究将诸如ὁπότε ἐστίν[当某物存在/是时]、αὐτὸ ὅ ἐστιν[存在/是自身]等等"多"中的"一"(One in Many)都搞清楚。

②　亚里士多德,《形而上学》,M 卷和 N 卷。

来处理,有朝一日,他一定会向外界显示其大概。不管怎样,说在柏拉图的早期对话中毫无型论的迹象是相当不准确的。人们通常认为《游叙弗伦》是柏拉图的早期对话之一,这篇对话多次将其辩证探究的对象称之为型,而且,在同一时期的对话中,也有型论的其他一些蛛丝马迹。①

现在,我们对柏拉图在苏格拉底被判处死刑之后数年内写作的对话有了基本的了解,[105]它清楚地表明了柏拉图的所有著作和所有哲学思想的有机统一。柏拉图借以开端的小苏格拉底对话,从内容和形式两个方面,为柏拉图思想的核心问题构建起一个导论;这个核心问题就是:什么是最好的国家? 柏拉图以此问题与苏格拉底的信条"德性即知识"相联结。因为如果德性是知识,那么我们的一切精神能量就必须倾注在社会重建之上——这种重建是在"德性即知识"的原则之上经由教育来完成的。在柏拉图允许我们看到他心目中的结局之前,他的早期对话引导我们明确提出那个在结局实现之前必须了解的问题——德性和知识之关系的苏格拉底问题。当然,在阅读接下来的两篇对话(即《普罗泰戈拉》和《高尔吉亚》)之前,我们一直对这一问题的重要性没有充分的理解;在这两部作品中,柏拉图将这个问题与他知道的其所蕴含的全部广泛含义相联系。因此,如果止步于小苏格拉底对话,那么我们就会仍处于相对无知的状态。然而,我们感到自己被一股不可抗拒的力量催逼向前,我们试图用比以前更广阔的视野来寻求解决的办法。

柏拉图后期的著作会证实我们对柏拉图的这种方法的描述。当他写下它们时,当他从《申辩》走向《高尔吉亚》,又从《高尔吉亚》到《王制》时,他必定考虑到了这一计划:引导他的读者逐级上升,直至绝顶——他们可以由此绝顶俯瞰其思想王国的全部疆域。说柏拉图计划好了每部著作的准确时间,并且在写作之前就知道它们会如何与总体方案融为一体,会有点过分。但是,有一点是清楚的,即十九世纪的发展理

① 《游叙弗伦》6e。参见他运用 eidos［型］和 idea［型］的例子,收录于里特尔,《柏拉图新研究》(*Neue Untersuchungen uber Platon*),Munich,1910,第 228—326 页。

论——本章早些时候批评过这种理论——对柏拉图作品之间的许多联系线索没有予以足够的注意,这些线索是柏拉图勾画出来用以告诉我们,它们是朝着一个伟大的综合性体系前进的全部步骤——在这个体系中,每一部作品,从第一部到最后一部,都变得完全可理解了。①

如果将柏拉图的著作作为一个整体来审视其发展过程;然后再回到其著作的起点,我们就会看到,其主导思想是带领读者沿着苏格拉底对话的道路前行——苏格拉底的对话逐渐把柏拉图带入越来越深的哲学领域,并向他展示了各个孤立的问题之间的联系。为了设计这样一个计划,柏拉图必定感觉到了,最好是把哲学知识当作某种类型的教育来对待。柏拉图的对话是教育的典范,也是对教育的宣传。这些对话是教育性的,[106]不仅是因为它们激起了读者同情和期待的力量,使读者自己的才智免于羁绊的力量,而且还因为,通过看到对真理的诚挚追求的三番五次的失败,他得以认识到获得真知的艰难,他得以认识到理解那些迄今为止未经检验的预设的艰难——这些预设是他的生活赖以建立的基础;他看到自己思维中的错误是从哪里来的;他看到公共意见有多么不靠谱。他得以知道,对自己的判断负责,并希望他人为他们自己的判断负责,是清晰思考的最高法则。他得以知道,这不仅仅影响到哲学讨论,而且影响到人的整个生活和行为;自然而然地,他希望按照这一计划来安排他的生活,通过这样做,给自己的生活一种内在的统一性和一个固定的方向。柏拉图的本意是,通过他自己的对话,使苏格拉底的教育力量(他自己体验过这种力量)得以成形,并征服世界——通过使这种力量更充分、更清楚地思考,直到它理解自己的本性和目的。

---

① 这就是为什么对于施莱尔马赫的柏拉图阐释,尽管有许多后继者提出各种意见,但迄今仍然真实有效的原因。肖里(Paul Shorey)的《柏拉图思想的统一性》(*The Unity of Palto's Thought*,Chicago,1904)坚定地坚持这一观点,即使这个观点已经不再流行;他指出"统一并不排除发展"(第88页)。

第五章　《普罗泰戈拉》：智术师的教育，
还是苏格拉底的教育？

[107]在《普罗泰戈拉》中，柏拉图第一次揭开了长期笼罩在其早期对话之上的面纱。对于柏拉图曾经讨论过的诸问题，《普罗泰戈拉》为我们提供了一种更为自由的审视。那些没有观察到早期对话背后的统一性的读者现在看到了它，因为它们都被集中到了同一个核心问题之上。从《申辩》开始，我们就知道苏格拉底是一名教育者。苏格拉底毕生孜孜以求的问题，即德性和知识的关系问题，在小苏格拉底对话中，是作为几个独立的问题来处理的。① 现在，在一部篇幅更大、范围更广的著作中，柏拉图将我们引向一种广阔的教育讨论之中——苏格拉底和智术师的时代充斥了这种教育讨论。在《普罗泰戈拉》中，柏拉图笔下的苏格拉底试图洞穿智术师喋喋不休的话语，牢牢抓住智术师为其

---

① 为了简便起见，我们沿用传统的译法，将"areté"和"epistémé"两个词译为"美德（virtue）"和"知识（knowledge）"——尽管这两个词都容易令人产生误解，因为它们带有古代希腊所没有的现代意味。毕竟，从本著的第一卷开始，关于希腊德性的本质问题，我们已经这样说了。一个缺乏足够的理性自主性的读者，每当他读到此处使用的"美德"一词，在阅读时不能自行添加希腊的含义，读到"知识"一词时不能将其现代科学的含义置于一旁，而选择希腊人称之为实践智慧（phronésis）的价值含义，那么，即使我们通篇使用希腊词语，而不是英文词语，也不会对他有太大帮助。译注：中译本仍将英文的"virtue"一词大多译为"德性"。

教育制定的基本主张，并用他自己的学说、他自己的教育方针针锋相对地进行反击。

《普罗泰戈拉》不像柏拉图的早期对话，①它在一个更为广阔的舞台上展开，比历史上的苏格拉底对话有更多的人物围绕。柏拉图让他的导师在大庭广众之下，与那个时代智识上最伟大的雄狮即智术师普罗泰戈拉、普罗狄科、希庇阿斯短兵相接。故事发生的地点是在雅典首富卡利阿斯（Callias）的家中，访问雅典的才智之士常常驻足于此，而每一位对社会和智识问题有兴趣的雅典人也都云集于此，对智术师们的讲演悉心聆听，仰慕赞叹。我们不必问在苏格拉底有生之年的某个时段是否真的发生过这一幕；柏拉图选择这样一些名闻遐迩的演员所要显示的目的是清楚的。他不仅仅将苏格拉底看作雅典的一个离奇古怪之人；鉴于所有苏格拉底与他的城邦之间的密切联系，尽管有那些使人们不能认识苏格拉底真正价值的讽刺性自贬，但苏格拉底思想的原创性和穿透力仍远超他那个时代所有备受瞩目的思想家。《普罗泰戈拉》将苏格拉底与智术师的教育的竞争描述为他那个时代的决定性战役之一，[108]描述为两个对立的世界在教育上的主导地位的斗争。对话发生在高堂广厦之中、大批观众之前；大智术师们都是些显赫一时、甚至令人望而生畏的人物，成群结队的学生和崇拜者簇拥着他们；所有这些细节描述都增加了这一场合的隆重和意义。尽管如此，整部对话洋溢着青春的欢乐，闪耀着幽默的火花，与各种异想天开的机智一同跌宕起伏，胜过柏拉图的任何其他作品。柏拉图的其他作品，有些语言更为宏富，有些更深地触动我们的情感、激发我们的思想；但是，在人物刻画的清晰度和入木三分上，在结构的整齐和灵活上，没有任何一部作品可出其右。

---

① 这里提出的看法——《普罗泰戈拉》预设了小苏格拉底对话的存在——将会在论证过程中得到证实。维拉莫维茨认为它是柏拉图最早的作品之一，阿尔尼姆（von Arnim）认为这是柏拉图的第一部作品。维拉莫维茨的理由是，最早的苏格拉底对话，包括《普罗泰戈拉》在内，是"非哲学的"对话（参见本卷第 95 页及以下）。阿尔尼姆试图证明《拉刻斯》预先设定了《普罗泰戈拉》的存在，所以才有了他的这个结论，参见其《柏拉图青年时期的对话和〈斐德若〉》（*Platos Jugenddialogen und der Phaidros*），第 24—35 页。本人认为这两种观点都站不住脚。

遗憾的是，我们在此几乎不可能更多地谈论对话的生动生活和精致技艺。这意味着我们不能显示柏拉图怎样通过表达智术师教育的特征，又怎样将其与苏格拉底的教育相对比，在字里行间诉诸我们的情感。一名历史学家不能与艺术家较量技艺，或者试图重现艺术家的艺术效果。即使是妙趣横生的、最忠实的复述也与柏拉图不可企及的创造天才相去甚远。因此，我们必须满足于在少量明暗对比中对《普罗泰戈拉》的概括性论述。

一天早晨，拂晓之前，一位苏格拉底的青年学生和朋友用手杖猛敲房门，进来看苏格拉底。他告诉苏格拉底，前天晚上回到雅典时，听说普罗泰戈拉也到了雅典，他为这一重大"事件"而兴奋莫名，并决心成为普罗泰戈拉的学生，与许多出身良好的雅典青年一样，支付高额学费。现在，他想请苏格拉底把自己介绍给这位大师。①

这时出现了对话主体部分的一段序曲。天还没亮，他们两个在院子里悠闲溜达，等待天亮。这里出现了一段真正苏格拉底式的对话。苏格拉底考察年轻的希波克拉底（Hippocrates）矢志向学的坚定决心，并让他清楚地理解他即将冒险从事的事业。② 苏格拉底如此谦逊地与希波克拉底交谈，将自己完全置于与希波克拉底同等水平之上，以至于希波克拉底完全没有意识到真正的大师一直与他并肩而行。（另外，在这篇对话中，苏格拉底被认为正当盛年，与年高德劭的普罗泰戈拉形成对比。）希波克拉底仅仅将苏格拉底看作一个建议者和朋友，这个朋友可以为他提供一张赴会的入场券，他对这位伟大的外乡人钦佩之至，完全不加鉴别。[109]然而，苏格拉底以几个目标精准的问题使他明白了自己既不了解普罗泰戈拉，也不明白一个智术师的真正之所是，不知道他将要得到的是何种类型的教导。这带出了问题的要点，这个要点在之后的苏格拉底与普罗泰戈拉的对话中将非常重要。如果一个年轻人想要被培养成一名医生，那么他应该在他那个时代最伟大的医生——即与他同名的希波克拉底（Hipocrates of Cos）——门下学习；如果他想

① 《普罗泰戈拉》310a 及以下。
② 《普罗泰戈拉》311a 及以下。

要成为一名雕刻家，他应该在波利克里托斯（Polyclitus）和菲狄亚斯（Phidias）门下学习。因此，如果他投在普罗泰戈拉门下，追随普罗泰戈拉，那么他似乎是想要成为一个智术师。希波克拉底坚决拒绝了这一想法。① 现在，一个本质性的区别在智术师的教育和技艺的教育之间出现了。智术师普罗泰戈拉的学生中，只有一些特定的学生为了成为与智术师们一样而学习他的技艺；②而许多教养良好的雅典青年之所以簇拥在普罗泰戈拉周围，聆听他的讲演，乃是"由于文化之故"，一个并非某个方面的专家的自由人该当这么做。不过，年轻的希波克拉底并不确切地知道这个"文化（paideia）"究竟是什么，我们觉得希波克拉底是所有那些热衷于此的年轻人的一个典型。

现在，希波克拉底被迫承认自己的无知，他的朋友苏格拉底给了他一个警告性的劝诫。正如在柏拉图的《申辩》中一样，他坚持认为人必须"关心他们自己的灵魂"，③他提醒希波克拉底他的"灵魂"将要遭遇的危险，因为他要把自己的"灵魂"交托给一个外乡人，但他却无法对自己解释清楚这个外乡人的目的何在。④ 这首次为我们理解智术师教育的特征提供了一个侧面的线索。透过苏格拉底的眼光来看，这种教育看起来是非常可疑的。普罗泰戈拉从外地来到雅典，提供各类知识的教育服务（收取学费作为报酬）；⑤明智的苏格拉底觉得，作为一种社会现象，普罗泰戈拉像一个行商和小贩，为了赚钱，兜售贩来的货物。不过，二者之间还是有点差别的，这一差别于智术师很不利。商人叫卖身体所需的食物和饮料，人们可以用自己的容器把它们带回家，在吃喝之前，先行品尝；但年轻的希波克拉底则必须将普罗泰戈拉兜售的灵魂食物"装进自己的灵魂"才能离开，而他却不知道这些学识于自己的灵魂是有害，还是有益。⑥ 甚至在主要的对话开始之前，我们现在就能区别

---

① 《普罗泰戈拉》312a。

② 为某个职业而学习叫作 ἐπὶ τέχνῃ μανθάνειν；跟随普罗泰戈拉学习 καλοὶ κἀγαθοί［卓越］叫作 ἐπὶ παιδείᾳ［为文化］。

③ 参见本卷第 38—40 页。

④ 《普罗泰戈拉》313a。对灵魂及其危险的强调确实是苏格拉底的，参见 314a1—2，314b1。

⑤ 关于新文化这方面的特征，参见本卷第 121—122 页。

⑥ 《普罗泰戈拉》313a—314b。

这两种类型的教师了：智术师——他不加区别地将各种类型的知识一股脑儿塞进人们的头脑（他不就是迄今为止所有时代的中等教育的典型代表吗?），[110]和苏格拉底——灵魂的治疗者，他坚持认为学识是"灵魂的食物"，①且以问这食物是有益于灵魂，还是有损于灵魂开始。② 当然，苏格拉底并不称呼自己为灵魂的医生，但当他说，关于身体的食物的疑问可以由教练或医生来解决时，人们不得不问：谁又是可以解决关于灵魂的食物的疑问的专家呢？ 如果我们想要在这二者之间进行启人深思的比较，就必须确切地描述真正的教师的本质，如苏格拉底心目中的教师所是的那样。

在前往卡利阿斯家的途中，希波克拉底和苏格拉底都在仔细考虑什么样的教师才是真正的教师的问题。白昼已经来临，时候不早了。是时候去拜访智术师们了——他们从早到晚都被来访者所困扰和包围。③ 卡利阿斯的门人已经烦得不行——可见这两人不是首批来访者。最后，他们设法进了大门，看到普罗泰戈拉正在廊前踱步谈话，旁边跟着一大群仰慕者。普罗泰戈拉的一边是东道主卡利阿斯，以及卡利阿斯的同母异父兄弟，即伯利克里之子帕拉洛斯（Paralus），还有格劳孔的儿子卡尔米德斯；另一边是伯利克里的另一个儿子克珊西普（Xanthippus），斐里庇得斯（Philippides），还有普罗泰戈拉最受器重的学生安提谟鲁斯（Antimoirus of Mende），此人是未来的一名智术师。他们身后跟着一些雅典人，更多的是来自各城邦的外邦人；他们对普罗泰戈拉亦步亦趋，普罗泰戈拉就像俄耳甫斯，用声音迷住了这些人，他们竭尽全力捕捉前排人说的一言一语；他们都小心翼翼，绝不抢在普罗泰戈拉迈步之前挡住他，要是普罗泰戈拉本人折回，他们就跟着沿同路反向折回，以军人的姿势整整齐齐地分列两旁，绕圈转身，重新列队。④ 对面廊下，希庇阿斯端坐在一把太师椅上，

---

① 《普罗泰戈拉》313d—e 中提到灵魂需要一个医生；313c6 中把知识叫作"灵魂的食物"；《高尔吉亚》系统地讨论了灵魂可以像身体一样被医生治疗的问题（ψυχῆς θεραπεία），参见本卷第 145 页。

② 《普罗泰戈拉》313d2，313d8，313e3，314b3。

③ 《普罗泰戈拉》314c 及以下。

④ 《普罗泰戈拉》314e—315b。

围着他的几条凳子上，坐着其他一些著名的雅典人和外邦人，像是希庇阿斯的学生。希庇阿斯正在向他们解释天象学问题。① 第三个风度翩翩的人是开俄斯人普罗狄科，他在一个房间里，这个房间是卡利阿斯急急忙忙清理出来，装修成客房供外邦人寄宿的。普罗狄科这会儿还躺在床上，身上层层叠叠地裹着羊皮和毯子以及好多东西。还有许多杰出的来访者坐在四周的沙发上。至于他在说些什么，外面的人很难听到，因为他嗓音低沉，屋子里响着一阵嗡嗡嗡嗡的回声。②

苏格拉底现在将自己的年轻朋友介绍给普罗泰戈拉，跟普罗泰戈拉说他想成为他的学生。苏格拉底说希波克拉底有志于政治，他希望得到普罗泰戈拉的帮助。苏格拉底附带补充说，[111]希波克拉底是大户人家的贵族子弟，雄心勃勃又富有才华。普罗泰戈拉也相应地解释了他的教导的性质。

这种类型的 epangelma［教师的"宣称，声明"］或"职业（profession）"是巡游智术师的常规策略——在不存在一个具有固定收入和社会地位的正规教授阶层的情况下，尤其需要这种自我宣扬。③ 我们知道，像医生这类巡回职业也必须以同样的方式宣扬他们自己，④ 在那个时代，这样做并不像我们现在那样离奇。对我们来说，要习惯于这样一种观念是困难的：即在智术师时代，在像柏拉图和伊索克拉底他们这样建立固定的学校之前，一个教师通常需要四处游历，寻找学生，而当他抵达(ἐπιδημία, ἐπιδημεῖν)一个陌生的城市时，年轻人常常找机会聆听他们的讲演；epangelma，即教师的"宣称，声明"，是一个新的社会阶层已经崛起的最清晰的证据之一，这个社会阶层正在从教育青年中造就一种职业。在此之前，一个年轻人想要得到教育，唯一的途径就是通过与其熟人圈子里的长者的私人交往(συνουσία)；而这其实就是苏格拉底

---

① 《普罗泰戈拉》315c。

② 《普罗泰戈拉》315d。

③ 《普罗泰戈拉》319a。

④ 《普罗泰戈拉》319a，ἐπάγγεμα是教师做出的要教给学生某种东西的"承诺"，其动词形式是ἐπαγγέλλεσθαι和ὑπισχνεῖσθαι，与"声称，宣称（anounce）"同样的含义。在拉丁文中，ἐπαγγέλλεσθαι变为 profiteri，由此就有了对从事教学的智术师的职业描述：professores 是在罗马帝国期间开始出现的。译注：这个词后来就演变为英文中的 professor。

与他的年轻"伙伴们"之间的那种关系。诚然，这是一种相当陈旧和非专业化的关系。因此，智术师的教育具有全新的吸引力，柏拉图在希波克拉底这个人物身上熟练地表现出了智术师教育在他那里唤起的热情。这看起来似乎有点相互矛盾，柏拉图本人是一个学校的创建者，但他却如此激烈地攻击智术师们的职业化教育。不过，柏拉图的学校建立在友谊(φιλία)之上，目的是在更高的水平上，通过私人关系和谈话，传承旧式的高级教育。

　　普罗泰戈拉推荐自己的技艺不是因为它的新颖和时髦，而是因为它的古老和历史悠久。① 这是为了消除这些智术师及其新奇教育在许多国家所遭遇的不信任，这项技艺曾经使他们中的许多人避免使用智术师的名称，而采用其他一些称呼——医生、教练或音乐家。② 他们习惯于仰仗自荷马至西蒙尼德斯这些大诗人为生，将他们的智慧宝库改造成道德格言的复制帖。普罗泰戈拉现在要改变这种关系。他把这些古老的精神英雄描述为他自己这门技艺的祖先，[112]他们选择隐藏他们都是智术师这一事实，一概把自己叫作诗人，以此避免同时代人对他们的不信任。③ 与他们相反，普罗泰戈拉不怕公之于众，他认为如果他试图掩饰自己的技艺，那只会引起人们对他的文化的更大的不信任，所以他"承认"自己是一名智术师，一种高级文化的职业教师，他"教育世人"。④ 他非常乐意有这个机会，可以在卡利阿斯家中济济一堂的众人面前详细解说这种文化的性质。苏格拉底猜想普罗泰戈拉肯定为又赢得了一个新的崇拜者而自豪，因此建议他邀请普罗狄科和希庇阿斯以及他们的追随者一起聆听他的谈话。普罗泰戈拉高兴地同意了这一建议。⑤ 在热切的崇拜者们匆忙将椅子和长凳搬过来围成一个议事间，大家竖起耳朵准备就绪之后，演出就开始了。普罗泰戈拉正式承诺他的教导会使希波克拉底一天比一

---

① 《普罗泰戈拉》316d。

② 《普罗泰戈拉》316d—e。

③ 《普罗泰戈拉》316d。

④ 《普罗泰戈拉》317b：ὁμολογῶ τε σοφιστὴς εἶναι καὶ παιδεύειν ἀνθρώπους[我承认自己是智术师并教育世人]，参见 317b6 和 317c1 中的"ὁμολογεῖν[承认]"一词。

⑤ 《普罗泰戈拉》317c—d。

天更好。①

苏格拉底现在问普罗泰戈拉的教育将以何种方式使他的学生变得
更好——因而重新提起他之前与希波克拉底关于智术师教育的性质和
目的这一仍然悬而未决的问题。② 他说，如果一个年轻人想要成为宙
克西普斯(Zeuxippus)的学生，而宙克西普斯声称他会使他变得更好，
大家都知道他会使他在绘画上变得更好；如果他去求教于底比斯的奥
达哥拉斯(Orthagogras of Thebes)，那么任何人都知道他会使他在吹
箫上变得更好。③ 但是，如果他受教于普罗泰戈拉，他又会以何种方式
变得更好呢？苏格拉底的问题意思很清楚：智术师自己宣称的关于某
个特定学科的特定知识是什么？这一特殊的技艺是什么？普罗泰戈拉
说，他不能替所有那些自称是智术师的人们回答这一问题，因为他们对
此众说纷纭，没有一致意见。例如希庇阿斯，他现在就在场，而且正在
倾听谈话，他由于其"自由艺术(liberal arts)"，尤其是因为后来称之为
四艺(Quadrivium)——算术、几何、天文和音乐——的知识而出类拔
萃。就这些学科都是某种技艺而言，提到这些学科就已经足以回答苏
格拉底的问题了。然而，普罗泰戈拉回答说，他更喜欢传授社会科学。
他认为那些已经接受过一般基础教育的年轻人需要一种高级教育，这
种高级教育不是为任何特定的职业做准备，而是为从政做准备。因此，
他们不希望更多地投身于职业技艺的学习；④他们需要其他的东西，
[113]而他刚好可以为他们提供他们需要的东西——良好的持家能力
和最佳的治国能力，在行事和说话两个方面。⑤

尽管普罗泰戈拉没有把自己的能力叫作某种专业特长或技艺(不
像数学学科那样)，但当苏格拉底问他，他传授的是否是"政治技艺"时，
他同意了，并许诺要造就好公民。⑥ 苏格拉底说，这是一门好技艺，但他

---

① 《普罗泰戈拉》318a。

② 《普罗泰戈拉》312e。

③ 《普罗泰戈拉》318c。

④ 《普罗泰戈拉》318e。这是对像希庇阿斯这样的智术师——"自由艺术"的教师——的一
种间接打击；他说，他们"败坏了青年(λωβῶνται τούς νέους)"。

⑤ 《普罗泰戈拉》318e5—319a2。

⑥ 《普罗泰戈拉》319a。

又说，他不相信这种治邦术是可以教的，并以许多众所周知的事实证明了这一点。在民众大会上，在公众生活中，建筑和造船问题，以及其他特定的职业或技艺，都是由最杰出的专家的建议来解决的；如果一个外行想要置喙，一定会被讥笑，或者被纠察呵斥撵走。① 不过，一旦涉及到政治问题（在城邦治理方面没有专家，因为涉及到城邦治理，没有特定的技艺），每一个人，木匠、铁匠、鞋匠、商贾或水手，无论穷人还是富人，贵族还是平民，都站起来献言献策，而且没有人因为他谈论了一个从未向老师学习过的话题而向他叫喊，让他闭嘴坐下。人们显然认为治理城邦的技艺是不可教的。② 同样的道理适合于私人生活；即便雅典最聪明、最优秀的人，也没法将自己的超凡德性传授给其他人。比如伯利克里，两位在场的年轻人的父亲，他教育儿子时，凡是从老师那里能够学到的，都教育得很好，但他本人的［政治］智慧，他既不能亲自教给他们，也不能找人将其教给他们。他们不得不"像牲口到处找草吃一样（νέμονται ὥσπερ ἄφετοι）"，纯粹碰运气在哪儿撞上德性。③ 苏格拉底经常回到"为什么那些伟大人物的儿子不像他们的父亲一样"这一问题上。现在，苏格拉底从历史上很著名的几个家族中提到其他一些例子，尤其是在现场的一些人。④ 苏格拉底将德性不可教的断言建立在这些例子之上。⑤

这是品达所代表的贵族阶层的基本信念之一的哲学重述：在智术师学说的新理性主义中，与其说它与智术师的学说相矛盾，毋宁说它被忽视了。⑥ 智术师的教育乐观主义是无止境的。⑦ 他们关于教育目的的强大理性观念鼓舞了这种乐观主义信念，事实上，这种信念也似乎与时代的潮流相一致，尤其是与民主化运动相一致。⑧ 但是，使旧贵族们怀疑教育的普遍功效的不仅仅是一种阶级偏见；［114］他

---

① 《普罗泰戈拉》319b—c。
② 《普罗泰戈拉》319d。
③ 《普罗泰戈拉》319e。
④ 《普罗泰戈拉》320a。
⑤ 《普罗泰戈拉》320b。
⑥ 参见本书第一卷，第271—272、277—278、353页。
⑦ 参见本书第一卷，第376页。
⑧ 参见本书第一卷，第391页及以下。

们为自己的德性和传统感到骄傲——它们产生了希腊高级教育的全部理想；①在经历了长期且痛苦的经验之后，他们已经学会了不信任这些新奇事物。苏格拉底对智术师教育的怀疑主义态度，是对品达关于人的可教性问题的一种重述。他并不怀疑智术师在智识文化方面的显著成功，②但他对以同样的方式传递公民和政治家的德性是否可能感到怀疑。这就是为什么既不是埃利斯的希庇阿斯（他擅长数学），也不是开俄斯的普罗狄科（他擅长文法），而是普罗泰戈拉自己成为对话的核心的原因。因为普罗泰戈拉是认为伦理和政治教育的问题是核心问题的思想派别的真正领袖。普罗泰戈拉认为，通过对"社会科学"的研究，这个问题终究能够得到解决。在这次于理性的基础上，为传统旧贵族的严格训练寻找现代替代品的尝试中，他表现出一种对当代社会的需要和已经变化了的环境的敏锐理解力。尽管如此，正是在这一点上，最清楚地显示出了智术师教育的真正弱点。用苏格拉底的话来说，"我从不认为人的聪明才智可以使人变好"，我们在这里听到了品达的贵族信念的准确回声，品达相信德性乃是神明恩赐的礼物，③令人惊奇的是，我们看到品达的这种宗教信念与苏格拉底清醒的现实主义——它建立在无数次徒劳无功的努力之上——交织在了一起。

苏格拉底的异议深入根本，迫使普罗泰戈拉将整个对话保持在远比教学技巧的讨论更高的水平上。并不是每一个智术师都能做到这样，但普罗泰戈拉正好是迎接这种挑战的人。柏拉图觉得普罗泰戈拉是一个值得苏格拉底锤炼的对手；柏拉图匠心独运，让普罗泰戈拉在回答苏格拉底的问题时发表长篇演说，解释政治德性为何可教，并借此对他进行勾勒。如果他没有做好准备，回答不了苏格拉底提出的教育局限性这一根本问题，他就会成为教学法时代的一个可怜

① 对教育力量的不信任早在荷马那里就出现了，参见本书第一卷，第35页及以下。
② 在《普罗泰戈拉》317c 中，苏格拉底将可以通过智识文化进行教授的事物描述为 τὰ ἐν τέχνη ὄντα[技术性的东西]，参见《高尔吉亚》455b，《拉刻斯》185b。这种类型的知识和文化的显著特征是教师和考试的存在，参见《高尔吉亚》313e 及以下。
③ 这是苏格拉底主要反对的，他在普罗泰戈拉演说前后都明确了这一点，参见《普罗泰戈拉》319b2 和 328e。

代表。苏格拉底的问题建立在许多独立的无可否认的事实之上，因此，普罗泰戈拉从不同的角度来处理这一问题，引进了他的新社会学理论。普罗泰戈拉分析了社会结构及其制度和需求，以便证明，如果我们不假定教育是可能的，这些就会丧失其全部意义和正当理由。[115]从这个角度看，教育[的可能性]是一个不容置疑的社会和政治假设——在当时的民主制度下尤其如此，在城邦事务中，民主制度高度重视公民个人的常识和积极合作。在关于智术师的讨论中，我们已经考察过普罗泰戈拉有关教育的社会学基础的理论。① 柏拉图让普罗泰戈拉发表了一个篇幅巨大、意义深刻的演说，并（请记住柏拉图是一位精湛的文体大师）使其成为全部雄辩术的一次精彩表演。苏格拉底承认自己已经完全被他的演说所征服和压倒；②但是，看上去对普罗泰戈拉毫无保留的崇拜，实际上却是苏格拉底的一种反讽，他要说的是，他不会跟随普罗泰戈拉进入其阵地，在普罗泰戈拉的阵地上，他具有无可争议的霸主地位。苏格拉底的力量不在于讲述引人入胜的神话故事的能力，或者发表长篇教学演讲的能力，而在于他提出一系列无法回答的辩证法问题的速度和灵活性，当苏格拉底竭力将对手引诱进他自己的地界时，他的辩证法技艺在随之而来的对话中得到了得意的展示。这使得双方之间的对比非常彻底：不只他们关于教育问题的基本观点，而且他们在教学中实际使用的方法，相互之间都是根本对立的。

苏格拉底好像也加入到了听众的欢呼之中。他只有一个细节上的小问题要请教普罗泰戈拉。③ 普罗泰戈拉讲述了一个神话故事来解释他德性可教的信念。他说，在人类获得普罗米修斯的技术文明的礼物之后，因为分散居住而仍然处于被毁灭的危险境地，宙斯从天上给他们送来了礼物：在社会共同体中生活的能力，政治德性，正义，自制，虔敬，等等。这一礼物使地上的群落聚居在一起。这种群居的能力不是只给某些擅长它的少数人，而是平等地分配给所有人，而政治德性的教育意

---

① 参见本书第一卷，第 377 页及以下。
② 《普罗泰戈拉》328d—e。
③ 《普罗泰戈拉》329b。

味着仅仅对这种天赋能力的发展。① 普罗泰戈拉只提到一般而言的德性，以及正义、节制、虔敬这些特殊的德性，这给了苏格拉底一个提出他自己的特殊问题的机会，即这些孤立的德性及其与德性本身之关系的本质问题。② 他以这样的方式将此问题提给了普罗泰戈拉：德性是一个整体，而正义、节制和虔敬只是德性整体的一部分，抑或这些不同的名称说的实际上不过是同一个东西而已？③ 周围的环境似曾相识。[116]我们突然发现自己回到了早就踩踏过的道路之上——苏格拉底的早期对话《拉刻斯》、《卡尔米德斯》、《游叙弗伦》曾经沿着这条道路前进。在苏格拉底对这一话题的热衷中，他似乎完全忘记了人是否可以被教育和德性是否可教的问题；而普罗泰戈拉，挟刚刚成功的全部自信，大胆地跟随苏格拉底进入了自己不熟悉的领域——精微的逻辑区别的领域，尽管他（与读者一样）一开始不明白要害之所在。

在各篇早期的小苏格拉底对话中，柏拉图曾分别讨论过一个特定的德性，而且总是将讨论引向德性本身和德性的真正本质的问题。在那里，他曾提出德性可能会有其"组成部分"的想法供讨论。现在，在《普罗泰戈拉》中，苏格拉底通过询问一个特定的德性，以同样的方式开始探究这一问题，但在这里，单个德性与"德性本身"的关系问题没有被延期到对话的高潮或对话的结论，而是在讨论的真正主题开始时就直接被提了出来。④ 苏格拉底开门见山，让问题一目了然。当普罗泰戈拉说，正义和节制是"德性本身"的"组成部分"时，苏格拉底立即就想更准确地界定"部分"的意义。他问道：正义和节制是与嘴巴和鼻子是脸的部分那样，以同样的方式是德性本身的组成部分吗？抑或是像金子的部分那样：⑤也就是说，正义和节制在品质上相互不同，且各部分也与整体不同，还是只是数量上的差别？毫无疑问，普罗泰戈拉代表常识的看法，选择前者。当苏格拉底问他，当一个人拥有德性时，是否拥有

---

① 《普罗泰戈拉》329c，322b—323a。

② 参见本卷98页及以下。

③ 《普罗泰戈拉》329c6。

④ 请注意这一点，这是《普罗泰戈拉》与小苏格拉底对话之关系的一个独特符号：《普罗泰戈拉》回到小苏格拉底对话，重新继续这些要点，并对其进一步推进。

⑤ 《普罗泰戈拉》329d。

了德性的所有部分时，普罗泰戈拉回答说"不"：世上有许多勇敢的人并不正义，有许多正义之人并无智慧。现在，由于智慧（σοφία）被当作德性的一个部分，被当作加在诸道德德性之上的一种理智德性来对待这一事实，所以问题似乎变得复杂难懂了。① 不过，无可怀疑，这是由普罗泰戈拉自己强调德性的智慧一面这一事实所历史地证明了的。他不知道这会帮助他的对手，他的对手认为德性就是知识！但是，我们在此注意到，无论普罗泰戈拉和苏格拉底在对知识的高度尊重上看起来多么一致，他们之间的巨大分歧终究会在这一点上显现出来——在他们关于知识的本质的不同看法上显现出来。普罗泰戈拉不知道苏格拉底的论点是德性即知识，他对他正在朝着前进的目标毫无怀疑和戒备。在接下来的对话中，[117]普罗泰戈拉被苏格拉底蒙在鼓里，对其真正目的一无所知，尽管我们从早期对话中知道了这一点。就像深谋远虑的政治家在采取其第一步时，要向无知民众隐瞒全盘计划一样，苏格拉底开始时好像是在问一个学究式的小问题，一个关于德性整体及其组成部分之间的关系问题，没有任何计划好的不可告人的目的。

这篇对话和相同主题的早期对话的区别是，苏格拉底在此不是通过讨论一个德性来展示整体和部分的关系，而是为了说明它们的统一性，将所有特定的德性进行了相互比较。尽管他在这篇对话的细节上花费的时间比较少，但这只是因为在达到他的结论之前，他要进行更长的一段论证，因而必须缩短论证的各个阶段。此外，更多细节的使用必然会带来重复。作者在此显然假定，读者对其早期对话中苏格拉底关于特定德性的讨论已经耳熟能详，尽管普罗泰戈拉本人不需要为了跟随论证的步伐而知道它们。② 如果我们拥有德性，我们是否就拥有了它的所有组成部分这一问题，现在被苏格拉底划分为几个部分。首先，他问正义是否必定与虔敬是同一个东西；然后

① 《普罗泰戈拉》329c6。

② 例如，接下来的一段，349d及以下，明显让人联想到柏拉图《拉刻斯》定义勇敢的尝试。如果《拉刻斯》中的讨论没有在每个细节上都以一种学究式的坚持得到精确重复，那么就不能证明《拉刻斯》处于辩证法研究的后一个阶段，从而晚于《普罗泰戈拉》。

他对节制和智慧也提出了同样的问题；最后是节制是否必定与正义相同。① 从两个具有最大相似性的德性开始，苏格拉底试图让他的对话者承认正义和虔敬在本质上是同一个东西，或者至少非常相似和相关。普罗泰戈拉不情愿地承认了这一点。然后，苏格拉底对上述提到的每对德性都问了同样的问题，但剩下了勇敢这一德性到最后，因为勇敢这一德性在心理上与其他德性最不相像。所有这一切在普罗泰戈拉看来都是陌生的。与抱有常识的绝大多数人一样，当普罗泰戈拉对具有不同名称的不同德性进行比较时，他倾向于强调它们的差别，而不是它们的相似之处。他三番五次试图说出这一观点。② 但是他无法突破对手的防卫。苏格拉底总是想方设法指出那些看起来互不相同的品质的亲缘性及其共同基础；在推理过程中，当他朝着目标推进时，他甚至无暇顾及一些细微的不准确之处，如将整体等同于部分，将多样等同于统一。从柏拉图的第一篇对话起，我们就知道了他的辩证法的"概括性"特征，③在关于所有特定德性的这一总体观点中，柏拉图辩证法的精神力量得到了生动呈现。[118]许多现代学者认为，柏拉图如此轻易地忽略他正在比较的各种德性之间的差异，是他的错误：他们完全误解了柏拉图论证程序的重点。

在达到目标之前，由于普罗泰戈拉不断增长的坏脾气，苏格拉底被迫中断对话。④ 整个对话的艺术张力来源于苏格拉底的不懈坚持，苏格拉底紧盯目标并拒绝离开辩证论证的地面。不管怎样，苏格拉底现在给了普罗泰戈拉喘息之机。普罗泰戈拉利用这机会将关于德性和教育的讨论转移到了一个新领域，即关于诗歌的批判性解释的领域，这是智术师教育的基本类型之一。⑤ 但普罗泰戈拉在苏格拉底那里又一次棋逢对手，苏格拉底带头分析西蒙尼德斯关于真正的德性的著名诗歌，这首诗是普罗泰戈拉为了展示自己的技巧

---

① 《普罗泰戈拉》330c 及以下，332a 及以下，333d 及以下。

② 《普罗泰戈拉》331b8，332a1，350c—351b。

③ 参见本卷第 112 页。

④ 《普罗泰戈拉》335b—c。

⑤ 《普罗泰戈拉》338e。普罗泰戈拉说，关于诗歌的知识（περὶ ἐπῶν δεινὸν εἶναι）是"文化（教育）最大的部分"。

而选择的。① 苏格拉底假装一本正经，熟练地歪曲了诗句的意义，他表明了任何人通过这种方法可以证明任何东西；而且他还在阅读中将自己的论点解释进了诗句，即没有人自愿犯错误。② 这是一个有趣的插曲，但它并没有给普罗泰戈拉增添多少光彩。之后，苏格拉底略费周折，让普罗泰戈拉重新开始了关于德性及其组成部分的未竟讨论，苏格拉底固执己见，坚持勇敢和智慧实际上是同一个东西的这一大胆论题。③ 普罗泰戈拉拒绝认同这一点，针对苏格拉底证明这一观点的方法，举出各种逻辑的和心理的反对理由。④ 苏格拉底因此着手开辟一条达到目标的迂回道路。他从区分好的生活和坏的生活开始；然后将前者定义为惬意而快乐的生活，将后者定义为充满悲伤和痛苦的生活。⑤ 毫无疑问，绝大多数人会同意这一定义，但普罗泰戈拉不：他认为区分好的快乐和坏的快乐更为靠谱。⑥ 苏格拉底接着问普罗泰戈拉关于理性和知识的想法；⑦普罗泰戈拉认为它们是"人最强大的能力"。虽然普罗泰戈拉没有接受民众在伦理事务上的快乐主义，但苏格拉底说，在他对理性的尊敬方面，他怕普罗泰戈拉可能会与他们站在一边。因为绝大多数人并不真的将理性作为生活中的主导力量来对待，而是被情欲、痛苦、恐惧等各种情绪所支配。最终的问题是：知识能够帮助人们正确地行动吗？如果一个人认识到何为好、何为坏，[119]这能使他抵御任何东西的影响而不做坏事吗？⑧ 这里，普罗泰戈拉再次羞于

---

① 普罗泰戈拉选择这首诗是因为它涉及的是德性的本质，尽管它与苏格拉底关于部分与整体的关系问题毫不相干。在此，柏拉图在智术师的教育和希腊早期诗歌的教育功能之间建立了一种直接的关联，希腊早期诗歌关系到对德性、因而也关系到对教育的严肃反思。对于德性和教育问题的深层思考，西蒙尼德斯是一位特别适合的诗人。

② 《普罗泰戈拉》345e。苏格拉底从诗句中演绎出来的解释历史地说是错误的；苏格拉底得出这种解释，与其说是遵循西蒙尼德斯诗句的意义，不如说是对它们进行逻辑演绎。即使在诗歌阐释中，苏格拉底也试图找到如其所见的绝对真理。

③ 《普罗泰戈拉》349d 及以下。为了让普罗泰戈拉参与进一步的讨论，苏格拉底被迫诉诸普罗泰戈拉作为一个杰出的教育实践者的荣誉。

④ 《普罗泰戈拉》350c 及以下。

⑤ 《普罗泰戈拉》351b 及以下。

⑥ 《普罗泰戈拉》351d。

⑦ 《普罗泰戈拉》352b。

⑧ 《普罗泰戈拉》352c3—7。

与大众站在一起——这次是从一种文化上的自命不凡的角度。实际上，如果不是一个智术师，一个文化［教育］的最热忱的支持者，谁会认同苏格拉底对知识在生活中的力量的高度评价？①

现在，苏格拉底说，"大多数人"会向普罗泰戈拉和他提出反对意见。他们会说，许多人知道"什么是最好的"，但却不愿意去做，尽管它们能够去做。如果问他们为什么，这些人会回答说，他们是在给快乐（或"痛苦"）让路。② 任何一个坚信关于好事情的知识必然会导致做好事情的人，必定会对这种普遍的反对意见，做出一个令人满意的答复，苏格拉底和普罗泰戈拉必定期待有人向他们提出要求，对人们所说的"给快乐让路"给出一个解释。③ 普罗泰戈拉现在开始猜想，在认同了苏格拉底对知识作为一种道德力量的高度评价之后，他可能不得不给出一些意料之外的认可。他觉得他的观点最终是与"大多数人"一致的，大多数人认为在知道什么是好事情与去做好事情之间有很长的一段路，但是太晚了，他已经同意了苏格拉底的观点；再者，他发现他所做的选择与他关于自己作为一个智识者的意见相一致，远高于世俗大众的意见。尽管如此，他不想进一步深究这一问题了，他想高傲地挥手离去。"我们为什么非要去探究世人的意见呢？"他问道，④"他们不过是想到什么就说什么而已。"不过，苏格拉底坚持认为，提出一种让普通世人满意的解释，是知识与知识在行为中的价值的拥护者的义务：因为他相信对这一问题的正确回答，在界定勇敢与德性的其他部分之间的关系方面具有决定性意义。普罗泰戈拉被迫让步，在与"大多数人"及其想法的辩论中，允许苏格拉

---

① 《普罗泰戈拉》352d。普罗泰戈拉实际上说的是，"如果有那么一个人，他居然不说智慧和知识是最伟大的人类力量，那么对我来说就是耻辱（αἰσχρόν）"。尽管如此，我们仍然相当清楚地感觉到，与其说这是由于他自己的深层信念促使他同意苏格拉底的主张，不如说这是由于他害怕耻辱而认同了苏格拉底的主张，作为教育的代表人物的他，如果怀疑知识的力量，就会招致这种耻辱。苏格拉底看穿了他，并利用这一点使他自相矛盾。苏格拉底数次利用对手害怕冒犯社会的心理，使他承认矛盾，参见《普罗泰戈拉》331a9，333c；《高尔吉亚》461b，尤其是《高尔吉亚》482d及以下，其中卡利克勒斯批评并揭露了苏格拉底的"把戏"。

② 《普罗泰戈拉》352d—e。

③ 《普罗泰戈拉》353a。

④ 《普罗泰戈拉》353a。

底在某种程度上代表他。这意味着苏格拉底要轮番提出自己的意见和多数世人的意见，承担整个对话的分量，而普罗泰戈拉则只有一个相对容易的任务，只负责听就可以了。① 苏格拉底于是开始他与世人的对话，指出当他们说"给快乐让路"时，他们的意思是说，他们屈从于满足感官欲望的物理过程，尽管他们知道这是错误的。例如，某人选择及时行乐而不是节制，尽管这在之后会招致疾病和麻烦。[120]苏格拉底对此进行了仔细查问，以便发现为什么他们认为此类快乐最终是有害的。② 他迫使他们承认他们之所以这样认为，只是因为这种快乐最终造成了更大的痛苦。③ 换句话说，他们据以区分一个快乐与另一个快乐的目的或终点(τέλος)，不过是快乐。④ 当他们把令人痛苦的事情叫作好事，或者把甜蜜的事情叫作坏事时，他们的意思是痛苦的事情最终会以给人快乐结束，而甜蜜的事情则会以给人痛苦结束。如果是这样，那么所谓"给快乐让路"其实意味着当初做了一个错误的判断，选择了一个相对较小的快乐，而不是较大的快乐，因为较小的快乐尽在眼前。⑤ 苏格拉底对此做了举例说明，一个不得不做出决定的世人，手持天平，以快乐衡量快乐，以痛苦衡量痛苦，以快乐衡量痛苦。⑥ 苏格拉底用其他两个数量上的比较解释了这一形象的意义。如果我们的生活的安全有赖于选择长的、避免短的，关键的事情就是发明一种衡量的技艺，使我们不会把短的误认为是长的，把显得如此而非真实如此的现象对我们的欺骗驱离生活。如果没有这样一种技艺，我们的选择就会左右摇摆，犹豫不决，为现象所误导，我们就会经常为自己的选择而后悔；不过，衡量的技艺会消除

---

① 柏拉图为什么让苏格拉底与"大多数人"争论而不是与普罗泰戈拉争论的原因是清楚的。对普罗泰戈拉来说，以大多数人的名义承认一些东西要比以自己的名义承认一些东西容易，参见上页注释①。

② 《普罗泰戈拉》353c 及以下。

③ 《普罗泰戈拉》353d—e，354b。

④ 这是"目的(τέλος)"这一基本概念在柏拉图这里的第一次出现，参见《普罗泰戈拉》354b7，354d2，354d8 和 354b6 中相似的动词ἀποτελευτᾶν(εἰς ἡδονάς)[(以快乐)结束]，以及 355a5 中的τελευᾶν[结束、终点]。在 355a1 中，"好的东西(ἀγαθόν)"与"τέλος"是同义词。在《高尔吉亚》499e 中，同一个观念是由"为何之故(the reason why，即οὗ ἕνεκα)"来表达的，它在此处是"好的东西"的同义词。

⑤ 《普罗泰戈拉》356a。

⑥ 《普罗泰戈拉》356b。

错误的原因并拯救我们的生活。① 再者，如果我们的幸福和安宁有赖于在数学的奇数和偶数之间做出正确的选择，那么算术就会成为人的生活赖以确立的技艺。② 因此，既然大多数人认为人的生活的最终标准，是在衡量快乐时得到一种有利的平衡，那么找到一种衡量术来帮助我们将幻象与实在区分开来、避免由于距离而导致的欺骗就变得非常重要——[快乐离我们的]距离的远近在我们做出选择时经常误导我们。③（苏格拉底说）至于这衡量的技艺和知识究竟是什么，我们找时间另行研究；但这一点已经得到了充分论证：为我们提供行为标准的是知识，[而不是任何别的东西]，它证明了普罗泰戈拉和我本人所赞成的意见。④（他对世人说）你们问我们，我们对你们所谓的"给快乐让路"的物理过程的本质作何思考；如果我们当时直接回答说是"无知"，你们肯定会嘲笑我们。不过，现在，这一点已经非常清楚了：这一过程的本质不是别的，就是"最大的无知"。⑤

以这种方式回答了多数世人的问题之后，[121]苏格拉底现在以普罗泰戈拉和他自己的名义，转向在场的智术师，问他们："在你们看来，我说的是真是假呢？"他们说，他们完全被说服了。他使他们明确承认，快乐的就是好的，而快乐就是人的目的和行为的标准。⑥ 得到异口同声的保证之后，普罗泰戈拉也表示同意，不反对这一论点，尽管他开始时对此存疑。⑦ 如此这般，所有聚集在卡利阿斯家中的大教育家们发现，他们自己都以被还原到大众（hoi polloi）的水平而结束，而苏格拉底就是从大众的意见开始讨论的。他让所有人都落入了圈套。有心的读者不会不注意到，苏格拉底自己从未承认过享乐主义者的原则；他只不过是说，它是

---

① 《普罗泰戈拉》356c—e。
② 《普罗泰戈拉》356e—357a。
③ 《普罗泰戈拉》357a—b。
④ 《普罗泰戈拉》357b。这里得到多次强调的衡量和衡量术的概念（3567d8，356e4，357a1，357b2 和 357b4）对柏拉图的知识和教育观念极端重要。它在这里仅仅作为一种值得拥有的理想首次出现，而且与对最高的善的观念相联系，但对苏格拉底来说，它现在还不是一种现实。不过，在柏拉图的后期著作中，它的全部力量和意义得到了充分的揭示。
⑤ 《普罗泰戈拉》357c—d。
⑥ 《普罗泰戈拉》358a。
⑦ 沉默即被理解为同意（Qui tacet, consentire uidetur）。

"绝大多数人"的想法和"他们的"思想的逻辑基础而已。不过，苏格拉底将这一点置之一旁，以便间接地将智术师们描述为教师。苏格拉底马不停蹄，继续利用从他们身上诱导出来的这种认可做文章。因为如果（如绝大多数人相信的那样）快乐是人们愿意去做的一切事情的标准，那么没有人会明知故犯地选择好处较少的事情——也即快乐较少的事情，这是一清二楚的；而在那些"给快乐让路"的人身上被认为是人的一种道德缺陷的东西，实际上恰恰是一种逻辑推理的缺陷。① 没有人自愿以他认为是坏的事情为目标。② 如此这般，苏格拉底就使智术师们同意了他的著名悖论，即无人自愿犯错，③他根本不在乎他们是否像他一样给"犯错"一词增加了相同的含义。因为一旦他们承认了快乐原则，对苏格拉底来说，要回答勇敢和智慧的关系问题（对这一问题的回答一直暂付阙如），要给证明"德性是一且不可分"的证据链添加最后一环，就都变得容易了。苏格拉底的论点一直是勇敢和智慧是相同的。普罗泰戈拉曾经承认，所有其他德性或多或少都是相似的。他认为唯一的例外是勇敢，他说，单一这一点就戳穿了苏格拉底的所有论证：④因为这世上有的是不虔敬、不正义、不节制但仍然极其勇敢的无知莽夫。他将勇敢者定义为大胆面对多数人恐惧的危险之人。⑤ 如果我们把恐惧定义为对坏的事情的预期，⑥普罗泰戈拉（他刚刚说勇敢就是无所畏惧地面对可怕的事情）就与刚才大家做出的认可——即无人愿意朝着他明知是坏的事情前进——相矛盾了。⑦ 根据这最后的认可，[122]就他们不自愿朝着某种他们认为是可怕的事情前进而言，勇敢的人必然同时就是胆怯的人。⑧ 他们之间的差别实际上是他们害怕的是什么的差别：勇者害怕的是耻辱，懦夫（因为他无知）害怕的是死亡。⑨ 在此，既然我们可以面对面地看到

① 《普罗泰戈拉》358b6。
② 《普罗泰戈拉》358d。
③ 参见本卷第 130 页及该页注释②。
④ 《普罗泰戈拉》349d。
⑤ 《普罗泰戈拉》349e。
⑥ 《普罗泰戈拉》358d6。
⑦ 《普罗泰戈拉》358e。
⑧ 《普罗泰戈拉》359d。
⑨ 《普罗泰戈拉》360b—c。

这些矛盾，那么苏格拉底的知识概念的深层意义便终于浮出水面了。支配我们的选择并决定我们的意愿的，必然是我们关于真正的标准的知识。因此，勇敢与智慧是同样的东西。勇敢就是知道什么该害怕和什么不该害怕。①

在柏拉图的小苏格拉底对话中，我们看到苏格拉底思想的辩证运动一次又一次地开启，但是从未达到过终点，这里，我们第一次看到它结束了自己的行程。他确切地阐述其思想运动结果的话语，解释了早期对话的目的所在。他说：

> 我问所有这些问题的唯一原因，是想发现德性究竟是怎么回事，想知道它到底是什么。毕竟，我知道，如果我们能发现这一点，你和我说了大半天的问题才会拨云见日：你断言德性可教，我说德性不可教。②

实际上，德性的本质问题必须在有人讨论它是否可教之前解决，但苏格拉底得到的结论——德性即知识，甚至这一定义也适用于勇敢——不只是对任何后续问题的讨论的逻辑准备；仅其自身就足以使德性教育成为可能。如此，在对话的结尾，两个对话者已经互换了立场。认为德性不可教的苏格拉底，现在正在努力证明一切形式的德性都是知识。而普罗泰戈拉，这位解释说德性可以传授的大智术师，正在努力证明它当然不是知识——这种知识，如果它是真的，会使德性难以传授。③ 戏剧以苏格拉底对如此明显的矛盾深感惊讶而告终；但是，对柏拉图来说，这种惊讶显然是一切真正哲学的源泉，④而读者掩卷之余，会认识到苏格拉底的信条——凡德性必追溯至关于真正价值的知识⑤——将成为一切教育的基石。

---

① 《普罗泰戈拉》360d5。
② 《普罗泰戈拉》360e6。
③ 《普罗泰戈拉》361a；参见本卷第 125 页及以下；本书第一卷，第 377 页。
④ 参见《泰阿泰德》155a。
⑤ 《普罗泰戈拉》361b2；参见 358c5z，其中，苏格拉底将"无知"界定为对真正价值的误解（ἐψεῦσθαι περὶ τῶν πραγμάτων τῶν πολλοῦ ἀξίων）。

在《普罗泰戈拉》中，柏拉图坚持忠诚于他的苏格拉底原则，不做什么教条式的指示；相反，他赢得了我们对他的问题的同情，在苏格拉底的指引下，通过在我们的脑海中逐步积累知识，使他的问题成了我们自己的问题。[123]这篇对话本身足以使我们对问题产生兴趣。但是，从结论所达到的要点来看，当我们回顾柏拉图早期对话对特定德性的探究时，可以看到，柏拉图预设他的读者会抱着与他一样的决心和专一，与他一样不屈不挠，一本接一本地耗费心血于同一个问题，坚持不懈地开拓问题的深层新视角。在《普罗泰戈拉》的结尾，我们认识到，当我们攀登得越来越高时，就会越来越多地看到了周围景观的结构与规划，我们为之感到轻松了许多。在阅读关于孤立的德性的早期对话时，我们不得不猜测，而不是知道，所有这些孤立的探究八方辐辏，都在汇集到同一个核心结合点，尽管这些对话都处于同一水平之上。但在《普罗泰戈拉》的结尾，当我们登临绝顶，俯瞰之际，我们惊讶地发现，所有这些道路都通向我们正站立的顶峰，即这样一种认可：一切德性本质上是同一个东西，它们的本质都植根于我们关于真正价值的知识。我们之前为达到这一结论所付出的全部努力，由于它们都指向教育问题这一事实——这一事实现在终于得到了认可——而得以定型，并获得了意义。

教育（paideia）在智术师时代终于成了一个公认的问题。在生活和智识发展（二者总是相互影响）的压力之下，教育问题前移到公众兴趣的中心位置。一种"高级文化"连同其自身的代表（即智术师）——他们的职业就是"教授德性"①——成长起来了。但是，现在很明显，尽管他们对教育方法和教学风格付出了艰苦的思考，尽管他们的高级文化中有各种令人眼花缭乱的科目，但他们之中没有一个真正懂得其职业所依据的假设是什么。苏格拉底不像普罗泰戈拉那样声称教导世人——教导世人是我们的资料不断强调的一个要点；②但是，从一开始，我们所有人都深信（与他的所有学生一样），他才是那个时代所需要的真正

---

① 这是柏拉图对智术师的定义（参见《普罗泰戈拉》349a：παιδεύσεως καὶ ἀρετῆς διδάσκαλος）。智术师承担"教导世人（παιδεύειν ἀνθρώπους）"的任务（《申辩》19e，《普罗泰戈拉》317b），"教导世人"在《申辩》20b 中被当作"拥有关于人和政治德性的知识"的同义语。

② 《申辩》19e—20c；色诺芬，《回忆苏格拉底》1.2.2。

教师：这种感受并不是由于一些教学方法的差异或者人格的神秘力量所造成的，而主要是由于以下事实：即通过将道德问题关涉于知识问题，苏格拉底第一次为教育给出了智术师没有看到的基本假设。他们曾经坚持精神文化的极端重要性；但他们不能只凭世俗的成功来证明这一主张的正当性。[124]那个时代的人们正在黑暗中摸索前进；他们迫切需要的是认可一个最高标准——这一最高标准对所有人都有同等的约束力，因为它表达了人内心深处的本性；而教育则可以根据这一标准来确定其最高使命：按照真正的德性的范型来陶铸人。智术师的所有技巧和知识都永远不可能导致德性——唯一能够的是苏格拉底坚持不懈地探究的深层"知识"。

正如早期对话的辩证运动只有到《普罗泰戈拉》才停止前进，当苏格拉底对德性的本质的质疑与教育问题相联系时，《普罗泰戈拉》本身也引发了新的问题；它确切地表达了这些问题，但没有回答这些问题，从而向前指向后续著作。苏格拉底相信德性不可教，他也没有承诺教导世人，但柏拉图暗示，这只不过是苏格拉底对这一使命的艰巨性的深层意识的一个反讽性画面。实际上，他远比智术师们更接近于问题的解决；所需要的只是他所看到的诸问题得到通盘考虑，而柏拉图暗示这是可以做到的。德性是否可教是迫切需要讨论的其中一个问题——因为苏格拉底的"德性即知识"的证明似乎已经将问题带至解决的边缘。① 不过，现在需要的是研究苏格拉底称之为知识的东西的真正性质，因为它显然不是智术师和大众认为的那种知识。② 我们在《美诺》中，一定程度上也在《高尔吉亚》中发现了这种研究，但《普罗泰戈拉》则包含了对它所提出的问题的未来讨论的几条其他线索。尤其是关于美好生活(εὖ ζῆν)的问题。在《普罗泰戈拉》中，苏格拉底通过假定"好生

---

① 《普罗泰戈拉》361c。关于这个问题是如何作用于苏格拉底的同时代人的，我们不仅可以从一个同时代的智术师的著作中看到(参见《对言》[*Dialexeis*]，第六章；《前苏格拉底残篇》(第尔斯本)II⁵，第 405 页及以下)，而且还可以从诸如欧里庇得斯的《乞援人》(第911—917 行)中看到——正如我们可以教一个孩子听和说他所不知道的东西一样，我们可以把勇敢教给人；欧里庇得斯接着宣布一切都有赖于正确的教育。

② 在《普罗泰戈拉》的结尾(357b)，苏格拉底推迟了关于这种类型的技艺和知识(τέχνη καὶ ἐπιστήμη)的精确讨论，这种类型的技艺和知识就是衡量术。

活就是快乐"这一流行观点的真理性，从而提到了这个问题，但苏格拉底不是因为好生活本身，而是作为证明知识对正确行为的重要性的一种手段，提到好生活这个问题的。他向众人清楚地表明，就算承认快乐标准的正确性，他们也需要一种衡量术以便做出正确的抉择，从而选择较大的快乐，而不是较小的快乐：因此，即使在那种情况下，为了获致美好生活，知识也是不可或缺的。从而，苏格拉底暂时到达了论证的终点。但是，我们仍然禁不住要问，这种好生活与快乐的等同（他使智术师和一些现代学者毫无保留地接受了这一准则）是否真的是苏格拉底自己的观点。① ［125］生活的目的（τέλος）问题一旦提出之后，就再也不可能湮没无闻。苏格拉底在《普罗泰戈拉》中漫不经心地提到这个问题，他一直在愚弄智术师，被愚弄的也许还有我们；对于这个严肃的问题，我们需要他严肃认真地跟我们说。这是他在《高尔吉亚》中做的事，《高尔吉亚》是《普罗泰戈拉》的姊妹篇，它以其严肃深沉构成了对其他漫不经心的欢乐之作的必要补充。

---

① 参见本卷第132页及以下。

第六章 《高尔吉亚》：作为政治家的教育者

[126]理解《普罗泰戈拉》和《高尔吉亚》之间关系的第一步，是避免一种很常见的错误。人们经常把柏拉图的对话称为富于诗意想象的作品，有些人误解了对柏拉图作品的这一描述；他们把柏拉图的作品当成了类似于歌德那样的作品——一连串的自白，作者在一连串的自白中缓解个人体验和私人情感对灵魂的压力。同样，既然《普罗泰戈拉》令人愉快，而《高尔吉亚》令人沮丧，所以学者们断定，《普罗泰戈拉》属于柏拉图的早期作品，而《高尔吉亚》则是后期作品。① 《普罗泰戈拉》甚至被描述为柏拉图的第一部作品，写于苏格拉底之死以前，而《高尔吉亚》则被解释为苏格拉底之死在柏拉图心灵中造成的灾难性结果，是一部怨愤之作。这样做是对柏拉图对话彻底的客观性的误解。柏拉图对话不可能通过从现代抒情诗那里借来的公式——即"平静中回忆起来的情感"——得到解释。② 确实，柏拉图全部对话-形式

---

① 这种观点的极端形式见之于维拉莫维茨对柏拉图单篇对话的讨论（《柏拉图》，第一卷）。例如，他将自己论《斐德若》（该篇是对修辞学和辩证法之关系的一个严肃讨论）一章冠之以"快乐的夏日"这样的抒情题目。

② 这是华兹华斯（Wordsworth）的用语。维拉莫维茨对柏拉图的态度显然受到狄尔泰的著作《体验与文学》（*Erlebnis und Dichtung*）的影响。

(dialogue-form)的开端都归因于一次非凡的经历——对苏格拉底伟大人格的经历。但是，这种解释不能无限制地延伸到每一部独立的作品，以至于将每一部作品都解释为柏拉图生活中的一种新处境和一组新情感的表达。柏拉图的对话-形式赖以建立的那次经历的特点阻止了这样做的可能性——依赖于他人的人格这一特点使对话必须是客观的，而不是主观的。当然，柏拉图本人的生活和情感确实在一定程度上给对话增添了色彩，以至于影响到他描述苏格拉底的方式。但是，如果说《高尔吉亚》严肃深沉，那不是因为它是对一种短暂的忧郁状态的表达；我们没有必要因为其华丽悲情而假设它作于苏格拉底之死不久，就像我们不应该用同样的假定来说明《斐多》的葬礼基调——相同的几位学者将《斐多》放置在远离苏格拉底之死、非常接近于气氛欢快的《会饮》的位置。凡遵循我们的解释，相信《普罗泰戈拉》在一个更高的平台上汇集和概括了小苏格拉底对话——这些对话属于柏拉图的早期阶段——所提出的问题的人，以及相信根据柏拉图的常规次序，这些早期对话都将由于来自《普罗泰戈拉》的回光侧影而得到解释的人，[127]都不可能将《普罗泰戈拉》置于柏拉图职业生涯的开端之处。我们稍后会表明，《普罗泰戈拉》的写作日期的这种错误早置——这种早置使它与其最亲近的搭档《高尔吉亚》关系松散——促成了人们对其哲学意义的误解。

《高尔吉亚》与《普罗泰戈拉》的对应关系是显而易见的。伦蒂尼的高尔吉亚(Gorgias of Leontini)，以给公元前五世纪最后三十年定调的方式创立了修辞学，[①]对柏拉图来说，高尔吉亚就是修辞学技艺的化身，就像普罗泰戈拉是智术的化身一样。与《普罗泰戈拉》一样，《高尔吉亚》也向我们展示了苏格拉底学说与圈子之外的关系。小篇幅的对话展示苏格拉底对学生和朋友的影响，但在这里，我们看到了他与那个时代的智识巨人的缠斗。智术师运动是一种纯粹的教育现象，但修辞学[雄辩术]却是一种实际影响城邦生活的新文化。在古典时代，修辞

---

① 芬利(John Finley，《哈佛古典学研究》[*Harvard Classical Studies*]，1939)表明，我们不能把高尔吉亚看作修辞学的唯一创建者，或修辞学在雅典的唯一代表人物。

学家(rhetor)仍然是政治家(statesman)的正确称呼——在民主制度中，政治家首先必须是一个雄辩家。高尔吉亚的目标就是培养政治家意义上的修辞学家。现在，苏格拉底开始挑战这种意图，而且将他的挑战发展成为对修辞学本质的一种讨论——就像他在《普罗泰戈拉》中关于教育所做的那样。不过，在这里，这种讨论采取了一种相当不同的走向。高尔吉亚没有像普罗泰戈拉那样，发表长篇演说来证明其职业的正当性，因为从理论的角度看，他没有那么多要说的东西来为自己辩护。显然，除了演说术的实际效果之外，他不能定义他的演说术是什么。从内容的角度界定演说术的尝试——对其他同样以话语为中介的学科可能有效的方法——不可能成功：因为修辞学[雄辩术]无非是话语和语言的技艺，旨在以演说的形式说服听众。

在《普罗泰戈拉》中，苏格拉底说他不相信政治德性是可教的，因为它不是一项有专门的行家研究的常规技艺。① 但是，在由智术师提供的政治教育和修辞学中，苏格拉底认为是主要缺点的东西，在高尔吉亚看来，似乎是其主要的可取之处。② 高尔吉亚坚持认为苏格拉底所认为的缺点恰恰是他这项技艺的伟大之处的明证，在生活最重要的领域(即政治)中，修辞学[雄辩术]仅仅使用话语就可以决定重大事件。③ [128]通过让我们看到即使是修辞学的专门人才，也不能客观地对它加以定义，并认为它的主要优点就是给予掌握它的人以说服的力量，从而，柏拉图表明了修辞学的真正本质。④ 实际上，高尔吉亚谈到了这样一些事例，一位医生(也就是专家)对劝说一位病人服药或接受手术无能为力，而一位修辞学家的雄辩却成功地说服了病人。⑤ 他说，如果在议事会上，或者在任何其他为某个位置选择一个专家的会议上，有什么争议的话，专家本身无足轻重，演说家说的才重要。⑥ 告诉所有专家和职业人士，他们必须为之精诚合作、他们的知识必须为之服务的目标的是他的技艺。

① 《普罗泰戈拉》319a—d。
② 《高尔吉亚》449d,451a。
③ 《高尔吉亚》450a,451d,454b。
④ 《高尔吉亚》456a 及以下。
⑤ 《高尔吉亚》456b。
⑥ 《高尔吉亚》456b—c。

为雅典建造堡垒和港口的，不是苏格拉底对他们的技艺称赞备至的建筑师和造船者。是第米斯托克利和伯利克里说服民众完成了所有这些事情，而修辞学［雄辩术］赋予了他们这样做的力量。① 当苏格拉底将其严格的知识标准运用到修辞学［雄辩术］之上，且将修辞学［雄辩术］定义为一种能力时，高尔吉亚指出了上述显见的事实，但在苏格拉底看来，修辞学的这种能力不是使别人相信真理的能力，而是给他们提供一种貌似真理的东西的能力，以及用这种欺骗的法术诱惑无知大众的能力。② 但是，在苏格拉底作出这个定义并强调雄辩的口才可能被滥用的危险之后，作为修辞学教师的高尔吉亚以此声明来反驳：器具不能因为有时被误用而受谴责；③ 每一件武器都有可能被误用。如果一个训练有素的拳击手要揍他的父母或者攻击朋友，那么这绝不是我们驱逐其教练的理由。教练教给他拳击的技艺，以便他正确地使用。唯一该受责备和惩罚的是那些误用它的人。

高尔吉亚的回答掩饰了苏格拉底提出的困难，但他并没有解决这个问题。当高尔吉亚说，修辞学教师将其技艺传授给学生"正确地使用"时，④他显然假定他自己，作为一位修辞学教师，明了何为善［好］和正义，而他的学生也以知晓或者从他那里学习何为善［好］和正义开始。⑤ 柏拉图把高尔吉亚描述为一位传统的绅士，与普罗泰戈拉一样珍视有产者的体面。当苏格拉底问普罗泰戈拉好的与快乐的是否是同一回事时，普罗泰戈拉一开始拒绝同意两件事情是同一回事，完全和普罗泰戈拉一样，高尔吉亚也认为他可以避开这个令人尴尬的问题，也即他的修辞学职业的道德基础问题，他说，如果必要，［129］他可以向不知道正义的人教授有关正义和不义的知识。⑥ 当然，这使他与他刚才关于当前普遍存在的修辞学误用所说的话产生了冲突。⑦ 不过，他的学

---

① 《高尔吉亚》455d—e(参见 455b)。

② 《高尔吉亚》454e—455a。

③ 《高尔吉亚》456d—457c。

④ 《高尔吉亚》456e, 457c。

⑤ 《高尔吉亚》459d—e。

⑥ 《高尔吉亚》460a。关于普罗泰戈拉的那种有产者的谨慎，参见本卷第 131 页，注释①。

⑦ 《高尔吉亚》460d。

生波卢斯(Polus)的插入把他从这一困境中解救了出来。

波卢斯代表年轻一代。他不耻于承认人人皆知的事情，即修辞学根本不关心道德问题。他要多有力就有多力地告诉苏格拉底，这样使一位杰出的修辞学大师难堪是一种低级趣味。根据这位年轻的现实主义者所言，修辞学心照不宣地默认社会称之为道德规范的东西是一种习俗和谎言。当然，人们必须口头上敷衍一下道德规范，但在严肃重大的事情上，不需要阻止任何人肆无忌惮地使用修辞学所赋予的力量。① 创立修辞学的老一辈对权力的热爱还显得犹抱琵琶半遮面，年轻一代直接就是愤世嫉俗的道德虚无主义，二者之间的对比是柏拉图创作艺术的一个出色例子——这种创作技艺通过逐步发展修辞学的全部特有形式来展示一种精神类型。正如典型的演说家在一个三阶段的辩证法中发展出三种主要类型，《高尔吉亚》这部戏剧也分为三幕：当每一种新的类型上场时，戏剧的强度就进一步增加，戏剧的意义就进一步深化。第一幕，是高尔吉亚；然后是他的学生波卢斯；第三幕，是逻辑上无懈可击的"修辞人(rhetorical man)"，即实际政治家卡利克勒斯(Callicles)②——卡利克勒斯坦率地支持强者的权利即最高道德法则。三种类型构成一种层进法，修辞学的真正本质在各个阶段展现得越来越清晰。他们之间的区别就是对待权力的态度的区别：尽管他们互有差别，但无论是公开的，还是默认的，他们在理论上钦慕的或在实践中追求的仍然都是权力，权力才是他们的技艺追寻的真正"对象"。

在《高尔吉亚》的第二部分中，苏格拉底的批评主要攻击修辞学是一种技艺(techné)的主张。③ 我们使用的"艺术(art)"一词不足以重现该希腊词语的含义。与"艺术"一词一样，技艺强调它的实际使用。但是，艺术于我们意味着无需遵从规则的个体创作，而技艺则意味着公认的知识和技能，我们将其与技术(technique)和职业(profession)联系在一起。希腊人使用"技艺"一词远比我们使用"艺术"一词广泛：他们将

---

① 《高尔吉亚》461b—c。
② 《高尔吉亚》481b 及以下。
③ 《高尔吉亚》462b。

其运用于建立在特定知识基础之上的任何职业——不仅是绘画和雕塑、建筑和音乐，[130]而且还运用在医学、战略、掌舵术，甚至其他更多领域之上。这样一个词意味着一种职业和使命的实践，这种职业和使命不仅建立在日常经验之上，而且还建立在一套普遍的规则和固定的知识之上；因此，这个词的意思离"理论（theory）"一词并没那么遥远——在柏拉图和亚里士多德的哲学术语中，这个词经常具有理论的含义，尤其是当他将其与朴素的经验作对比时。① 另一方面，"技艺"一词因其经常与实践相联系，而与理论（theoria，即"纯粹知识"）相区别。②

因此，当苏格拉底问波卢斯修辞学是什么时，他分明是在问它是否有权被叫作一种技艺。我们从《普罗泰戈拉》中得知，当柏拉图的苏格拉底寻求人类行为的准则时，技艺是他脑海中具有的知识理想。因为他在那里说，倘若没有"一门衡量的技艺"，美好生活是不可能达到的，而且苏格拉底将这种技艺与普罗泰戈拉的政治教导作尖锐的对比，苏格拉底的意思是，后者没有一门技艺所具有的任何严格特征。③ 还有其他一些柏拉图的苏格拉底对话表明，技艺是苏格拉底认为知识应该仿效的理想。如果我们牢记柏拉图探究精确知识的最终目的是一种实践性目的（也即一种关于城邦的科学）的话，④那么就很容易明白个中原因了。根据上下文的语境，柏拉图的"技艺"一词可以用"知识（epistémé）"一词来代替，以强调这门政治科学建立在对实在的一种完全的理论认识的基础之上。在我们这里，柏拉图是在设定一门新的政治科学，并通过将其与他那个时代的政治雄辩术（rhetoric）相比较来解释它到底是什么：为了着重说明二者之间的相似和

---

① 亚里士多德（《形而上学》A 1.981a5）用"技艺"表示相似情况的一种一般假设（ὑπόληψις），这种一般假设是经过多次观察和经验之后得出的。

② 在具有实践性特点方面，techné 和 empeiria（"经验"）相似；参见亚里士多德，《形而上学》A 1.981a12。

③ "衡量的技艺"，参见《普罗泰戈拉》356d—357b；这一段落终结了《普罗泰戈拉》319a 中的主张，即普罗泰戈拉的教育（paideia）是一门"政治技艺"。

④ 参见杰弗里（F. Jeffre）的专题论文《柏拉图的技艺观念》（Der Begriff der Techne bei Plato, Kiel, 1922）；该文的写作是在本人建议下进行的，最后虽未出版，但原稿存于基尔大学图书馆。

区别，"技艺"一词显然是柏拉图选择来指代这门新的政治科学的一个词。

　　苏格拉底宣布修辞学［雄辩术］根本不是一门技艺。苏格拉底将其定义为一种由于经验而获得的技巧——制造满足和提供快乐的技巧。因此，它很像烹调，烹调也制造满足和提供快乐。① 苏格拉底对大吃一惊的波卢斯和高尔吉亚解释说，修辞学［雄辩术］和烹调二者只是同一种行业的不同分支而已。烹调也不是技艺，它只是一种技巧而已。当苏格拉底把如此不同的二者的主导原则规定为奉承，且继续将其划分为包含四种不同形式的一个系统时，幽默的气氛达到了高潮。苏格拉底断言，这四种不同形式的奉承：烹调、修辞、化妆（或美容）、智术，［131］皆各有其不同的对象。② 当苏格拉底将政治雄辩术描述为一种真正技艺——它是城邦的真正技艺的组成部分——的假冒品时，这四类奉承的相互关系就一下子明朗了。③ 其余三类奉承好像也是真正而必需的技艺的假冒品。正如人的生命可以分为灵魂的生命和肉体的生命，所以都需要有一种特殊的技艺来照顾它们。灵魂是由政治学［城邦学］来照顾的。这一令人吃惊的关联照亮了柏拉图的最终目的：治理城邦的技艺，以及他附加于它之上的全部新意义。与此相应的照顾身体的技艺则没有名称。两种技艺，即照顾身体的技艺和照顾灵魂的技艺，被划分为两种类型：一种是照顾健康的灵魂和健康的身体的技艺，另一种是照顾病态的灵魂和病态的身体的技艺。照顾健康灵魂的政治学分支是立法，而病态的灵魂则由司法实践来照顾。照顾健康的身体的是体操训练，而照顾病态的身体的则是医学。所有这四种技艺都为身体和灵魂的健康安宁服务。④ 与这四种技艺相对应，有四种假冒品。智术假冒立法，修辞假冒司法，美容假冒体操，烹调假冒医学。这四种假冒品不是对人的最佳服务，它们只是试图取悦人。因此，它们只是根据经验来运作，而不是

---

① 《高尔吉亚》462b—d。

② 《高尔吉亚》463b。

③ 《高尔吉亚》463d。

④ 《高尔吉亚》464a—c5。

按照真正的技艺所要求的那样，在固定的原则以及对什么是合乎人的自然的善[好]具有充分知识的基础之上来运作的。① 修辞学[雄辩术]的位置由此得以确定，它于人的灵魂而言，就是烹调之于身体的地位。假冒品与真正技艺之间的这种比较，证明了修辞学[雄辩术]不是一种真正的技艺。② 一种技艺的本质性特征首先在于它是一种知识，这种知识建立在对其对象的真正性质的理解之上；因而，其次，这种技艺能够说明自身的次序；第三，为对象的善[好]服务。③ 这些特征没有一个出现在政治演说术之中。

当苏格拉底辩证法的悖论修辞（paradox）显示了其全部有趣的一面之后，转而显示其严肃的一面。理智的激烈言词（fireworks）不是勇敢地燃烧，然后黯然熄灭。当然，苏格拉底知道，做出这样一种出乎大家意料之外且与日常经验相抵触的陈述在心理上的刺激性后果：它刺激了对话者并导致一种激烈的否定。不过，苏格拉底喜爱悖论的真正原因在于更深层的考虑，[132]它们旨在引起哲学的反思。④ 将修辞学[雄辩术]与烹调相比较——将那个时代的政治学皇后推落宝座，且使她成为一个可鄙的小角色——并没有改变案件的事实，但会使读者对事实的估计大吃一惊，这种震惊会影响到他们的全部观念。苏格拉底的这种比较并不是想要伤害谁，它的的确确是那双眼睛的全部远见所

---

① 《高尔吉亚》464c5—d。

② 《高尔吉亚》464d，465b—d。

③ 《高尔吉亚》465a。在这一段落中，柏拉图简要地概括了他对技艺（techné）观念的全部分析。没有任何 ἄλογον πρᾶγμα[无理性的事情]配得上称为技艺。对我们来说，牢记技艺的一个重要特征尤其重要：技艺以最好的东西为目标——换句话说，它与一种价值相关联，并最终与一切价值之最高者相关联。它在现实世界中为实现这种价值而工作。在这种对真正技艺的本质的分析中，柏拉图的典范是医学，参见《高尔吉亚》464a，464d。柏拉图是从医学中得到的治疗观念，或"照料"灵魂和身体的观念，他是从医学中得到的"瞄准（στοχάζεσθαι）"最佳状态的意象，并将人的这种最佳状态描述为城邦的幸福安宁或良好状态（εὐεξία）。作为将要建立的新哲学和新文化的目标的"政治技艺"，被认为是灵魂的治疗师。

④ 悖论修辞（paradox）是柏拉图哲学论述的特有形式。他的同时代人伊索克拉底是一个狂热而高明的文体家，他对柏拉图的这种悖论修辞一清二楚；因为其《海伦颂》第一至三章，如本书第三卷，第79页所言，以及如其他人在本人之前所表明的那样，主要是针对柏拉图的。有趣的是，伊索克拉底试图根据早期希腊哲学的背景来解释海伦私奔的事实，并证明悖论修辞是一切哲学的普遍弱点。伊索克拉底显然没有抓住事情的本质。

看到的,对于那双具有远见卓识的眼睛来说,事物的排序远非众人目所能及的现象那样,而是就像现象和实在之间裂开的一个断层:人类的一切事物突然呈现出一种新的价值。正如美容与因体育锻炼而变得健康美丽相关,智术师所教授的政治文化也与真正的立法者的教导相关。正如一流厨师的酱汁和糖果对应于医生的健康守则和药方一样,试图颠倒是非黑白的修辞学对应于真正的法官和政治家的行为。① 这使政治技艺成了与世人所谓政治截然相反的一个极端。因此,甚至在这里,在《高尔吉亚》中,建立城邦和制定法律——这是柏拉图在其两部最伟大的著作中承担的使命——被宣告为苏格拉底"照顾灵魂"的工作的积极构想。② 我们现在还看不到这一新思想的惊人结果,但显而易见的是,我们认识到的迹象表明,目前的生活哲学已发生了彻底的转变。其实,在《高尔吉亚》稍后的一段文字中,卡利克勒斯将苏格拉底的价值重估描述为"我们生活中的一场革命",并对其进行谴责。③ 在《高尔吉亚》第三部分的开头,苏格拉底在与波卢斯(Polus)的对话中所发展出来的思想,激起了卡利克勒斯的猛烈爆发。

对于苏格拉底对修辞学[雄辩术]的低估,波卢斯做出的最强烈且最明显的反对是,修辞学[雄辩术]实际上确实对政治产生了巨大影响。④ 获取权力的冲动是一种深深植根于人性之中的动力,我们不能对其视而不见。如果权力本身是一种伟大的事物,那么我们获取权力的能力也极其重要。因此,修辞学[雄辩术]是否必然需要一种关于价值的精确知识——它似乎纯粹是只有内行才懂的方法问题——涉及到更广泛的决断。[133]它迫使我们对权力的本质和价值问题采取一种更为确定的态度。波卢斯对这一问题的态度是一般世人的态度。正如在《普罗泰戈拉》中,柏拉图努力表明,智术师和演说家们全面提升和详细制定了教育和影响世人的技术手段,但是他们关于教育目的的原初

---

① 《高尔吉亚》465c。
② 参见本卷第38页及以下。
③ 《高尔吉亚》481c:"如果你(苏格拉底)是认真的,而且你说的确实是对的,那么我们凡人的生活必须颠倒过来,我们要去做与我们应该做的完全相反的事情!"
④ 《高尔吉亚》466b及以下。高尔吉亚的发言也强调了修辞学可以给予那些使用它的人以力量的事实,参见451d,452d,456a及以下。

想法非常糟糕。① 根据柏拉图所言，一个人关于教育目的的观念有赖于这个人对于人性的看法。最伟大的修辞学家实际上假定人性完全是感官肉欲的。他们最高的愿望，就是将他们的同胞如愿以偿地玩弄于股掌之中。尽管他们的政治生涯大部分时间处在民主制度之下，但他们的理想是像那些独裁君主一样，运用无限制的权力操控其臣民的生命和财产。② 即使在最低等的公民身上，也存在某种权欲，对把他自己提升至权力顶峰之人，暗中充满钦佩之情。③ 阿基罗库斯（Archilocus）的哲学木匠——他将手置于胸口说："我不渴望僭主的权力"——显然只是证明这一普遍法则的一个例外。④ 当梭伦完成了他作为立法者的工作之后，将其绝对的权力还给了人民；梭伦在其自我辩解中说，不仅是他的贵族同胞，甚至是为自由而叹息的普通民众，都认为他是一个十足的傻瓜，不能理解他为什么没有让自己成为一个僭主。⑤ 波卢斯也一样：他绝不会相信苏格拉底不嫉羡僭主的权力。⑥ 他必须打的最后一张牌是问苏格拉底：难道你不认为波斯国王是一个幸福的人吗？当苏格拉底回答说，"我不敢确定，因为我不知道他受过多少教育（paideia）和是否正义"时，波卢斯只能疑惑不解地问："为什么？难道一切幸福都依赖于这些东西吗？"⑦

　　在这两种截然相反的生活哲学的对比中，教育（paideia）和权力（power）这两个概念形成了鲜明的对比；而且都有很好的理由。显然，它们几乎互不相干。但是（正如这段文字所显示的），柏拉图把它们看作相互对立的一组幸福观念，这也就意味着他把它们看作了一组相互对立的人性观念。我们不得不在权力的哲学和文化的哲学之间做出抉择。这

① 参见本卷第 136 页。

② 在《高尔吉亚》466b11 及以下，权力的这一定义是由波卢斯提供并由苏格拉底反驳的。这一意义上的"权力"的希腊词语是 δύναμις, μέγα δύνασθαι，参见《高尔吉亚》466b4，466d6,467a8,469d2。在《王制》中，柏拉图使权力和理性（即 dynamis 和 phronésis）相对照。"dynamis"是物理上的力量，而"kratos"则指法律、政制意义上的力量。

③ 柏拉图经常指出这一点，参见《高尔吉亚》466b11,466d7,467a8,469c3,469d2 等。

④ 阿基罗库斯残篇 22（第尔斯本）；本书第一卷，第 285—286 页。

⑤ 梭伦残篇 23（第尔斯本）。

⑥ 《高尔吉亚》469c。

⑦ 《高尔吉亚》470e。

段文字尤其适合于解释柏拉图的"教化"一词的含义；它不仅仅是人的一个发展阶段——他在这个发展阶段培养了一定数量的才能；①其含义还被扩展到暗示他的人格的完美——与他的本性相一致的人格的完美。[134]权力哲学就是武力原则，它在生活中看见到处都是战争和征服，它相信这一切就是对武力原则的许可。权力哲学除了攫取可能的最大权力，别无意义。② 文化或教育的哲学则明确断言，人有另外一个不同的目标：美善（kalokagathia）。柏拉图将其定义为不义与邪恶的对立面——因此，它本质上是伦理学的事。③ 不过，柏拉图并不认为它违背人的本性[自然]——可以被教育成美善的本性[自然]。它只是意味着另一种不同的人性观，是苏格拉底全面地发展了这种人性观。现在，他对修辞学的批评的基础终于浮出了水面。正如他所设想的那样，人性的真正价值不是权力，而是文化，即 paideia。

如果我们想要把权力哲学描述为"自然主义"（从基督教立场来看，这是自然而然的事），④柏拉图会说，我们这样做是太给面子了。对希腊哲学家来说，人性即人的行为的最高规范和最高准则，考虑相反的人性是不可能的。但是，即使我们说，按照希腊高级的人性观，教育的使命不是压制人的本性，而是使人的本性更加高贵，这种解释也不能涵盖柏拉图的含义。柏拉图不是将人的本性思考为某种原料（如智术师教师所做的那样），教育可以从这种原材料中制造出一件艺术品；⑤柏拉图将其思考为最高的德性，它只不过是尚未完全在个体的人身上呈现出来而已。⑥

---

① 《王制》498a1 及以下特别强调了这一点。

② 这一点在雅典谈判代表的发言中得到了近乎冷酷的坦率说明，当时，雅典代表正忙于处理米洛斯人的问题，试图让他们放弃中立立场，参见修昔底德，《伯罗奔尼撒战争史》5.104—105；本书第一卷，第 482—484 页。这一观念在雅典使团在斯巴达的发言中重现，参见修昔底德，《伯罗奔尼撒战争史》1.75—76；本书第一卷，第 477 页。

③ 《高尔吉亚》470e9。

④ 将基督教立场——它有许多不同的形式——与这种对人性的低估相等同，会发生历史性错误。

⑤ 参见本书第一卷，第 375 页及以下。

⑥ 引述与此有关的整段文字会花费太多的篇幅。表示柏拉图把德性等同于与人的自然相一致的东西（χατὰ φύσιν）、把病态等同于人性中非自然的东西（πϱαὰφύσιν）的主要段落，是《王制》444c—e。德性是灵魂的健康状态：因此，它是人的"正常状态（normal state）"，是人的真正本性。柏拉图的这一看法与他的医学自然观相一致，医学自然观将人的本性设想为一个包含自身标准的实体。

再者，他对权力的态度，不仅仅是简单地将权力本身作为坏的东西加以谴责。在这里，他的辩证法也吸收了正在仔细研究的概念，将权力作为一种积极的价值来对待，并对其进行转化。波卢斯将"权力"理解为一个演说家或僭主在他的城邦中做他想要做的事情的能力。① 苏格拉底从同意如果我们都想追逐权力，那么权力必然是一个真正的好东西开始，但是他说，做一个人自己想要做的事，无论这个人是演说家，还是僭主，都不是一件好事，因为它没有理性[的参与]，②也就是说，苏格拉底在真正的意愿（will）和任意的欲望（desire）之间作出了区分。做他想要做的事情的人是在追逐他所意欲的一种虚假的善[好]。但是，他能够意愿的唯一的东西是真正的善[好]。因为在欲望中，关于他所欲望的事物的价值，他总是被蒙骗；但是没有人会意愿明知是坏的和有害的东西。苏格拉底接着区分了目标和手段。③ 在行动中，我们意愿的不是我们正在做的行为，我们意愿的是某种我们为了它而正在采取行动的事物。而这种事物肯定天然就是好的和有益的事物，不是坏的和有害的事物。[135]依法处决、驱逐出境、没收财产，这些僭主显示其权利的最激烈的办法，不可能是他的目的，只不过是他达到目的的手段；他不可能真正地意愿它们，因为它们不是有益的，而是有害的。因此，任何随心所欲地杀人、放逐和没收财产的人，不是在做他所意愿的事情，而只是在做貌似他所意愿的事情。因此，既然权力对于拥有它的人而言是一件好事，那么僭主就不拥有任何真正的权力了。④ 不，他真的很不幸，因为完美的幸福在于人性及其正当价值的完善。

更为不幸的是那不义之人，如果他没有因其不义而受惩罚的话。⑤因为不义是灵魂的一种病态，就像正义是灵魂的健康状态那样。惩罚性正义，使作恶者得以抵罪，它和立法的关系，相当于病人的医疗护理

---

① 《高尔吉亚》466c。

② 接下来的参见《高尔吉亚》466b 及以下，尤其是 467a。

③ 《高尔吉亚》467c5—468c。

④ 在伊索克拉底的演说《论和平》中，有一个把权力概念和对权力的贪欲（πλεονεξία）转化成一种道德力量的类似例子，参见本书第三卷，第 181—182 页。与 c31—35 的整个论证一样，伊索克拉底借鉴了柏拉图的《高尔吉亚》和《王制》的这种转化。

⑤ 《高尔吉亚》472e。

与健康人的养生之道的关系——柏拉图伦理学的治疗观也是如此。惩罚是一种治疗，而不是（如希腊传统的正当概念所具有的那种）报偿。[①]唯一的真正的恶是不义，但它只影响作恶者的灵魂，而不影响受恶者的灵魂。[②] 如果竭力获取权力的原因是"保护自己免受不义伤害"——苏格拉底以这样的思想来反驳（这种思想在希腊闻所未闻）——那么，作恶比受恶更糟糕，作恶者比受恶者更不幸。

波卢斯的失败代表高尔吉亚的失败。他以捍卫高尔吉亚开始，他将情况说得比高尔吉亚可以允许的更赤裸。我们这里没有时间重温柏拉图辩证法的所有阶段，只能大致勾勒苏格拉底以如此敏捷的才智和道德热忱提出的论证的大致轮廓。即使在苏格拉底与波卢斯谈话期间，苏格拉底也强调柏拉图想要使读者铭记的东西，将其作为年轻人性格中的一个本质性特征：他在修辞学上受过良好训练，但对辩证法非常无知。[③] 这使苏格拉底的技艺成了教化的最高形式。尽管修辞学[雄辩术]可以通过麻醉听众的意识而征服他们，但修辞学[雄辩术]无法面对辩证法的集中攻击。修辞学[雄辩术]不仅缺乏逻辑的精确性和娴熟的、有条不紊的战略战术；而且，其最大的缺陷是，它没有客观知识，在其华丽的言辞背后没有坚固的哲学和人生观的支撑——它不是受一种道德标准的激励，而只是受一种野心、无所顾忌和对成功的贪欲所驱使。

[136]无论如何，在一名更为强大的战士来保卫修辞学[雄辩术]之前，不能说它已最终失败。只有战胜这位强大的战士，才能让我们真正相信修辞学[雄辩术]的毁灭。现在，这位战士挺身向前。他就是卡利克勒斯，一位训练有素的演说家，兼备哲学教养和实际政治经验。他的人格特质也比两位只会空谈的修辞学家，即一对师生，更引人注目。他介入争论，想要击败苏格拉底的繁琐论证。他的前任只保住了

---

① 参见《普罗泰戈拉》324a—b，到智术师时代，人们好像已经抛弃了把惩罚理解为报偿（τὸν δράσαντα παθεῖν）的传统观念；惩罚现在被认为是一种教育的手段——这是目的论的惩罚观念，而非一种因果论的惩罚观念。柏拉图在这方面也受医学的启发，改变了对惩罚概念的报偿理解；他将惩罚思考为对病态灵魂的一种治疗。

② 《高尔吉亚》477 a 及以下。

③ 《高尔吉亚》471d4。

他们的根据地,他现在开始反击。他试图逃避或撕裂苏格拉底抛向他的辩证论证之网,以免他自己被罩住。他马上以一套长篇大论开始,仿佛他就是一位大师。① 他的品质和素养与其说在于才智的精妙,不如说在于精力充沛。在惊恐地目睹了苏格拉底的速度和技巧之后——苏格拉底以这种速度和技巧把一个接一个令人惊愕的悖论推向对手,突破对手的防卫(卡利克勒斯本人认为这些悖论只是一种论辩的诡计)——他放弃了作为旁观者的角色,挺身而出,准备给苏格拉底以毁灭性的一击。

苏格拉底以那种无可抗拒且令人信服的精神信念使修辞学[雄辩术]的保卫者在道德上成了残废,针对这一点,卡利克勒斯没有像两位书斋里的修辞学家高尔吉亚和波卢斯那样,只反驳苏格拉底的论证。他是一个见过世面的人。他将对手的整个人格纳入考虑之中。他看到了别人没有看到的东西,即苏格拉底的力量在于他所体现的那种坚定的、无可置疑的精神态度。苏格拉底聚毕生之力建构起一个精神堡垒,从这个精神堡垒中,现在他可以安全地发动袭击和进攻。不过,尽管这是一个逻辑优势,但卡利克勒斯认为,一旦苏格拉底貌似一以贯之的思想被证明违背经验和现实,那么实际上也就将被证明是一种劣势。苏格拉底一辈子都在逃避现实。他的精神堡垒不过是一个脆弱易碎的象牙塔而已,为了在一些仰慕他的年轻人面前窃窃私语,②为了致力于编织那张梦幻网络——他试图将整个世界套入这张梦幻网络——他退守于此精神堡垒之中。但是,一旦这张网被拉到光天化日之下,并被一只坚定的手牢牢抓住,它就被撕裂了。在批判修辞学[雄辩术]的巨大力量面前,柏拉图深深地知道,他不仅要征服那些教授它的职业教师,他还必须反对雅典人的现实主义,这种现实主义根深蒂固地植根于雅典人的性格之中,[137]它对新文化的夸夸其谈和不着边际深恶痛绝。③

---

① 《高尔吉亚》481b—c。

② 《高尔吉亚》485d—e。

③ 老派雅典人对智术师文化的厌恶经常出现在阿提卡谐剧中,这在柏拉图《美诺》最终部分的安尼图斯(Anytus)身上得到了具体体现。安尼图斯是苏格拉底的控告者之一;在《申辩》中,苏格拉底为自己辩护,反对他们把自己当作另一个智术师来对待。

修辞学［雄辩术］本身是这种文化的一部分，但它比由智术师学说和苏格拉底本人所代表的理论因素更快地适应了环境，现在已经成为日常政治生活的一部分。卡利克勒斯的介入表明，修辞学［雄辩术］现在可以指望所有政治家和全体公民的支持了，他们认为雅典的真正危险是高级文化日益增长的不切实际。欧里庇得斯在其《安提奥普》（Antiope)中，曾经使行动者和思想者之间的冲突成为一个悲剧性问题。卡利克勒斯在发言中从该剧引用了大量诗句，①从而承认了他和苏格拉底之间冲突的悲剧性。他支持《安提奥普》中的泽苏斯（Zethus)，那位敏于行动者，他召唤他的兄弟安菲翁（Amphion)，那位缪斯的朋友，远离懒散和梦想，成就力量和行动的人生。

对于哲学，雅典当时有一种普遍的反对声，柏拉图让卡利克勒斯成了这种声音的有血有肉的化身。苏格拉底暗示在之前某个场合，他曾听说过卡利克勒斯与一些著名的雅典政治家讨论新的哲学文化应该走多远的问题。②同样的问题出现在伯利克里的葬礼演说中，伯利克里在其中称赞雅典对文化的爱好，但为这种爱好设立了界限，以便满足反对者的意见——反对者们认为雅典在政治上已经受到这种过分柔弱的理智主义的威胁。③智术师的出现引发了这个问题。现在，针对苏格拉底，卡利克勒斯再次提出了这个问题，而且这个问题现在变得格外迫切，因为越来越明显，苏格拉底对年轻人的政治态度的影响，远比智术师的政治理论对他们的影响更为直接有力。在柏拉图的一生中，这种针对苏格拉底道德哲学的现实主义反弹，是由伊

---

① 《高尔吉亚》484e,485e—486c。
② 《高尔吉亚》487c。苏格拉底将这场关于教育的政治讨论置于一个团体之中，他详细地描述了这场讨论，指出了属于这个团体的三个雅典著名公民。安德罗提翁（Androtion)之子安德隆（Andron)，是公元前411年发动寡头制政变的四百人团中的一员。柏拉图在《普罗泰戈拉》315c中将他作为普罗泰戈拉的一个听众提到过。他的儿子安德罗提翁是杰出的寡头派政治家和历史学家，德摩斯梯尼曾针对他发表过一篇著名的演说。对于其他两人，科洛吉斯的瑙昔居德（Nausicydes of Cholargus)和安菲德那人提珊德尔（Tisander of Aphidna)，我们一无所知；但前者的后代子孙好像是雅典富有的公民，参见凯尔希纳－克雷伯（Kirchner-Klebs)，《阿提卡人物传》（Prosop. Att.)2.113—4。
③ 修昔底德，《伯罗奔尼撒战争史》2.40.1；本书第一卷，第388页。

索克拉底及其文化理想来代表的：它导致他创办了一所属于自己的学校。① 但是，反对者中没有一个人的持论有柏拉图自己的那么强大有力。柏拉图必定曾深深地沉浸于他们的思想之中，才能像他通过卡利克勒斯之口所做的那样，以如此令人信服的生动和逼真、如此压倒一切的破竹之势将其表达出来。在其青年时代，柏拉图显然从最亲近的亲朋好友口中听说过此类批评。许多人提出，卡利克勒斯只是雅典贵族阶层中一些真正的历史人物的一个面具。这是很有可能的；从心理学上说更有可能。② 但是，对我们来说，[138]注意到柏拉图对其对手有这么一种感情就足够了——柏拉图充满激情地与之战斗，在击倒他之前努力做到对他有一种彻底的同情的理解。也许，对于某种可能性，我们还没有给予足够的考虑，这种可能性就是，柏拉图自身的性格中存在如此强大的难以驾驭的权力意志，需要在卡利克勒斯身上发现自己的这个部分，并与之搏斗。在柏拉图著作的其他地方没有显示出这一点，因为它深深地埋在《王制》的地基之下。但是，如果柏拉图天生就只是第二个苏格拉底，那么真正的苏格拉底就几乎不可能对他产生那种压倒性的影响。柏拉图对那些伟大的智术师、演说家、和冒险家们的同情刻画准确无误地表明，柏拉图在他自己的灵魂中，拥有他们的所有这些力量，以及他们的才智优势和可怕危险。但是，柏拉图身上的这些东西为苏格拉底所驯化，而且，与他的诗歌冲动一样，屈服于苏格拉底的精神，与苏格拉底的精神相融合，在他自己的作品内形成了一种更高的统一。

卡利克勒斯是以现实生活中的激情和活力来反击苏格拉底对修辞学[雄辩术]进行道德攻击的第一个捍卫者。因此，他再次开始了关于修辞学[雄辩术]作为权力意志的一种手段的论证；通过对权力的辩证法的重新阐释，苏格拉底已经将这种论证转化为对他有利的一种道德论证。③

---

① 关于他的"内容介绍"，参见《驳智术师》(*Against the Sophists*)，本书第三卷，第 63 页。

② 柏拉图花了很大心思让卡利克勒斯看起来确有其人，不仅用他的逼真的写实手法，而且让他成为一个真正的、出身高贵的雅典公民团体的成员之一；参见上页注释②。在《美诺》中，不管卡利克勒斯是真名，还是假名，卡利克勒斯当然与苏格拉底的敌人和智术师的痛恨者安尼图斯一样具有历史真实性。

③ 参见本卷第 149 页。

卡利克勒斯没有跟随波卢斯，天真地假定每个人生来就想要获取权力。他试图赋予权力意志一种更深层的基础。他从自然本身中推演出权力意志，希腊人总是认为自然本身包含着人类行为的一切准则。① 他从众所周知的、智术师在习俗的或法律的正义与自然的正义之间所作的区分开始。② 他批判苏格拉底同时使用这两个概念，且在需要时将它们互换，以使他的对手自相矛盾。根据卡利克勒斯所言，[两恶相较]一切更大的恶，就自然[正义]而言，肯定是可耻的：因此，受恶就自然[正义]而言是可耻的，尽管就法律[正义]而言，作恶是可耻的。他说，受恶窝气是没有男子气概和奴性十足的表现，因为奴隶受恶不会奋起反击以自卫。对卡利克勒斯而言，自卫是衡量一个人是不是真正的男子汉的标准，是权力意志的一种道德合法性辩护，因为它将原始的条件一直延续到今天。③ 但是，强者自然而然地利用其力量来实现自己的意志，法律创造了人为的条件来阻止他自由运用其权力。法律是由弱者创造的——也就是说，是由大多数人创造的；他们推出赞扬和责备以迎合自己。[139]通过政府正式颁布的法律和约定俗成的道德规范，他们寻求对强者的一种系统化恐吓政策，因为强者自然而然地比弱者想要得到更多的东西；他们把权力意志，即对权力的贪欲，描述为可耻的，是一种邪恶。平等的理想是大众的理想，大众痛恨一个人拥有比别人更多的东西。④ 通过诉诸来自自然和历史的诸多事例，卡利克勒斯表明，强者运用其力量夺取弱者的利益乃是一种自然法则。⑤ 人为的法律则将强者羁于锁链之中，趁他们还年幼时就把他们像幼狮一样抓来，用文化和教育迷惑他、麻醉他，使他屈服于为弱者的利益而设计出来的理想，要他满足于平等，并说这样做才合乎公平正义。然而，当一个真正的强者

---

① 这种态度用自然及其规律代替了神意（Divinity），之前神意一直是人的权力和行为法则的源泉，参见本书第一卷，第 392 页及以下。

② 《高尔吉亚》482e。

③ 不能自助自立的人（αὑτὸς αὑτῷ βοηϑεῖν），当他被虐待而受恶时，不如死了的好：参见《高尔吉亚》483b。之后，在 485c5 中，对卡利克勒斯而言，强者的自助自立似乎才是自由的本质。

④ 《高尔吉亚》483b—c。

⑤ 《高尔吉亚》483c8—d。理性的时代运用来自现实经验的事例，而不是来自早期教谕诗中的神话范型（paradeigma）。

出现时，他会站起来摆脱各种限制，打碎一切非自然法则的枷锁，而自然正义的光芒会突然闪耀。卡利克勒斯接着引述品达颂歌关于**法则**（nomos）所说的话：法则乃万物之君王，对有死的与不朽的都一样，他用一只高高的手证明了暴力的合法性——就像赫拉克勒斯，他偷了巨人革律翁（Geryon）的牛群，并证明弱者的财产天然是强者的猎物。（卡利克勒斯用品达的"nomos"一词，意指他自己的"自然法则"。①）

在这种基于适者生存的社会理论中，教育扮演一种次要的角色。苏格拉底曾高举文化的哲学以反对权力的哲学。对苏格拉底来说，教化是衡量人是否幸福的标准，而幸福则在于正义之人的美善；②但卡利克勒斯却只将教育作为一种系统性地欺骗和麻痹强者的本性、以便维护弱者的统治手段来看待。陶冶（πλάττειν）从最早的幼年时期开始，就像在驯化野生动物时所做的那样。仅就这种陶冶是道德的教化而言，当强者认识到它是如何不合乎自然［本性］时，他只能希望挣脱这种陶冶。③ 然而，这种情况少之又少。尽管他憎恨人为的法则和教育，但这二者联合起来服务于有组织的弱者；卡利克勒斯对哲学仍然相当宽容——如果说不是慷慨的话。他认为，如果有节制地学习的话，哲学确实有某种吸引人之处；但若越过界线，它就会把人给毁了。④ 卡利克勒斯显然是在思考他本人所接受过的那种智术师教育，在思考智术师教育所提供的那种智力训练；他不后悔在这上面花费的时间。但如果有人在过了一定年龄之后仍然学习哲学，那么，即使他天赋极高，也会成为柔弱无骨、缺乏阳刚之气的人。［140］这样的人不知道自己国家的法律，也不知道在公私场合该说什么，更不明白人生的享乐和想望。一句话，他完全缺乏人生经验。所以，当他参加公共

---

① 《高尔吉亚》483e—484c。智术师关于强者的权利的理论，参见门采尔（A. Menzel），《卡利克勒斯》（*Kallikles*），1923。

② 《高尔吉亚》470e。

③ 在将法律看作人为的枷锁（δεσμός）方面，卡利克勒斯与智术师安提丰及其关于习俗与自然的理论是一致的。与此类似，智术师希庇阿斯在《普罗泰戈拉》337c 中，称法律为人类的暴君。但是，这两位智术师没有像卡利克勒斯那样得出强者应该统治世界的结论；他们得出了相反的结论。参见本书第一卷，第 398 页。

④ 《高尔吉亚》484c。

活动或私人活动时，他显得滑稽可笑。就这样，他逃离社会，将自己封闭于哲学研究的方寸之地，在那里，他觉得自由自在，关起小楼成一统。① 这一切都表明，对一个年轻人来说，为了文化（paidiea）之故而花费一些时间在哲学之上，是好的；但若越过此种"自由学习"的界线而成为一种狭隘的研究，就会使人囿于一隅，整个人都萎靡不振。② 现在，通过表明哲学只适合于一个人年轻时某个特定阶段的学习，卡利克勒斯表达了他自己的一种教育观，它与柏拉图的高级教育观形成一种直接的对比——柏拉图的教育贯穿于人的整个一生之中。不过，一旦教育成为哲学[的教育]，它就注定有卡利克勒斯所指控的那种倾向——它要求支配人的整个一生。③

卡利克勒斯结束了他的发言，并诚恳地吁请苏格拉底放弃哲学，因为他对哲学的过度追求是对他的杰出的理智天赋的败坏。在这种恳请中，卡利克勒斯隐隐地夹杂着一丝几乎不能察觉的威胁：城邦对苏格拉底的制裁。如果现在有人抓住他，拉着他去监狱，控告他犯了他根本没犯的罪，那么他的那种受恶哲学对他有何帮助呢？他很容易被剥夺全部财产，却"不知如何是好"。如果有人要求判他死刑，他就会被判处死刑。大家都可以打他的耳光而不必受惩罚。④ 在这一幕发生很久之后，对苏格拉底被处以死刑的暗示，使这些刺耳的现实主义话语充满了可怕的力量。

苏格拉底回答说，自己很高兴找到了一个直言不讳的对手。如果自己设法使卡利克勒斯自相矛盾，那么就没有人能（像波卢斯和高尔吉亚那样）反对说，那是因为他不敢说出他心中之所想；而且，正如卡利克

---

① 《高尔吉亚》484c—485a。

② 《高尔吉亚》485a。

③ 参见卡利克勒斯在《高尔吉亚》484c 所做的指控："περαιτέρω τοῦ δέοντος ἐνδιατρίβειν[超过必要的程度消磨时光]"和"πόρρω τῆς ἡλικίας φιλοσοφεῖν[过了合适的年龄搞哲学]"，参见《王制》498a—c。

④ 《高尔吉亚》485c，从弱者可能会处于失去其公民身份的持久危险中，卡利克勒斯推论说，苏格拉底的学生们是"不自由的"。如果我们不记得真正的教育总是自由人的教育的话，要想理解这一指控的全部含义是很难的。通过对欧里庇得斯和品达——他们的话被编织进了他的论证中——的详细引述，他试图证明自己是一个有教养的人，参见《高尔吉亚》486b—c。

勒斯对自己的警告所显示的那样，他也对苏格拉度抱有善良的意愿；第三，"正如许多雅典人都会这么说的那样"，他受过良好的教育。[①] 基于这三个理由，卡利克勒斯为修辞学［雄辩术］所做的辩护，肯定可以被认为是最后的、最彻底的辩护。柏拉图在整篇对话的戏剧结构之内，对卡利克勒斯的演说表达了的这种认可，但这种认可的辛辣讽刺意味表明，柏拉图打算在卡利克勒斯即将到来的失败之后，让苏格拉底作为真正的坦率、真正的善良和真正的教育的形象出现。

　　卡利克勒斯关于强者权利的学说建立在一种人性观之上，他对人性的看法依赖于将"好的"与"快乐的"相等同。[141]这一点在卡利克勒斯自己的论证中没有得到特别的强调，但苏格拉底一眼就认出这是其论证的真正初始假设，并用辩证法证明了这一点。不过，同一学说的其他支持者也可以说同样的话，因为它是他们的常规论据之一。在其《论真理》（Truth）中，智术师安提丰在合乎自然的正义与合乎法律的正义之间进行了同样的区分；而且他说，自然正义的标志是，它与给人快乐的东西是同一个东西。[②] 同样的判断标准出现在修昔底德那里，在与米洛斯人的对话中，修昔底德让雅典人阐释"强权即公理（Might is Right）"的逻辑。[③] 一开始，卡利克勒斯所谓"强者"一词的含义是不清楚的，但苏格拉底诱使他对这个词进行更确切的界定。卡利克勒斯提供了几个定义，但被迫一个接一个地放弃了。最终，他决定了其中一个。"强者"的意思是指在政治上更聪明、更勇敢的人，这样的人的灵魂未曾被弱化：因此，统治的权力非他莫属。[④] 最后，苏格拉底和卡利克勒斯的意见分歧集中在天生的统治者是否也应该统治他自己这一问题之上。[⑤] 僭主和暴君可以肆无忌惮地放纵其欲望，而无需像奴性十足的民众那样，不得不在

---

① 《高尔吉亚》487b6。

② 安提丰残篇 44，A. 4.1 及以下（《前苏格拉底残篇》［第尔斯本］，第 349 页）。

③ 在《伯罗奔尼撒战争史》5.105.4 中，修昔底德让与米洛斯人辩论的雅典人把每个主权国家天生的自我中心主义，归纳为快乐的事就是道德上的好（τὰ ἡδέα καλά）这样的公式，这与《普罗泰戈拉》中的智术师和"大多数人"的看法一样。他们说"不是只有我们遵循这一原则，斯巴达人也遵循这一原则"。

④ 《高尔吉亚》488b3—489a，491b。

⑤ 《高尔吉亚》491d。这是所有苏格拉底的"政治学"的基本问题，参见本卷第57—58页。

恐惧中掩饰其欲望；他的自由就是成为人"真正的所是"，这是希腊人的传统观念的一部分。苏格拉底明确断言，真正的统治者必须首先学会统治他自己；而卡利克勒斯则显然与有产阶级的道德相反，宣布他的理想就是能够自由地做他想要做的一切。苏格拉底称赞了他的这种"坦率言论"，不过这种称赞是带有讽刺意味的称赞。①

现在，讨论又回到了我们前面遇到的问题：在《普罗泰戈拉》中，当讨论什么是最好的生活时，苏格拉底问智术师，除了快乐，是否还有其他衡量幸福生活的标准？② 不过，在《高尔吉亚》中，对话的那种微妙的幽默气氛让位给了承载命运的肃剧性忧郁。智术师空虚自负的夸夸其谈，人畜无害，无关紧要，自然是谐剧，可以轻松自如地处理；但卡利克勒斯恶狠狠的威胁语气表明了处境的严肃性，表明了争论双方之间无可调和的精神敌意。在《普罗泰戈拉》中，苏格拉底是在挑逗和戏弄对手，像魔术师那样假装一本正经，有意掩饰观众与他自己之间的距离；在这里，苏格拉底揭示了位于他和享乐主义之间的那条宇宙般广阔的鸿沟，并让自己的锋芒直指这一鸿沟。[142]实际上，苏格拉底引进了宗教意象和象征来说明他的观点：第一个意象暗示，在他极其微妙的辩证区分背后——他的道德原则就隐藏在这种区分之中——存在着一种整个人生的形而上学转化。苏格拉底以欧里庇得斯的话问道："有谁知道，此世的生不是真正的死，而死不是真正的生？"③他提醒听众注意俄耳甫斯教的宗教意象，它把未入教的"外行"称作愚痴之人，把筛子作为永不满足的享乐爱好者的灵魂的象征，且教导说，他在来世会受到惩罚：他要永远将水注入那只有裂缝的水罐。卡利克勒斯鄙视没有快乐的人生，称这样的人生"活得像一块石头"。④ 然而，无论是在这里，还

①　《高尔吉亚》491e—492d。译注：卡利克勒斯说，每个合乎自然正义的人都应当让他自己的欲望生长到最大程度，而不应当限制它们，凭着勇敢和理智，应当让他的各种欲望都得到最大满足。那些做不到这一点的人谴责能做到这一点的人，宣称无节制是可耻的，借此掩饰他们自己的无能。因此，苏格拉底称赞他"勇敢"、"坦率"，说出了有些人心里想但却不愿或不敢说出来的话。当然，苏格拉底的这种称赞是带有讽刺意味的称赞。

②　《普罗泰戈拉》354d，355a。

③　《高尔吉亚》492e。

④　《高尔吉亚》494a。

是在后来的《斐利布》中，苏格拉底都赞成一种不受任何情感支配的人生理想。正如苏格拉底在《斐利布》中所做的那样，他要求把快乐划分为好的和坏的两个部分。他以口渴及其满足为例，通过对快乐和痛苦的仔细分析，迫使卡利克勒斯承认快乐与好不是一回事，痛苦与坏也不是一回事，并迫使卡利克勒斯自己在好的快乐和坏的快乐之间作出道德区分。① 作为对这件事的一个点缀，他提出了这样一种思想，即这事依赖于选择，而好[善]总是我们愿意选择的东西，好[善]是一切行为的目的，一切事物皆为此目的而行事，而不是好[善]以其他一切事物为目的。②

研究柏拉图的现代学者们经常指出，对目的的这一定义，与《普罗泰戈拉》中对目的的享乐主义定义截然不同；他们将他们关于柏拉图思想发展的全部观念都建立在这种差别之上，假定柏拉图在写作《高尔吉亚》之前的任何时间段都没有达到他在《斐多》中的那种崇高的道德高度。③ 在《斐多》和《高尔吉亚》中，我们都发现了一种禁欲主义的倾向，以及将死亡看作是一种正面的道德价值的趋势。④ 言外之意是，《普罗泰戈拉》是柏拉图最早的作品之一，因为它在把快乐等同于好[善]这方面赞同"大多数人"的看法。⑤ 对于柏拉图在《普罗泰戈拉》中的论证和运思的意义，很难想象世上还有比这更彻底的误解了。苏格拉底是在试图向智术师证明，"即使"他假定庸众的看法——即令人快乐的事情总是好[善]的——是正确的，他的观点（对常识来说，要接受他的论点是非常困难的）——即知识对于正确的行为也非常关键——也能轻而易举地得到证明。⑥ 唯一的关键是永远要选择较大的快乐，而不是较小的快乐，在掂量快乐与否和计算快乐多少时不犯错，要想到近在眼前的快乐总比它实际所是的看起来要大得多。要做到这一点，人们必须

---

① 《高尔吉亚》494b—499c。

② 《高尔吉亚》499d—500a。

③ 这种假设是维拉莫维茨和波伦茨的。雷德尔、阿尔尼姆、肖里和泰勒没有犯同样的错误。

④ 《斐多》68c；参见《高尔吉亚》495a,499c。

⑤ 阿尔尼姆也将《普罗泰戈拉》的写作日期定得很早，但理由不同；参见本卷第 128 页，注释②。

⑥ 参见本卷第 132 页及以下。

要有"一种衡量的技艺"，[143]尽管在《普罗泰戈拉》中，苏格拉底说，他不会对这种衡量的技艺进行任何细节上的讨论。① 苏格拉底证明了他想要证明的东西；除此之外，在智术师们仿佛被一个魔咒迷住，一致同意他所说的一切时，他暴露了他们的道德信念的完全不足。因为这是一目了然的：在那个场景中，苏格拉底不是一次，而是三番五次地以很不放心的执着，努力向读者表明，将快乐与好[善]相等同"不是"他自己的观点，而是大众的看法。他解释说，如果有人问他们，他们不可能为自己的行为给出除了快乐和痛苦之外的其他动机；他很高兴地请他们指出他们可以想到的任何其他（除快乐之外的）目的。但是，他以显然的胜利说，他们想不到任何其他目的。② 有人认为，当柏拉图在《斐多》③中轻蔑地拒绝这种以快乐为目的的行为观念，并将其称为各种不同程度的快乐之间的讨价还价时，他是在嘲笑他自己；这种想法是不能当真的。另一方面，在《普罗泰戈拉》中，"衡量的技艺"——它是值得拥有的、关于真正的标准的知识的伪装——不只是一个玩笑。我们只需要以好[善]为标准，而不是以快乐为标准即可——因为柏拉图（《斐利布》）和亚里士多德（在柏拉图年轻时的作品《政治家》的影响下），都把好[善]作为一切标准中最准确的标准。苏格拉底指的衡量不是数量的衡量，而是质的衡量。而这正是柏拉图以较低的价值尺度使自己与众不同的地方。好[善]这一目的的宣告是在《高尔吉亚》，但其采用却在《普罗泰戈拉》。从柏拉图最早的作品（即小苏格拉底对话）开始，这种价值设定就以关于好[善]的知识的形式隐藏在他对德性的探索背后；正如《高尔吉亚》明确无误地教导的那样，好[善]是"由于它的出现，好[善]才成其为好[善]的东西"；④也就是说，它是每一个好的事物的终极形态，即好[善]的型。⑤

---

① 《普罗泰戈拉》356d—357b。

② 《普罗泰戈拉》354b6 及以下；354d1—3；354d7—e2；354e8—355a5。

③ 《斐多》69a。

④ 《高尔吉亚》498d。

⑤ 在《高尔吉亚》349b 中，柏拉图曾经提出这样的问题：那几个德性（ἀρεταί）是各个都有各自的实质（ἴδιος οὐσία），还是所有的德性都含有一个单一的事物（ἐπὶ ἑνὶ πράγματι ἐστιν）。这个 ἓν πρᾶγμα[单一事物]或共同的 οὐσία[实质]（正如《高尔吉亚》499a 所表明的）就是好[善]（τὸ ἀγαθόν），好[善]是我们的一切意愿和行为的目的。

苏格拉底与卡利克勒斯的这番对话已经导致一个与刚开始时截然相反的结论，对话刚开始时是从强者权利的学说出发的。如果快乐和痛苦不是判断我们的行为的标准，那么修辞学[雄辩术]必须放弃它对人类生活最重要领域的至高权力——修辞学家们曾声称它享有这种权力，①与之一起的，还有所有其他类型的"奉承"——它们只把人的快乐，而不是把好[善]作为唯一目的。② 生活中最重要的责任无疑是决断哪些快乐是好的，哪些快乐是坏的——而这正如当苏格拉底问卡利克勒斯时，卡利克勒斯也简洁地承认过的，"并非每个人的职业"，这需要专家。③ [144]这是对柏拉图的伦理学和教育学说的基本原则的一个简明表达。他并不建议人们将自己的道德情感作为最高裁决来信靠，他宣称，必定存在着一门科学，一种技艺，其研究结果是每个个体必须遵循的准则。④ 对话又回到了开端。苏格拉底的最初问题——即修辞学[雄辩术]是否是一门科学——现在完全露出了庐山真面目。存在着两类截然不同的生活，两种生活方式（bioi）。⑤ 其中一种建立在奉承的类技艺之上——其实这种类技艺根本不是技艺，而是对技艺的假冒。根据奉承的其中一种主要类型，我们可以将其称为生活的修辞学[雄辩术]理想；其目的是寻欢作乐和赢得嘉许。其反对者，也即另一种生活，就是哲学的生活。哲学的生活根基于我们关于人类本性的知识和什么最适合于此种本性的知识：因此，它是一种真正的技艺，它是真的关怀人，既关怀身体，又关怀灵魂。⑥ 它的治疗不仅有益于个体的健康，而且也有益于共同体的健康。与此相应，也有一种对个体的奉承，以及另一种对群体的奉承。作为后者的事例，柏拉图提到不同类型的诗歌和音乐：笛子演奏、合唱诗和酒神颂、肃剧。所有这些的目的只有快乐；如果从它们那里抽取掉节奏、旋律和韵步之后，剩下的东西，除了 de-

---

① 《高尔吉亚》451d。
② 《高尔吉亚》462c，463bb。
③ 《高尔吉亚》500a。
④ 《高尔吉亚》500a6。
⑤ 《高尔吉亚》500b。
⑥ 柏拉图在这里又一次讲到了与医学的比较，当他想到他的政治"技艺"时，医学总是出现在他脑海中，参见本卷第145页。

megoria（即说给大众的华丽言辞），就什么都没有了。① 在后来的希腊历史中，人们普遍接受了诗歌是雄辩术的一部分的观念；这一观念的最早出现是在这里，但这里把诗歌作为修辞学来看待有贬低诗歌的意思。柏拉图在此第一次宣告了他对作为一种教育力量的诗歌的激烈批评，这对他的哲学至关重要。这种批评在《王制》和《法义》中找到了它的真正位置；因为它属于柏拉图教化的总体系统，对诗歌的批评在这两部著作中得到了详尽展示。它与柏拉图在《普罗泰戈拉》和《高尔吉亚》中对智术和修辞学［雄辩术］的攻击属于同一类型。诗人以华丽的言辞向之演说的大众不是雅典的男性公民，而是由儿童、妇女、男人、奴隶和自由人等组成的民众，但是，即使是讲给雅典公民和其他各城邦的自由民听的高级修辞学［雄辩术］，也不比我们称之为诗歌的修辞学类型好：因为其目的也是使他们快乐，让他们满意，而不是好［善］，根本不关心这样的行为会使他们变好还是变坏。②

卡利克勒斯抓住这个机会做最后一搏，以捍卫修辞学［雄辩术］的精神价值。为了将昔日那些伟大的雅典政治家们的演说提升到一种真正的教育艺术的典范的高度，他承认，对当代的政治演说者而言，［145］苏格拉底对修辞学［雄辩术］的毁灭性批判是正确的。（因而，他默认了苏格拉底的评价标准。）③但那些历史上闪闪发光的政治家的名字——第米斯托克利、西蒙、米泰亚德和伯利克里——肯定足以使所有的反对者闭嘴。但是，柏拉图连眼睛都没眨一下，就将他们一网打尽了。（他说）如果一个政治家的伟大在于他懂得如何满足他自己和大众的欲望，那么他确实配得上历史挥霍在他身上的赞扬；但如果政治家的真正使命，是给他的工作一个尽可能完美的确定形式，即一个型（eidos），以便根据这个型来确定他自己的努力方向（就像画家、建筑师、造船师以及其他工匠必须做的那样），以及根据这个型使

---

① 《高尔吉亚》501d—502d。柏拉图是在说他同时代的合唱诗和酒神颂；他以基内西亚斯（Cinesias）为例，阿里斯托芬也嘲笑过基内西亚斯；即使是卡利克勒斯，也不能在其著作中找到有任何教育价值的东西。因此，柏拉图对他那个时代的艺术的鄙视是由于艺术堕落成了一种爱好。

② 《高尔吉亚》502e。

③ 《高尔吉亚》503b。

构成整体的各要素都适合确定的次序，使各个部件都能相互和谐，直到造就一个精心设计和装配起来产品，那么，上述那些所谓的政治家都只不过是生手和笨蛋。正如每一项技艺的工作都有其恰当的形式和次序（产品的完美依赖于这些形式和次序的实现），正如人的身体有其自身的秩序（我们称之为健康），因此，灵魂中也有秩序和次序。我们称之为法律。法律依赖于正义和自制，以及我们称之为德性的东西。真正的政治家和演说家在选择其话语、完成其行为，以及发送其礼物时，他的眼睛会聚焦于这些事情。① 他的心总是被一个想法所占据，这就是怎么样才能使正义在公民的灵魂中扎根，从而从灵魂中消除不义，怎么样才能使德性在他们的灵魂中生长，从而从灵魂中驱除邪恶。当一个人生病时，医生不会给他吃大量甜食和饮料，这对身体没有好处；而真正的政治家也以严格的纪律来约束病态的灵魂，不让其沉溺于幻想。

到现在卡利克勒斯仍然无动于衷。他几乎对苏格拉底说的毫无兴趣，尽管他无力反驳。② 他无法逃避苏格拉底的逻辑推理，但内心仍不信服——他自己后来确实这么说了，柏拉图还加了一句"与大多数人一样"。③ 在使卡利克勒斯沉默之后，苏格拉底继续他的推理，通过自问自答将论证进行到底。在简短地概括了已经达到的结论之后，他指出，一切关于正确行为的思考都必须建立在快乐与好[善]和健康不是一回事这一观念之上。因此，一个人应该只为好[善]去做快乐的事情，而不是相反。与任何其他事物一样，[146]一个人之所以好[善]是因为他身上有一种德性，一种卓越或优点。④ 但是，任何事物，无论是器具、身体、灵魂，还是某种活物，它们的好[善]在这些事物中的出现肯定不是偶然的，而是由于某种正确的秩序和深思熟虑的技艺。任何事物的好[善]都归结为秩序和安排，出现在每个事物中并与之相适应的秩序是

---

① 《高尔吉亚》503e—505b。政治家在他的对象（即人的灵魂）中据之以创造秩序（τάξις）的型，是善，在 499e 中，他将其称之为一切行为的目的。

② 《高尔吉亚》505d。

③ 《高尔吉亚》513c。译注：当苏格拉底问卡利克勒斯对自己刚才说的有什么意见时，卡利克勒斯回答说，你说的好像是对的，但我与大多数人一样，感觉你说的还是不能使我信服。

④ 《高尔吉亚》506d。

使一切事物成为好事物的原因。① 在柏拉图之前，"秩序（cosmos）"一词还没有被用来指灵魂内部的一种有序系统；但其派生的形容词"kosmios"曾被用来指适度、律己、有序的行为。梭伦的法律处理的是公民行为，尤其是年轻人的行为中的优序良俗（eukosmia）。与所有这些相一致，柏拉图现在宣布自制和守法的灵魂是一个"好"灵魂。② （请记住，对希腊人来说，"好[ἀγαθός]"不只是我们理解的伦理意义上的善，而且还是与名词"德性"相对应的形容词，因而意指任何形式的"优秀"。从这一意义上说，伦理学只是所有事物为达到完美而做的努力中的一个特殊情况而已。）苏格拉底表明，其他类型的德性（虔敬、勇敢和正义）每一个都自然而然地与真正的节制（sophrosyné）共同存在。③ 实际上，苏格拉底在此是在引入他在小苏格拉底对话和《普罗泰戈拉》中讨论过的主题——德性的统一性。④ 希腊人称之为"eudaimonia（即完美的幸福）"的东西，（他说）以这种方式取决于"优秀"；而当他们把"做得好"（εὖ πράττειν）叫作幸福时，苏格拉底宣称，他们比他们知道的说得更有智慧，因为幸福完全取决于做得好。⑤

获致这种德性并避免其反面，必须是我们坚定不移的人生目标。任何个人和国家的所有能量都应该致力于这一目标的实现，而非欲望的满足。⑥ 后者只会把人引向一种盗匪的生活；这样生活的人必定人神共愤，因为在这种基础上是不可能建立一个社会共同体的，而一个没有共同体的地方，也必定无友爱可言。但是，有智慧的人告诉我们，天与地，神与人，都是通过共同体、友爱、秩序、节制和正义而维系在一起的，而这就是为什么宇宙被叫作有序整体（the Order, the Cosmos）的原因。⑦ 在诸神和凡人中强大有力的不是贪欲（pleonexia），不是贪得无

---

① 《高尔吉亚》506e。

② 《高尔吉亚》506d—507a。

③ 《高尔吉亚》507a—c。

④ 参见本卷第 112 页，第 126 页及以下。

⑤ 《高尔吉亚》507c。

⑥ 《高尔吉亚》507d6。柏拉图在这一段落中引入了"目标（aim）"这一概念，即我们的生活应该向之而行的一个点，希腊文是σκοπός。该词与τέλος（即目的或终点[end]）是同一个意思，在 499c 中，我们知道"目的"就是"善（the Good）"。

⑦ 《高尔吉亚》507e 及以下。

厌，而是几何学的平衡。然而，卡利克勒斯并不关心几何学！[1] 如此，那看起来是悖论的东西实际上完全是正确的，即作恶者比受恶者更糟糕、更不幸。真正的演说家和政治家必定是一个正义的人，且拥有关于正义的知识。[147]最大的耻辱不是面对来自外界的恶和暴力而不能"保护自己"，如卡利克勒斯断言的那样，[2]而是面对最严重的伤害——当不义占领一个人的灵魂时灵魂所受的伤害——而不能保护他自己。[3] 为避免遭受这种伤害，一个人不仅需要善良意志，而且需要某种技艺和力量（δύναμις）。正如政客们和演说家们竭力获取外在的权力，以保证自己不遭受恶，苏格拉底说，我们必须学习保证自己不陷入作恶的危险之中。只有知识和对好事情（即"政治技艺"）的理解才能给予这种保证：因为既然无人自愿作恶，那么一切都只能依赖于这一技艺（techné）了。[4]

如果这只是一件保护自己免遭恶行的事情，那么，你只要自己成为僭主或者拥护掌权的现行政府就足够了。[5] 但是，当一个没有文化（paideia）的野蛮僭主统治这个国家时，他会害怕每一个比他好的人，所以永远不可能成为别人的朋友；而他又会藐视任何一个比他自己更坏的人。[6] 如此，只有一种人可以是僭主真正的朋友，那就是与僭主具有相似秉性的人，他的嗜好和喜恶都与僭主相同，愿意受这位统治者的使唤和摆布。他会在城邦里拥有大权，没有人能对他作恶而不受惩罚。[7]因此，在这样的国家中，有雄心的年轻人就会得出结论：处世的唯一良方就是尽可能亦步亦趋地模仿僭主，从小就养成习惯，好其所好，恶其所恶。[8] 不过，尽管这样能保证他们免遭恶行，但不能保证他们不去作恶。所以，通过模仿僭主，他们的灵魂中会积累最大的邪恶，他们的灵

---

① 《高尔吉亚》508a。

② 《高尔吉亚》483b，486b。

③ 《高尔吉亚》509b—d。

④ 《高尔吉亚》509d7—510a。

⑤ 《高尔吉亚》510a。

⑥ 《高尔吉亚》510b。在470e中，文化（paideia）被看作是衡量好坏与统治者是否幸福的标准。

⑦ 《高尔吉亚》510c。

⑧ 《高尔吉亚》510d。

魂会因为他们对僭主的模仿而堕落和败坏。① 当然，也会有卡利克勒斯警告苏格拉底的危险：如果僭主愿意的话，他会把任何拒绝模仿他的人处死。不过，苏格拉底并不怕，因为他已经知道那种生活并不是我们可能的最好生活。② 尽管如此，苏格拉底仍建议卡利克勒斯——他不想走苏格拉底那条孤独的路——放弃他向朋友们炫耀的那套强权准则，而模仿他的主人（即雅典民众）的行为准则和一时兴致——不是仅仅外在的模仿，而是在灵魂中也做到尽可能一样：其他的一切都是危险的。③ 卡利克勒斯曾警告苏格拉底小心跨越当权者的危险，现在突然发现自己也处于相同的境地。[148]他们都面临着同样的问题：以何种态度对待他们国家的"僭主"——他要求别人无条件地尊重他的愿望，也即雅典民众的愿望。苏格拉底曾表示他知道自己的勇敢的后果，为了有利于他的祖国，他准备接受这样的后果。他，"德性"的代表，是真正的英雄。另一个，卡利克勒斯——他赞成强者的统治，其实是一个懦夫，为了成为统治者，他让自己变成了一个油腔滑调的仿制品。

此时，苏格拉底不失时机地提醒听众，注意他在对话开头就在对待身体和灵魂的两种方式之间的根本区别：一个旨在制造快乐，另一个则以做得好为目的；一个迎合人性的低级方面，另一个则与之交战。④ 现在，很显然，卡利克勒斯和苏格拉底是这两种方式的完美体现，一个是迎合者，另一个则是战斗者。我们必须做出抉择。我们希望城邦拥有

---

① 《高尔吉亚》510e—511a。正如柏拉图在《王制》中更详细地解释的那样，对暴君的这种模仿会严重阻碍他们的教育。在《王制》中，柏拉图系统地发展了教育永远要让自身适应现行政治体制的学说。

② 《高尔吉亚》511a—b。

③ 《高尔吉亚》513a—c。译注：这里的"僭主(tyrant)"泛指凡是被欲望所控制而不是控制欲望的人，在民主制度下，被欲望控制的雅典民众即"僭主"。因此，苏格拉底让卡利克勒斯放弃当初的强权原则，模仿雅典民众，从内心里与他们一模一样。如此，卡利克勒斯终于从一个自命的英雄，即合乎自然正义的强者，变成了"懦夫"，所以有了下文的两种生活方式的区分：与雅典人开战，像医生治疗病人那样治疗他们，或者迎合他们的欲望、为他们服务。

④ 《高尔吉亚》513d：μὴ καταχαριζόμενον, ἀλλὰ διαμαχόμενον［绝不被快乐迷住，而是与之战斗］。参见 521a，"战斗"一词在同样的意义上再次出现：διαμάχεσθαι Ἀθηναίοις, ὅπως ὡς βέλτιστοι ἔσονται, ὡς ἰατρόν［与雅典人战斗，像医生一样，使他们尽可能变好］。因此，苏格拉底正在思考的，是医生为控制一个不顾他人且难以约束的病人而必须从事的"战斗"。即使在一个微小的点上，哲学与医学的对应关系仍然保持不变。

的不是欺骗性的伪技艺，而毋宁是真理的严格治疗，那会使公民尽可能地变好。对于那些不想接受教育和训练以达到真正的美善的人，荣华富贵和权势增长分文不值。① 正如苏格拉底所评论的那样，将城邦导向真正的美善的哲学教师，是城邦唯一的真正恩人，苏格拉底顺便还旁敲侧击提到了前述那些政治家，他们对城邦的服务在一片颂扬的决议中得到公开认可，并被铭刻在碑文上以永垂不朽。② 将公民提升至美善阶段的努力必须从政治领袖的选择开始。既然苏格拉底的政治科学是一门技艺，这种选择就应该由一种定期的考察来决定。③ 他说，如果我们想要为国家搞一些公共建设，想成为城邦建筑师，那么就应该看看我们是否是建筑方面的专家，我们曾经师从谁，我们可曾设计过什么建筑可以为我们加分。这与我们想去做医生给人看病是一样的，做医生也需要经过挑选和考察。④ 因此，如果政治学是一门真正的技艺，未来的政治家也必须经过考察，看看他在这个领域所做的事情。既然这是一门使人变好的技艺，苏格拉底问卡利克勒斯（作为唯一在场的政客）在他进入政治领域之前，可曾使谁在私人生活中弃恶从善了。⑤ 然后，在这一半开玩笑的问题之后，苏格拉底转而考察雅典历史上那些最著名的政治家：伯利克里、西蒙、米泰亚德和第米斯托克利。[149]他说，伯利克里使雅典人变得懒惰、胆怯、夸夸其谈和贪得无厌，因为他第一个引进了失业救济制度。当伯利克里从他前辈手里接管雅典公民时，他们相对来说还是比较驯服的，但（正如他自己的谴责所证实的）他使他们变得比以前更野蛮了，他本人也遭受了他们的粗暴对待。他们

---

① 《高尔吉亚》513e。这里，正如在关于这一主题的主要段落 470e 中一样，拥有文化（paideia）是衡量一切财富和权力的标准。因为 514a1 中的"美善（*kalokagathia*）"指的无非是文化，正如对应的段落 470e6—9 中，把文化用作"美善"的同义词所表明的那样。

② 这是我们从许多铭文中所得知的具体用法。《高尔吉亚》513e 中的"*εὐεργεσία*[好事、善行]"一词有一种暗示，苏格拉底这里谈论的是教育者对城邦的服务。

③ 柏拉图通过将苏格拉底用辩证法考察其对话者的习惯合乎逻辑地贯彻到底，把考察引入高级教育领域。在《王制》中，他完全是在此基础上培养他的统治者。这种考察的观念是从诸如医生和建筑师这样的专家的技艺中借鉴而来的——正如柏拉图所选择的例子所表明的那样。

④ 《高尔吉亚》514a—e。

⑤ 《高尔吉亚》515a—b。

用陶片放逐法流放了西蒙和第米斯托克利，使人们十年都听不到他们的声音；他们还投票把马拉松战役的胜利者米泰亚德扔进深渊（barathron），即叛国者的葬身之地，他只能承受这种命运。所有这些人就像马车的驭手，如果真的驯好了马匹，他们怎么还驾驭得如此糟糕，以至于被摔下了马车。①

苏格拉底意义上的政治家从来就没有存在过。② 雅典的那些著名政治家们只是城邦[快乐]的服务者，而不是城邦的教育者。③ 他们让自己屈从于人性的弱点，并试图利用它们，而不是通过劝导和强制改变它们。他们不是教练和医生，而是糖果供应者，他们使国家的身体发胖，使国家原本强健的肌肉松弛。当然，这样暴饮暴食的结果要到很久之后才能见到。与此同时，我们赞扬那些为我们提供甜点的人们，说他们使城邦变得伟大，而一点儿都没有意识到由于这些政治家的所作所为，我们的城邦变得臃肿和摇摇晃晃。④ 因为他们一点儿都不关心节制和正义，而只是用港口、船坞、城墙、税收以及类似的垃圾来喂养我们的城邦。当城邦疾病缠身时，人们不去追究真正的罪人，而是把罪名加到他们现在的统治者身上，说他们导致了城邦的不幸，尽管他们只是从犯。⑤ 还有，当城邦打倒和迫害其领导者时，说人们不知感恩是没有用的。智术师也愚蠢地做过同样的事情：他们宣称自己能在德性方面教育世人，却又抱怨学生不知感恩，对他们作恶，因为他们拒交学费。⑥ 智术师和演说家是一类人，他们之间没有实质差别；实际上，鄙视智术师的演说家比智术师更等而下之，其程度相当于法官与立法者的距离，医生与体育教练的距离。一个修辞学教师或一个责备他曾经"教育过"的人的智术师，实际上是在指控他自己和他的教育方法。⑦

---

① 《高尔吉亚》515c—516e。
② 《高尔吉亚》517a。
③ 《高尔吉亚》517b。
④ 《高尔吉亚》517c—518e。这里，城邦的医治和教化思想首次作为一种关键的标准运用到城邦的历史和现实之中。
⑤ 《高尔吉亚》519a。
⑥ 《高尔吉亚》519b—c。
⑦ 《高尔吉亚》519e—520b。

因此，如果苏格拉底想要在两种待人的方法之间做选择——以奉承为雅典人服务，或与他们战斗，使他们变得更好——他只能选择第二种，尽管他知道他这是在冒一种致命的风险。① 任何控告他的人都会是一个恶人。如果他被处死，那也没有什么可大惊小怪的。他期待着那会是他的教导的结果，因为如他所言："我相信，[150]我是从事真正的政治技艺的少数雅典人之一，如果不说是唯一的一个的话；我是唯一一个从事过政治实践而活着的人。"如果他被控告了，他的受审就像一名医生在一群儿童面前受到一名厨师的指控。厨师会说："孩子们，这个家伙给你们带来了种种伤害，他用医疗手术来对付你们，给你们吃苦药，使你们又饥又渴，而我却曾经给你们提供过各种各样的甜食！"当医生回答说"是的，孩子们，为了你们的健康，我确实做了这一切"时，他们会大声叫喊把他的声音压下去。同样，当苏格拉底说，"我说这一切都是为了正义，我所做的一切都是因为你们"时，②叫骂声也会把他的声音压下去。不过，对这种结局的展望不会使他害怕。对他来说，这世上只有一种"帮助自己"的方式，那就是使他自己免于不义；因为最大的恶，以及唯一要害怕的事情，是"带着一个犯下许多罪行的灵魂抵达另一个世界"。③

在《高尔吉亚》中，柏拉图第一次超越了早期对话那种简单的考察和诘问方法。现在，他在这一点上展示这位哲学家——在那里，这种看似纯理智的诘问（在他看来，这种纯理智的诘问对人的正确行为非常重要）显示了其广阔范围和深邃意义，在那里，他一直以莫名的激情进行的这一游戏，突然变成了一场以生命为赌注来对抗整个世界的战斗。为改变一下这个隐喻，我们可以这样说：《克力同》之后，他的第一批对

---

① 《高尔吉亚》521a。苏格拉底这里谈论的是"生活方式的选择（βίου αἵρεσις）"，根据他的哲学，这是人类存在的真正意义，以及他探究真理的目的。

② 《高尔吉亚》521c—522a。

③ 《高尔吉亚》522d。这种类型的βοηθεῖν ἑαυτῷ，即对真正自我的保存，与卡利克勒斯理解的"自我帮助"截然相反，参见本卷第157页。既然苏格拉底的知识（它与德性本身相同）是最高意义上的自助，我们现在就能理解为什么苏格拉底在《普罗泰戈拉》352c中说哲学"能够救助世人"了。这种βοηθειν[保存]的意义是这个词在医学中所具有的含义，即救治世人并使他们恢复健康，参见本书第三卷，第8页，注释③。

话是明亮而欢快的诙谐曲，令所有音乐爱好者陶醉；但在《高尔吉亚》中，我们突然被苏格拉底交响乐严肃深沉的和弦所震惊，英雄的死亡预感将轻快的音乐一扫而空。《高尔吉亚》为自《申辩》以来的苏格拉底的教导和生活方式（bios）给出了第一幅完整的画像。苏格拉底的对话，从逻辑推理看，似乎循环往复、逡巡不前，但正是从这种表面的犹豫不决中，闪耀出他坚忍不拔的道德信念，由于确信人生的最终目的，因而他拥有那种热切寻求的知识——这种知识杜绝了意志的任何摇摆不定。从这个角度看，柏拉图对善的型（the Idea of Good）的专注有了新的意义；理性达到其目的的努力成了完全献身于这一目的的生命的直接表达；于他人而言，无非是话语的东西——他们从他嘴里听到这些话语，但并不相信①——是苏格拉底的真实存在的显示。柏拉图以无比坚定的信念为我们描述了这一点：在他老师那里，[151]言与行（speech and reality）是一回事。②《高尔吉亚》告诉了我们一种衡量人生的新方式，这种方式起源于苏格拉底对灵魂本性的认识。

在《高尔吉亚》结尾的神话故事中，柏拉图以真正的诗歌的全部生动性，向读者的精神视野展示了苏格拉底与不义斗争的形而上学意义。③ 他想尽一切办法让我们的情绪也感受到逻辑已经证明的一切。他运用神话故事并不意味着他正在诉诸于我们身上的非理性因素，好像这种非理性因素是一种特定的、甚至是一种独特的认知能力似的。他向我们展示了一些重要的人物和情节，这些人物和情节从逻辑分析画出的线条中得出了一幅完整的画像。因此，神话故事在对话中的功能在于概括和收束已经说过的一切。柏拉图是在使用智术师演说的一种技巧，但他将其变成了苏格拉底对话的一个有机部分。柏拉图神话的本质在于它与逻辑合作，一致为同一个目的服务。读者在忘记了柏拉图逻辑论证的曲折难题很久之后，仍然能记得神话故事的画面，它成了整个工作的哲学意义的象征，实际上是柏拉图的全部学说和全部生活态度的一个象征。

---

① 在《高尔吉亚》513c 中，柏拉图说，这是苏格拉底学说的"通常效果（τὸ τῶν πολῶν πάϑος）"。

② 参见本卷第 71 页。

③ 《高尔吉亚》523a。

《高尔吉亚》的神话故事建立在死后生活的宗教观念之上，柏拉图又以其诗才将其自由熔铸以适合自己的目的。真实的苏格拉底几乎不可能为神话故事发明这些大胆的装饰性变体，即使他有时也会对它们感兴趣。有一种普遍的看法认为，柏拉图（或者在其旅途中，或者以其他方式）受俄耳甫斯神话或其他类似信仰的影响，将他们的信仰与苏格拉底的道德学说融合在了一起，作为对柏拉图的理性和精神进程的一种解释，这种看法过于粗糙。柏拉图关于灵魂死后命运的神话不单纯是一种宗教融合。① 尽管柏拉图的精神进程确实是在这些神话中达到了其最大强度，但这样解释显然低估了柏拉图的创造力。不过，这一点倒是真的：柏拉图确实运用了一些末世论观念——人们通常认为这些观念属于俄耳甫斯教。它们给他留下了如此深刻的印象，因为柏拉图觉得，自己作为一个艺术家，为苏格拉底英勇战斗的孤独灵魂寻找一种适当的超越性背景是必须的。

如果一个像苏格拉底那样生活和思考的人，[152]未曾在某种程度上涉足过未知世界的话，他会失去平衡——至少在理智昏暗的眼睛看来是如此。除非他的人生观指向这样一个在俄耳甫斯末世论的生动写实语言中得到反映的彼岸世界（Beyond）——人的价值之有无、蒙福和诅咒被最终决定的一个地方，"灵魂自身"由另一个"灵魂自身"来判决、而无需漂亮的身体、门第、财富和权力来为之辩护和进行欺骗性包装的一个地方——否则其真实性就不可能被理解。② 这种由宗教想象置于死后开始的第二次生命中的"判决"，对柏拉图来说，当他仔细思考苏格拉底的作为一种纯粹内在价值（只基于灵魂自身的考虑）的人格观念的全部意蕴时，成了一种更高的真理。如果灵魂从不义中的净化就是灵魂的健康状态，而灵魂感染罪恶就是它的畸形和病态，那么在第二个世界中的判决就是对灵魂的某种医疗检查。灵魂赤身裸体地出现在法官

---

① 那些从宗教史的观点出发强调柏拉图身上的俄耳甫斯因素的大多数学者经常犯这种错误。最极端的是马基奥罗（Macchioro），他直接说柏拉图的大多数哲学思想都来源于俄耳甫斯信仰。

② 《高尔吉亚》523e：αὐτῇ τῇ ψυχῇ αὐτὴν τὴν ψυχὴν θεωροῦντα［灵魂自身审视灵魂自身］。关于欺骗性的伪装，参见 523b—d。

面前（法官本人就是一个赤身裸体的灵魂），他检查它在活着时由自己的不义之病留在身上的每一块伤疤，每一个伤口，每一个污点。① 柏拉图不是从俄耳甫斯神话借来这种人性特征的；人所做的恶行继续活在他们之中，并塑造他们的灵魂的性质，是对苏格拉底的基本信念的一种表达，意味着对人格的价值的一种持久弱化。这就是《高尔吉亚》中所表达的学说的基础，即幸福等同于道德完美。健康的灵魂，那些追求智慧的大多数灵魂（φιλόσοφοι ψυχαί），被送到福地中的福岛；那些被发现不健康的灵魂，以及因而被发配到冥府的灵魂，被分成能治愈和不能治愈的两类；这为能治愈的灵魂打开了一条通道，能治愈的灵魂在承受长久的苦难和痛苦的治疗之后得以康复。② 而那些不能治愈者——绝大多数暴君和僭主，均非药石所能及——被作为永恒的范例，即 para-deigmata，对其他人起警示作用。③

柏拉图以一个告诫来结束这篇对话：[一切问题中最重要的问题是]我们缺乏教育（apaideusia），④亦即对"生命中最大的好"的无知；从而将我们对政治的实际关注推迟到自己从此种无知中解放出来的时候。如此，柏拉图使我们再次想起了整部对话的教育倾向，想起了整个苏格拉底哲学；从而也将其关于教化之本质的独特观念深深地、不可磨灭地铭刻在了我们的记忆中。对柏拉图来说，[153]教化是灵魂为了将自身从对最大的好的无知——它挡住了灵魂通往真正幸福的道路——中解放出来的毕生事业。⑤ 这些话语向后指向《普罗泰戈拉》的结论，在那里，同一种无知——即"关于最高价值的虚假信念和错误做法"——被描述为一切罪恶的源泉；⑥在那里，苏格拉底主张无人能自

---

① 《高尔吉亚》52b—d。

② 关于幸福岛，参见《高尔吉亚》523b，524a，526c；关于可以治愈的和不可以治愈的犯罪者，参见 525b—c，526b7。

③ 《高尔吉亚》523c—d。不可治愈的人之中有阿尔克劳（Archelaus），马其顿王，以及其他绝对统治者，关于这些人，苏格拉底曾经说过，他不知道他们是否幸福，因为这依赖于他们的教化和正义与否（470d—e）。在另一个世界的体检中，那些"对真理完全陌生"（525a）之人的灵魂显然没有任何正直之处，都是畸形的和残疾的。

④ 《高尔吉亚》527e。

⑤ 《高尔吉亚》527d7。

⑥ 《普罗泰戈拉》358c。

愿选择恶行；在那里，这种关于正确选择的知识没有得到详细的描述——柏拉图把对此的讨论放到了后面的一个场合。① 《高尔吉亚》是对这些话所暗示的步骤、对苏格拉底的教化及其伦理学说和超越性含义的第一次揭示。因此，在与苏格拉底的大辩论中，《高尔吉亚》是一个关键性的重要阶段，这种辩论贯穿于柏拉图对话之中，我们曾把这种辩论描述为一种过程——通过它，柏拉图意识到了苏格拉底的生活和思想的哲学预设。② 这是一个多方面的过程，关系到苏格拉底的方法和逻辑，同样也关系到他的伦理学和生活。《高尔吉亚》是将苏格拉底的品格的所有方面一并呈现的第一部作品，尽管其真正的重点是在他的道德哲学。作为柏拉图的教化的一部重要文献，这就是《高尔吉亚》的价值之所在。

柏拉图的首批对话把苏格拉底谈话中的教育因素主要作为一种方法问题来呈现，即使在探讨其主题（即德性问题）时也是如此。然后，《普罗泰戈拉》表明，苏格拉底的全部诘问——均旨在获得关于最高价值的知识——都关乎教育的根本问题，尽管《普罗泰戈拉》没有说明这种基础上的教育应该采用何种形式。这些诘问所揭示的是对作为通向德性之路的知识的一种新评估，以及对一门选择正确行为的技艺的一种新需求。如果这样一门技艺能够存在，那么智术师提供的教育就会完全被取代，或者至少被贬抑到第二层次。现在，《高尔吉亚》开始重新处理这个问题，而且还得出了这门技艺的本质性特征和前提预设。它是假借与修辞学［雄辩术］的辩论来做这件事的——正如对话的结尾所表明的，苏格拉底认为修辞学［雄辩术］本质上与智术无异。尽管如此，柏拉图选择修辞学［雄辩术］来作为其批判的标靶，不只是为了改变一下，而是因为修辞学［雄辩术］是主导城邦政治的力量，因而指向教育与城邦之间的联系。我们已经（从内部理由出发）把柏拉图的早期对话纳入这种联系之中；[154]《普罗泰戈拉》非常清晰地说明了这一点；现在，《高尔吉亚》明确地承认并规定了这一点。正如《普罗泰戈拉》所表明

---

① 《普罗泰戈拉》357b5。

② 参见本卷第 72、112 页。

的,智术师的教育体系也曾试图让公民为城邦生活做好准备;智术师的教育体系不仅给城邦工作提供具体指导,而且,作为一个理论问题,开始着手处理城邦在教育中的社会学影响问题,但其目的是为公共生活训练成功的领导者——他们可以学会如何适应现存条件,并利用这些条件为自己谋取利益。因此,(从苏格拉底的角度来看)智术师们将城邦和教育之间的关系作为一种单方面的事情来处理,因为他们事实上把城邦当作一揽子买卖,因而让一种完全堕落的政治生活的形式作为其教育的衡量标准。

与之相反,《高尔吉亚》发展了柏拉图的决定性的观点,即全部教育的根本问题就是要发现、阐明、理解那借以规范教育的标准。《高尔吉亚》把苏格拉底描述为唯一真正的教师,因为只有他知道目标之所在。在《申辩》以及其他直至《普罗泰戈拉》的早期作品中,柏拉图的苏格拉底(这里,柏拉图与真实的苏格拉底是同一个人)反讽性地否认自己"教育世人"——尽管柏拉图将其描述为唯一真正的教师。不过,在《高尔吉亚》中,苏格拉底断言,在其伦理意义上,教育就是最高的善,是人类幸福的缩影,并宣布他自己拥有这种教育。现在,柏拉图将自身的热切信念——即苏格拉底才是城邦所需要的真正教师——归之于苏格拉底,柏拉图让他骄傲地宣布(以一种明显不属于苏格拉底,完全是柏拉图式的情感),他是他那个时代唯一的政治家。[①] 政治家的真正使命不是改变自己以迎合大众,如演说家和智术师的虚假教育所隐含的那样,[②]而是[与他们战斗]使他们变得更好。尽管如此,《高尔吉亚》没有解释,如果这样一个城邦竭尽全力去达到这一目标的话,它会是什么样子的;《王制》是告诉我们这样的城邦会是什么样子的第一部著作。《高尔吉亚》只是以一种真正的先知般的热情宣告了这一目标:那就是将城邦带回到其教育使命之中。在这样一个城邦中,也只有在这样一个城邦中,苏格拉底的那种教育理想(把人的完美作为其绝对标准)——声称自己是全部政治技艺的基础——的正当性才有可能得到确证。

---

① 《高尔吉亚》521d。

② 这种对流行的教育的批评在《王制》492b 及以下有详细论述,尤其是在 493a—c,参见本卷第 307 页及以下。

特意将苏格拉底的教育说得相当于政治技艺，《高尔吉亚》是第一部，[155]由此，柏拉图将其置于了现存城邦最激烈的反对者的位置上。这种对立与我们听到的政客和智术教育之间的对立截然不同。作为一种新现象，智术师[运动]激起了亲斯巴达的保守派的怀疑，因而他们处于守势。即使在他们将武器塞到保守派手中来帮助自己的对手时——例如，他们用强权即公理的学说、或者用他们对民主制度的平等原则的攻击来帮助自己的对手——他们也知道，在公开场合，口头上要承认民主制度（如卡利克勒斯所表明的），而将他们的进步观念放在私下里讨论。苏格拉底自己当然没有诸如此类的顾虑；柏拉图充分利用了他的坦率，而卡利克勒斯警告他要注意后果。① 不过，《高尔吉亚》不止于此，其中，在一件激动人心的大事上，柏拉图称赞了苏格拉底的坦率，并将苏格拉底的教育理想与雅典政治现实的冲突置于众目睽睽之下。甚至《申辩》——它显示了苏格拉底与当权者的冲突——就已经把这个问题摆到了前台；《申辩》这样做并没有削弱它的严肃性，（正如我们已经指出的那样）它表明苏格拉底与城邦的冲突不是一个偶然事件，而是一个无可避免的必然事件。② 柏拉图的早期对话主要关注苏格拉底的诘问的形式和内容的再现，甚少注意他的政治科学与城邦之间的对立，但《高尔吉亚》表明，这种风平浪静只是一种表面现象。《高尔吉亚》是柏拉图把苏格拉底的教育作为一个完整体系来描述的首部著作，他将其设想为实际政治中的治国之道的反对者，设想为那时支配公共生活的精神的反对者。实际上，柏拉图通过对修辞学[雄辩术]的反对和批判，揭示了苏格拉底的教育的真正品格；柏拉图将修辞学[雄辩术]，及其全部流光溢彩的浮华炫耀和奉承迎合的虚情假意，当作那个时代的实际政治的代表。他甚至指向聚集在实际政治之上的云层，暴风雨即将从中爆发。

---

① 卡利克勒斯将苏格拉底对雅典城邦的批评与亲斯巴达的、主张寡头政治的反对派的宣传相混淆了，参见《高尔吉亚》515e。他认为苏格拉底是从他们那里获得的想法；但苏格拉底强调这一事实：他只是在表达每个人都能看到和听到的东西。柏拉图显然拒绝任何党派纷争，而是将他的批判提升到了一个更高的层次。

② 参见本卷第78页及以下。

然而,《高尔吉亚》的新颖之处在于,面临考验的恰恰不是苏格拉底,而是城邦。从苏格拉底对同胞"关怀你们的灵魂"的诫命中,柏拉图发展出了一套教育哲学体系;他接受了老师留给他的遗产,即苏格拉底与城邦的冲突——它导致了苏格拉底的死亡。在《申辩》中,对许多读者来说,苏格拉底之死就像一场突如其来的灾难,可以说是一颗流星的碰撞,它撞击而后消失。在《高尔吉亚》中,[156]苏格拉底之死是一种永恒冲突的表达,是柏拉图思想的焦点之一。一直以来,柏拉图的哲学都是通过了解苏格拉底的生活和思想背后的假设来获得发展的,在此至关重要的关键点上也是如此。通过努力理解导致这位"所有公民中最正直的人"①死亡的冲突的内在含义和必然性,苏格拉底之死成了柏拉图全部教育哲学的起点。他的《书信》七如此生动地解释了这一体验,并如此清晰地阐述了它对柏拉图的哲学意义,以至于《高尔吉亚》这部艺术作品,还有《书信》七这一自传性简述,形成了完美的相互补充。②《书信》七告诉我们,苏格拉底被执行死刑之后,柏拉图感觉到自己已经不可能接受现存的城邦。这种情感在《高尔吉亚》中被客观化了。与此同时,我们看到了柏拉图在老师的教育使命中(比苏格拉底的任何其他学生都更多地)所读出的具体政治意义。尽管他谴责曾经蔑视和拒绝苏格拉底的城邦,但他并不因此谴责城邦本身。相反,"他那个时代唯一真正的政治家"苏格拉底的失败,恰恰是证明城邦必须与苏格拉底的教导相适应的证据。必须改变的并非教育(正如控告和处死苏格拉底的那些人所想的那样),而是城邦。但是,这对柏拉图意味着什么呢？他在《高尔吉亚》中的批判矛头完全指向雅典的政客,过去的和现在的,因此,他的改革激情似乎仍然旨在自己城邦的政治革命。然而,《书信》七告诉我们,他那时已经放弃了这个念头。③ 苏格拉底的精神如何穿透和影响整个"修辞学[雄辩术]的"雅典城邦呢？在《高尔吉亚》的否定背后,站立着肯定,即哲学家的理想国。尽管对现行城邦的批判气势如虹,横扫一

---

① 《书信》7.324e;以及《斐多》结尾。

② 《书信》7.324e,325b,325b—326b。

③ 《书信》7.325c 及以下。

切，但《高尔吉亚》既无意于武装革命，①也没有表达宿命论的悲观论调，以及在战争结束时雅典内外都崩溃之后可以理解的失败情绪。通过在《高尔吉亚》中拒绝现行城邦，柏拉图扫清了通向"最佳城邦"的道路，它是他的心之所向，他要把它构思出来，而不讨论其实现的可能性（无论是现在，还是今后）。通过描述苏格拉底的教育及其目标，柏拉图在《高尔吉亚》中迈出了第一步。[157]这标志着他的政治目标的精神基础，在一个全面崩溃的世界中，这一新的政治目标是他的一块不可动摇的基石。

柏拉图的悖论性宣言——政治技艺必须建立在对生活中的"最大的好"的确切知识之上，必须只能以使城邦公民变得更好为目的——显然来自他自己的政治理想与他对苏格拉底的政治使命的信念的结合。但是，这种纯粹个人的和心理学的阐释不足以让我们理解既要照料灵魂又要建构城邦的政治技艺。我们现代人必定觉得这是将两种相距甚远的任务合二为一。对我们来说，政治意味着方针政策，现实主义的方针政策；而伦理则意味着个人道德。尽管许多现代国家已经接管了孩童的教育，但我们很难毫无疑问地接受古代希腊人的观点（它是柏拉图的绝对理想）：国家的法律是生活的一切标准的源泉，个人的德性即公民德性。国家与个人的一致在苏格拉底的时代首次遭到了严肃的挑战，随着政治生活变得越来越粗糙和现实主义，随着个人道德变得越来越精致和独立，个人道德与城邦信条开始渐行渐远。我们已经描述过这种个人德性与公民德性之间的原初和谐的破裂，它是柏拉图的政治哲学所依据的前提假设。很显然，在早期城邦中，人们曾毫无疑问地接受政治家控制人们头脑的权力，但这有其危险的一面，在既存条件下，注定会使有文化、有理智的人要么退出政治三缄其口，要么将自己的道德标准加于城邦之上，因而与城邦相冲突，无可挽回的冲突，原则上，柏拉图是反对个人从政治退却的。他是从祖先流传下来的社会传统中成长起来的，这种传统认为最伟大的人是将自己的生命奉献给城邦的人。除非从他年轻时

---

① 《书信》7.331d。

代起，他曾长期接受良好的传统信念——城邦天然就是全体公民的道德立法者——的熏陶，否则苏格拉底的尖锐批判几乎不可能给他留下如此深刻的印象，正如他的著作所表明的那样。[158]柏拉图并没有把苏格拉底与雅典民主制度的冲突解释为一个时代的来临——将属于城邦的给城邦，属于上帝的给上帝。他不想让人最好的一面不受城邦的影响。他认为个人与共同体彼此相属；而且是城邦，只有城邦，才能为这种彼此相属的关系树立一种规范。但是，一旦人的灵魂决定了人的价值和幸福的普遍标准在于灵魂自身的道德意识内部，城邦支配每个公民的整个灵魂的要求就产生了一个极其困难的问题。城邦不应该落后于道德的发展。柏拉图断言城邦只有一种选择。它要么必须成为灵魂的老师和治疗者，要么，如果它无能为力，那么，它必定被认为是堕落的、不配享有其权威的城邦。柏拉图的《高尔吉亚》隐含着这样的主张：城邦的一切职能必须无条件地让位于其作为一个道德教师的使命。如果有人说，希腊的城邦既是国家，又是教会，那么，柏拉图最关心的是后者。

不过，除了把城邦理想化的传统之外，还有另一种动机，引导柏拉图对政治采取这种新的奇怪态度。这种动机涉及苏格拉底的德性理论。柏拉图赞同他的老师，认为人的正确行为建立在关于最高价值的知识之上；因此，这些价值不可能在生活中单凭主观意见和情绪得到理解。理解这些最高价值，是人类理智可能的最高认知类型的工作。通过反讽性地承认自己的无知，苏格拉底已经表明，关于善的知识不是每个人都有可能获得的。因此，我们不能错误地把苏格拉底特有的对传统的某些忽视阐释为某种类似于现代人的良心自由的东西。柏拉图总是认为关于善[好]的知识是一种政治技艺，并由此提取出其本质性的客观特征。它不是某种模糊不清的、与专业知识不同的东西；相反，它的理想状态与专家的知识类似。因此，这样一种知识对普通民众来说是不可能的，只有最高贵的哲学认识才能达到这种知识。就在我们可能期望发现诸如个人良知和自由个体的伦理学这种现代理想的地方，柏拉图果断地拒绝了它们。相反，他把我们指派给客观的哲学真理的权威，[159]这种哲学真理声称统管全部社会生活，因而也统管个人的生活。如果苏格拉底所设想的知识或科学是可能的，那么据柏拉图所言，它只有在一个新的精神共同体——根据传统，他将其设想为一个城市(civitas)——的框架内才能发挥充分的作用。

第七章 《美诺》:新知识

[160]柏拉图的首批对话是通过许多不同的途径获得关于德性的知识的尝试。它们都导致了这样一种认识,即单个的德性——勇敢、节制、虔敬和正义——都只是德性整体的一个部分,而德性自身的本质是知识。在《普罗泰戈拉》和《高尔吉亚》中,在假定这一结论的正确性的前提下,柏拉图进一步表明,它是一切教育的基础,并勾勒出将要建立在此基础之上的教化的轮廓。柏拉图与最新式的教育的主要代表们进行了长久和深刻的争论,在这场争论中,柏拉图表明,智术师们——即唯一赋予知识重要意义的人们——不准备得出道德教育和政治教育应该建立在知识之上这一不可避免的结论。与此同时,传统的老式的教育者们对这一思想根本置之不理。在《普罗泰戈拉》中,苏格拉底试图赢得智术师们的支持;但是,当他努力找出其命题(德性必须是知识)的全部含义,因此又回到他最初的陈述即"德性不可教"时,普罗泰戈拉明显不愿意承认:除非他接受苏格拉底"德性即知识"的观点,否则他无法捍卫自己是一名传授德性的教师的断言。

柏拉图在《普罗泰戈拉》中表明了此种关于德性的知识肯定是某种与通常意义上的知识不同的东西,但他并没有试图说明它到底是何种类型的知识。《普罗泰戈拉》以这样的证词作为小结：如果苏格拉底说德性是一种知识是正确的话，那么它肯定是可教的。《普罗泰戈拉》中只有一点提示，即它是一种衡量的技艺；但苏格拉底推迟了找出它是何种类型的衡量技艺、它使用的又是何种类型的标准的努力。① 我们没有必要假定他的话是对某部特定对话的暗示。柏拉图经常讨论知识问题——确实，知识问题是一个他从未一劳永逸地解决的问题。[161]不过，至少，他的提示说明：在他证明了德性与知识的同一性，并说明了这种知识在教育中的重要性之后，对这种知识到底是何种类型的知识这一问题做一种专门的研究，就变得急迫而且必须了。解决这一问题的第一篇对话就是《美诺》，在写作日期上，它也是与我们已经讨论过的对话最接近的一部。因此，《美诺》是对《普罗泰戈拉》提出的问题的首次回答——苏格拉底视为德性之基础的到底是何种类型的知识？

由于认识到这一问题在柏拉图哲学中的重要性，学者们把《美诺》称为"学园的课程"。这是一种夸张，只能证明他们误解了柏拉图，将他们的现代观念误用在了柏拉图身上。柏拉图的学园永远不会接受一门只将哲学局限于知识问题的课程——尤其是如果我们用"知识"一词指现代那些抽象的概念、逻辑和认知理论的话。《美诺》是第一部相对比较独立地处理这个问题的著作，即使在《美诺》中，柏拉图也着意指出，对他来说，知识问题是与他对所有其他伦理问题的探究有机地联系在一起的，他是从它们那里导出知识问题的重要性的。与其他地方一样，在《美诺》这里，他也以这一问题开端：我们怎样才能拥有德性？② 当然，他没有详细解答这个问题，没有以发现这个问题的答案只有通过知识来获得而结束。相反，他处心积虑地将讨论集中在知识的起源问题上。但是，我们必须牢记，从头至尾，柏拉图所说的知识，指的是关于德性和好[善]的知识——也即新的、苏格拉底式的知识。而这种知识是与其对象无法分离的，离开思考的

---

① 《普罗泰戈拉》357b。

② 《美诺》70a。

对象,这种知识是难以理解的。

"我们如何获得德性?"柏拉图以一种整齐的、有条不紊的方式写下对这一问题的通常回答来开始他的对话:德性可教吗？或者说,德性是通过实践获得的吗？又或者,德性既不是通过教导,也不是通过实践得来的,而是一种天赋的本性？或者还有别的什么答案？这是问题的传统形式,从老一辈的诗人赫西俄德、泰奥格尼斯、西蒙尼德斯和品达起就为我们所知,他们的继承者智术师们又从他们那里接过了这些问题。这里,对柏拉图来说,讨论的新颖之处在于,在苏格拉底试图发现德性是如何获得的之前,苏格拉底先以对"什么是德性本身"的发问开始。①

在《美诺》中,柏拉图对这个问题的逻辑含义——在早期的小苏格拉底对话中,对单个德性的讨论经常将我们引向德性本身这一问题——进行了特别细致详尽的阐释。[162]它比任何一部小苏格拉底对话都要清晰,柏拉图向读者确切地说明了"什么是德性本身"这一问题的含义。首先,苏格拉底阐明了德性本身与它所取的各种不同形式之间的区别。美诺曾从他的老师高尔吉亚那里学到如何区分男人的德性和女人的德性,成人的德性和孩子的德性,自由民的德性和奴隶的德性。②但是,苏格拉底拒绝了美诺的这一窝蜂似的"一大堆德性",他要的是所有这些德性背后的那一个德性。③他说,出于其他目的,根据年龄、性别和地位来区分德性可能是有用的;但是,如果不首先考察与拥有它的不同人群有关的那个"德性本身",以及他们使用它的不同方式,我们就无法做到这一点。那是与它相对的一面,而我们现在要着手研究的是它的绝对性质。④那个使所有单个德性能够不被看作杂多,而

---

① 《美诺》71a。从科学的角度看,这种处理问题的方式是唯一合乎逻辑和合乎情理的一种。但是,即使在老一辈诗人(如提尔泰奥斯、泰奥格尼斯、塞诺芬尼)相信一个德性优于其他所有德性时,他们也还远不能将德性的本质问题以这种普遍的形式提出来。当苏格拉底使德性的获得依赖于对德性本质问题的回答时——也就是说,依赖于一个艰苦而复杂的智识过程时——这表明,对苏格拉底和他那个时代的人来说,德性本身已经成为了一个问题。

② 《美诺》71d—e。

③ 《美诺》72a。

④ 《美诺》72b 说,这样一种探究的目的是发现一个事物的本质($o\iota\sigma\iota a$);之前的探究可参见《普罗泰戈拉》349b。

被看作同一个东西的"东西"，苏格拉底称之为"eidos［型］"。① 它是那个"它们因为它而全都相同"的东西。② 柏拉图给它起名曰"eidos"，即"样子(shape)"，因为只有通过对它的观看，人们才能向询问者解释德性到底是什么。③ 在柏拉图那里，"观看某物"、"某人的眼睛紧盯某物($\mathring{α}πoβλέπων εἴς τι$)"这样的短语习以为常，它会生动地唤起他的 eidos 或 idea 之所指。存在着一个唯一的德性的型，和其他类似"概念"的唯一的型。（我们应该把它们叫作概念，但柏拉图还没有认识到这"某物"在逻辑上是什么，他也不能为之命名：因而，我们将其称为"实体［entities］"会更好一些。）因此，健康、身材和体力的 eidé［型］或 ideas［型］也是如此。④ 在《高尔吉亚》中——其他一些地方也常常如此——身体的这些德性被作为灵魂的德性的对称物而提到。⑤ 因此，这些例子是精心挑选的，它再次证明了柏拉图式的 eidos［型］永远与德性问题相关，是在与德性问题的关系中解决的。如果想要知道什么是健康，我们就不应试图去断定它在男人和女人身上是否不同，而是应设法找到健康的型——它在任何地方都是相同的。身体的另两个德性（身材和体力）也如此。因此，同样的道理适用于灵魂的诸德性：例如，无论是正义，还是节制，它们是发生在男人身上，还是女人身上，都没有差别。德性之为德性永远是同一个德性。⑥

对这个问题的讨论被有意保持在基本范围之内，[163]因为其目的只是解释苏格拉底思想的关键步骤。柏拉图本人把苏格拉底与美诺的谈话称作回答德性本质问题的"练习($μελέτη$)"。⑦ 与德性可以承受各种类型的人的许多不同关系相反，德性的本质首先被描述为不折不扣

---

① 《美诺》72c—d。

② 《美诺》72c。参见 72b 的例子。

③ 《美诺》72c8。

④ 《美诺》72e。

⑤ 在《高尔吉亚》499d 和 504b 中，柏拉图提到健康和体力作为"身体的德性($\mathring{α}ρεταὶ σώματς$)"的例子（尽管不是只有这两个德性，499d6—7）。在《法义》631c 中，健康、俊美、体力被组合成三位一体，亚里士多德在其《优台谟伦理学》（残篇 45[罗斯编]）提到同样的三位一体——亚里士多德写作《优台谟伦理学》时仍沿着柏拉图的思路思考。

⑥ 《美诺》73c。

⑦ 《美诺》75a。

的绝对，其次被描述为不同于柏拉图所言的德性的各个部分——正义、节制，等等。① 我们说过，就德性之为德性的统一性而言，这德性到底是男人的德性，还是女人的德性，二者并无差别。但是，就德性之为德性的统一性而言，德性之为正义与德性之为节制也没有差别吗？ 将德性区分为不同的形式会危及我们正在寻求的德性的统一性吗？换句话说，在正义、节制和勇敢诸德性之间真的存在一种差别吗？小苏格拉底对话和《普罗泰戈拉》告诉我们，德性的所有这些部分的本质性统一问题是苏格拉底的基本问题。② 其中，他说，他正在寻找"整体德性"或"普遍德性"。在《美诺》中，他认为德性的本质等同于可以说的全部之和——不是关于德性的哪个部分可以说的全部之和，而是关于"作为一个整体（κατὰ ὅλου）"的德性可以说的全部之和。③ 这是对一个新的逻辑观念——普遍（καϑόλου）——的首次表达，它使其意义无与伦比地清晰。柏拉图谈论的好和德性的型，完全是此种作为一个整体的好的视觉景象（view）。④ 这里的独特之处是，柏拉图还将此种"作为一个整体"的好描述为一种真正的实际存在的东西；而这就阻止了我们将其等同于我们的逻辑"概念"，即"普遍"。无论是在柏拉图的早期对话中，还是在这里的《美诺》中，柏拉图都没有为德性给出一个真正的定义；显然，当他追问德性的本质时，他不是要一个定义作为回答。相反，德性的各个部分再次得到了讨论，而且，与往常一样，讨论最后又回到了德性本身的问题，也就是说，又回到了型。型是柏拉图思想以其辩证运动的方式，一直朝着前进的目标。这一点在柏拉图最早期的对话中就相当清楚，《美诺》使它更加清楚了。⑤

① 《美诺》74a。

② 《普罗泰戈拉》329c—d,349b。

③ 《美诺》77a。

④ 包含在"观照（vision）"这一行为中的实际景象（actual sight）的观念，也出现在诸如 eidos 和 idea 这样的表达中，它意味着"可见的形式"或"样子"。"eidos"和"idea"这两个词的词根与拉丁语"uideo[观看]"一词的词根相同。

⑤ "eidos[型]"的概念在柏拉图哲学事业的开端就出现了，参见《游叙弗伦》5d,6d—e；在《高尔吉亚》503e(比较 499e)中，就非常清楚了，善的型是柏拉图思想的核心。在《美诺》72c—d 中，"多"中之"一"的"一"的逻辑问题走到了前列。关于《吕西斯》，参见本卷第 200 页，注释②。

如果我们抱先入之见，照单全收对苏格拉底辩证法的逻辑进程的这种分析——正如其最杰出的阐释者柏拉图在《美诺》中一步一步小心翼翼地给出的那样，[164]那么我们就会发现，想要落入古代和现代的哲学研究者经常落入的种种误区几乎是不可能的。在某种程度上，亚里士多德以其著名论断开始了所有这些误解，他断言，苏格拉底是第一个试图为逻辑概念下定义的人，而柏拉图则将这些一般概念[共相]（universals）视为独立自存的实体，从而为真实的世界创造了一个多余的世界。① 根据这一断言，柏拉图的型（ideas）的前提条件是我们已经发现了逻辑共性。果真如此的话，柏拉图的型确实是存在于人们头脑中的概念的一种奇异复制品。在重建导致柏拉图创造型论的理智进程方面，绝大多数逻辑学家都遵循亚里士多德的说法。② 但是，有一点，如果我们称之为概念的东西已经包含在苏格拉底"什么是 X"的问题之中的话，那么在阐述苏格拉底的问题时，柏拉图从现代逻辑学家看起来自然而然的地方突然转到了一个完全不同的方向。他们发现逻辑共性完全是不言自明和易于理解的；因此，他们觉得柏拉图的型扣除逻辑概念之外，只不过是一个令人困惑和徒添烦恼的添加物——因为他们假定，在进一步将本体论意义上的实存归属于这种概念之前，人们必须首先把握作为一种逻辑概念的德性本身。不管怎样，《美诺》确实不包涵"型"一词的这种双重意义的任何迹象。尽管我们可以清晰地区分柏拉图型中这两个方面的含义，即逻辑上的普遍性[逻辑共性]和本体论上的实体，但对柏拉图来说，这两个方面构成一个绝对的统一体。"什么

---

① 亚里士多德，《形而上学》A 6. 987b1；M 4. 1078b17—33；A 9. 990b1。

② 关于柏拉图著作的新解释，马堡学派出版了许多书籍和文章，他们强烈抗拒亚里士多德关于此事的叙述：尤其是纳托普（P. Natorp），《柏拉图的型论》（*Platos Ideenlehre*），Marburg，1910。他们的这个运动在相反方向上走得太远了，所以矫枉过正导致的结果是人们对柏拉图和亚里士多德真实历史地位的一种更清楚的理解。马堡学派的代表人物竟然说，亚里士多德错误地将柏拉图的型改变成了某种类型的"事物"；他们试图捍卫柏拉图，尽管与其说他们捍卫了柏拉图的学说，不如说现代逻辑学家归之于柏拉图的东西捍卫了柏拉图，逻辑学家们将柏拉图的型变成了纯粹的逻辑概念。是斯滕泽尔在其第一部著作《柏拉图辩证法的方法》（*The Method of Plato's Dialectic*，阿伦[D. J. Allan]译，Oxford，1940）中，将马堡学派的错位变废为宝，并真正弄清了柏拉图关于实在的逻辑的历史真相。

是德性"的问题直接指向*οὐσία*，即指向德性的本质和真实存在（real being），而德性的本质和真实存在就是德性的型。[①] 对柏拉图来说，型与其多方面现象的关系（在那之前，柏拉图曾相当模糊地将其叫作个体对普遍的"参与"）只有在其后期对话中才成为一个问题；因此，当他创造性地得出型时，才出现他之前未曾意识到的逻辑困难。

因此，现代学者的误解与其说来源于对柏拉图词语的错误解释——这几乎是不可能的——不如说来源于将后来的逻辑发现归功于柏拉图。亚里士多德以在他看来不言自明的逻辑共性的事实开始。他正确地看到了柏拉图的型中包含着逻辑共性（logical universals）。他推断柏拉图认为这些逻辑共性是唯一真实的、起作用的实在。亚里士多德断定，[165]这第二步必定是柏拉图在界定普遍（universal）与特殊之关系时犯错误的原因。根据亚里士多德所言，柏拉图使共性［普遍］（universals）成为了本体论上的实在，而且将一种与个体事物相分离意义上的独立存在归之于它们。然而，真相是，柏拉图没有迈出第二步，没有使共性实体化：因为他根本就没有迈出第一步——他从来未曾如此这般抽象出普遍概念。这样说会更接近事实：在柏拉图哲学中，普遍［概念、共性］仍然隐藏在他的型中。正如柏拉图所描述的，它是思想透过现象达到德性的真正本质的洞察，一种理智的观照（vision）行为，这种洞察和观照看到了"多"中的"一"。在《王制》中，柏拉图本人将这种辩证的思想进程叫作概括（synopsis）——在众多可以归入同一个型的现象中看到全部共同特征。梗概是《美诺》中描述这一逻辑行为的最佳词语。[②] 另一方面，辩证方法在这里被定义为"给出一种解释，并接受它、检验它"。[③] 这是一个非常关键的要点，因为它可以阻止我们认为当他谈到理智的沉思行为时，他正在思考某种完全不容置疑的东西。他坚持认为，一个辩证思维的答案（a dialectic answer），不仅必须是真

---

① 参见本卷第 183 页，注释④。

② "概括（synopsis）"这个名词出现在《王制》537c 中；动词"*συνορᾶν*"出现在《斐德若》265d 中，它是与"idea（观看广泛分布的事物，并将它们纳入同一个形式之下）"一词一起出现的。在《王制》537c 中，柏拉图从该词的动词形式导出形容词概括的（synoptic），以描述辩证法家的本质和能力。

③ 《美诺》75d。

实的，而且必须得到说话者从对话者那里得到的认可的支持。这就是预先假定，通过提问和回答，人们可以获得对通过理智沉思的行为所看见的东西的理解。后来，在《王制》和《书信》七中，这一点就很清楚的了：为获得对话者同意的这种耐心而艰苦的辩证探求，是接近型的"直观（vision）"的方法。①

在对《美诺》所提供的苏格拉底辩证法的逻辑内涵的分析下面，很难说是否潜藏着一套普遍的逻辑规则体系；如果有，它又是何种程度上的一套完整体系。尽管《美诺》达到的所有结论最终都是由对德性这一个问题的研究而产生的，但确实有可能存在一套逻辑体系。我们应该注意两个重要的事实：第一，整个对话，柏拉图从头至尾都显示了高度自觉的逻辑技巧；第二，他使用了大量技术性的表达方式来描述他的那些独立的有条不紊的步骤。在尝试做这样一个"练习"之前，②他必须知道他想要建立的规则。[166]在这方面，特别值得注意的是，他熟练地通过示例（paradeigmata）来解释逻辑过程，并一次又一次地指出它们的作用。因此，柏拉图用"什么是图形"这个样品性问题来说明"什么是德性"的问题。而正义是德性还是一种德性则由类似的问题"圆是图形，还是一种图形"来说明。③ 当苏格拉底说，其他颜色和白色一样也是颜色，曲线和直线一样也是一种图形时，④柏拉图是在为何谓 οὐσία [本质]作出一种解释：因为本质（正如《斐多》也表明的那样）不承认更多或更少，没有一种图形比其他任何图形更是图形。⑤ 但是，在品质或关系上可以更多一点或更少一点。后来，这些相同的事实在亚里士多德的范畴学说中被规定下来；但是，柏拉图也知道它们，而且，正如《美诺》所表明的，他在其青年时代就知道它们。⑥ （从这个角度出发对柏拉图的早期对话进行逻辑分析，将会是一件极其有趣的事情。）因此，很

---

① 《书信》7.341c。

② 《美诺》75a。

③ 《美诺》74b。

④ 《美诺》74d。

⑤ 《美诺》74e。曲线并不比直线更是（οὐδὲν μᾶλλον）一种图形，参见《斐多》93b—d。

⑥ 参见拙著《亚里士多德：发展史纲要》，第41—42页，我表明了柏拉图的《斐多》已经知道这一点。

明显，《美诺》不包含柏拉图为理解苏格拉底辩证法的逻辑特征的探索性尝试，事实是，《美诺》建立在一种对逻辑的全面了解的基础之上。苏格拉底在一个学生的帮助下进行他的探索，这个学生是学园中一个普通人的优秀代表。① 以这种方式，柏拉图使他的读者意识到基本的逻辑问题——如果不理解这些基本的逻辑问题，他们就不可能领会他的对话。他非常清楚地知道，他的文体形式给这些技术问题的说明带来的限制；即使如此，他仍然想方设法给外行一种此事甚难的概念以及这一系列新问题的魅力。

数学在《美诺》中扮演一种特殊的角色。毫无疑问，柏拉图一直以来对数学深感兴趣，因为即使他的早期对话也表明了他对数学问题的准确知识。当他在《高尔吉亚》中勾勒出新伦理学和政治技艺的轮廓时，他以医学为模型。现在，在《美诺》中，数学成了仿照的模型。他的方法显然是正确的。在美诺第一次想要界定德性的本质时，苏格拉底建议，作为一个模型，他应该先尝试定义什么是图形。② 在对话的第二部分，当苏格拉底和美诺改弦更张，重新开始定义德性时，再次引进了数学。他们仍然没有发现德性之所是；[167]但是，既然他们由于教育的原因都特别想知道德性是否可教，苏格拉底现在通过问"德性要是可教的话，它必须是什么类型的事物"来提出问题。他将这种假设的方法归诸几何学家。③（这里，我们可以省略他所使用的实例分析——在一个给定的圆中画一个三角形，其大小有无可能是某个给定的图形的大小。）

不过，数学不只是用来做详细的举例说明的正确方法，而且还是苏格拉底所瞄准的那类知识的一种一般说明。二者之间的相似之处是，它们都从感官所察觉到的现象开始——现象代表真正被研究的事物；但是，现象背后的事物本身不属于感官世界。它只有在灵魂中才能被

---

① 美诺被描述为是高尔吉亚的一个学生，高尔吉亚在色萨利（Thessaley）曾经教过他（70b，76b 及以下）；他接受过良好的基本训练。

② 《美诺》74b。

③ 关于假设的方法，参见 86e—87a。在《普罗泰戈拉》中，柏拉图以同样的方式表明，如果德性是知识，那么它必然是可教的。

认知，而这种认知的器官就是理性（logos）。苏格拉底向美诺清楚地表明了这一点：苏格拉底叫来美诺的一个家奴，一个比较聪明但没有接受过教育的孩子，在他的主人面前用一种提醒的方式问他问题，然后，这孩子自己就凭着一个简单的图形发现了正方形的面积等于边长乘边长的定理。① 这一教育实验的实施是对话的最精彩部分。柏拉图是在让我们瞥一眼他的沉思——这种沉思促使柏拉图断定科学确定性的源泉是纯粹的理智而与感性现象无关。当然，如果没有苏格拉底的帮助，奴隶就不可能完成所有这些导致他理解复杂的数学体系的步骤；他犯了所有天真的人——他们都从感觉出发开始他们的思维——在把握事物的真正原因之前都必然会犯的错误。但是，这个奴隶最终认识到了事情必然如此，别无他途；而且这种认识只能来自他自身的内在视力。一旦他清楚地把握住涉及到的数学关系的本质，这种视力就会以绝对的和无可避免的信念起作用。让他产生这种信念的不是他所接受的教导，而是他自己的理性及其对事物之必然性的洞察。②

　　为了约略显示这种理智视力的本质，柏拉图从宗教神话的世界中引进了理智视力的观念。既然希腊人无法想象一种没有已知对象的知识，再者，既然现有状态下的人的意识从未见过或知道任何类似于为理智所见的真理这样的东西（做几何证明的奴隶的意识例证了这一点），[168]柏拉图就把数学知识在灵魂中的潜在存在解释为一种在前世生活中见过的情景。③ 灵魂不朽以及灵魂在不同身体中轮回的神话，为这种假定提供了形式和色彩——这种形式和色彩是我们这些有限的必死之人的想象所需要的。④ 在《美诺》中，柏拉图不太关心将灵魂不朽设定为其道德人格概念的必要基础，⑤他更关心的是为他的新理论——即我们所有人生来就在灵魂中携带着知识——提供一种背景。倘若没有这样一种背景，灵魂中固有的知识就注定仍然是一种含糊而

---

① 《美诺》82b 及以下。

② 《美诺》85b—d。

③ 参见《美诺》85d 中的"回忆（anamnésis）"概念。

④ 《美诺》86b。

⑤ 在《斐多》中也是如此。

单调的猜想。由于与灵魂的前世存在和轮回学说相结合，柏拉图的回忆说就为思想和想象打开了许多意外的通道；而关于善本身的知识——这是我们必须毕生孜孜以求的——被证明为完全独立于一切外在的经验，几乎具有宗教般的价值。它像数学那样清晰可见；但它仍然对我们的人类生活起作用，就像从一个更高的宇宙而来的一束光芒。贯穿柏拉图的全部著作，数学就占据了这一地位：数学是型论的助手。数学永远是我们理解型所必须跨越的桥梁；[①]即使对柏拉图本人来说，当他着手寻找苏格拉底所寻求的知识及其对象的逻辑定义时，数学的地位也必然如此。

以此，柏拉图觉得他实现了苏格拉底的生命的目的；与此同时，他远远超出了苏格拉底一大步。苏格拉底总是以承认自己的无知而结束；而柏拉图则奋力推动知识的发展。尽管如此，柏拉图仍然将苏格拉底的无知当作其真正伟大的一种象征，因为他认为这是一种新知识的分娩阵痛——这种新知识奋力挣扎，诞生于苏格拉底经历分娩阵痛的心灵之中。这种知识就是灵魂内部的直观，《美诺》首次尝试界定和描述的，是对型的直观。因此，柏拉图在《美诺》中使人们对老师的"无知"有一种新的、积极的认识，并非出于偶然；这不是柏拉图本人第一次从这个角度突然看到它。但是，对他来说，在他能够将这种知识——这种知识从灵魂内部获取其全部的确定性——的奇异特征详细解释给他们之前，要将它如此这般显示给其他人是不可能的。当年轻的美诺在苏格拉底的邀请下，试图为德性下定义，并以一种错误的定义结束时（正如苏格拉底向他解释的那样，这种定义违反了辩证法的基本规则），他失望地说，[169]别人曾经告诉过他，苏格拉底拥有一种使人陷入绝境的危险技艺，他们在陷入绝境后进退两难。[②] 他将苏格拉底比作电鳗，谁碰到它，谁就会中毒麻痹。但是，苏格拉底弄钝了这个比喻的锋芒，他说，电鳗必须首先麻痹它自己，然后才能麻痹别人，因为他自己也是他的这个困境（aporia）——也即这种无可奈何状态——的牺牲品。[③]

---

① 参见本卷第 346 页及以下。

② 《美诺》80a。

③ 《美诺》80c。

但是，在与奴隶对话的插曲中，柏拉图表明这种无可奈何的状态成了求知和理解的真正源泉。① 显然，他在数学中寻找并发现了苏格拉底困境的完美相似物；数学上的例子鼓励了他，告诉他这世上有一种困境，它是真正解决一个难题的最重要前提。

《美诺》中的数学插曲有助于表明，"不知所措（aporein）"，也即"茫然无助"，是播种教育种子的肥沃土壤。它是通往确定知识的道路的第一步。在理智通往完整的自我意识的这一渐进过程中，感性经验的角色就是唤醒灵魂去"回忆"从永恒中所见的事物的本质。② 柏拉图（正如他在其他段落中坚持的那样）以感性事物是型的摹本，来说明感性经验的这种角色。在《美诺》中，柏拉图只是概述了苏格拉底意义上的知识是回忆；关于灵魂不朽和前世存在也是如此，在《斐多》、《王制》、《斐德若》和《法义》中才得到详尽阐释。对柏拉图来说，关键的事情是认识到"关于存在（being）的真理存在于我们的灵魂中"。③ 这一认识触发了探索的进程，并朝着自我认识有条不紊地前进。对真理的探求不是别的，无非就是灵魂连同天然潜藏于其中的内容的展开。④ 正如苏格拉底所暗示的，这一理论回答了一种深深隐匿于灵魂内部的渴望。⑤ 在《会饮》以及其他地方，柏拉图在他自己的学说——即爱欲（Eros）是一切精神努力的起源——中详细阐述了这一点。苏格拉底多次拒绝"教导（διδάσκειν）"一词，说这个词没有正确描述这一过程，因为它似乎是说我们的灵魂是被从外面灌输的知识充满的。⑥ 美诺的家奴认可数学定理的正确性，不是因为别人教给他这一定理，而是因为"他自己从他自身产生了这一知识"。⑦ 柏拉图在《普罗泰戈拉》和《高尔吉亚》中将他的教化与智术师的教育理想相对比，从而来解释他的新教化的道

---

① 《美诺》84c。

② 《美诺》81c，81d，81e，82b，82e，84a，85d，86b。

③ 《美诺》85c，86b。

④ 《美诺》86b—c。这里，对真理的探求似乎不只是苏格拉底"哲学"的本质，而且还是普遍人性的本质。

⑤ 《美诺》84c6。

⑥ 《美诺》84c11，84d1，85d3，85e6。

⑦ 《美诺》85d4：ἀναλαβὼν αὐτὸς ἐξ αὑτοῦ τὴν ἐπιστήμην。柏拉图对数学知识这种特例非常感兴趣，因为它与价值知识有共同的起源，这是柏拉图的主要关注点。

德纲要，[170]与此类似，柏拉图在此通过将苏格拉底的知识概念与智术师机械的学习概念相对比，来展开潜藏于苏格拉底思想中的深奥的知识概念。真正的学习不是消极被动的接受，而是一种辛勤的探索，真正的学习只有在学习者自觉自愿的参与中才有可能。柏拉图的整个描述说明了科学或哲学的探求有一种道德效果，它能锤炼品格。① 希腊的精神积极主动而充满活力；它在自身内部寻找界定其思想和行为的根基。这两种品质在柏拉图的《美诺》中得到了完美的表达。

柏拉图式的知识概念在得到了数学插曲的说明之后，照亮了对话的结局，苏格拉底再次提出了"什么是德性"这个老问题。② 我们说过，对柏拉图来说，知识的本质问题只不过是德性问题的一个分支。因此，在关于知识的讨论结束之后，从知识问题的讨论中学习一点关于德性问题的东西，就成了值得期待之事。③ 在第一部分中，在讨论知识问题之前，德性故意被天真地定义为获取各种好事物（金银财宝、高官厚禄）的能力。④ 这一定义仍然处于旧式的大众道德的水平——实际上，柏拉图从未完全脱离传统。这一临时定义由于加上"正义地和公正地"这样的限定词而接近于严格的哲学伦理学。⑤ 但是，这并没有界定正义和整个德性的关系；由于它用自身的一个部分（正义）来定义德性的逻辑错误，所以没有使德性的本质哪怕是清晰一点点。因此，这个定义预先假定了探求的对象是已知的。⑥

在这个阶段的探索中，柏拉图没有提到苏格拉底"德性即知识"的定义，但有一点始终是清楚的：在《美诺》的中间部分讨论知识，目

---

① 《美诺》86b。勇于探索是真正的英雄气概的标志。这显然是对卡利克勒斯之流的批评的猛烈反击，卡利克勒斯说，长期研究哲学会削弱人的精神意气，会使人全无男子气概，参见本卷第 157 页。

② 《美诺》86c5。

③ 参见本卷第 182 页。

④ 《美诺》78b—c。

⑤ 《美诺》78d 及以下。

⑥ 《美诺》79a—b。译注：苏格拉底追问的是作为整体的德性的本质，但美诺的定义"正义地获取好事物（如金银财宝、高官厚禄）的能力"，显然是以德性整体的一个部分（即"正义"）来代替"德性本身"，所以这个定义"预先假定了探求的对象是已知的"。

的是引入苏格拉底的知识概念，以便给德性下定义。现在，这个定义以上文提到的假设性定义的形式紧跟而来：如果德性可教，那么，它必定是一种知识。① 显然，健康、俊美、财富、权力这些东西——它们确实对人有好处——如果没有知识和理性相伴随的话，那么没有一个会被世人如此强烈地欲求。② 因此，这里的理性——phronésis［审慎］，[171]它告诉我们什么是真正的好事物，什么又是虚假的好事物，告诉我们应该选择它们之中的哪一个——必然是我们正在寻找的知识。③ 在《王制》中，柏拉图将其称为"正确地选择的科学"，并宣称生命中最重要之事就是获得这种类型的知识。④ 这种知识建立在型这一不可动摇的基础之上，型是最高价值的样式，它是灵魂在反思善好和正义等等之物的本质时在其自身之内发现的；它具有决定和指引意志的能力。这至少是我们寻找苏格拉底"什么是德性"这一问题的答案必须遵循的方向。

不过，柏拉图宁愿以一个真正的苏格拉底式的悖论（aporia）来结束对话。我们可以从中辨认出苏格拉底的旧困境——它是《普罗泰戈拉》的高潮：如果德性可教，那么德性必定是知识；而如果德性是知识，那么只有苏格拉底才能揭示教育的真正意义。⑤ 但是，经验似乎表明，这世上根本不存在德性的教师，因为迄今为止，从过去到现在，即使最伟大的雅典人，都不能将他们的卓越能力和高贵品格传授给他们的子孙。⑥ 苏格拉底非常愿意承认他们拥有德性。但是，如果德性是知识，那么它作为一种教育力量，应该行之有效。既然它并非行之有效，那么

---

① 《美诺》87b。

② 《美诺》87d 及以下。

③ 《美诺》88c5。

④ 《王制》618c。我们"应该忽略所有其他类型的知识，而只寻求这种知识（*eidénai*）"，在618c8—e4 中，柏拉图将这种知识描述为能够使我们在好与坏中间做出正确选择（*aireîsthai, aíresis*）的知识。

⑤ 参见本卷第 135 页。译注：在《普罗泰戈拉》中，主张"德性可教"的是普罗泰戈拉（这是智术师的职业及其宣称的必然要求），主张"德性不可教"的是苏格拉底（苏格拉底认为智术师们传授的根本不是真正的德性）。然而，经过论证，得出的结论是"如果德性可教，那么德性必定是知识"，但问题是，"如果德性是知识，那么只有苏格拉底才能揭示教育的真正意义"（智术师们没能力传授这种知识），所以称之为"悖论"或"困境"。

⑥ 《美诺》89e—91b，93a 及以下。

它必定是建立在"正确的意见"之上，[①]"正确的意见"只来自"神明的分配"，即 ϑεία μοῖρα，[②]但是神派送的这种正确意见不能使人们为他们自己的行为说明理由，因为他们并不拥有"对原因的理解"。[③]

因此，在《美诺》的结尾，我们似乎没有比《普罗泰戈拉》更前进一步。但这只不过是看起来如此而已。实际上，在《美诺》核心部分的数学范例的帮助下，我们已经越来越多地看到新的知识概念。它是一种全新的认知类型，不能从任何人那里学到，但是，如果探索者灵魂中的思想得到正确的引导，那它就会从其自身中涌现。柏拉图安排这些苏格拉底对话的引人入胜之处在于，即使在这里，当我们离结论近在咫尺时，他也不把结论告诉我们，而是让我们自己去发现。不过，如果他在《普罗泰戈拉》中提出的悖论[④]是要找到一种解决问题的办法，那么这一悖论就会证明苏格拉底在此处和在《高尔吉亚》中提出的教育主张的合理性。确实，按照智术师所理解的教导，新文化（paideia）是不可教的：因此，当苏格拉底说他不教导世人（也即不向他们提供外在的信息）时，他没有说错。[172]但是，通过断言德性必然是知识并向着这种知识前进，苏格拉底作为唯一真正的教育者取代了那些号称传授智慧的假先知。在《美诺》的结论部分中，柏拉图有意把苏格拉底与智术师的教育作对比，因为一个新的人物安尼图斯（Anytus）加入了谈话，而且谈话转到了正确的教育方法上面。"人怎样才能获得德性？"对话以这一问题开始，经由这一问题，对话发展了苏格拉底的知识概念。从一开始，对这一问题的讨论就一直朝着教育问题前进，与《普罗泰戈拉》一样，《美诺》也以一个困境（dilemma）作为结束。既然智术师们的教学不能使人变得有德性，既然天生（φύσει）拥有美德的政治家们的德性不能被传授给其他人，德性似乎只能因为神明的分配而存在——除非我

---

① 《美诺》97b 及以下。
② 《美诺》99b 及以下；99e 和 100b 中的 ϑεία μοῖρα［神明的分配］；99a 中的 ἀπὸ τύχης τινός［来自某种机运］。关于神的时运（tyché）或神的分配（moira）的观念，参见贝利（E. G. Berry）的专题论文《到柏拉图为止的 ϑεία μοῖρα 和 ϑεία τύχη 观念的历史和发展》（Chichago，1940）；该文提供了关于这一主题的早期文献；另可参见本卷第 306—307 页。
③ 《美诺》98a。
④ 《普罗泰戈拉》361b。

们能找到这样一位政治家（πολιτικός）：他能使某个人也成为政治家。但是，这个如此容易被忽略的"除非"，的的确确掌握着困境的解决方案：因为我们从《高尔吉亚》那里得知，柏拉图自相矛盾地认为苏格拉底是唯一一位真正的政治家，是能够使他的同胞们"变得更好"的政治家。《美诺》已经表明苏格拉底类型的知识是如何从人的灵魂中被唤醒的。因此，在结束的时候，很明显，苏格拉底相信德性既是天生的，又是可教的。当然，如果以通常的教育学意义来理解这些话语，那么德性便既不可教，亦非天赐——除非它是与生俱来的，比如一种无法解释的天赋或性情。

但是，苏格拉底的教育使命不只靠如他所设想的以及如柏拉图在《美诺》中借助于辩证法和数学所说明的那种知识的条理性。关于型的哲学知识——诞生于心灵对其自身内在秩序的反思——在柏拉图的对话中总显示为不同视角下的同一个事物：它是人的自然禀赋的真正实现。在《欧绪德谟》中，苏格拉底的智慧（phronésis）被描述为通向完美的幸福和真正的成功的道路。① 在那里，苏格拉底的信条几乎有一种普遍的重要性，如果他没有意识到自己正在用关于最高的善[好]的知识给人提供一个坚固的人生立足点，那么这当然是不可想象的。在《斐多》中，知识的力量——它高蹈于世界之上，放眼于世界之外——出现在老师安详、神秘的最后时光中；在那里，知识显示为哲人时刻为死亡做准备。② [173]他不断地用知识武装自己，不过，这种面向死亡的知识武装导致了他的最高胜利：他的死是一种圆满完成（apotheosis），他带着平静的欢乐离开了学生们，像一个真正的自由人那样。在那里，知识被描述为灵魂对自身的收拢③——柏拉图发明的不朽的心理意象之一：灵魂将自身从各个分散的感官——它们都涌向外在的感性世界——中"集中"起来，并专注于自身的内在活动。《斐多》最清晰地表达了精神和感觉之间的对比。

但是，柏拉图并未把哲人[为死亡作准备]的"修习（askésis）"，把哲

---

① 尤其参见《欧绪德谟》278e—282d，苏格拉底的规劝性演说。

② 《斐多》64b。

③ 《斐多》67c,83a。

人毕生所致力的知识和永恒的收拢，当作一种全心全意但一边倒的生活的象征。由于它赋予了人的精神生活比肉体生活重要得多的意义，所以这种生活是最自然而然的生活类型。一个在今生已经习惯于自己的灵魂离开肉体、因而对自己的灵魂所承载的永恒有把握的人，已经对死亡无所畏惧。在《斐多》中，苏格拉底的灵魂，像阿波罗的天鹅一样，在它离开身体之前，就已经翱翔于纯粹的存在（Being）之域。① 在《会饮》中，柏拉图将苏格拉底显示为狄奥尼索斯式人物的最高类型。关于永恒之美的知识（他上升到了对永恒之美的直观）是爱欲（Eros）的最高实现——爱欲是人类生活的基本动力，一位将宇宙内外维系在一起的伟大守护神。最后，在《王制》中，哲人的知识被呈现为灵魂为社会建章立制的源泉。因此，苏格拉底的哲学不仅是一种新的认知理论，还是对人类和神灵的力量的最完美的直观，即 *θεωρία*。知识是这幅画的核心，因为关于这幅画的意义的知识是指挥万物的创造性力量。对柏拉图来说，知识是通向神圣王国的向导。

---

① 《斐多》85b。

第八章 《会饮》:爱欲

[174]《吕西斯》(Lysis)是柏拉图的小苏格拉底对话中最富魅力的篇章之一,在该篇中,柏拉图探讨了友谊的性质。这是他第一次探讨一个对他的整个哲学具有基础意义的主题——在《会饮》和《斐德若》这两部作于成熟时期的关于爱欲的伟大作品中,他的整个哲学得到了充分而引人入胜的讨论。与他早期对话对特定德性的考察一样,对友爱的这一讨论构成了柏拉图政治哲学的宏大结构的一部分。他关于友爱的学说是一种政治理论——它将城邦首先看作一种教育力量——的核心部分。在《王制》和《书信》七中,柏拉图解释说,因为他没有值得信赖的朋友和同志来帮助他重建城邦而放弃了政治事业。① 当社会遭受重大的疾病并机体紊乱时,只有通过一个小范围但基本健康的人们——他们志同道合,能够创造一个新有机体的心脏——的联合才能开始它的康复。这是柏拉图的"友谊(φιλία)"一词的确切之所指。就社会不仅是

---

① 《王制》496c8,《书信》7.325d。译注:φιλία(philia),friendship,一般译为"友谊";根据柏拉图对它的理解,它是把人维系和凝结在一起的一种力量,因而是一切社会共同体的基本形式,相当于儒家所谓的"仁",而不仅仅是我们现代社会的那种个人关系;就其重点在"爱"而言,也许译为"友爱"更好。本篇的主题"Eros"一词,则根据语境分别译为"爱欲"、"爱情"、"爱""爱神"等。

人类的自然联系，而且是道德和精神联系而言，友爱是一切社会共同体的基本形式。

因此，问题涵盖的领域远比我们高度个人化的社会中的任何友谊观念都要更为广泛。亚里士多德关于这一主题的学说直接来源于柏拉图，在《尼各马可伦理学》中，他对友谊概念进行了细微区别和系统阐述，如果从亚氏角度追溯友谊概念的制定，我们就能更清晰地理解希腊语"philia"的意义。亚里士多德详尽阐述了人类联合(φιλία)的一切可能类型的一个完整框架，从最简单的家庭生活的基本形式到各种不同类型的国家和政制。这一社会哲学由之起源的根基，是苏格拉底及其学生(尤其是柏拉图)关于友谊本性的理论探讨、关于它在苏格拉底的生活和学说中的独特意义的理论思考。① [175]与发源于它的整个伦理学运动一样，人们很快就感觉到了这一意义深远的友谊观念，并宣称它是对解决城邦问题的一大贡献。

柏拉图时代的肤浅心理学不适当地教导说，友谊要么基于志趣相投，要么基于两极相吸。② 灵魂之间的这种简单比较或匹配流于表面；在《吕西斯》中——这是柏拉图第一次深入挖掘友谊概念的大胆尝试——柏拉图创造了"首个被爱欲者(πρῶτον φίλον)"的新概念，并且坚持要将其设定为人与人之间一切友谊的源头和起源。③ 我们爱任何事物都是因为我们爱这个终极的想往目标。④ 这是我们在任何一种人际联系中所要获得或实现的东西——无论其特征如何，换句话说，柏拉图正在努力寻找赋予人类社会意义和目的的本原；当《吕西斯》确立作为一种准则的"首个被爱欲者"的概念时，它暗示了这一本原的性质。在《高尔吉亚》中也有这样的暗示：柏拉图说，一帮过着盗匪生活

① 参见本卷第61页及以下。
② 《吕西斯》215a，215e；参见亚里士多德，《尼各马可伦理学》8.2.1155a33及以下。
③ 《吕西斯》219c—d。
④ 《吕西斯》219c—d。柏拉图在此叙述这一观念的方式使人想起《高尔吉亚》499e，其中，他将善(the Good)描述为一切行为的目的(τέλος)，并将其定义为，为它之故，我们才做其他一切事情。从《吕西斯》220来看，他想说的显然是同一个要点；220b的"τελευτῶσιν[他们实现]"和220d的"ἐτελεύτα[他实现]"，这两个词的意思与τέλος[目的、终点]相近。最高的φίλον[被爱者]是一切友谊所指向的目标：它们的终极原因。

的人要想组成一个真正的社会是不可能的。真正的社会只能存在于好人中间。① 其他苏格拉底对话把善的型预设为一个固定的参照点；因此，在讨论友爱的性质时，善的型也被设定为绝对和终极的标准。因为，尽管柏拉图没有公开这样说，有理解力的读者会知道，"首个被爱欲者"——即那个因它之故，我们爱欲其他所有事物的事物——意味着最高的价值，即"善本身"。② 因此，早在《吕西斯》中，我们就瞥见过在柏拉图关于爱欲的两部巨著中得到充分揭示的观点：无论何种类型的社会，都必须建立在这样一种观念之上，即人是被一种在其灵魂中确立的内在标准连结在一起的，是被一种至善的法则连结在一起的——这种法则还将人类世界与整个宇宙连结在一起。甚至在《吕西斯》中，为万物所爱欲的第一本原也已经显示为是超越我们这个世界的：因为它不是我们所爱的"善"，而是为万事万物所共爱而同趋的"善"。与之类似，《高尔吉亚》在拒绝了"强者的权利即正义"的学说之后，教导说，人类社会是宇宙最高均衡——也即万物与终极标准之间的一致——的组成部分，只是这个终极标准在那里没有得到进一步的规定。③

[176]柏拉图的技艺在《会饮》中达到了炉火纯青的地步；无论是分析这篇伟大对话的内容，还是用更容易的文字诠释其语言，任何言词都不可能曲尽其妙。我们在这里能做的，就是从教化的角度标记出其主要的主题。柏拉图已经通过标题表明了本篇不像大多数对话那样集中在一个主要人物身上。它不像《普罗泰戈拉》和《高尔吉亚》那样是一部辩证法的戏剧，也远非是《泰阿泰德》和《巴门尼德》那样的纯科学著作，它们二者是对一个特定问题的枯燥的系统研究。它其实根本不是一篇

① 《高尔吉亚》507e。

② 这是柏拉图早期对话所有讨论的目标确实是善的型（the Idea of Good）的确凿证据，因为《吕西斯》的文字形式和哲学态度将其置于柏拉图的早期对话之中，文体风格研究的结果也是如此。对话的日期及其在柏拉图思想发展中的意义，是波伦茨（《哥廷根学者通讯》[Gottinger Gelehrte Anzeigen]，1916，no. 5）和阿尔尼姆（《莱茵古典语文学杂志》[N. F.]，vol. 71，1916，364）之间一个非常有趣的争论主题。本人赞成阿尔尼姆给《吕西斯》一个比较早的创作日期。

③ 《高尔吉亚》507e—508a：共同体和友爱（φιλία）将宇宙维系在一起；它们以"善"（即最高标准的统治）为基础。

通常意义上的对话，而是多位杰出公众人物之间的一场演说比赛。代表各类希腊文化的精英人物聚集在肃剧诗人阿伽松（Agathon）家中。阿伽松刚刚在肃剧比赛中赢得了一次辉煌的胜利，可以说，他不仅是主人，而且还是贵宾；但在这个会饮的小圈子里，苏格拉底在演说比赛中赢得了奖赏——一场比观众的鼓掌欢呼更重要的胜利：在那场肃剧比赛中，有超过三万观众在剧院里为阿伽松的成功热烈欢呼。① 那场景极富象征性。不只是肃剧诗人阿伽松，那个时代最伟大的谐剧诗人阿里斯托芬也参加了宴会；既然直到苏格拉底这位最后发言的人发表演说之前，他们的演说是所有发言中无可争议的翘楚，那么《会饮》自然是柏拉图在《王制》中所坚持的哲学优越于诗歌的显见实例。但是，哲学只有现身为诗歌，才能达到如此高度——或者，哲学只有通过创造最高贵的诗作，超越任何微小的意见分歧，并以其不朽的力量将其真正的本质置于众人眼前，才能臻于如此高度。

通过场景的选择，柏拉图为这场关于爱欲的讨论提供了高度契合的背景。自古以来，宴饮对希腊人而言就是一个社交圈子，在那里，男子的德性在颂诗中得到庆贺。我们发现，这一点甚至在荷马那里也确实无疑。② 以已逝传统的改革者自居的塞诺芬尼，在宴会上对洗耳恭听的才智之士发表他对荷马神学的批判，③而泰奥格尼斯关于贵族教育的箴言诗则在觥筹交错间吟诵。实际上，泰奥格尼斯相信，他的诗歌之所以能免于湮没无闻，是因为这些诗歌能够在他死后仍在节日宴会上被吟唱；他的心愿并未落空。④ 他的教育学说与他对青年贵族居尔诺斯（Cyrnus）的爱紧密相连，[177]他的箴言诗就是说给居尔诺斯的；柏拉图对话的基础，正是宴饮与教育的爱欲之间的这种联系。不过，哲学流派中的教育尤其与传统和此种宴饮的惯例紧密相连；因为宴会已经成为教师和学生常规聚会的场所之一，故而呈现

---

① 《会饮》175e。

② 《奥德赛》1.338，以及其他地方。吟游诗人在宴会上吟唱英雄们的光荣德性。

③ 参见塞诺芬尼残篇1（第尔斯本）：诗人说宴会是 μνημοσύνη ἀμφ᾽ ἀρετῆς 的地方，即保持真正的德性的记忆的地方。

④ 泰奥格尼斯在其诗239行谈到居尔诺斯（这首诗是他写给居尔诺斯的）会活在后世子孙的宴会上；这里的意思是说，他会继续活在泰奥格尼斯的诗歌中。

出一种全新的特征。后柏拉图时代，在标题中有宴会字眼①的希腊文献中，有大量哲学和学术著作，通过哲学精神的介入——它带来了更为深刻的问题和更加丰富的思想——这些著作见证了对此种紧密联系的改造性影响。

　　柏拉图是这种新的、哲学形式的会饮的创建者。他对这种古老习俗的文学再现和哲学再诠释，与他对学园的智识生活的组织是一致的。在柏拉图晚年，会饮这种讨论形式的新意义就显而易见了。在亚里士多德和柏拉图其他学生的已轶著作的标题中，有些提到了宴会期间的行为举止的详细规定，也即柏拉图自己在《法义》中迫切需要的那类东西。② 在《法义》这部著作的开头，他就花了整整两卷来谈饮酒和酒会的教育价值，这是他为回应一些批评者的攻击而作的。酒会上的这种新行为规范（以后在《法义》中再做详细讨论）源自在学园中定期举行宴会的现有习惯。③ 在《王制》中，柏拉图赞成斯巴达的那种公餐（syssitia）习俗，④但他在《法义》中说，斯巴达教育体系最著名的失策之一是酒宴的缺失——其目的是只想反复灌输勇敢，而非教人学会自制。⑤这里有一条鸿沟，一条柏拉图不想在学园提供的教育中填平的鸿沟［理性的力量与非理性的力量之间的鸿沟］。伊索克拉底的学校采取了截然相反的态度——因而反映了其领导者的清醒和节制，他认为雅典的

---

① 马丁（J. Martin）在其《会饮：一种文学形式的历史》（*Symposion: die Geschichte einer literarischen Form*，Paderborn，1931）中，讨论了宴饮及其现存文献中的希腊文学。柏拉图的学生亚里士多德也写了一部《论宴饮》（*Symposium*），普鲁塔克在其《席间闲谈》（*Quaestiones Convivales*）的导论中告诉我们，斯鲁西波（Speusippus）记录了发生在宴会（symposia）上的谈话。

② 参见《法义》641a。根据 5. 186b 中的记载，柏拉图的学生阿忒那奥斯（Athenaeus）和学园的第二继承人色诺克拉底（Xenocrates）为柏拉图的学园编撰了"宴会规则"（νόμοι συμποτικοί）；而亚里士多德也为逍遥学派制定了同样的规则。后一个事实得到了现存亚里士多德著作目录的证实，目录包含一卷"餐饮会所（syssitia）规则"或"论公餐或宴会"，三卷"餐饮会所问题"。1. 3 及以下阿忒那奥斯提到的"王者守则（νόμοι βασιλικοί）"显然是与"宴会规则"相同的东西，因为后者是给宴会主人或宴会之"王"使用的。在最后提到的一段文章中，柏拉图的直接继承人斯鲁西波据说也编撰过诸如此类的守则。

③ 参见本书第三卷，第 270 页及以下。

④ 《王制》416e。

⑤ 《法义》637a 及以下，639d，641a 及以下。

年轻人是被过度的饮酒作乐给毁了；①关于爱欲，他必定感受到了同样的东西。相反，柏拉图却把（酒神）狄奥尼索斯（Dionysus）和（爱神）爱若斯（Eros）的这两种强大的力量征用来为他的理想服务。柏拉图为他的信念所激励，相信哲学能赋予所有生命以新的意义，甚至能把那些处于危险边缘的生命改造为积极的价值。[178]他确信他能将这种哲学的精神注入整个当代世界；柏拉图觉得，所有这些他的教育将徒劳地与之奋力搏斗的自然本能的能量，都应该反过来为教育做出贡献。他关于爱欲的学说是弥合阿波罗[理性的力量]和狄奥尼索斯[非理性的力量]之间鸿沟的一次大胆尝试。他认为，如果一个人希望达到澄明的高度（the height of illumination）——这对追求善的型的精神来说是可能的——那么，要想忽视更新之后的非理性力量的那种取之不尽、用之不竭的精力和热情是不可能的。《会饮》所基于的思想是爱欲与教育的结合。如我们已经表明的，爱欲与教育的结合不是一种新思想，而是一种旧传统，柏拉图的进步之处在于：在一个清醒的道德启蒙和理性主义的时代，当古希腊的这种以男童为对象的爱欲，及其全部无可置疑的罪恶和高贵理想，似乎肯定要被贬谪以至于湮没无闻时，他使它得到了重生和净化，并使它变得高贵。他在这最后的[哲学之爱欲的]形式——作为两个紧密相连的灵魂的最高形式的精神翱翔，朝着永恒之美的王国的精神翱翔——中赋予了它不朽的生命。我们对形成这一提炼过程的个体经验一无所知，但这些经验启发了世界文学史上一部最伟大的诗意想象之作。它的美不仅在于其形式的完美，还在于其真正的激情与心游万仞的纯粹思想的结合，在于真正的激情与道德的自我解放的力量的结合，这种道德的自我解放的力量在最后一幕中表现出了凯旋的勇气。

我们已经看到，柏拉图思维和写作的方法总是一样的，它是两种因素的结合：一种是达到普遍有效的理想[如型的世界]的努力，另一种是对生活的全部具体事实的生动了解。他的对话的形式表明了这一点，他的对话总是聚焦于特定的情景和真实的人物，并最终聚焦于作为一

---

① 《战神山议事会辞》48—49。

种整体来看的精神处境。在当前框架内,苏格拉底在其辩证法的帮助下,试图与其同伴们达成某种谅解,就[什么是]他们共同的美好事物取得一致意见。这导致了对参与说话者的共同问题的讨论,他们齐心协力,谋求一种可以涵盖全部分歧的共同解决方案。《会饮》正是这种确定的思想和道德状况的产物,比任何其他对话都有过之而无不及。[179]它注定要被当作一部那个时代真实声音的大合唱,在这部大合唱的结尾,我们听到了苏格拉底胜利的歌声高高飘扬,引领所有其他人的歌声。作为一部戏剧,《会饮》的吸引力在于作者区别人物特征的高超技艺;柏拉图将不同的爱欲概念个性化,且将它们汇聚成一支宏伟的、对比强烈但又和谐一致的交响乐。我们在此想要完全重现所有这些方方面面是不可能的,但对理解苏格拉底的狄奥提玛(Diotima)演说而言,它们确实全部无可或缺。苏格拉底的演说是整个戏剧结构的顶峰,而其他演说却没有被不适当地比作通向顶峰的台阶。要想知道柏拉图为什么使《会饮》成为一部独立演说的合集,从而抛弃了通常使用的严格的辩证法次序,我们只要试想一下在苏格拉底对话的通常形式中关于爱欲的讨论,及其连续不断的定义尝试[会是什么样子]就可以了。不像在大多数对话中那样,在本篇中,苏格拉底不是整个讨论团体的领袖人物,他只不过是演说者之一——是他们之中的最后一个演说者,实际上,这是一个适合他那种特有的反讽风格的角色。正是因为这个原因,直到作品的结尾,辩证法才出现,在那里,辩证法与发生在它之前的高雅的修辞学和诗歌形成显著的对比。比赛的主题是对爱神(Eros)的赞颂。这个题目为作品的特殊结构提供了完美的动机,各个演说所发表的位置反过来又说明了作品的特殊结构和他们发表演说的动机;不同发言人的一系列独立的即兴演说,不允许作者以一种相互关联和就事论事的方式来对待这个题目。一篇颂辞就是一篇修辞学作品:最为重要的是,关于神话主题的颂辞确实是一篇修辞学作品——神话主题是那个时代的修辞学家喜爱的展示品。在柏拉图写作《会饮》期间,柏拉图撰写了另一部相同类型的作品《美涅克塞努》。柏拉图一度以此与其竞争对手(即雅典的修辞学派)进行公开比赛——因为《美涅克塞努》的葬礼演说词也是修辞学特别喜欢的一个展示领域。

斐德若(《会饮》中第一个发言者,他是提出赞美爱神的想法之"父"①)提出这样的建议,纯粹是作为进行修辞学练习的一种挑战,他希望在他从智术师那里学来的修辞技巧的帮助下完成这项修辞学[演说术]表演。[180]他经常抱怨诗人——他们的职责是用诗歌赞美诸神——因为从没有一位诗人愿意创作一首颂歌赞美爱神;②而现在,他通过一篇用散文写的颂辞承担了填补空白的任务。故意向诗歌发起诸如此类的挑战是智术师们的修辞学的惯例。这里以及在接下来的演说中,柏拉图的艺术展示了其全部高超技巧。宴会上,各种智识类型,连同其匹配的文体风格,都得到了再现和模仿。斐德若像智术师的一名真正学生那样,大量引用古典诗人的格言,在关于诸神的谱系方面挑战赫西俄德以及其他权威,列出了爱神(Eros)这位"诸神中最古老的神"的家族谱系。③ 他的演说的主要主题是爱若斯的社会功能:是爱若斯激发人们建功立业的雄心,潜移默化滋养人的德性,没有爱若斯,友谊、共同体、城邦都不可能存在。④ 因此,从一开始,讨论就旨在为爱欲寻找一种高级的道德依据,而不是更准确地界定其本质或者对其各个方面进行分门别类。

无论如何,第二个发言者泡撒尼阿斯(Pausanias)试图填补这个空白。在宣布这个题目太过模糊,斐德若的发言是泛泛之论后,他承担了尽可能精确地定义爱情的任务。因此,在第一个发言者为情爱关系设定了一个理想的基础之后,他接着第一个发言者使这一理想更加清晰。他仍然用斐德若讲神话的语气指出,既然阿芙洛狄忒有两个,那么爱肯定也有两种:天上的爱(Eros Uranius)和地上的爱(Eros Pandemus)。⑤人们会记得赫西俄德在《劳作与时日》中曾经以同样的方式区分两位对立的纷争女神(Erides);他用她们代替了传统的单个不和女神厄里斯(Eris)。⑥ 柏拉图在此似乎是追随赫西俄德的先例。泡撒尼阿斯接着

---

① 《会饮》177d。类似地,在《斐德若》257b 中,吕西斯被称为"讲辞之父"。

② 在《会饮》177a 中,他的朋友厄律克西马库斯这样说。

③ 《会饮》178b。

④ 《会饮》178d。

⑤ 《会饮》180d。

⑥ 参见本书第一卷,第 79—80 页。

说,属地的阿芙洛狄忒确实是一种不加选择的乱爱,是可鄙的和廉价的,目的只在肉体欲望的满足;而另一种爱,有着神圣起源的爱,完全是以男童为对象的,没有沾染任何荒淫和荒唐,急切地为被爱者的幸福服务,帮他达到完美的状态。① 他宣称这第二种爱是一种教育的力量,不仅在其消极的意义上——斐德若的演说把这种力量归之于爱情,因为心中有爱的人不屑于不义之事,爱情会让他远离卑鄙无耻的邪恶行为,②而且在其积极的本性上,也是一种教育力量,它为被爱者服务,使他能够发展他的人格。③ 根据这一观念,为了证明爱欲的物理方面的正当性,必须假定肉体吸引与理想抱负的"巧合一致";④[181]但是,泡撒尼阿斯(他正在为这种类型的爱欲辩护)发现,要想让这两个方面相互匹配殊非易事,很显然这只不过是一种折中方案。也许,在那个时代有许多此种类型的爱情的追求者,以至于柏拉图要在这里对它进行充分的描述。当我们将泡撒尼阿斯的演说和狄奥提玛的演说进行比较时,我们注意到,泡撒尼阿斯将他对"值得追求"的爱与"不值得追求"的爱的区分建立在爱欲之外的基础之上,而不是建立在他自身原初的本性之内。

他做了一个特别富有启发性的尝试,用对这件事情的主流道德判断的不确定性来支持他的理论。为此,他引用各个国家对这种以男童为对象的爱欲所持的不同观点并加以比较。⑤ 在埃利斯(Elis)和波奥提亚,也即在大多数原始的、智识不发达的希腊地区,同性之间的爱情受到完全的尊重。另一方面,在伊奥尼亚(在希腊的波斯前线),这种同性之间的爱情受到严厉的谴责。泡撒尼阿斯宣称,这是因为他们受到了东方蛮族人及其政治态度的影响。任何一种专制主义都建立在猜疑和不信任之上,在这样一种政体中,同性之间的热切友谊总是受到怀疑,因为它们会导致阴谋和反叛。根据一半是传说、一半是史实的传

---

① 《会饮》181b 及以下。

② 羞耻(αἰσχύνη)的动机出现在斐德若的演说中,参见《会饮》178d。

③ 作为这种爱的目标的德性和教育概念,参见《会饮》184d—e。

④ 《会饮》184c:συμβαλεῖν εἰς ταὐτὸν[合为同一个东西];184e:συμπίπτει[融合起来]。

⑤ 《会饮》182a—d。

统,一个实际例子就是哈摩迪乌斯(Harmodius)和阿里斯托吉吞
(Aristogeiton)为雅典民主制度奠定了基础,这两位爱人曾经发誓要同
生共死。此后以他们为荣的雅典信仰难道不是对他们之间爱情的核准
吗？泡撒尼阿斯不遗余力地证明主导这种友爱的是一种精神理想,在
雅典和斯巴达人看来,正是这种精神理想使他们与纯粹的感官肉欲的
满足相区别,让他们为公众意见所接受。不像别的城邦那样,雅典和斯
巴达的态度既不全心全意地支持他们,也不反对他们。他们的态度复
杂而模棱两可,是两个极端之间的中道。因此,泡撒尼阿斯相信,通过
解释此类爱情无法预料的政治和道德结果,他能够让有文化的雅典人
对他那种理想化的和教育类型的爱情更富同情。

　　值得注意的是,泡撒尼阿斯不只谈到雅典——他把斯巴达也带了
进来。在道德问题上,斯巴达似乎是一个特别重要的权威;但实际上,
斯巴达只是一个对他有利的蹩脚证据。泡撒尼阿斯所持的观点,像同
性恋传统本身一样,实际上来源于斯巴达。[182]同性恋传统起源于民
族大迁徙时代,其时,武士部落生活在永久性的营地里,就像战斗的斯
巴达人仍然这样做的那样;与其他希腊人相比,这个时期对那时的多利
安人来说,远没有那么遥远。这一传统很快传播到了希腊其他地区,但
仍属斯巴达风气最盛。而当斯巴达被推翻并失去其社会声望时——这
件事发生在《会饮》完成不久之后,娈童恋,至少是作为一种道德理想的
娈童恋,很快就销声匿迹了,只作为同性恋(cinaedi)的可鄙恶习而继续
存在。娈童恋在亚里士多德的伦理和政治体系中也不扮演任何角色,
而当柏拉图晚年写作《法义》时,他也不假思索地谴责它违背天性。[①]
因此,即使是泡撒尼阿斯通过历史比较来处理这一主题的方法也表明,
《会饮》标志着早期希腊人和晚期希腊人对此事的情感边界。在柏拉图
的思想中,爱欲与城邦及其所代表的古老希腊传统一样,仍然保持着同
等的地位:也就是说,这些传统仍然完全真实有效,充满生机,与那个过
渡时期的任何希腊人相比,对柏拉图来说更加如此;但这说的只是这些
传统的理想本身,它面貌一新,被带入到新的时代,并与新时代形而上

---

① 《法义》636c 及以下。

学的核心相联结。联合新旧两种爱欲观的折中尝试显然太过脆弱。柏拉图不可能满足于泡撒尼阿斯的爱欲观。

接下来发言的是厄律克西马库斯(Eryximachus)。他代表第三种类型的精神传统。作为一个医生，他从对自然的观察开始，①而不像他的先行者们那样，将自己局限于人类生活的事实。尽管如此，他没有脱离这一主题的修辞学步骤：尽管他从各方面对爱欲的本性进行了解释，甚至正因为如此，他仍然赞美爱神是一个伟大而神奇的神祇。对爱欲的这种宇宙论解释早在赫西俄德就开始了，赫西俄德在其《神谱》中将爱欲置于世界的开端，将其实体化为根本性的创生力量，这种创生力量在后来历代诸神的创造中都有体现。② 早期希腊哲学家如恩培多克勒和巴门尼德从赫西俄德那里接过宇宙论的爱欲观，试图用它来解释自然科学的具体细节。他们说，爱欲促使宇宙中的各元素相互结合，形成各种不同的自然形式。宴会的第一个发言者斐德若，曾对这些早期哲学家做过博学的暗示，他利用他们来支持他半正式半开玩笑地为爱神构造的世系。③ [183]不过，现在，厄律克西马库斯系统地论证说，爱欲的这种创造性力量是解释整个自然世界的生成和消逝的本原，因为正是这种根源性的爱，这种创生力量灌注和清空的节奏性律动，使万物充满生机，并盈虚消息。④ 初看之下，正如泡撒尼阿斯从当前流行的法律规范开始，从社会习俗开始，想要在爱欲的表现形式之间作出区分是不可能的一样，从这种自然假设开始，并在爱欲的各种表现形式之间坚持任何道德区分也是不可能的。不过，作为一名医生，厄律克西马库斯也在健康的爱欲和病态的爱欲之间进行了明确区分。⑤ 他认为，健康的爱欲和病态的爱欲的差异（这种差异遍布于自然），是前述道德区分必须建立于其上的一个总分母。健康是自然中对立元素的恰当混合。疾病是对这些元素的和谐与一致的一种危险干扰；他坚持认为这种和谐

---

① 《会饮》186a。

② 参见本书第一卷，第80—81页。

③ 《会饮》178b。斐德若没有说出恩培多克勒的名字，但他确实引用了谱系学者阿库西劳斯(Acusilaus)的散文。据说，阿库西劳斯曾将赫西俄德的诗译成散文。

④ 《会饮》186b；爱欲的灌注与清空，参见 186c。

⑤ 《会饮》186a—c。

与一致是爱欲的本质。①

现在，我们开始理解，柏拉图为什么要选择一名医生来代表看待爱欲的自然主义态度了。② 这是为了说明其中的分别，要点在于爱欲可以分为不同的价值等级。如《高尔吉亚》所示，柏拉图将其道德学说和教化设想为医学理论的对应物：身体有健康和不健康状态，不健康状态需要合适的治疗（ϑεραπεία）。身体的自然状态（physis）类似于柏拉图的精神和道德的自然状态——它意味着一种自然状态应该遵守的标准和准则。厄律克西马库斯认为，健康的爱欲对宇宙的各个领域和所有人类艺术的统治，是健康状态和一切真正的和谐的原则。他的和谐学说建立在赫拉克利特的对立统一理论之上③——后者曾经极大地激发了那个时期的其他医学思想家们的兴趣，我们尤其可以从托名希波克拉底的论文《饮食论》（On Diet）中看出这一点。④ 医学的功能是在身体的各种对立的力量之间实现和谐与平衡；音乐的功能，则旨在宫羽相变，低昂互节，八音协和。当然，要在节奏和谐音的基本关系中，看出构成音乐的简单元素之间的相似和互补并不难；在这个阶段谈论爱欲的"两分"是不可能的。但当我们到了实际的音乐创作时，[184]或者将节奏与和谐运用到人身上时——"这就叫作教化"——我们就需要极大的艺术技巧。⑤ 我们应该亲近那些得体的人（κόσμιοι），把握他们的爱；我们应该将其作为一种手段，把这种得体注入那些行为尚未得体和端正的人之中。这种爱是属天的爱，是 Eros Uranius，即对缪斯女神乌拉尼亚（Muse Urania）的爱。不过，Eros Pandemus，即对缪斯女神波吕绪尼亚（Polyhymnia）的爱，我们必须小心运用：享受其快乐是可以的，但我们应该多加小心，不能让它毫无节制——正如医生必须知道如何运用和掌控烹饪艺术一样。⑥

在厄律克西马库斯的这一演说中，爱欲成了一种如此包罗万象的

① 《会饮》186d—e。
② 对医学及其处理问题的特殊方法的指示，参见《会饮》186a，186b，186c，186d 等。
③ 《会饮》187a 及以下。
④ 尤其可参见希波克拉底，《饮食论》I。
⑤ 《会饮》187c—d。
⑥ 《会饮》187d—e。

隐喻性力量，以至于它几乎失去了自己的独特品格。但接下来出场的是阿里斯托芬，他发表了一篇才华横溢的长篇大论。阿里斯托芬回到爱欲的具体事实，试图以一种大胆的诗性想象来解释这些具体事实。他思考的主要是爱欲对于我们人类的神秘力量，确实，要将这种神秘力量与任何其他事物相比都是不可能的。① 这种潜藏于我们内心的强烈渴望，只能由人类种族的特殊本性来解释。他接着讲了一个荒诞离奇的神话故事。最初的人和我们现在是完全不一样的，他说，他们最初是球形的，有四条胳膊、四条腿，可以任意行走，动作迅速，就像车轮一样前后翻滚。但是，诸神因为害怕人类的力量和他们对天庭的威胁，就把他们一劈两半。这一引人入胜但意味深长的想象说出了前三个演说一直在徒劳地寻求的真理。爱欲起源于人对于完整的形而上学的渴望，对于个体的本性来说，要想拥有这种完整永远是不可能的。对完整的渴望表明，人只是一块未完成的碎片，只要生存于孤独无助的分离状态之下，就会永远都在努力寻求和与之匹配的另一半结合。② 阿里斯托芬的思路，是将爱欲看作自我获致完美的进程的一个必要部分。只有通过与另一半的结合，通过与心爱之人的结合，才能做到这一点，心爱之人会将他身上需要补充的力量补充完整，这种结合会帮助他们在原初的完整中占据自己的位置，并最终使他们恰如其份地起作用。阿里斯托芬的这一象征手法直接将爱欲拉进了教育和塑造人格的进程之中。阿里斯托芬不仅将爱欲看作两个同性之间的爱情，而且更为普遍地以爱欲所呈现的每一种形式来看待它。③ [185]爱欲者互相之间感受到的激情使他们不愿意哪怕是分离片刻。但是，那些如此这般朝夕相守的人们却不能解释自己到底想从对方那里获得什么。显然，使他们双方如此渴望和享受长相厮守的不仅仅是性的结合。双方的灵魂都想要某种别的难以名状却只能以朦胧的预感猜想的东西。④ 阿里斯托芬认为，通过与相合的另一半结合在一起，他们可以恢复一种肉体的合

---

① 《会饮》189c—d。
② 《会饮》191a，192b 及以下；192e—193a。
③ 《会饮》191d 及以下。
④ 《会饮》192c—d。

———但是，这只是难以形容的精神和谐与完整的一种想象性形象，阿里斯托芬说这种和谐与完整是爱情的真正目的。在《美诺》中，知识被解释为对前世生活所见的纯粹存在的回忆。爱欲在这里被解释为人回归自然整体的渴望——在世界早期，他原初地就拥有这样的自然整体，因而也被解释为对一个永恒的未至之境的强烈愿望。这一未至之境在阿里斯托芬的神话故事中，仅仅被描述为我们曾经失去而又寻求再次恢复的原初状态。但是，如果我们从狄奥提玛的演说来看它，那么它显然是对理想的善的标准的第一个模糊的暗示——在这一理想的善之中，人类一切真正的友谊与爱情都得到了完满的实现。

在苏格拉底接手主题之前，最后一个发表演说的是年轻的主人阿伽松（Agathon）。阿伽松发表的是一篇精致优美的爱神颂词，它与阿里斯托芬夸张的表演形成有意的对比。谐剧家的演说把同性之间的爱欲拓展到一般意义上的爱的本质的讨论；而现在，一个广受欢迎的肃剧家（同时代的谐剧诗人常常嘲笑他是一个花花公子）将以男童为对象的爱欲推到幕后，而在其最普遍的形式中来谈论爱情。他说，他不会追随其他演说者赞扬爱神赐予人们的好处，而是会从描述爱神的本性开始，然后说明爱神的恩惠。[①] 他对爱神的描述几乎完全没有心理学的内容——当我们将其与阿里斯托芬的演说（这一演说集中描述爱欲对人的灵魂的影响）相比较时，想要不注意到这一点是不可能的。不管怎样，阿伽松的演说充满了高尚的理想。阿伽松非常认真地对待爱神的完美问题，推论说他必定是完美的，因为他是神圣的。不过，既然每一篇将爱神人格化为一种神圣力量的颂词，都肯定是从人自身那里获得其品质的——爱神的力量呈现在人身上，[186]那么，对赞颂者的心理来说，指出他是将爱神作为被爱欲者的一种反映还是作为爱欲者的一种反映就至关重要了。阿伽松选择了前者。他天生就是一个多情的人，他赋予了爱神讨人喜欢的尤物的特征，而非一个热烈的求爱者的特征。[②] 他以纳西索斯般（Narcissus-like）的深情，使他的爱神形象成了

---

① 《会饮》194e。

② 《会饮》204c。

自身的翻版。从这个角度看，阿伽松的演说在《会饮》总体框架中的这个特定位置上的目的和意义，在后来的发展中会变得很清楚。

他说爱神是诸神中最高贵、最俊美、最优秀的。① 他年轻、优雅、温柔，只生活在繁花似锦、花香四溢的地方。暴力永远与他无涉：他的法则是自愿侍奉。他拥有一切美德——正义、自制、勇敢和智慧。他是一位伟大的诗人，无论我们以前对作诗多么外行，但只要身处爱情之中，那么每个人都会成为诗人。自从爱神居住在天庭，天上的政制也从残酷变为美好。是爱神教给了绝大多数神灵各种艺术和技艺。这就是阿伽松的陈述，他以一篇散文写就的颂词来结束他对爱神的赞颂，他的颂词结构平衡，和谐悦耳，以至于可以与从前的任何诗歌相媲美。②

柏拉图选择这一演说作为苏格拉底演说的直接背景。他把阿伽松这个精致的感官主义者和微妙的唯美主义者作为哲学上的禁欲者的适当陪衬——这位哲学上的禁欲者无论是在其激情的力度上，还是在其对爱欲的理解的深度上，都远胜于他。苏格拉底现在开始做别人之前做的事情。他认为自己处境不利，因为他要跟在那么多杰出的演说者之后，只好另辟蹊径。他说他同意阿伽松的做法，在描述爱神的行为之前，先界定他的本性。③ 然而，他自己却以一种截然不同的方式来处理这一主题。他不是用修辞学的方法来夸赞爱神的重要和美丽，而是（如他惯常所做的那样）试图找出爱欲的真相。因此，即使在其尝试性的第一步中，在其与阿伽松简短的准备性对话中，当辩证法的方法也是半严肃认真、半开玩笑地来使用时（在《会饮》中，这是第一次），他就把我们从诗歌最高级别的虚无缥缈中召回到心理学真理的坚实土地之上。苏格拉底说，每一种爱，[187]都是对某物的爱——对人们所缺乏的某种东西的欲望。④ 因此，如果爱神努力想获得美，那么他自身就不可能（如阿伽松所言）是美的，他必定缺乏美。就像一棵树从一个树根生长出来一样，柏拉图让苏格拉底和狄奥提玛的爱欲学说从这一否定性的

① 《会饮》195a 及以下。
② 《会饮》196a—197e。
③ 《会饮》199c。
④ 《会饮》199d 及以下。

辩证观点生长和展开，但它不是以辩证法的形式，而是以与阿伽松相反的故事方式展开的，他还解释了爱神是怎样从富足神（Plenty）和贫乏神（Poverty）那里获得生命的。① 尽管如此，柏拉图以其惊人的修饰能力，有意没让苏格拉底能言善辩的天才碾压众人，让他们哑口无言——因为这是一个无拘无束的欢乐和大胆放飞想象的场合。当苏格拉底向阿伽松提出第一个问题时，阿伽松就宁愿优雅地认输，并承认自己好像不知道刚才一直在说什么；②苏格拉底让他不要介意。这种做法削弱了以精确的逻辑次序进行的学术性诘问的锋芒，这种诘问在优雅的社交圈子中是不合适的，但柏拉图通过将事件置于遥远的过去——在那里，战战兢兢、疲于应对的提问者苏格拉底本人成了幼稚的受审查者——想方设法完成了辩证法的对话。苏格拉底向客人们复述了一场关于爱欲的对话，这场对话很久之前发生在他与曼提尼亚（Mantinean）的女先知狄奥提玛之间。③ 这使得他所想要说的一切都显得不是他自己的超人智慧，而是圣人的启发。柏拉图有意选择这一启蒙形象，并将其植入神话故事之中。神样的狄奥提玛谆谆善诱，一步一步地将她关于爱欲的知识介绍给苏格拉底——在这一过程中，读者应该能在导致最后启示的宗教仪式中区分它们的高低程度。在希腊宗教中，秘仪是最个人化的宗教形式，它就像苏格拉底自己的一种个人启示，因此苏格拉底描述了哲学家的登顶之路，在这个顶点，对内在于一切爱欲之中的永恒之美的渴望最终得到了满足。

爱神不美丽；当然，他也不丑陋。确立了这一点，由此可以得出他介于美丽与丑陋之间的某个位置。与此类似，他也处于智慧与无知之间。他二者都不具备，而是处于二者之间的中间位置。④ 他来源于完美与不完美之间的某个地方，这一证据也说明了他不可能是一个神。他既不拥有善与美，也不拥有幸福——不拥有神性的所有关键品质。⑤ ［188］尽

---

① 《会饮》203b。

② 《会饮》201b。

③ 《会饮》201d 及以下。

④ 《会饮》201e—202b。

⑤ 《会饮》202b—c。

管如此，他也绝不是凡人。他介于可朽者和不朽者之间。他是一个强大的精灵：一个像介于诸神与凡人之间的媒介物那样行动的精灵。①这给了他在柏拉图神学中一个极其重要的地位。他弥合了尘世与天国的鸿沟；他是纽带，是使整个宇宙结合在一起的韧带（syndesmos）。②他有双重特性，这是他从性质不同的父母那里继承的遗产，他父亲是富足神，母亲是贫乏神。③因为分有母亲的贫乏，所以他从未富足，他生来就充满欲望，精力充沛，永不疲倦，是一个了不起的猎人，一个敢做敢为的勇士，一个心思缜密的策划者，终生追求智慧，是玩弄巫术的骗人能手。他在一天之内既可以生机勃勃、繁花似锦，也可以马上衰亡，又凭借他父亲的禀赋而再生；因为所有他获得的东西总是会从他那里再次流失，所以他从来不会完全富足或者完全贫乏。④因此，爱神的比喻性谱系（苏格拉底以此取代赫西俄德版本）由于对他的本性的描述而得到了巩固。通过将爱神置于美丽与丑陋、智慧与无知、神圣与凡俗、富足与贫乏的中间位置，苏格拉底设法使他与哲学相联系。诸神不追求智慧（philosophize）——因为他们拥有一切智慧；另一方面，顽愚无知之人也不渴望知识或教育他们自己——因为无知的真正灾难在于一无所知却深信自己知道。只有哲学家才努力求知——因为他自知其无知，他知道自己知识的缺乏。他立于智慧与无知之间。因此，只有他才能接受教化（capable of culture）并且真心诚意地专注于求知。爱神，从其整个品格来看，显然与哲学家属于同一范畴。爱神是一位真正的哲学家，他处于智慧与无知的中间状态，全身心沉浸于奋斗与向往之中。⑤阿伽松曾经将他描述为一切可爱和被爱之物；现在苏格拉底用不是从被爱者而是从爱者而来的线条，描绘了一幅对手画。⑥他永远不会安于现状，而是总满怀抱负，因为他永远在努力完善自己并赢得永

---

① 《会饮》202e。
② 《会饮》202e。在《高尔吉亚》508a中，柏拉图关于友爱说了同样的话：它将宇宙连结在一起。
③ 《会饮》203b—c。
④ 《会饮》203c—e。
⑤ 《会饮》204a—b。
⑥ 《会饮》204c。

恒的幸福,苏格拉底将他与幸福和完美地止息于自身之中的东西相
比较。

现在,狄奥提玛从对爱神的本性的探讨,转向他对人类价值的讨
论。① 不过,有一点已经明确,即他的价值不在于他所带来的任何社会
效果,如其他哲学家们所说的那样——在于激励建功立业的雄心和值
得敬佩的羞耻心(斐德若),[189]或者在于热爱者随时准备在教育上帮
助被爱者(泡撒尼阿斯)。这些说法当然不算错;但我们很快就明了它
们不是全部真理。狄奥提玛为对美的欲望给出了一种真正的苏格拉底
式的解释(她同意爱欲就是这样一种欲望):她说它是人对完美的幸福
(eudaimonia)的向往。② 我们本性中每一个深刻而强烈的企盼最终都
必然与幸福相关,必须有意地以幸福来引导和控制。因为它意味着一
种要求,一种终极的最高的拥有,即对完美的善的拥有——确实,苏格
拉底认为意志的每一个行为都必然意愿善。因此,爱欲(它不只是意愿
行为的一个特例)成了全部柏拉图伦理学的基本事实的最明显且最有
说服力的表达——柏拉图伦理学的基本事实就是,人永远不会意愿那
些他认为对他无益的事物。尽管如此,"eros"这个名词和"eran"这个
动词,并不用来表达每一种意愿,而是用来表达一种特定类型的愿望。
柏拉图指出,这一事实可以用 poiésis(即"诗歌")这样的其他词语来类
比,这个词的本意是"制作",但它只用来指称某种特定类型的"制作"。
实际上,这种取舍任意的新意识是柏拉图工作的一部分:在日常语言
中,像"eros"和"poiésis"这类词的真正意义总是被"剪裁",柏拉图不断
地扩展这些概念,并以一种普遍的内容充实这些概念。③

因此,爱欲概念成了人类所有获致善的努力的缩影。这样,由先前
的一位演说者发表的一通议论(它本身确实是正确且深刻的),又一次
从苏格拉底目前演说的一种新的更高的角度得到了阐释,并被贬谪到
它自己合适的位置上去了。说爱欲是我们对另一半的企盼(即我们对
完整的企盼)的是阿里斯托芬。然而,更真实的说法是,我们是用完整

---

① 《会饮》204c 及以下。

② 《会饮》204d—205a。

③ 《会饮》205b—c。

来理解完美和善。① 我们以彻底的完整来表示的，不是偶然的个体，而是真正的自我。我们必须懂得，善对我们的本性而言是自然而然的、是本质性的，而外在于我们本性的东西则是坏的。我们只有这样做，爱欲的本质才能被看作对"一度"是我们的"原有自然"的重要部分的爱（如阿里斯托芬认为的那样）。因此，爱欲是"永远拥有善"的愿望。②
[190]这与亚里士多德在《尼各马可伦理学》中对更高程度的自爱（φιλαυτία）——它是道德完善的最后阶段——的定义非常相近。③ 亚里士多德从柏拉图那里接过这一原则，而他接受这一原则的来源则是《会饮》。狄奥提玛的话是对亚氏自爱概念的最简短、最适切的评论。被阐释为对善的爱的爱欲同时也是人的自然的真正自我实现和自我完善的推动力，因此也是最真实意义上的教育和文化的内在冲动。

亚里士多德在另一点上也遵循柏拉图。他从这种理想的自爱中获得了其他所有类型的爱和友谊。④ 现在，可以回忆一下前面我们关于阿伽松的爱所说的话了——阿伽松的演说表明，他那种对自我的爱是纳西索斯式的爱。⑤ 阿伽松华丽精致的演说，在各个方面，都完全是苏格拉底演说的对立面。对哲学的自爱（苏格拉底将其揭示为一切爱欲的终极基础）来说，一个人获致其"真正本性"的企盼，是与自我满足和自我欣赏截然相反的一极。没有任何东西比纳西索斯式的那种自私自利离真正的苏格拉底式的自爱（Philautia）更加遥远，如果我们对这种自恋作出错误的心理解释，就会将其等同于苏格拉底式的自爱。对苏格拉底而言，爱欲意味着深知自己还不完美的人的渴望和志向：以他对

---

① 《会饮》205e。

② 《会饮》206a。

③ 亚里士多德（《尼各马可伦理学》9.8）将真正爱护自我的人（φιλαυτος）描述为与自私自利截然相反的人。他欣赏一切对他自己有益而高贵的事物（1168b27，1169a21），他对他的真正自我的态度就是他对待他的最好朋友的态度，而一个人最好的朋友则是那个希望他拥有所有可能的善的人（1166a20，1168b1）。在亚里士多德的伦理学中，对自我的爱的这种理论化是柏拉图哲学的真正要素之一。

④ 《尼各马可伦理学》9.4.1166a1 及以下；比较 1168b1。

⑤ 参见本卷第 211—212 页。译注：纳西索斯（Narcissus）是希腊神话中最俊美的男子。有一天，纳西索斯在水中看到了自己的影子，但却不知那就是他本人，爱慕不已、难以自拔，终有一日，他赴水求欢，溺水死亡。众神出于同情，让他死后化为水仙花。

型的目不转睛的凝视，来塑造自己的精神和理性。实际上，这也是柏拉图以"哲学"一词所意指的东西：形成对我们内心真实自我的渴望。①

当柏拉图规定了爱欲的目标是他所企盼的最终的善的完美时，他已经把一种看似非理性的冲动转化为了某种清晰易懂和富有意义的东西。另一方面，爱欲的最现实和最显著的意义——对某个美的事物或人的渴望——在这种新的阐释中似乎完全丢失了。柏拉图知道这一点，因而在狄奥提玛讲话的第二部分中对此做了完全公正的补偿。接下来提出的问题是：从柏拉图这一崇高的立场看，什么样的行为或欲望才真正配得上爱欲的名称？我们非常惊讶地得到了这样一个答案，它既不是那种夸张的形而上学的答案，也不是那种关于道德提升的答案，而是牢固地建立在肉体之爱的自然进程基础上的一个答案。爱欲就是由一个美丽的人生育子女的欲望。② 在关于爱欲的这一通常定义中，唯一的错误是它将这种欲望局限在了身体之内，[191]实际上，它在灵魂的生命中也有一个完美的对应物。③ 尽管如此，从思考肉体的生育行为开始是一个好主意，因为它使相应的精神过程的解释变得更加容易。肉体上繁衍后代的愿望是一种普遍存在于人类之外的动物领域的现象。④ 如果我们确信，天下所有的爱欲都是帮助一个人实现他的真实自我的欲望，⑤那么，动物和人生育子女和复制自身的冲动，就是想要留下酷似自己的物种的一种表达形式。⑥ 一切有死者的生命法则使我们不可能永生不朽。甚至人类的自我（ego）也不是真正意义上的自我同一，尽管它相信自己在生命各个阶段的所有变化中保持着自身的同一。一个人虽然始终用同一个名字，但在灵魂和身体两个方面，他每一天都在日新月异。⑦ 只有神灵永远保持绝对的同一。因此，有死者

---

① 这是柏拉图在《王制》中的表达方式；参见本卷第316—317、408页。

② 《会饮》206b。

③ 《会饮》206b—c。

④ 《会饮》207a 及以下。

⑤ 参见本卷第216页。

⑥ 《会饮》207d。

⑦ 《会饮》207e。译注：注意两个"自我"的区别，前面提到的自我是 self，这里的自我是 ego。作者的意思是，不仅人的 self 需要通过肉体的代际繁衍来延续，甚至人此生之内的 ego，也是刹那生灭，新新不已。

和有限存在物能够无限地绵延自身的唯一方式就是生育在物种上类似其自身的后代，尽管各个个体都会判然有别。这就是爱欲的意义，作为一种物理冲动，爱欲就是我们有死的身体追求不朽的欲望。①

但是，柏拉图断定人的精神本性也是如此。② 人的精神自我即人的德性，德性作为美名，向外流入到共同体生活之中。荷马洞悉其中奥妙。柏拉图聪慧如斯，采用荷马古老的德性概念，它对希腊人来说如此真切，完全是祖传之物。③ 因此，当斐德若说雄心壮志（φιλοτιμία）是爱欲的社会效果之一时，④所言不虚，但他的评论的意义比他所知的更为深广。所有精神上的爱欲都是孕育：所有伟大的诗人和艺术家，以及绝大多数建立城邦和组织共同体的人都是这种类型的孕育者和创造者。⑤ 一个满心希望孕育的灵魂四处寻找一个美的对象来播种。如果他找到一个美丽、高贵而又禀赋优异的灵魂，那么他就会全身心地迷上他，跟他说许多关于一个好人应该具有什么样的德性、品格和追求的话语，着手对他进行教育（ἐπιχειρεῖ παιδεύειν）。在与他的接触和交往中，他会诞下在他自身之内孕育多年的东西。无论在与不在，他都记得他的伴侣，[192]因而，他们的亲子关系远胜于肉体的生育，而他们的爱情也比婚姻之间的爱更加持久，因为他们创造出来的东西比肉体的子女更加美丽和不朽。对柏拉图来说，荷马与赫西俄德、吕库古和梭伦，是这种爱欲在希腊的最高代表——因为通过他们的作品，他们孕育了所有类型的德性。在其作品的教育力量方面，诗人和立法者是类似的。柏拉图将荷马和吕库古以迄他自己的希腊精神史看作一个一以贯之的整体。尽管他深信，诗歌和哲学关于实在的观念大异其趣，但教化的理想将它们统一在一起，这种理想来源于爱欲，即对德性的热爱。⑥

至此，狄奥提玛的演说开始转向希腊传统最高远的境界，将精神的一切创造性工作都阐释为爱欲的一种呈现。爱欲，作为一种将整个

---

① 《会饮》208a—b。

② 《会饮》208e—209a。

③ 参见本书第一卷，第 10 页及以下，以及"贵族与德性"一章。

④ 《会饮》178d。

⑤ 《会饮》209a。

⑥ 《会饮》209b—e。

精神世界维系在一起的教育力量，对苏格拉底来说，似乎是正确的化身，是此种力量的最新体现。不过，狄奥提玛说，[虽然她不怀疑苏格拉底可能加入过秘仪，接触过有关爱欲的基本教义]，但她不敢肯定他能否理解更高的奥秘，并上升到终极观照的顶峰。① 既然这观照的对象是最高的型，柏拉图显然想要指出这一讨论在多大程度上是苏格拉底的，又在多大程度上逾越了苏格拉底自己的范围。迄今为止的论证显然包含着一个从身体到精神的次序。在演说的最后部分中，这一次序成了基本的结构原则。柏拉图一直在经营着爱欲的奥秘的意象，并勾画出一个详细的方案，被真正的爱欲所俘获的人（或者由于他自身的冲动，或者由于来自他者的刺激）在这一方案所描述的各个前进阶段中攀升（ἐπαναβϑοί），② 最后他把这一精神的上升之旅称作教育学（pedagogy）。③ 我们千万不要认为他说的是爱欲者对被爱欲者的教育影响——这是前面提到的，柏拉图此处也暗示了这种影响。④ 爱欲现在是教育爱欲者自身的力量，这种力量把他从低级阶段逐级提升到高级阶段。这种提升早在年轻时就从对一个人的身体之美的爱慕开始了，对身体之美的这种爱慕促使他转向"美的言辞"。⑤ 但是，爱欲的真正的学生会认识到，一个身体的美实际上和另一个身体的美是一样的。因此，他热爱所有形体之中的美，[193]并承认一切形体之美实际上是同一个美，从而他对某个人的依恋就会淡化并消逝。当然，这并不意味着他与不同的人有许多不明不白的关系，而是说他开始欣赏美本身。接下来，他就会注意到精神的美，并珍视这种精神之美远甚于身体之美：即使这个灵魂是在一个缺乏吸引力的身体之中，他也会迷恋这个灵魂。⑥ 这个阶段就是他的爱欲能够教育他人、设法使年轻人变得更好的阶段。⑦ 现在，他有能力发现一切相关的习俗和法律之美

---

① 《会饮》210a。

② 《会饮》211c。

③ 《会饮》210e。

④ 参见泡撒尼阿斯的演说，以及《会饮》209c：狄奥提玛的演说。

⑤ 《会饮》210a。

⑥ 《会饮》210b。

⑦ 《会饮》210c。

了——这是对辩证法的概括功能的一个简明暗示，柏拉图在其他地方描述过辩证法的这种概括功能。辩证法的进程看过了无数看得见的美，并在其中看到了一个看不见的"美本身"，苏格拉底对爱欲之奥秘的各个阶段的完整描述是辩证法进程的象征。这一进程以对一切科学和知识的美的认识而告终。与此同时，爱欲者也得以身心自由，从对某个人或者对某种习俗和体制的激情的锁链中解放出来。① 现在，他转而凝视"美的汪洋大海"，在研究了各种类型的知识和科学之后，他看到了精纯不杂的神圣之美，不受任何个体现象和关系影响的神圣之美。②

柏拉图将许多"美的科学"与一种只把"美"本身作为对象的科学（μάθημα）相对比。③ 各门科学的美不是我们谈论的"高雅"艺术或"纯文学"意义上的那种美。柏拉图认为，各种类型的知识都有其独特的美，有其特定的价值和意义，但对具体科目的一切科学探究，必须以对美的本质的知识为终结。④ 即使这听起来相当奇怪：我们通常首先想到审美领域中的美。不过，柏拉图为我们提供了许多清晰的提示，这不是他的意思。他说，只有永远沉思这种永恒之美［美本身］的生活才是值得过的生活。⑤ 这显然不是指灵魂直观到美本身的一个崇高时刻，某个全神贯注的瞬间狂喜。只有终生贯注于这一目标（τέλος），才能满足柏拉图的要求。⑥ 当然，这并不意味着终生神志恍惚，意味着一场不被生活的侵入打断的"美"梦。我们必须记住，狄奥提玛已经将爱欲界定为使好的东西"永远"属于自己的愿望。⑦ ［194］这也意味着永远的拥有，一种终生持续的状态。"美本身"，或者如柏拉图在此称呼的"神圣之美本身"，⑧不是与他前面的段落所描写的"善"截然不同的东西。

———————————

① 《会饮》210d。

② 《会饮》210d—e。

③ 《会饮》211c。

④ 《会饮》211c8。

⑤ 《会饮》211d。

⑥ 《会饮》211b：τέλος［目的］；211d：βίος［生活］。

⑦ 《会饮》206a。

⑧ 《会饮》211e。

柏拉图在这里说,我们在各种科学[知识](μαϑήματα)中游历的最终目的是美的科学[知识](μάϑημα)。① 这与善的型(the Idea of Good)在《王制》所建构的教育体系中的主导地位是相对应的。柏拉图在那里称其为"最大的研究科目"(μέγιστον μάϑημα)。② 美和善是同一个实在的两个紧密相连的方面——被通常的希腊成语融为一体的两个方面,因为人的最高德性被称为"美-善(beauty-and-goodness)",即καλοκάγαϑία。这种"美"或"善",这种纯粹的καλοκάγαϑία,按照我们的理解,是人的一切意志和行为的最高原则,是与我们内在的需要相配合的终极动机,与此同时,它也是自然中所发生的一切的基础。因为柏拉图坚持认为,在道德秩序和自然秩序之间存在着一种完美的和谐。

即使在关于爱欲的第一批演说中,柏拉图就说出了爱欲意味着对一种道德之美的企盼的事实:演说者们提到了爱欲者的雄心壮志和他的焦虑,即被爱欲者应该追求卓越并达到完美。这给了爱欲在社会的道德结构中的位置。与此类似,在狄奥提玛关于爱欲的奥秘在各个发展阶段的描述中,她提到,即使是其中最低级别的爱欲,即对形体之美的爱,也会唤起"美的言辞"。这意味着言辞的特点是对更高的事物,对崇高理想和远大抱负的一种感情。在更高阶段出现的美的活动和科学,不仅仅是审美的功能,更是善与完美的体现——善和完美给任何类型的活动和知识提供了真实的意义和方向。因此,爱欲在不同级别中的进展越来越清晰地表明了,美不是落在可见世界的某一点上的一束光,只照亮这个点,而是天地万物和每一个人追求善与完美的努力奋斗。当我们攀登得越来越高,当我们越来越清楚地看到这种无处不在和无远弗届的力量,我们想要看到其精纯不杂状态的愿望,想将其作为一切生命的推动力量来认识的愿望也越来越强烈。尽管如此,当柏拉图说,[195]人们最终会从美的个别呈现中单独地看到美的共相(the general Idea of beauty)时,他并不是说,那些看到美的共相的人在实践中必须放弃这个世界。这只是说,它将教会他们在整个现实中把握善

---

① 《会饮》211c。

② 《王制》505a。

与美的原则的至高力量,教会他们充分彰显它在他们自己的生活中的意义。因为,那时,他们会懂得,他们在外在世界中发现的,作为一切存在之根基的善和美的原则,也会在精神的极度自我凝聚中被重新发现,并被证明为灵魂自身的本性。如果我们对爱欲的阐释是正确的,即如果将善（Good）永远占为己有的企盼就是最高意义上的自爱,那么,爱欲的目标,即永恒的善和美,一定是人的自我（Self）的核心。爱欲的"教育学"（如柏拉图所称呼的）,以及爱欲的各个发展阶段,其实是指从个体的原初材料中塑造出人的真正本性的过程,指在他内心的永恒之光的基础上的人格建构。柏拉图对"美的事物"的描述投射在这种无形的理想之上的光辉,来自精神的内在光芒——精神在其自身中找到了自己的中心点和自身存在的根基。

爱欲是人发展其更高自我的本能冲动,《会饮》提出的这一学说的人文意义在此无需赘述。这一思想在《王制》中以另一种形式得到了再现:苏格拉底说,一切教化的目的都是帮助那个内在的人能够完全主宰整个人。① 人文主义建立在作为自然赋予的个体的人与作为高级自我的人之间的区分之上。正是柏拉图使人文主义具有了这一哲学基础,而首次奠定这一哲学基础的是《会饮》。然而,在柏拉图那里,人文主义不只是一种抽象的理论;它与柏拉图哲学中的其他任何东西一样,是从柏拉图对苏格拉底的独特品格的知识中生长出来的。这就是任何关于《会饮》的下述解释都注定太过狭隘的原因:这种解释通过仔细剖析客人的演说,尤其是狄奥提玛为苏格拉底提供的哲学启示,将自身局限于对《会饮》提出的学说的辩证法内核的寻求之上。毫无疑问,在整个对话的中心有一种理论,柏拉图毫不费力地将其隐藏了起来;但是,如果我们认为柏拉图的真正目的,[196]是通过让他们从许多不同的感性伪装中提取逻辑的精华,来消遣他那些有辩证法经验的读者,那肯定是谬以千里了。

柏拉图并没有以对美的型的揭示和对爱欲的哲学解释来结束《会饮》。《会饮》在这样一幅场景中达到了高潮:阿尔西比亚德带着一群喝

---

① 《王制》589a。

醉了酒的朋友冲进院子，并发表了一篇大胆的演说，极力赞美苏格拉底是最高意义上的爱欲的大师，在狄奥提玛所揭示的意义上的大师。因此，对爱神的一连串颂词以一篇对苏格拉底的颂词而结束。苏格拉底就是爱欲的化身：爱欲就是哲学。① 他的教育激情②使他被所有俊美且禀赋聪颖的年轻人所吸引。不过，在阿尔西比亚德那里，从苏格拉底身上散发出来的这种深刻的吸引力，颠倒了爱欲者与被爱欲者之间的通常关系——因而，最终，徒劳地企盼苏格拉底的爱情的反而是备受喜爱的阿尔西比亚德。对希腊人来说，一个如此俊秀而讨人喜欢的青年，居然会为如此奇形怪状的苏格拉底神魂颠倒，本身就是一种高度的悖论。尽管如此，当阿尔西比亚德把苏格拉底比作在工艺品商店售卖的西勒诺斯（Silenus）的雕像时——这些雕像打开后，里面还有各种小神像——《会饮》所宣告的对内在之美的新感情使我们在阿尔西比亚德的演说中强烈地感受到了它自己。③ 在《斐德若》的结尾，柏拉图让苏格拉底为内在的美而祈祷，因为除此之外，没有任何东西值得祈祷：那是柏拉图唯一的祈祷——柏拉图是哲学家的祈祷的榜样和典范。④ 阿尔西比亚德对苏格拉底的爱包含着某种悲剧因素，他追随苏格拉底，但最终还是逃离了，因为苏格拉底是他的良心，它向他控告他自己。⑤ 悲剧在于，一个天赋异禀、极为适合哲学之人，将由于野心而堕落为一个自私自利的权力捕猎者——正如柏拉图在《王制》中所表明的那样。⑥ 他的复杂心理——他对苏格拉底的倾慕和崇拜，与他对苏格拉底的恐惧和憎恨相交织——在《会饮》结尾的那段华丽自白中得到了充分的展

---

① 狄奥提玛的演说已经为这最后的一步做了准备，参见《会饮》204a—b。

② 苏格拉底是教育冲动（ἐπιχειρεῖ παιδεύειν，《会饮》209c）的最真实的例证，狄奥提玛将这种教育的冲动描述为被一种美丽而高贵的灵魂所俘获的无可置疑的征兆。他也是在对知识的永恒探求中，灵魂处于知识和无知的中间状态的一个化身。因此，狄奥提玛的整个发言是对苏格拉底的本性的渐进分析。它完全为爱欲所驱使。不过，因为爱欲进入了苏格拉底的高贵人格之中，爱欲改变了苏格拉底：他已经受到了神律的约束。柏拉图会说，爱欲的真正本性只有到现在，在苏格拉底身上，作为将人的生命提升到诸神的高度的力量，才被揭示出来。

③ 《会饮》215a—b。译注：西勒诺斯（Silenus），希腊森林之神，相貌丑陋，矮小粗壮。

④ 《斐德若》279b—c。

⑤ 《会饮》215e—216c。

⑥ 《王制》490e 及以下。

示。这是一位强者不由自主地对苏格拉底确然无疑的心性力量所表达的高度赞扬，也是内心软弱、野心勃勃而又自私自利的人从壁立千仞的道德境界那里的无奈退缩——他觉得这种独立自主的境界是他永远无法企及的。在此，柏拉图不仅回答了那些因为苏格拉底有阿尔西比亚德这样的学生而谴责他的人的问题（比如智术师波吕克拉底［Poly-crates］，《对苏格拉底的控告》这本小册子的作者），[197]而且也回应了伊索克拉底：伊索克拉底认为，说苏格拉底曾经是阿尔西比亚德这样出类拔萃的人才的老师是荒唐可笑的。① 柏拉图说，阿尔西比亚德希望成为苏格拉底的学生，但是他的天性使他无法自控。② 苏格拉底的爱欲一度点燃他灵魂中的火花，但无法令其成为一种持久燃烧的激情。

---

① 伊索克拉底，《布希里斯》(*Bus.*)5 及以下。

② 阿尔西比亚德是一种类型的人的象征，这种类型的人是苏格拉底的真正目的的最佳例证：他是"忽略自身修养而关注城邦事务"（《会饮》216a）的青年才俊。这种对自身的忽略直接与苏格拉底的人应该"照料自己的灵魂(ἐπιμελεῖσθαι τῆς ψυχῆς)"的学说相对立。阿尔西比亚德试图在准备好自己灵魂内部的共同体之前建立一个新城邦，参见《王制》第九卷结尾。

第九章 《王制》

一

引　论

[198]从一开始,柏拉图思想就致力于解决城邦问题。这一主题起初深藏若虚,但渐行渐显,直至其成为柏拉图早期著作所有辩证探究无可置疑的目标。如我们所见,苏格拉底关于几种主要德性的讨论,即使在早期对话中,也指向政治德性的发现;①而在《普罗泰戈拉》和《高尔吉亚》中,柏拉图将关于善本身的知识看作能够解决一切困难的政治技艺。② 如果将这些事实牢记于心,那么几乎不用《书信》七③的证据,我们就可以理解《王制》是柏拉图的核心著作,柏拉图早期著作中形成的思想如百川归海,都汇聚到了《王制》之中。

柏拉图著作的现代读者根据现代思想的典范来判断柏拉图,常常花费大量精力探求柏拉图的思想"体系",但最终,他们都满足于认为——无论是出于艺术的动机,还是出于批判的动机——柏拉图克制

① 参见本卷第 105 页。
② 参见本卷第 124、132—133 页。
③ 参见本卷第 106—107 页。

自己，不像其他哲学家那样去建构一个固定的学说体系。他想要表明的是一种处于形成过程中的知识。不过，思维精细的学者们注意到，在柏拉图不同对话的建设性内容之间存在着巨大差异。最具建设性的著作叫《王制》，或《论城邦》。① 由此可以断定，柏拉图是在社会和道德问题的层面上赋予其全部思想以一种统一性，这种统一性不体现在一种抽象的逻辑体系之中，而体现在城邦生动且具体的形式之中。与此类似，在《蒂迈欧》中，柏拉图关于自然哲学的观念，也不是作为自然本原的一种逻辑体系来阐释的，而是作为宇宙起源的一种清晰可感的图像来阐释的。②

但是，对柏拉图而言，城邦究竟意味着什么？ 他的《王制》既不关乎宪法，[199]也不关乎统治技艺和法律制定；实际上，在该词的现代意义上，它与政治毫无关系。柏拉图不是从雅典和斯巴达这些实际历史中的国家开始的。尽管他有意将自己局限在希腊的范围之内，但并没有将自己固定在任何特定的地区或城市之上。柏拉图从未提起过他笔下的城市的自然条件。他既不关心城市的地质条件，也不关心城市的人类学条件。《王制》所描述的教育训练与居住在城市的种族——全体居民——毫无关系。城市中的绝大多数居民，连同他们的商业贸易、风俗习惯、生活方式，都没有被提及，或者说，这些整个地都处于讨论的边缘地带。也许，在第三阶层的居民中可以发现上述迹象，但这个阶层只是被动的统治对象，③即使如此，柏拉图也没有提到他们的任何细节。

---

① 在讨论柏拉图《王制》的汗牛充栋的著作中，对教育最感兴趣的历史学家是：巴克（E. Barker），《希腊政治理论》（*Greek Political Theory*），Lundon，1925；内特史珀（R. L. Nettleship），《柏拉图〈王制〉讲演录》（*Lectures on the Republic of Plato*），Lundon，1901；内特史珀，《柏拉图〈王制〉中的教育理论》（*The Theory of Education in the Republic of Plato*），Chichago，1906；弗里德兰德（P. Friedlander），《柏拉图著作集》（*Die platonischen Schriften*），Berlin，1930；以及斯滕泽尔，《教育家柏拉图》（*Platon der Erzieher*），Leipzig，1928，该书对柏拉图著作中的重要段落做了许多深刻的分析，并详尽地解释了柏拉图教育哲学的许多基本观念。

② "体系（σύστημα）"一词，在希腊化时代之前，并未曾被用来描述科学或哲学学说，"体系"是希腊化时代的特有产物。即使是亚里士多德这位被认为是所有系统化者中的最伟大者，也不是在希腊化时代的意义上使用这个词的。

③ 这与城邦和灵魂之间的精致比拟非常切合。柏拉图只对作为灵魂中欲望部分的原型的"第三阶层"感兴趣。

在《王制》中，柏拉图既没有描述政治生活的这些方面，也没有提供适用于它们的任何标准。柏拉图把它们作为无足轻重的东西忽略不计。但是，整部著作一卷接一卷地贡献给了对诗歌和音乐的客观讨论（第二至三卷），以及理论科学的价值（第五至七卷）。在第十卷中，柏拉图从一个新的角度再次讨论了诗歌[的教育价值]。第八、九卷及其对各种不同类型的城邦的考察，看起来是这一规则的例外。不过，其中的一种更细致的考察也表明了，柏拉图只是将这些政制类型作为不同的精神态度和灵魂类型的表达形式来思考罢了。正义问题同样如此，它打开了讨论，并导致接下来的一切。对于法学家来说，这无疑是一个重大的主题，不仅是我们这个时代，而且在柏拉图的时代也如此——因为他的同时代人是首批对比较政治学问题感兴趣的人。不过，即使在此处，柏拉图也没有重视政治规律[的讨论]。"何为正义"的问题导致了"灵魂各个部分"的理论。① 柏拉图《王制》的最终兴趣是人的灵魂。柏拉图关于城邦及其结构所说的其余一切（即所谓城邦有机体的观念，许多人相信这是《王制》的真正核心），都只是为了给灵魂及其结构一个"放大了的形象"而被引入的。但是，即使在灵魂问题中，柏拉图的兴趣也不是理论的，而是实践的。他是一名"灵魂建造者"。他让苏格拉底以塑造灵魂的教育这根杠杆撬动整个城邦。② 在柏拉图最伟大的著作中所显示的城邦的意义，[200]与前述《普罗泰戈拉》和《高尔吉亚》使我们期待的并无二致。城邦的最高德性乃是教育。在前述篇章中说明了这一切之后，这种描述城邦的方式就不会显得那么异峰突起了。在柏拉图对城邦和社会的叙述中，他从哲学上阐明了希腊教育的一个永久性的基本前提[城邦]。③ 但与

① 柏拉图思考的是灵魂各个部分不同的道德功能，灵魂的道德活动所呈现的不同形式（εἰδη）。

② 新柏拉图主义的阐释者波菲利（Porphyry）正确地评论说，柏拉图关于灵魂各部分的理论不是通常意义上的心理学，而是道德心理学。亚里士多德在其关于心理学的著作中没有采用柏拉图的灵魂学说，而是将其用于他的伦理学著作之中。柏拉图灵魂理论的意义是教育学上的，参见本人的《厄美撒的内美西乌斯》（*Nemesios von Emesa*），Berlin，1913，第61页。

③ 我们曾经多次指出，希腊的城邦是一种教育力量。不过，柏拉图正在讨论的，不是教育与历史上任何一个将教育作为一种政治工具的城邦的关系，而是这样一种教化：这种教化指向一个神圣目的，即"善的型"，"善的型"位于完美城邦的核心位置。

此同时，他也以教育的形式展示了城邦的这一特定方面，他认为城邦在教育方面的削弱是当代政治不断堕落与退化的原因。因此，城邦（politeia）和教育（paideia）——即使对那个时代的许多人来说，它们也只是模模糊糊地相互关联——成了柏拉图著作的两个焦点。

当我们从这个角度来看柏拉图的《王制》时，对受过实证主义训练的杰出哲学史家［冈伯茨］的态度就只能目瞪口呆了：他认为《王制》包含许多引人入胜的思想，但对它全神贯注于教育却很反感。① 他的这一说法毋宁是说，圣经是一部相当聪明的书，尽管它喋喋不休，没完没了地谈论上帝。不过，我们不必对他冷嘲热讽，因为他并非孤例；实际上，他是十九世纪对柏拉图《王制》误解的典型。哲学和学术已经在人文主义者的经院哲学之上飞得太高了，它们如此傲慢地鄙视一切"教育学（pedagogy）"，以致忘记了自身的起源。② 即使在莱辛（Lessing）和歌德的时代，教育问题也曾是时代的最高兴趣；但是，哲学家们现在已经无法认识到，在柏拉图的时代以及一般所谓的古典时代，"教育"曾经拥有的广袤疆域——其时，它是全部精神生活的中心，是人类生存一切深层意义的源泉。早在一个世纪之前，当卢梭说《王制》不是一部可以从书名望文生义的系统性政治学著作，而是一篇前所未有的精妙的教育论文时，他已经远比他们更接近对《王制》的理解了。

正义问题导致理想城邦的问题

《高尔吉亚》以苏格拉底是他那个时代最伟大的政治家（statesman）这一悖论结束。自此之后，我们一直在等待柏拉图实现他在其中

---

① 参见冈伯茨，《希腊思想家》II⁴，第 372 页。冈伯茨认为，《王制》（第六至七卷）对统治者的教育的描述，只不过是柏拉图为展示自己的认识论和本体论的托词。冈伯茨以同样的方式将《王制》（第二至三卷）中城邦卫士的教育仅仅作为借口来看待，这一借口使柏拉图在神话、宗教、音乐、体育诸领域对各类问题展开充分讨论成为可能。实际上，这种解释颠倒了真正的关系。正如通过我们对《王制》的分析将会显示的，柏拉图的教育的本质需要冈伯茨列举的全部要素，如果没有对它们的讨论，就想以哲学的方式使教育清晰呈现，这是不可能的。教育不仅仅是使作品联系在一起的外在纽带，它构成了其真正的内在统一性。

② 这种"知识应该成为什么样子"的理想首先在科学世界中得以高度发展，然后为古典语文学所接收，语文学因而完全忘却了自己的真正本性。

所做的承诺。① 当然，即使在《高尔吉亚》中，柏拉图如此描述苏格拉底的意图也是一目了然的。[201]但是，这种从对权力的自私贪欲的"政治"到苏格拉底式的教育和灵魂塑造的"政治"的转移——在一个真实城邦中被付诸实践时会是什么结果呢？它会怎样改变这个城邦的性质呢？柏拉图是一名诗人，有使每一个真理成为一种可见的形象的愿望；他又是一名政治家，有社会改革的热情。他希望在苏格拉底的"政治"观念的基础上创造出"最佳城邦"（至少在精神上），并将其作为一个典范树立在世人面前，他性格中的这两个方面在这一愿望中结合在了一起。

　　"最佳城邦"的观念本身并无新颖之处。希腊人在艺术和知识的每一个分枝中都有一种旨在完美的内在冲动，这种内在冲动也活跃于政治生活之中，它在政治生活中起一种刺激作用，使他们对现有的不足感到不满：即使是严刑峻法——它们以死亡来威胁任何针对国家制度的反抗——也不能阻止人们想象某种比现在的政治生活更好的政治生活。② 多少年来，国家的社会状况尤其是人们热衷的思考对象。在遥远的混乱时世，诗人们就唤起了对法律和秩序的理想状态（eunomia）的描述。作为一个保守派，斯巴达诗人提尔泰奥斯宣称完美的秩序与斯巴达传统无异。③ 梭伦更进一步，他从道德理性的永恒理想中演绎出完全正义的城邦。④ 在智术师时代，思想家们继续前行：现在，他们开始为改善城邦中的社会罪恶而提出具体建议，希波丹姆斯（Hippodamus）和法里亚斯（Phaleas）（我们从亚里士多德的叙述中得知其乌托邦的大致轮廓）⑤草拟了计划，以当代理性主义精神构建公正和永久的

---

① 《高尔吉亚》521d。译注：这里的"statesman"的本意就是"治理城邦的人"，所以也可译为"治邦者"，苏格拉底意义上的治邦者与智术师意义上的政治家（politician）有本质的区别，但为与上下文中的"政治（politics）"或"政治的（political）"保持一致，我们仍将其译为"政治家"。另一个类似的词是 philosophos，除了把《王制》中要成为城邦统治者的 philosophos 译为"哲人"以示其特殊含义之外，其他的仍译为"哲学家"。

② 参见本人的讲演稿《柏拉图时代的希腊国家伦理》，收录于《人文主义演说集》，Berlin，1937，第 95 页。

③ 参见本书第一卷，第 117—118 页。

④ 参见本书第一卷，第 178—182 页。

⑤ 亚里士多德，《政治学》2.7—8。

社会秩序——实际上，它的图解形式使人想起希波丹姆斯高度几何学化的城市规划框架。在其他救世良方中，法里亚斯的理想城邦是为所有公民提供平等的教育，作为从内部将社会维系在一起的纽带。① 在伯罗奔尼撒战争即将结束之际，一位不知名的智术师写下了有关城邦重建的著作，他将讨论的重点放在了使公民诚实守法的问题上。② 他的观点与《王制》大相径庭：他认为每一个问题都有一种经济上的解决方式，即使是道德和社会权威的问题也是如此；他认为经济因素是社会信任的基础，[202]是城邦内部信用的基础，也是城邦与其他国家的国民交往时的信用基础，无法通过其法定权力确立此种权威的城邦必然导致僭主政治。因此，他主要关心的是为他已然确信的价值找到切实可行的解决方案——它肯定与毁灭性战争结束之后流行于希腊民主制度中的观点基本一致。尽管如此，他的著作仍然有很大价值：它表明了柏拉图的理想城邦理论得以建构的那种社会氛围。

柏拉图不像智术师们那样，满足于采用某种类型的政制并提出改进建议，或者满足于讨论各类不同政制的相对价值。③ 柏拉图在处理方法上更为激进，他从普遍的正义问题开始。《王制》的交响乐以人们熟知的德性主题开场，与柏拉图的早期对话同属一个调子。一开始（如在早期对话中那样）柏拉图根本没有提到城邦；苏格拉底似乎从单个德性开始他的讨论。但是，讨论有一个非常重要的历史背景，它虽然不可见，但却呈现在历史学家的眼前。为了理解著作的开头，我们必须回顾一下在柏拉图之前的世纪发生的那场关于正义理想的争论。正义是最高意义上的政治德性。正如老一辈诗人所言，正义包涵一切其他德性于自身之内。④ 很久以前，当宪政国家形成之时，这句话就已经富有想象力地表达了德性观念的新意义；而现在，对柏拉图来说，正义问题再

① 亚里士多德，《政治学》2.7.1266b29—33。

② 杨布利柯辑录的无名氏著作，《前苏格拉底残篇》[第尔斯本]II⁵,400f. 。关于这个有趣的人物，他那个时代的代表人物，参见罗勒（R. Roller），《杨布利柯的无名氏著作研究》(Untersuchgen zum Anonymus Iamblichi)，Tubengen，1931。

③ 不同类型的政制之间的比较的一个最著名的例子，是在波斯皇宫中的一场争论，参见希罗多德，《历史》3.80 及以下。

④ 参见本书第一卷，第 132—133 页。

次成了最新的实际问题。不过，现在，正义问题的意义已经变了，变得更深入了。对苏格拉底的学生来说，这句话不仅仅指遵守城邦的法律，行为的合法性一度是宪政国家抗拒封建专制或革命暴力的防御墙。柏拉图的正义观超越于人类所有制度之上：它回归到了灵魂内部的正义根源。哲人称之为正义者，必须建立在人类精神最内在的本性之上。

早在二百多年前，对长期党争的解决办法似乎是所有公民都必须服从普遍的法治。但随之而来的发展表明，这一解决办法涉及到诸多困难。法律本来旨在保持长期不变——也许是永远。[203]但时移世易，它们渐渐需要改进或扩充。然而，经验表明，一切都决定于国家中致力于扩充和改善法律的特定因素；无论这因素是一小撮统治阶级，是大部分公民，还是单个统治者，无可避免的结局似乎是，当其中任何一方统治时，都会按照自己的喜好——这喜好意味着其自身的利益——来改变法律。正义在不同的城邦中意味着如此众多的不同事物，以至于它看起来完全是一个相对概念。① 然而，如果有人试图超越变化多端的法律，寻找其中的终极统一性时，人们只能（或者看起来是这样）在不能令人满意的定义中发现这种统一性，即正义在任何地方都意味着党派的意志和利益诉求，而这个党派恰好是更强大的一方。因此，正义沦为权力的一种功能，其本身不包含任何道德原则。个人利益服从整体利益的信条，在任何时代都为一切权力机关所共同认可，但各个统治阶级都按照其自身的方式来解释这一信条。不过，如果正义就是强者的利益，那么我们获致一种更高的公义理想的努力就只能是一种自欺欺人罢了，而旨在实现这一理想的政治秩序，也无非是各种无休止的明争暗斗得以上演的一块彩色屏幕而已。实际上，许多智术师和智术师时代的政治家都曾得出这样的结论，并将一切道德约束抛到九霄云外——虽然一般的正派公民并未认识到这一点。要想开启任何意义深远的城邦问题研究，柏拉图都必须审查这种自然主义学说的主张：因为如果它是对的，那么任何哲学思考都将徒劳无功，甚至更加糟糕。

---

① 法律（nomos）观念中不断增长的相对性的一个重要事例，就是 νόμῳ 和 φύσει，即人为的法律或习俗与人的自然权利之间众所周知的对立，参见本书第一卷，第 396—399 页。

在《高尔吉亚》中，柏拉图已经在卡利克勒斯这个人物身上把深思熟虑而又无所顾忌的"权力-政客"人格化了，并把他挑选出来作为苏格拉底的真正对手。① 其中，柏拉图将权力和灵魂教育之间的战争描述为他那个时代精神上的核心问题。② 而在《王制》中，当苏格拉底着手解释他自己的政治技艺时，我们自然希望他回到同一个问题之上。在《王制》第一卷中，柏拉图选择好辩的智术师色拉叙马霍斯(Thrasymachus)来代表卡利克勒斯的权力哲学；虽然柏拉图有意在艺术手法上做了一些改变，但《王制》第一卷仍然有许多《高尔吉亚》的思想和情绪的重复。[204]柏拉图显然认为，正义即强者的权利的学说是他开始自己对待城邦问题的态度的完美衬托。③ 不过，在《王制》中，他并没有像在《高尔吉亚》中那样，简单地提出自己的教育论点，作为与权力意志论点的系统对比，而是通过迂回曲折的路线达到这一点。柏拉图关于城邦和正义完全决定于权力的马基雅维利观念的预备性讨论，只不过是全书的一个导论，对柏拉图式教育体系的正面阐发才是著作的真正主题。

在第一卷中，苏格拉底以其惯常的方式——通过确立正义的真正本质来代替一时一地的成文法——反驳了这样一种学说：即正义无非就是随便哪个强大党派的意志的表达而已。关于正义的讨论似乎就此结束了。④ 但柏拉图的兄弟格劳孔和阿德曼托斯(Adeimantus)，这两位雅典青年精英的杰出代表，以其毫不动摇的耐心、敏锐的求知力量和高尚的企盼，在这一点上向苏格拉底发起了挑战。他们向他恳求远比他已经给予他们的更多东西。他们把苏格拉底所说的一切仅仅当作一番开场白，他们说，他们还没有完全相信苏格拉底刚才所说的话，即只有正义自身才是最高的善，正义之所以好，与因正义而获得的社会利益无关，也与有产者之间的契约无关。格劳孔和阿德曼托斯前后相继，以这种严谨的形式发表了两篇演说，来展开正义问题的讨论，因为只有这种严谨的论证才能使他们那个时代的年轻人信服：正义是

---

① 参见本卷第 155 页。
② 参见本卷第 147—148 页。
③ 《王制》338c。
④ 《王制》357a。

我们因其自身之故所需要的一种好东西？或者是，它只不过是我们获得某种特定利益的一种手段而已？又或者，它是这样一些事物之一：我们既因它们自身之故而喜欢它们，又因它们带来的好处而喜欢它们？① 格劳孔暂且代表这样一些人：他们认为，行不义之事（伤害人）本身是好事，而受伤害是坏事，但他们缺乏按照此种强者的道德准则而生活的力量——作为妥协，他们因而欢迎法律的保护，这是最好（肆意作恶而不受惩罚）和最坏（备受伤害而无力报复）之间的折中之道。② 通过讲述吕底亚人巨吉斯的魔戒故事——只要他把戒指的宝石朝自己手心的方向转一下，戒指就能赋予他隐身的能力（他的行为就可以像神一样，在人世间为所欲为）③——格劳孔说明了这样一种思想：即正义是人们迫不得已退而求其次而接受的一种东西。设若我们中的任何一个人拥有这样一只戒指：他会有坚定不移的精神力量来抗拒这样的诱惑吗？[205]谁会不着手满足自己的一切隐秘愿望——这些隐秘的愿望被我们社会的道德秩序谴责为邪恶之事？如此，格劳孔从根本上抓住了问题的困难。在智术师关于道德和民法的客观有效性的讨论中，我们已经注意到下述问题的重要性：即为什么人们在大庭广众之下的行为，常常和独处无人之时的行为截然不同。一些智术师将人们的公开行为归诸法律的人为强制，并认为他们私下里的行为才表明了自然的真正标准——那就是趋利避害的内在冲动。④ 在巨吉斯的魔戒故事中，柏拉图为人类的努力和力量的这种自然主义观念找到了一个漂亮的象征符号。除非我们将完全不正义之人（他们的真正品性深藏不露，人们只知道他们道貌岸然的外表）的生活，与完全正义但却要么不知道、要么不关心如何保持正义外表（这一点非常重要）之人的生活加以比较，否则我们不可能明白正义[本身]的真正价值。这种比较不会产生这样的结果吗：无耻小人的生活无往而不利，而正人君子却屡遭迫害和折磨而下场悲惨？

---

① 《王制》357b—c。

② 《王制》359a。

③ 《王制》359d。

④ 参见本书第一卷，第399—402页。

　　不过,柏拉图仍不满足于正义的纯粹内在价值问题的这一动人形象。他借格劳孔兄弟阿德曼托斯之口发表了另一番演说,让格劳孔想说的东西变得更加清晰。① 起先,格劳孔已经为不正义的当代颂扬者说了话。现在,我们来听一听他们的反对者,即那些赞扬德性的人,从荷马和赫西俄德到缪塞俄斯(Musaeus)和品达这些大诗人说的话。难道他们只因为诸神赐予正义之人的奖赏而没有赞扬正义的理想吗?② 当他们把不正义视为有利可图甚至声言神明可行之以贿时,难道他们没有在其他什么地方说过,正义是一件高贵但艰难之事吗?③ 如果最高德性的权威,也即诗人和城邦的教育者也相信这一点,那么,当一个年轻人在实际生活中面临抉择时,他该何去何从,选择何种类型的生活呢? 阿德曼托斯显然是在谈论深层次的精神困境:他的话(尤其是他的发言的结尾)是他切身经历的表达。④ 柏拉图让他成为他自己所属的年轻一代的代表。这就是为什么在对话中他选择他的兄弟作为谈话者的原因,目的是推进讨论并阐明苏格拉底要批判的问题。[206]柏拉图要在这部最伟大的著作中为苏格拉底树立丰碑,他们是两位杰出的支持者。他们是阿提卡传统美善理想年轻一代的代表,这块丰碑的基础,就是他们内心的那种痛苦怀疑,他们把苏格拉底当作唯一能够为他们的良知困境找到出路的人。

　　阿德曼托斯以冷酷无情的力量描述了他本人及其同时代人的精神困境:他说的每一个字,都是对古典诗人和声名卓著的道德权威的传统教育方法的批判,他们把道德怀疑这根毒刺留在了这些年轻人的灵魂中,让其化脓溃烂,而这些年轻人则不折不挠地对这些问题追根究底。柏拉图和他的兄弟是那种旧式教育的产物;但他们觉得自己也是它的牺牲品。这些伟大的教师中真的有人相信正义的根本价值吗? 这些年轻人断言,这种价值,如果它是一种真正值得相信的价值,那么理想必

---

① 《王制》362e 及以下。
② 《王制》363a—e。参见本书第一卷,第 85、115—116、177—178 页,在赫西俄德(《劳作和时日》225)、提尔泰奥斯(残篇 9.30[第尔斯本])和梭伦(残篇 1.32D)的诗歌中所列举的关于德性与正义的奖赏,以及邪恶和自大的损害。
③ 《王制》363a 及以下。
④ 《王制》366e,367b 及以下。

须包含这样的价值。① 他们平日在公私生活中的所见所闻，都是些巧妙伪饰的不择手段，只不过被迫以崇高的词句为掩护；他们为此痛心疾首，同时也深受诱惑，想自弃崖岸而与世浮沉。如阿德曼托斯所言，良心微弱的呼唤很快会因不义总是横行无阻的经验而悄无声息；而传统的宗教恐惧（天神看见并知晓这一切）则可以用一小剂无神论药物得到平复，或者，可以因遵行某种神秘的崇拜仪式而若无其事——这种崇拜仪式承诺，［通过献祭、符咒和供奉］，可以净化和赦免人的一切罪恶。② 因此，阿德曼托斯同意他的兄弟格劳孔请求苏格拉底说服他们——［正义之所以好］不是因为正义会带来利益，而是因为正义本身对拥有它的人的灵魂好，就像看、听和清晰的思考有益于灵魂一样；而不正义则是灵魂的不幸。他想要从苏格拉底那里听到什么是正义和不正义（无论它们是否被发现）对人的品格的根本影响。随着对正义问题的这一构想，讨论进入了高潮，生活的一切意义——人生的道德价值和幸福——由此完全转移到人的内在生活之中。苏格拉底的年轻质问者们如果没有苏格拉底的帮助，就说不上来事情究竟会怎样。不过，他们仍然非常清楚地知道，那是逃避彻头彻尾的相对主义的唯一出路，这种相对主义涉及到这样一种理论：即所谓正义就是更强大的党派所想要的东西。正义必须是灵魂中的某种东西，是精神的健康状态，［207］它的存在是无可置疑的——除非它像国家的成文法一样，只是权力和党派变幻不定的一种反映而已。③ 能够看到这一幕真是美事一件：苏格拉底不是武断地向一个根本不相信的听众宣告自己的这一信条，如在《高尔吉亚》中所做的那样，④ 而是相反，由两个奋力为他们自己寻找某种道德

---

① 阿德曼托斯坚持在对正义的价值的赞扬中置正义的社会利益于不顾（367b 和 367d），正如格劳孔已经提议的那样（361b）。表达德性的社会声望的词是 *doxa*（好名声）。在早期希腊伦理学中，美名总是与德性相伴而行，实际上，名声确实是德性的对等物（参见本书第一卷，第七章：梭伦残篇 1.4［狄尔编］中有一个很好的例子）。因此，柏拉图在此试图突破德性与名声之间的联系。柏拉图的同时代人，以扬布利柯的无名氏闻名的智术师，与柏拉图针锋相对，试图恢复建立在名声基础上的公民德性：参见《前苏格拉底残篇》（第尔斯本）II⁵400 及以下。

② 《王制》365c。

③ 参见本卷第 232 页。

④ 参见本卷第 163—164 页。

确定性的年轻人，从他们自身的精神疑虑中得出结论，他们求助于苏格拉底，只是因为他的卓越才智能够解开他们的谜团。这给柏拉图的城邦定义投来了一束遥远的光芒，柏拉图的城邦注定要从此种正义理想[即正义是灵魂的健康状态]中生长出来：它植根于人格的内在深处。人的灵魂就是柏拉图的城邦的原型。

柏拉图讨论城邦的非凡方式暗示了城邦和灵魂的紧密关系。著作的标题让我们想到，现在，柏拉图终于要宣告城邦是漫长的正义讨论的最终目标了。然而，柏拉图仍然只是将城邦当作阐释灵魂正义的目标、本质和功能的一种手段而已。既然在灵魂中和在作为一个整体的城邦中都存在着正义，我们就必定能够说清楚城邦中的正义的特征，城邦是一排虽在远处，但比个体灵魂中的字母更大更清晰的相同字母。① 乍看起来，好像城邦是灵魂的原型，但对柏拉图来说，它们是完全相似的：它们的健康状态或堕落状态的结构是相同的。事实上，柏拉图为理想城邦中的正义及其功能所给出的描述，并非来源于现实的政治生活，而是来源于他对灵魂各个部分及其结构的理论思考，柏拉图将灵魂的各个部分放大比例，投射到他关于城邦及其各个阶层的画像之上。他让城邦在我们眼前从最基本的要素中慢慢生长出来，以便找到正义在城邦中成为必需之物的关键节点。② 这一点在一段时间之内不为人所知；但在最初的城邦中，在各种不同职业和行业的划分中，潜藏的原则——一旦有工匠和农夫相互协作，共同构成即使是最简单的共同体，这种原则也是必需的——都在无声无息地起作用。③ 对柏拉图而言，这一原则，即每个人都应该各司其职（$\tau\grave{a}$ $\acute{\varepsilon}a\upsilon\tau o\tilde{\upsilon}$ $\pi\rho\acute{a}\tau\tau\varepsilon\iota\nu$），是与德性的本质联系在一起的，德性的本质就是人人各尽其能，万物各尽其用。④ 理解人们在社会中的协作是容易的，[208]但要理解"灵魂各个部分"的合作就不那么容易了。当柏拉图通过对城邦和灵魂的比较得出结论之

---

① 《王制》368e。

② 《王制》369a。

③ 《王制》371e 的开头就提出了问题：新创建的城邦的正义是从何而来的？不过，这个问题没有马上得到回答，但还是有一点的线索，即它与城邦中协作与共的各色人等的相互需要有关。

④ 《王制》370a 及以下。

后,正义的本质就显而易见了。

旧教育的改革

我们已经远远走在了柏拉图的论证的前头,必须回到他对城邦起源的描述。柏拉图区分了城邦成长过程中的两个阶段。第一个阶段,是由多数关键性职业和贸易组成的简单社会,他称之为"健康的城邦";第二个阶段的城邦,随着文明的器具的增长,对奢侈和舒适的追求也不断增长,他称之为"膨胀的病态的城邦"。① 后一个阶段的城邦不仅包括农夫、建筑师、面包师、裁缝、鞋匠,还包括一大群与生活中不必要的奢侈品相关的人。无论如何,当城邦删繁就简、经济适用时,它是最健康的。当病态的多余充满城邦之时,其必然结果就是对更多土地的贪欲:它会宰割一块邻邦的土地并据为己有。我们现在找到了战争的起源,战争永远起源于经济原因。② (这里,柏拉图是将战争作为一个给定的自然事实来接受的,且小心地将关于战争好坏的讨论延迟到了另一个场合。③)下一步,自然就是战士的出现。与希腊城市国家的民主原则(即所有公民都有义务自带武器)不同,与他自己"城邦中的每个人都应该各司其职"的观点相一致,柏拉图建立了一个职业的战士阶层:即"卫士"。④ 这是对希腊化时代职业化军队的一个预言。通过组织备受批评的雇佣军,同时代的军事家们早已在这一方向上走得非常远;⑤但柏拉图宁愿在公民共同体内创建一个独立的军事阶层。不过,通过将他们称为"城邦卫士",柏拉图将他们的功能限制在保卫城邦的范围之内。他正在研究的想法是一个相当了不起的混合体:它部分地是对无可避免的实际进程的描述,连带一种隐含的道德谴责(战争被看作城邦社会的原初秩序遭到破坏的标志),部分地是一种理想化的虚构,一

① 《王制》372e及以下。
② 《王制》373e。
③ 关于战争好坏的讨论,参见《法义》625e—628d,629a;当然,这并不证明柏拉图在写作《王制》时,就已经在计划《法义》的写作了。
④ 《王制》374a—d。
⑤ 关于对雇佣军的批评,参见伊索克拉底,《论和平》44—48;德摩斯梯尼,《反腓力辞》1.20.47。

种尽可能利用目前不可或缺的卫士阶层的尝试。这两个主题中的第二个很快压倒了另一个，因而我们突然发现自己充当了创造性的艺术家的角色，[209]其使命就是挑选天性最合适的人，并对他们加以正确的教育，以便用高超的技艺和想象力来陶铸机智勇敢的卫士典范。①

柏拉图在此处以及其他地方，不遗余力地强调谨慎选择未来的城邦卫士的重要性——如果对他们的教育想要成功的话。② 选择的方法并不复杂，全在于教师的眼光——在定义一名卫士应有的恰当本性时，柏拉图给出了一个很好的例子。身体条件方面，未来的卫士应该目光锐利，看到目标快速追击，一旦接敌要足够强大。想要战胜敌人，他们还必须勇猛。勇猛的自然禀赋与胆魄充盈的良种犬马相同。柏拉图在描述卫士选择和妇女教育的精神标准时使用了同样的类比。③ 这表明他是真正的贵族，赞赏良好的教养，喜爱骏马和猎犬——它们是贵族君子们驰骋畋猎的闲暇时光的忠实伙伴。如果战士要成为一个真正的卫士，他必须像良犬一样，综合两种截然相反的品质——对朋友温顺而对敌人好斗。柏拉图幽默地将其称为一种哲学的品质，因为狗和卫士都同样爱他们认识的人而恨他们不认识的人。④

在说明了卫士的选择之后，柏拉图进一步描述他们的教育问题，即他们的教化（paideia）。⑤ 柏拉图将他的描述扩展为一长篇论文，这篇论文又引发了一篇更长的关于理想城邦中妇女教育和统治者教育的附录。通过指出卫士的教育有助于对主要论题的说明，即对正义和不正义在城邦中的地位的探究，柏拉图证明了他详尽论述卫士教育问题的合理性；而他的年轻对话者明确同意这样的谈论。但是，即使我们相信这一点，但当我们越来越深入到卫士教育的细节问题时，也必定会觉得，我们已经完全忘却明面上的主要论题即对正义问题的探究了。当然，在像《王制》这样一部作品中（它的形式是那种长时间的、参与式谈

---

① 关于这一点，"$\pi\lambda\acute{a}\tau\tau\epsilon\iota\nu$（陶铸）"一词出现了好几次，参见《王制》377b，c。

② 《王制》374e。

③ 《王制》375a—e，459a—b。

④ 《王制》375e。译注：哲学的品质，即热爱智慧；狗能凭认识与否（有知和无知）来辨别敌友，卫士也需要有辨别敌友的智慧。

⑤ 他们的教育始于《王制》376c—e。

话），我们必须假定，许多违背我们的系统感和秩序感的段落是由著作本身的风格所决定的。尽管如此，三个部分的论述（关于卫士的教育、妇女的教育、统治者的教育）确实有这样一种互相独立的氛围，[210]而关于正义的本质以及正义之人的幸福的大问题，当我们谈到它时，只得到了仓促的回答，以至于我们必须假定，柏拉图有意选择颠倒两个相互关联的探究之间的比例。既然整部著作都是从正义问题中生长出来，且正义问题引发了找到一种正义标准的关键问题，那么关于正义问题的讨论自然是著作的主要论题。但是，柏拉图对教育问题的讨论的篇幅和哲学强度证明了，教育问题才是真正的主题：它与获得正义标准的知识的方法密不可分，因此，在一个努力想要实现最高标准的城邦中，教育问题自然成了关注的焦点。

柏拉图的建议（即在国家的法定系统中教育卫士阶层）是一个革命性的改革，具有无法想象的历史影响。各种类型的现代国家都主张，支配全体公民的教育是它们的权利（尤其是自启蒙时代和专制主义时代以来），这种主张可以追溯到柏拉图的《王制》。当然，在希腊，尤其是在民主制度的雅典，教育也在很大程度上受城邦制度的精神的制约；但根据亚里士多德，除了在斯巴达，全希腊任何地方都没有国家主导的教育，也没有相关的官员。① 亚里士多德对这个例子的提及，使我们确信，在呼吁由国家监督的教育方面，他和柏拉图一样，心里想的都是斯巴达。在《王制》中，柏拉图没有讨论国家的教育系统要怎样来组织，而是在后来的《法义》中才解释这个问题的。② 在这里，柏拉图完全只关注教育本身的内容；在试图确定教育运行的基本路线时，柏拉图最终被引导到我们如何才能看见和识别最高标准的讨论。柏拉图断定，希腊传统的教育体系培养身体和灵魂的自然方式，分为"体育"和"音乐"两个部分，因此，他把这二者作为讨论的基础。③ 在批评这一点时，我们必须牢记他在其他地方所做的评论，即每一次教育改革都会对国家造成伤害。尽管柏拉图对传统教育的某些方面持激烈批判的态度，但他仍抱着一个保守派人士

---

① 亚里士多德，《尼各马可伦理学》10.10.1180a24。
② 参见本书第三卷，第 302—303 页。
③ 《王制》376e。

的希望，即保留已经被证明为有价值的事物。当然，人们往往强调他的否定性方面，毫无疑问，他对传统教育的批判非常漂亮地揭示了新的哲学原则。但是，柏拉图的魅力，他对文化发展的强大影响，[211]很多要归功于他的激进观念和他受理性支配的对传统的保守尊重之间的生动张力。因此，在倾听柏拉图的批判之前，我们必须非常清楚地了解，他是在希腊传统教育的基础上（毫无疑问，他做了修正和改造，但没有动摇根本）构建其哲学的教育体系的。柏拉图的决定成了后来哲学家们遵循的范式，具有广泛的历史意义。首先，这种做法无论在形式上，还是实质上，都肯定了希腊文化发展的连续性和有机统一性；当哲学的理性主义精神从对自然的沉思转向以冷静的理性之光进行文化建构时，它在传统的危机时刻避免了传统的断裂；第二，柏拉图对传统希腊教育和希腊民族活的遗产的主动赞赏，赋予了自己的哲学以历史特征；因为在他对诗歌和音乐这种迄今为止主宰希腊人的灵魂的力量的持久批判中，希腊的传统和遗产得到了重现和完成。因此，柏拉图对传统教育的批判并非（如一些现代学者认为的那样）是对其哲学主题的偏离；它们是其哲学的本质性部分，它们的意义是首位的。

对"音乐"教育的批判

柏拉图宣布，我们必须从灵魂的教育——也就是说，从"音乐"教育——开始。① "音乐"，在"μουσική"一词几乎无所不包的希腊意义上，不只是音韵声律之事，而且还（根据柏拉图强调的重点，主要地）是一件关乎说话（即逻各斯）的事情。在描述城邦卫士的教育时，柏拉图还没有到揭示其哲学原则的地步，但他第一句话就指出了哲学原则所在的方向。所有哲学家对谈话的兴趣都旨在发现一个给定的句子是真是假。不仅一个词的信息价值，而且它的教育价值，都有赖于它的真实性。当柏拉图坚持认为教育不是从真实开始，而是从"一个虚假的故事"开始时，这使得它更像一个悖论。② 柏拉图指的是给孩子们讲述的神话和传奇；即

① 《王制》376e，377a。

② 《王制》377a。

使他也想不出其他方式来开始教育。但是,在《王制》中,这里和其他地方一样,当柏拉图在教育上有意允许欺骗的使用时,[212]他仍然对其运用做出了一种关键性的限制——这种限制显然是对传统教育方式的一种严肃批评。我们要讲给孩子们听的神话故事一般都不被当作是真实的;但它们仍然包含少量真实的东西。现在,教育和任何其他事情一样,最重要的是开头,因为它发生在人最不费力、最敏感的发展阶段。这是最容易被型塑的年龄,人们想用什么模子(typos)给他定型,他就属于什么类型。因此,没有什么比我们随随便便给孩子讲述各种虚假故事更不妥的事情了。他们把许多观念吸收到自己的灵魂中,这些观念经常与我们要求他们长大后应该持有的信念截然相反。因此,柏拉图宣布,我们首先必须对神话故事的讲述者进行仔细的审查,因为与孩子的身体被体育教练的双手塑造相比,孩子的灵魂会被这些故事更为永久地塑造。①

柏拉图走得如此之远,以至于所有故事,无论篇幅大小,都应该用同一个模子来定型。② 城邦的创建者自身当然没法写作诗歌,但他必须明了诗人们用以创作各种故事的一般模型。柏拉图有时谈到一种类型[的诗歌],有时又以复数形式谈到几种类型的诗歌。柏拉图的意思,并非诗人必须在类型学上要被严格限制在固定数量的规定类型之内,他的意思是说,涉及到道德价值的一切观念——它们是由诗人的作品植入孩童心灵的,都必须(尤其是如果它们关乎天神和人的德性本性的话)遵循一种一般的样式和轮廓。如果我们今天来阅读荷马和赫西俄德,也会遇到很多场景,如果运用我们自己的道德判断标准的话,我们也会以同样的方式批评这些场景。不过,我们通常都认为它们只是我们消遣娱乐的方式而已;这也是绝大多数柏拉图的同时代人对它们的看法。严格地说,没有人会说它们是孩子们的理想。我们也不应该将克洛诺斯(Kronos)吞吃自己刚出生的儿子和女儿的故事印刷在童书

---

① 通过引入"陶冶"或"塑造"(πλάσις, πλάττειν)这一比喻,柏拉图清晰地向读者讲明了什么是诗歌和音乐教育中的本质性功能,与早期希腊的教育实践中一样。柏拉图在此与其他地方一样,不是在介绍某种全新的东西,而是在提醒读者注意既存传统中一些东西的重要性和意义。

② 《王制》377c。

上。那个时候，还不存在童书一说。孩子们很小的时候，就有人给他们喝酒，给他们读真正的诗歌以滋养他们的灵魂。不过，当柏拉图以给孩子们讲述的故事开始他的教育讨论时，他对诗歌的批评不只局限于狭义的教学方法：他不只是想要一些删除了伤风败俗部分的故事集，或 ad usum Delphini［青少年古典读本］。在柏拉图的话语背后，［213］潜藏着哲学和诗歌之间深刻的原则差异——这一差异支配着他关于教育的论证，并在这一点上变得非常尖锐。

柏拉图并非批评诗歌的第一位希腊哲学家。在他背后有一个漫长的诗歌批判传统；尽管在此种特定的批判态度上想要精确地描述柏拉图的先行者是不可能的，但任何低估此种传统的力量及其对柏拉图的影响，都将是一种历史性错误。柏拉图从批评荷马和赫西俄德开始，因为他们将诸神描绘成了人类的样子。这是塞诺芬尼在其对史诗的讽刺性批评中攻击的第一个要点。① 赫拉克利特重申了这一批评，而当时最新式的诗歌（在欧里庇得斯身上体现得淋漓尽致）也与此种哲学批评抱同样的见解。② 但是，埃斯库罗斯和品达，难道一点儿都没有同情过对荷马的这种批评？难道他们没有——尽管他们放弃了对荷马的否定性批评——将道德热忱的全部重量和个人信念的全部能量，贯注于以他们自己的更加纯粹的神性观来代替旧的不好的神性观？从这些对荷马的天庭的早期批评者到基督教教父们——他们经常逐字逐句地，直接从异教哲学家那里借用他们反对拟人化的希腊诸神的道德和宗教观点——之间，存在着一条未曾断裂的思想线索。第一个做出此类批评的其实是写作《奥德赛》的诗人——因为他费尽心力，显然是想让自己笔下的诸神（尤其是宙斯）的行为举止比他们在《伊利亚特》中更高贵一些。③ 柏拉图直接从塞诺芬尼那里接收了一些详细的论证，诸如对天神和巨人之间的战争的批评，对不朽的天神之间所抱的各种仇恨的批评。④ 柏拉图的控诉的最终根源与他的前辈们是相同的。与他们一样，柏拉图以他自

---

① 参见本书第一卷，第 218 页。

② 参见本书第一卷，第 423 页。

③ 参见本书第一卷，第 68—70 页。

④ 《王制》378c—d，参见塞诺芬尼残篇 1.21（第尔斯本）。

己的道德标准来审视那些旧诗人讲述的神话故事，他发现，它们都配不上他所相信的神性的应有含义，从而断定它们是虚假的故事。塞诺芬尼已经批评过荷马——"因为他是希腊人永远的教师"，[①]因为塞诺芬尼知道他自己拥有一种更高的真理。

柏拉图的批评沿着相同的道路前进，但走得更远。他不是偶然地批评诗歌对流行思想的坏影响；在《王制》中，柏拉图是在修正希腊教育的整个体系。诗歌和音乐一直是心灵教育的基础，[214]它同时也涉及到信仰教育和道德教育。柏拉图认为诗歌具有教化力量的看法是如此自然而然，以至于他从未试图去寻找这种力量的确切原因，而每当他谈到诗歌的本质时，他要么假定诗歌具有教化的能力，要么明确地将其运用于自己的定义之中。对我们来说，在今天——在现代"艺术"痛苦但最终胜利地将自己从十八世纪和十九世纪早期的"道德化"倾向剥离不久之后，要理解这一点尤其困难。我们绝对确信对一件"艺术"作品的欣赏完全无关于任何道德价值。至于这种认识到底是真是假，与我们这里的论述无关。关键是希腊人不认为这种认识是对的。当然，我们也不必认为，关于诗歌的教育使命及其崇高意涵，他们全部持有与柏拉图相同的想法；但这样的想法绝对不是柏拉图个人特有的想法。不仅早期希腊传统持有这种想法，而且绝大多数柏拉图的同时代人也持有这种想法。阿提卡的演说者们经常援引城邦的法律，来确定他们所诉诸的法令的确切内容。当没有成文法可以引用而必须诉诸未成文法时，他们常常同样以极其自然的方式引用诗人的表述。[②]伯利克里在其对雅典民主制度的自豪颂扬中，指的正是这种未成文法的力量。尽管我们将其称之为"未成文的"，但它已经在诗歌本身中成文了，如果一个论证缺乏理性的基础，那么荷马的一行诗永远是最佳的替代，即使是哲学家们，也不以引用荷马为耻。[③] 以此种方式被使用的诗歌权威，只

---

① 塞诺芬尼残篇 9（第尔斯本）。

② 埃斯基涅斯，《诉提马库斯》(Against Timarchus) 141，吕库古，《诉列奥克拉特》(Against Leocrates) 102。

③ 当然，在将诗人当作权威方面，斯多亚学派是走得最远的；在诗歌的价值问题上，他们也因此与柏拉图持大相径庭的态度。通过对诗人的寓意性阐释，他们坚持诗人（尤其是荷马）是真正的教育的一部分的主张。

有基督教信仰的淳朴时代的圣经和教父权威差堪比拟。

　　除非我们牢牢记住希腊人认为诗歌是全部知识和文化包罗万象的纲领、诗人的表达是所有人交口称赞的一种标准，否则就无法理解柏拉图对诗歌的批评。柏拉图现在着手以一种更高的标准来衡量这种标准，他知道，由于自己的哲学知识，他拥有一种更高的标准。在塞诺芬尼的言下之意中已经潜藏着较高标准的观念：他抱怨荷马和赫西俄德对诸神的描述是"不适当的"。① 但柏拉图的全部思想从头至尾都明确地旨在为人的行为找到最高的道德标准。以这样一种最高的道德标准来判断，传统诗人的理想部分是高尚的，部分是可鄙的。从一种更高的角度来看，[215]柏拉图对诗歌的批评注定要采取一种更加激进的形式。如果我们以哲学为我们打开的关于真实存在的知识来评断诗歌，那么诗人为我们描述的那个貌似真实的世界，就必然会无可避免地融化成一个仅仅是现象的世界。当然，柏拉图以不同的角度来看诗歌，有时将诗歌当作一种规范行为的标准，有时又当作一种获致绝对真理的途径。他在《王制》的第十卷，在他最后一次讨论诗歌时——他在其中将诗歌看成摹本的摹本——就以获致绝对真理的角度来看待诗歌。不过，在那里，柏拉图是从纯粹知识的最高顶峰来看诗歌的，而在这里，在描述城邦卫士的教育问题时，他还处在一个较低的阶段——仅仅只是意见（doxa）的阶段，全部"音乐"教育都行进在意见的道路上。因此，柏拉图采取的是一种比较包容的态度。他在此处保留了诗歌，将其作为最佳的教育方式，作为一种较高的真理的表达形式，②但也因此必须毫不留情地改造或压制诗歌中任何与其哲学标准不相容的东西。

　　希腊的诗人和希腊人民有一种特殊的关系，但现代读者并不总是能理解柏拉图的诗歌批评与这种特殊关系的联系。即使是十九世纪的"历史研究法（historical approach）"，在判断以往的历史时，也不能完全摆脱他们那个时代哲学上和道德上的先入之见。学者们要么试图为柏拉图辩护，要么证明柏拉图的论述其实比它们看起来的要无害得多。

────────────

① 塞诺芬尼残篇 9（第尔斯本）。

② 参见《王制》377a：神话故事整体上是虚假的，但它包含真理的颗粒在内。

他们从心理学的角度将这些论述解释为柏拉图的理性对其诗性想象的反叛，或者从历史学的角度，将其解释为诗歌在他那个时代不断堕落的结果。这些解释虽然不无道理，但都误解了柏拉图对诗歌的态度的根本原则。他们都太过拘泥于"艺术是自由的"这一政治观点。那些竭力想把艺术从教会和国家的监护中解放出来的人，经常引用希腊人的话语，但柏拉图显然不太适合这种画面。因此，为了让柏拉图看起来不那么像英国大法官（the Lord Chancellors），康斯托克（the Comstocks），以及艺术的其他政府审查官，他们试图对柏拉图的作品进行润色和修正。不过，柏拉图并不是想要说明，如何组织一个审查机构才能取得最大的实际成功；如果僭主狄奥尼索斯当初有意实现柏拉图的理想国，那他肯定会在这一点上畏缩不前，否则他就会不得不遵循柏拉图的严厉裁决，并首先焚毁他自己的剧作。[216]在《王制》中，哲学对诗歌进行改造的真正意义是精神上的；仅就在每一种精神理想的表达中都包含着共同体建构的力量而言，它才是政治上。这就是柏拉有权在其新建构的共同体中制定以下原则的原因：即诗歌的写作应该与"型（the Ideas）"相一致，否则就要被权衡并确定为不合格的东西。柏拉图不是想要烧毁与他的标准不符合的所有诗歌；他没有质疑诗歌的审美价值。不过，这一价值确实不适合他正在建构的那种精干有力的国家，而只适合富足的国家。

因此，希腊人赋予诗歌的独特价值已经注定了诗歌的命运。当柏拉图以苏格拉底的道德标准——这是国家的世俗特征永远要阻止它达到的一种标准——来衡量城邦国家时，国家以同样的方式遭到了其所主张的道德权威的非难和指摘。当然，作为一种教育因素，诗歌和国家都无法被废除，但在《王制》中，它们必须把之前的领导权移交给哲学，即关于真理的知识：因为哲学能够告诉它们，为了证明它们的教育主张，它们必须如何改变自己。实际上，它们拒绝改变；因此，柏拉图的诗歌批评唯一可见的结果就是一条无法填平的鸿沟，这条鸿沟从此之后将希腊人的灵魂分为两半。但是，柏拉图折中艺术对美的渴望与艺术的高级教育使命这一显然徒劳的期望，有一个积极的结果，这就是柏拉图自己的对话的哲学诗。凭借《王制》中建立的标准，柏拉图的著作成为一种全新的作品，完全取代了旧式的诗歌——即使柏拉图的作品仍然是一种独一无二的诗歌类型（尽管有人试图模仿它）。但是，柏拉图为什么不直接说他自己的著作就是应该给予教师和学生的真正诗歌呢？只因为他假装是在记录别人之间的谈话，而不是他自己的思想。他在晚年抛弃了这种伪装，并告诉这个堕落的世界，他自己的《法义》才是这个世界所需要的诗歌类型。① 如此，垂死的诗歌再次在其最伟大的控告者的著作中呈现出其至高无上的地位。

柏拉图关于城邦卫士的教育所说的绝大多数话语，牵涉到将要被排除在卫士教育之外的诗歌"类型"。柏拉图这样做有两个理由。[217]通过宣布没有道德和宗教价值的所有观念都应该从"音乐"教育中被根除，他让我们意识到他的信念，即一切教育都应该由一种非常崇高的标准来掌管。他对诗歌的所有批评，以及根据神话故事的道德和宗教价值对其所做的选择，都预设了一个无法反驳的原则。这一原则首先在此处的实际使用中间接地出现；当苏格拉底使他的听众同意这一原则应该有效时，他们的同意只不过是一种情绪上的认同，而非理智上的认同。不过，即使就此而言，我们也觉得这一原则需要一种更深层次的哲学来证明其合理性。这个阶段指向一个更高的、后来要达到的直观阶段，那时，柏拉图会揭示他在此处将其作为一种独断性预设的原则规范的真正意义。他的第一所指就是"神学的类型"——关于天神和英雄的本性与行为所说的一切范型。② 诗人们之前对它们的叙述被比作一幅拙劣的肖像画；③诗人们的本意是说出一些它们的真实情况，但他们实在没有能力做到这一点。他们谈论天神之间的仇恨与暴力。但柏拉图坚定不移地确信神（God）是

---

① 参见本书第三卷，第 316 页。

② 《王制》379a：τύποι περὶ θεολογίας［关于神学的模式］；"神学"一词的首次出现。

③ 在《王制》377e 中，柏拉图将一个说诸神坏话的诗人与一个画出的肖像"不像"他所画之人的画匠相比拟。"μηδὲν ἐοικότα［不像］"这两个词语经过精心挑选：因为它们既指诗人不能给出一种真正的描述，又指他的神性观是不适当的：塞诺芬尼（残篇 22［第尔斯本］）说，神从一个地方跑到另一个地方"看起来不像神的样子"。"πρέπειν"一词，即"合适"或"是合适的"，其原初含义与荷马的"ἐοικέναι［像］"一词一样，指"与……相像"，在公元前五世纪的肃剧中，该词仍然具有这种含义。

完全的善且完美无缺。传奇故事归诸于神的那种恶意和罪行,以及一切魔鬼品性,都与神的真实本性不符。因此,神不可能是世上一切罪恶的原因,神只能以一种有限的方式为发生在人身上的事情负责:不像诗人们所说的那样,是神将一切厄运和麻烦加诸我们的生活。①以前的希腊人的信念——即天神使犯错的凡人落入犯罪的圈套,以便摧毁他和他的家族——是不虔敬的和渎神的。但是,倘若果真如此,那么希腊人的整个肃剧世界就完全倒塌了。无辜之人的苦难从来就不是神造成的;当一个罪人受苦时,这不是一种灾难,而是一种赐福。柏拉图用诗人们的丰富事例和引证来证明这些论点。因此,柏拉图正式宣布,应该禁止以下全部神话:这些故事表明完美的、不变的、永恒的神(Divinity)经常改变其形状并呈现出各种类型的凡人的外貌,或者让神(God)为欺骗和错误负责。这种类型的诗歌不仅要被排除在教育之外,而且还要被逐出城邦之外。②

　　基于良好而充足的理由,柏拉图在这一点上对诗歌做了最尖锐的批评。他的批评关乎诗人的神观念和城邦的神圣治理。从荷马到阿提卡肃剧都认为,[218]人的命运依赖于诸神的力量是希腊早期诗歌最具本质性的特征之一。我们人类的生活,不能在纯粹心理学的基础上,单从它们自身得到解释。掌管宇宙的力量通过一条不可见的线索参与到我们的生活之中。我们达到理想的努力在英雄的德性中达到极致;但在我们之上屹立着神圣的命运女神莫伊拉,她无法动摇而又无可回避,有死的凡人的一切意志和全部成功最终都受制于她。希腊诗歌的内在精神,本质上是肃剧精神,因为它在我们凡人的命运中看到了每一件事,甚至是我们人类最高贵的努力,与天庭的统治之间都有一种无可化解的联系。在公元前六世纪,生活变得越来越理性化,希腊人开始感到人要为他们自己的行为和苦难负责。但是,这种感受的变化,对像梭伦或泰奥格尼斯、西蒙尼德斯或埃斯库罗斯这样的思想者的道德情感的侵袭,并没有达到摧毁他们对命运的信念的地步,他们心中最后的强大

---

① 《王制》379c。

② 《王制》383c。

堡垒仍然根深蒂固——对命运的信念仍然活跃在公元前五世纪的肃剧中，这种信念相信"诸神想要毁灭谁，就会先使他疯狂"。该有的悲惨和不该有的悲惨，都是"诸神的命定"：因为神（God）是人世间一切事情发生的原因，无论好坏。

这种宗教信念与人完全要为自己的行为结果负责的道德观念之间的冲突，贯穿于全部希腊诗歌之中，尽管有时是潜藏于表面之下的。当苏格拉底宣扬他的激进思想，即人的全部生活都应该由道德标准来评断时，这一冲突注定要成为迫在眉睫的问题。柏拉图在其中建构其新秩序的德性世界建立在这一预设之上：每个个体通过毕生追求他所见的"善"来塑造他自己的道德路线。这就完全将命运对人的主宰排除在生活之外了。被那些像老辈诗人那样思考的人称之为"命运"者，并非上天的意志。如果神（God）能将人带向灾祸——尽管人们努力避免灾祸——那么，我们就会生活在一个教育完全失去其意义的世界中。如此，通过苏格拉底的信念，即人"天然"就意愿善并能认识善，柏拉图对前苏格拉底的世界观念做了一个巨大的改变。在早期，希腊人主要将神设想为引发一切事物的力量：他们的诗人和思想家在这一点上是一致的。[219]柏拉图没有在抛弃这种信念的后果面前退缩。他承认，善和自由的王国为必然性（anankè）王国所抵消——他的前辈们将必然性王国描述为"自然（Nature）"。但是（如《蒂迈欧》所示），柏拉图认为自然的世界仅仅是质料（matter），形式（form）——它是神圣的善的型——在质料中实现作为更高的自然（Nature）的自身。与善（the Good）不一致的任何事物都是一种例外，都是纯粹存在的一种不完美的呈现，因而是一种畸形状态。柏拉图的教育是不可能在德谟克利特所设想的世界中存在的。德谟克利特的世界是原先诗人们的世界，被莫伊拉所主宰的世界；不过，正是这个世界被推到了科学的极端。柏拉图认为，除非教师和学生具备一种新的宇宙观（这个宇宙作为一种真正的秩序，是一种柏拉图意义上的世界-秩序）——除非他们被一个单一的善的原则所引导——以及除非整个教育工作与宇宙法则相一致，否则，教育人的伟大事业就是不可能的。在那种类型的宇宙中，教育确实是神（God）的工作，正如

苏格拉底在《申辩》中称呼它的那样；在《申辩》中，他自豪地承认，他
致力于"服侍神"并献身于它。

在制定了描述神明的规则之后，柏拉图着手进行论证，即诗歌阻
止了一个人的勇气和自制的发展，这个论证也得到了大量引证的支
撑。柏拉图对传统教育的所有批评都建立在人有四种主要德性（即
虔敬、勇敢、自制和正义）之上。他在这里没有将正义包括在内，但他
在最后小心翼翼地解释说，我们还不知道正义到底是什么，它对我们
的生活和幸福有何重要意义。[①] 在这个部分，柏拉图对原先的诗人也
非常严厉。通过对冥府的可怕描写，（他说）荷马会让城邦的卫士贪
生怕死。当然，他没有建议完全禁绝荷马，但确实试图对荷马进行剪
辑(ἐξαλείφειν, διαγράφειν)，删除了史诗中的整段文字，甚至毫不退缩地
想要按照后来《法义》展示的计划改写诗人的作品。一个献身于真正
的传统的学者必然认为，这是专制统治和专断意志最暴虐的破坏：因
为他认为诗人写下的文字不可侵犯。但是，尽管我们几乎都本能地
坚持这种看法，但这种看法却是一种已经接近其尾声的文化的产物，
[220]这种文化认为古人的著作是幸运地保存下来的珍宝，它只能想
到唯一一个改变这些著作的理由——从一个更纯粹的文本传统中发
现了诗人的原作。不过，让我们记住，即使在诗歌还活着的时候，对
柏拉图重写诗人诗篇的计划也已经有了许多引人注目的方法，它大
大缓和了柏拉图的建议的激烈程度。例如，梭伦曾经请求他的同时
代诗人弥涅墨斯(Mimnermus)修改他已经问世的一行诗。温柔纤弱
的悲观主义者弥涅墨斯曾经写到，人生六十之后应该死去。梭伦请
求他重写这句诗，改成"八十之后"。[②] 在希腊诗歌历史上，出现过许
多想要辩驳或纠正前辈关于最高德性的看法的事例，直接拿过前辈

---

① 他以批评神话故事关于诸神的不虔敬说法开始，并坚持一种真正的虔敬或 eusebeia［虔
敬］(377e 至第二卷结束)。在第三卷中，他以批评那些违背勇敢的真正理想的段落开
始，且在 389d 中继续谈论同样方式的自制：这些批评都聚焦于诗人对那些伟大的传奇英
雄的描述。看起来他应该从真正正义的角度(392a 和 c)，继续批评诗人们对普通人的描
写，因为正义是唯一剩下没有谈到的德性。不过，柏拉图推迟了对这个部分的批评，因为
正义的本性迄今仍未得到阐释。

② 梭伦残篇 22(狄尔编)。

诗人的诗章，旧瓶装新酒。① 这种情况也无非是对前辈诗人作品的改写。传播荷马和赫西俄德诗章的吟唱诗人通过口耳相传，必定比我们现在能够证实的更为频繁地对诗章进行裁剪，以便按照他们自己的愿望对它们进行重铸。

当然，除非我们牢记，诗歌具有一种权威性的教育意义和传统声望——这对希腊人的意识来说是自然而然的，正如对我们来说非常奇怪一样，否则，我们就不能理解这一特定的现象。如果一首诗成了经典，那么对它进行修改，使它与一系列变化了的价值标准相一致，是非常自然的，尽管相当天真，同时它多少也是一种荣誉的象征。所有的哲学家都借用这种换语（epanorthosis）观念，并将其运用在对诗人的阐释上；基督教的教父们又从他们那里接过了这种方法。"给银币盖上一个新印章"是一种传统的口号，这种传统还没有寿终正寝，只要其代表人物意识到他们作为继承者和传递者对它的分享，它就继续处于活跃状态。② 因此，那些以"一个理性主义者缺乏对诗人的理解"来指责柏拉图的人，恰恰是他们自己犯了某种历史性错误，误解了诗歌传统对柏拉图以及他那代人的真正意涵。例如，斯巴达诗人提尔泰奥斯称赞勇敢是德性之冠，直到柏拉图自己的时代，他的作品仍然是斯巴达的圣经，当柏拉图在《法义》中说我们应该对提尔泰奥斯进行改写，用"正义"来代替"勇敢"时，③就很容易明白，提尔泰奥斯的诗篇是如何牢牢抓住了一个人的心灵，[221]以至于柏拉图觉得只有经过对他的改写，才能履行他对诗人和对真理的双重责任。

但是，柏拉图并没有像老一辈思想家在重铸智慧的旧币时所做的那样天真地批评一件事情。一种温和的反讽抚平了他那双严肃的、检察官般的紧皱双眉。他没有与那些试图为审美娱乐留一席之地，并说荷马对哈德斯冥府的描绘使史诗更有诗意更有趣的人争吵。只不过这

---

① 关于改写一首著名的权威性诗歌的方法，在拙文《提尔泰奥斯论真正的德性》（载《柏林科学院会议报告》，1932，第 556 页）中已经讨论过许多富于启发性的具体例子了。

② 关于这种传统，参见诺顿（E. Norden），《未认之神》（*Agnostos Theos*），第 122 页，以及附录第 391 页。

③ 《法义》660e 及以下。

些描绘越有趣,就必然越不适合孩子们和那些要成为自由人的耳朵:因为他们应该惧怕奴役甚于惧怕死亡。① 因此,他毫不留情地删除了荷马诗歌中那些著名人物的全部"哀叹和哭泣",也剔除了奥林匹斯诸神那无法抑制的笑声,这笑声会使读者也任意放纵他们自己的笑声。桀骜不驯、纵情享乐、贪婪无度和行贿受贿,也因容易腐蚀灵魂而被清除。柏拉图对史诗的人物也做了同样的批评。② 阿喀琉斯从普里阿摩那里收取赫克托尔尸身的赎金,从阿伽门农那里收取补偿金,这些都违反一个世纪之后的道德情感,就像他当时违背了老师菲尼克斯的教导——菲尼克斯建议他接受阿伽门农的礼物并与他和解。阿喀琉斯对河神斯珀尔凯俄斯(Spercheius)的藐视,对太阳神阿波罗的辱骂,对高贵的赫克托尔的尸体的凌辱,以及他将俘虏杀死在帕特洛克罗斯的火葬柴堆上,都不值得相信。荷马英雄的道德准则使他们不可能神圣——要不然就是荷马对他们做了错误的描述。③ 从所有这些来看,柏拉图并没有得出结论说,荷马史诗相当陈旧和原始,因为它们反映了原始时代的思想。柏拉图坚持自己的观点,即诗人应该提供德行的榜样和典范,而荷马笔下的英雄还远不是示范性人物。以历史的观点为这一事实开脱会错失论题的整个要点,因为这会变成剥夺诗歌的规范性力量——诗歌指引人类的主张必然建立在这种规范性力量之上。诗歌只能用一种绝对的标准来衡量。因此,它必须要么被驱逐,要么服从于柏拉图所坚持的真理的管理。④ 柏拉图的"真理"与我们通过艺术的现实主义所理解的截然相反,尽管这种艺术的现实主义确实存在于柏拉图之前的时代。柏拉图认为,描述人的丑陋和弱点或者神治理的世界中的显著错误,[222]只是记下了事情的表面现象,而非真相。尽管如此,柏拉图从

---

① 希腊人关于艺术享受(我们所谓的)与诗歌的灵魂塑造力量之关系的想法,这段话告诉了我们很多。二者并不互相排斥——根本就不。诗歌给予的艺术享受越高,一件艺术作品对欣赏者的影响力就越大。这说明了艺术对人的性格的影响的理想状态是怎么能够从世界上最有艺术性的民族(即希腊人)中产生的,他们的审美远优于历史上的任何其他民族。

② 《王制》387d 及以下,389e。

③ 《王制》390e 及以下。

④ 《王制》391d。

未提议，作为一种教育力量，我们应该将诗歌完全废除，或者用抽象知识(即哲学)来代替。相反，批评背后的苦涩能量归根结底源于他的知识：他深知，没有任何东西可以取代那些数百年来备受赞赏的音乐和诗歌杰作的塑造力量。即使哲学能为全部生活找到一种最高标准的救赎知识，柏拉图仍然会觉得，在新真理像赋予身体以形式的灵魂那样穿上一套新诗歌的衣服之前，教育的任务仍有一半还未完成。

艺术作品的教育效果不仅取决于其内容，而且在很大程度上取决于其形式。因此，柏拉图对公认的音乐教育的批评分为两个部分。我们刚才已经考察过的第一部分，处理的是神话故事[的内容]；第二部分将探讨其语言和艺术风格。① 柏拉图对诗歌风格(λέξις)的讨论特别有趣，因为它是希腊文学中第一个着手讨论诗歌风格的段落，它阐明了一些基本的诗学概念，并将其视为某种既定的概念——在亚里士多德的《诗学》中，我们首次在一个更大的系统性语境中遇到了这些基本概念。不管怎样，柏拉图不是为了理论化而提出他的诗歌理论的。他的理论是对诗歌作为教化的批评。早些时候，柏拉图曾从同一个根源——我们从模仿获得的快乐——得出所有艺术的形式；②但当他描述各种不同类型的诗歌的说话方式时，我们看到他是在戏剧模仿或言行模仿(mimic imitation)的有限意义上使用"模仿"一词的。诗歌表现事物的类型有：

    1. 纯粹的叙述，如酒神赞歌

    2. 通过戏剧模仿的再现

    3. 叙述与模仿相结合的表现，其中，叙述者的人格隐藏不见：就像在史诗中，叙述和直接说话(一种戏剧表现手段)相辅相成。③

---

① 柏拉图对神话故事的讨论在《王制》392c结束，转向对诗歌风格的批评。

② 柏拉图在《王制》373b中提到了这一点；亦可参见他在377e使用"描绘(即εἰκάζειν)"一词来描述画匠和诗人的功能。

③ 《王制》392d。柏拉图用"模仿"一词来区分诗歌的类型，不是指对某种自然事物的复制，而是指诗人和演员将自身代入他所表现的人物，从而暂时湮灭他自己的人格(ὁμοιοῦν ἑαυτόν)。

理所当然,柏拉图不可能假设其读者在没有某种介绍的情况下就能理解这一点。这是一种处理问题的新方法,他用来自《伊利亚特》的例子来说明诗歌表现事物的艺术手法。

这里,柏拉图不得不再次作出决定,[223]前面哪种诗歌类型将被允许存在于完美的城邦中。要回答这个问题,只需要一个基准:城邦卫士的教育需要哪种类型的诗歌?事情又回到讲清楚这一原则:即每个人应该完全了解他自己的工作而不做别的任何事情,柏拉图解释说,一个好卫士的品质不允许他有模仿许多其他事情的愿望和能力。一般来说,即使是肃剧演员,也不能适当地出演谐剧,而诗歌朗诵者也很少适合戏剧演出。① 城邦卫士必须是一个专职的阶层,只知道一种工作:那就是保卫国家。② 旧的教育不是想要培养专业人士,而是想要培养普遍适用的公民。柏拉图确实也为自己的城邦卫士主张过全能(kalokagathia)的理想,③但是,一个努力扮演戏剧角色的外行,与他自己那个时代高度专业化的职业演出相比,总是处于不利地位,因此,柏拉图将卫士教育中允不允许戏剧诗歌[模仿]存在的问题,转化成了两种竞争能力之间的测试问题,两种竞争能力还是不发生冲突比较好。柏拉图自己作为一位通才,却如此决然地支持专业化,是一件奇怪但可以理解的事情。这显然是一种内在冲突的征兆,这种冲突在这里与在许多其他要点那里一样,迫使他采取一种非自然的解决方式。从"人的本性被分成许多细小部分"这一事实出发,柏拉图得出这样的结论:对一个战士来说,有意识地成为片面的专才更好。④

是的,这是一种激烈而夸张的论辩方式。尽管如此,在这种论辩方式之下潜藏着柏拉图对真理的深刻理解,即模仿(尤其是长期的模仿)会影响模仿者的品格。所有模仿都意味着一个人灵魂的改变——也就是说,暂时放弃某人自己的特有形式,将自己同化于被模仿典型的品格

① 《王制》395a。
② 《王制》395b—c。
③ 《王制》396b。
④ 《王制》395b。

之中，无论被模仿的典型是好是坏。① 因此，柏拉图规定城邦卫士不应
该与演出有任何关联，除非是扮演那些拥有真正德性的人物。他完全
禁止卫士模仿妇女、奴隶、行为或品格卑贱者，以及那些以实用为目的
的人物（那些与 kalokagathia［美善］完全无关的人）。一个行为端正的
年轻人不会去模仿（除非是闹着玩）动物的嘶吼、河流的喧哗、大海的咆
哮、隆隆的雷声、呼啸的风声，以及车轮的吱吱声。② 品德高尚的人自
有一种谈论的方式，与他们相反的人另有一种方式。如果一个卫士候
选人想模仿什么人，［224］那他应该选择模仿那些高尚的人物。③ 他应
该只有一种风格——作为一个彬彬有礼的人，这样是合适的——而不
应该有一种充满各种格调和节奏、不停地变化的混合风格。④ 一个多
才多艺的艺术大师，他凭本事能够成为任何人，模仿任何事物，这样的
人，如果他来到我们的城邦，我们会拜倒在他脚下，但让他留在这里并
不合适，我们会把香水洒在他头上，给他戴上羊毛编织的花冠，然后将
他礼送出境，去到另一个城市，因为在我们这个纯粹教育的城邦中没有
他的位置。理想的城邦只认可比他严肃但不像他那么有魅力的诗
人。⑤ 柏拉图走得如此之远，以至于贬低戏剧诗歌［模仿］，而偏爱刚才
以荷马诗歌为例说明的那种叙述方法，并认为，即使在史诗中，由直接
说话构成的戏剧因素也要尽可能地限制。⑥ 当然，柏拉图在这一点上
的处理方法，是从当时他那个阶层的年轻人对戏剧诗歌和剧院的热忱
与迷恋出发的。柏拉图本人，在他遇见苏格拉底之前，是一个肃剧的热

---

① 这一描述显然不是指广义的模仿（本卷第 252 页，注释③所解释的模仿），而是狭义的模
仿：即戏剧诗人的模仿。柏拉图认为，史诗中说的话属于同一范畴。在此种模仿中，模仿
者的身体、声音和性格都必然会发生变化，他会呈现出他正在模仿的对象的人格（《王制》
395d），柏拉图明确地将此种模仿作为一个道德范畴来看待，而对某个现实对象的日常艺
术模仿则不会影响模仿者的性格。当模仿指放弃某人自己的品格去模仿对象的品格时，
它是一个教化或教育的概念；当模仿仅指复制一个看到或听到的对象时，它是一个技术
的概念。
② 《王制》395d—397b。
③ 《王制》396b—d。
④ 参见《王制》397a—b，以及柏拉图关于两种类型的风格的描述。
⑤ 《王制》398a。
⑥ 《王制》396e。译注：在荷马的史诗中，诗人有时直接以诗中人物的口吻说话，在这样做
时，诗人实际上是在尽可能模仿诗中的人物，这种模仿属于"戏剧因素"，应该限制。

爱者,他必定见过这种热忱对他本人以及其他人的伤害性影响。显然,柏拉图的话充满了个人体验的力量。

在希腊文化中,诗歌和音乐,"一对幸福的女海妖",是一对不可分离的孪生姐妹。同一个希腊词"μουσική[音乐]"包括了它们二者。因此,在制定了诗歌的内容和形式的规则之后,柏拉图开始探讨我们可以名副其实地称之为音乐的东西。① 抒情诗是一种边缘情形,音乐在抒情诗中与语言艺术融合成一个更高的统一体,但在柏拉图通过主要来自口头诗歌(史诗和戏剧)的例子说明了对诗歌内容和形式的裁定之后,他就没有必要再对用来吟唱的抒情诗做专门的讨论了。为史诗和戏剧这两类诗歌确立的规则也适用于抒情诗。② 但是,各种不同的音乐风格或"曲调"必须在与语言无涉的情况下得到讨论。进入诵诗和舞曲的还有另一种要素:也就是节奏。柏拉图把歌词(logos)、曲调(harmonia)和节奏(rhythmos)三者的结合定为诗歌的最高法则——曲调和节奏必须服从歌词。③ 柏拉图由此说明他为诗歌制定的规则对音乐也有效,并证明了从一个单一的角度来看语言、曲调和节奏是可能的。语言是理性的直接表达形式,而理性应该是最重要的。无论如何,在柏拉图的时代,这显然不是音乐的现状。[225]在舞台上,表演压倒了诗歌,并产生了柏拉图所谓的"剧场政体(theatrocracy)";④音乐会也是如此,诗歌从属于音乐。我们对那个时期的音乐生活的这种描述,与人们对它的谴责是一致的,那时的音乐充满了喷涌的激情和夸张的兴奋。⑤ 音乐得到了解放,成了一个蛊惑民心的政客。

---

① 参见《王制》398b—c。内容和形式是ἅ τε λεκτέον καὶ ὡς λεκτέον[说什么和怎么说]。前者(ἅ)等同于对神话故事的详细讨论,后者(ὡς)等同于对诗歌风格(λέξις)的讨论。对诗歌的第三部分的讨论,即关于歌曲和音调(περὶ ᾠδῆς τρόπου καὶ μελῶν)的讨论,始于398c。将诗歌划分为这三个独立的因素部分地预示了亚里士多德《诗学》的结构。柏拉图对这个问题的处理的标准性特征在"λεκτέον[说]"一词的重复中得到了暗示;他的标准就是诗歌作品教育上的优秀,而不只是艺术技巧上的优秀。

② 《王制》398d。

③ 《王制》398d,400a,400d。

④ 《法义》701a。

⑤ 托名普鲁塔克,《论音乐》(De Musica)c. 27;贺拉斯,《诗艺》(Ars Poetica),第 202 行及以下。

柏拉图对音乐的批评的最佳明证就是，它使古代世界的所有音乐理论家都深信他是正确的，但柏拉图不是在试图制止我们这个堕落的世界：归根结底，音乐的本性是不受约束的，柏拉图让音乐走它自己的路。音乐自身的过度会对它进行矫正。时候一到，它自然会向另一端回摆。我们千万不要忘记，柏拉图是在思考一个健康、精干、强壮的城邦——它"首先"得生存，而不是"后来"那种肥胖的城邦——它必须有厨师和医生。他用全新的方法使城邦变得简单。他在它开始之前就阻止它了，而不是先得到一个完整的过程，然后又迫使它后退。他关于音乐的规则，甚至比他将诗歌限定在某种"类型"之中更清晰地表明，他不是试图发展出一种全面的艺术理论。他的讨论没有承担太多的技术性细节，他像一个真正的立法者，只画出几条大致的线条来设定界线，人们绝不可越雷池一步。在这方面，他表明自己是一个高超的艺术家——尽管作为历史学家，我们可以惋惜他的惜言如金，因为我们从他那里得到的少量事实，是我们了解希腊音乐的曲调的基础。对我们来说，想要为希腊的"休育"和"音乐"给出一个详尽的描述是不可能的，尽管它们是希腊古风时代和古典时代的教育的基础。我们没有足够的证据。这就是本书没有对它们进行独立探讨的原因。相反，它们是在诗歌和哲学中被随机讨论的——无论在什么地方被提到；想到柏拉图和我们主要都不是旨在讨论专门的技术问题，我们就聊以自慰。柏拉图自己总是说，专职人员会决定曲调的技术关键；由此暗示苏格拉底熟谙那个时代的伟大创新者达蒙的音乐理论。① 我们所知道的是吕底亚复调和吕底亚高调应该被删除，因为它们是适用于哀歌和悲叹的音乐曲调，而哀歌和悲叹在前述诗歌讨论中早就被禁止了。[226]同样，柔靡的吕底亚调和伊奥尼亚调适合宴饮，也应该接受审查，因为醉酒和色欲不适合城邦卫士。② 苏格拉底的对话者——也就是柏拉图的年轻兄弟格劳孔（他是他那个时代受过教育的年轻人的兴趣的代表）——得意地说，这样的话，就只能留下多利安调和弗里基调（Dorian and Phrygian modes）了，以此炫耀他关于音乐理论

---

① 《王制》400b。

② 《王制》398e 及以下。

的专业知识；但苏格拉底对这些技术性细节不感兴趣。柏拉图是在召唤我们关注这一事实，即苏格拉底是一个真正有教养的人，他对本质性的东西天生异禀，但却无意与专家竞胜负。一个专业人士必须强调准确无误，但对一个普通人来说，这会显得学究气，一个自由公民看不上这些。① 因此，苏格拉底大略地说，他只想保留那种类型的音乐——这种音乐的音调和重点模仿的是面对危险、重伤和死亡仍然坚忍不拔的勇敢者，模仿的是在和平时期通情达理、处事得当、行为端正的清醒者。② 苏格拉底还反对繁复多变的音乐调式和多种多样的乐器。他说，乐器的价值不是以它们产生的调式的数量或它们的弦涵盖的音域来估量的。长笛、竖琴和所有多弦乐器绝对要禁止。只有里拉琴和吉塔拉琴被保留下来供城邦所用——因为它们除了简朴的音乐，不适合其他任何音乐；而在乡村，某种排箫可供牧民使用。③ 这使我们想起一个故事，斯巴达官员禁止杰出的提谟修斯（Timotheus）这位最伟大的现代音乐首创者出现在斯巴达，因为他放弃了被传统视为神圣的泰潘德（Terpander）的七弦琴，而演奏一种更多弦、更富变化的乐器。传说不一定是真的，但是却很清楚地表明了希腊人是如何觉得音乐结构的一种根本变化是一种政治革命的，因为它改变了整个城邦赖以立足的教育精神。④ 这种情感不是保守的斯巴达特有的一种情感。它在民主的雅典同样强烈，甚至更加强烈，尽管表达形式不同——正如我们可以从整个雅典谐剧时代对现代音乐的猛烈攻击中看到的那样。

　　节奏是运动的有序模式，它与和谐密不可分。⑤ 我们在其他地方已经解释过，"节奏"这个希腊词语并不包含"运动"的含义，在许多段落中，它意指一连串事物之间的一种固定位置或关系。⑥ [227]希腊人能够在跳舞、唱歌或演说（尤其是有韵律的演说）过程中，在静止中与运动中一样看到一种格式（pattern）。根据一种节奏中的长短音节及其相

---

① 亚里士多德，《形而上学》A3. 995a9 及以下。

② 《王制》399a—c。

③ 《王制》399c—e。

④ 托名普鲁塔克，《论音乐》c. 30；《法义》636e。

⑤ 《王制》399e。

⑥ 参见本书第一卷，第 159—161 页。译注：这个词在那里译为"节律"。

互关系的比例，各种五花八门的顺序和格式出现在双脚和声音的运动中。在此，苏格拉底也不愿深究技术问题，这是音乐专家的事情；他只从中牢牢抓住能够激发他作为一个教育者的想象力的东西，即这样一种理论：和谐与节奏能够产生一种气质（ethos），一种道德品格。这是他选择和谐的基础。只有反映那些勇敢正直人士的生活节奏的音乐调式才被许可。① 同样，从几种可能的节奏中，柏拉图只选择了模仿相同的两种道德态度的节奏。从而，气质理论成了音乐教化和韵律教化的基础。与其说柏拉图证明了这一点，不如说他假设了这一点。他从达蒙这位苏格拉底时代的重要音乐理论家那里接受了音乐的教化理论这一事实表明，他不是在阐释某种特定的柏拉图式的东西，而是在描述希腊人特有的一种对待音乐的态度，这种态度从最早的时候开始，有意无意地，就已经决定了音乐和节奏在希腊教育和文化中的决定性地位。

亚里士多德在其《政治学》第八卷描述了教育的大致轮廓之后，进一步发展出了音乐的气质理论。他是在步柏拉图的后尘。不过，一如既往，亚里士多德比柏拉图更加清晰地阐述了普通希腊人的感受。他同意音乐和节奏的确包含一种道德内涵于自身之内，并将其教育价值归诸于这种道德内涵。他认为，音乐的各种曲调和节奏表达了各种不同类型的精神情感。② 然后，在问了我们通过听觉所获得并称之为"气质"的这种品质是否也存在于其他感官——味觉，触觉和嗅觉——之中

---

① 这里（《王制》400a），苏格拉底再次给了年轻的音乐专家格劳孔一项任务：解释和界定节奏的类型及其数目，就像他为音乐的调式所做的那样。但是，这一点非常重要：关于自己所知道的音乐技巧方面的全部知识，格劳孔全然不知各种不同类型的节奏的道德内涵。在音乐理论家中，达蒙显然是个例外。这就是为什么苏格拉底说他要"请教"达蒙（400b）何种类型的节奏（βάσεις）适合于（πρέπουσαι）不同类型的道德品格。这一点很有启发意义，因为在亚里士多德和贺拉斯对诗歌理论的讨论中，他们对诗歌格律的处理也是从同一个要点开始的——一定的格律适合一定类型的主题。这一连续不断的传统显然可以追溯到柏拉图之前，尽管我们自然而然地倾向于让柏拉图对音乐的这种教育态度负责。柏拉图没有让自己承担这一责任，而是让苏格拉底诉诸达蒙这位关于音乐适宜（πρέπον）理论的大权威——柏拉图很少像这样指名道姓，标记出某些权威。他这样做不仅是因为苏格拉底是达蒙的学生（也许柏拉图代表的这一传统就是由于《王制》中的这段文章而被发现的），也因为他觉得，达蒙是音乐的气质理论的真正创始人，音乐的这种教化理论是柏拉图的教育体系的基础。

② 亚里士多德，《政治学》8.5。

后,他得出了它们并不存在的结论；①在这一点上,谁会反驳他呢？但他居然断言,甚至在视觉所接受的印象中,比如美术作品所传达的印象中,也不存在气质之类的东西：只有少数绘画和雕塑例外,即使如此,也局限于非常有限的范围之内。② 在亚里士多德看来,这样的绘画和雕塑并不是一种气质的真正表达,而是某个人通过色彩和形状呈现出来的标志而已。例如,在画家鲍桑(Pauson)的作品中,我们根本找不到所谓的气质,但它确实出现在波利格诺托斯(Polygnotus)和某些雕刻家身上。③ [228]另一方面,音乐作品直接就是对一种气质的模仿。希腊雕塑的崇拜者会反驳说,亚里士多德太不公平,由于他对雕塑和绘画有眼无珠,将太多的气质给了音乐艺术,给视觉艺术的则寥寥无几；他可能还会指出,亚里士多德断言耳朵是精神感官,而柏拉图则说眼睛与精神性事物有最紧密的亲缘关系,从而来支持自己的这一反驳。④ 不过,事实仍然是,从来没有一个希腊人曾经想要给绘画和雕塑,以及视觉艺术的享受在教育中留一席之地,诗歌、音乐和节奏一直支配着希腊人的教育理想。(亚里士多德关于绘画的价值所说的一切,与美术欣赏毫无关系,也不能被拿来批驳这一论点。⑤)

柏拉图也粗略地提到过绘画。在讨论了音乐教育之后,他说了一句,而且将其与纺织、刺绣和建筑相提并论。雕塑则忽略不计。⑥他究竟在何种程度上认为这些艺术像音乐和诗歌一样具有一种精神气质,这还不完全清楚；⑦不过,很显然,它们在这里更多地是为了

---

① 亚里士多德,《政治学》8.5,1340a18—30。

② 亚里士多德,《政治学》8.5.1340a30 及以下。

③ 亚里士多德,《政治学》8.5.1340a36。

④ 亚里士多德,《论感觉》(De Sensu)1.437a5。柏拉图对视觉的崇拜,在《王制》508b 中所使用的"太阳似的"这一形容词,以及在《会饮》219a 中所使用的"心灵之眼"的比喻上,最能窥一斑而知全豹。

⑤ 亚里士多德,《政治学》8.2.1337b25。

⑥ 《王制》401a。也许《王制》401a1—2 中的"诸如此类(et cetera)"一词就是指"雕塑"。

⑦ 苏格拉底也倾向于把音乐的气质理论延伸到其他领域——也就是说,不局限于达蒙的音乐理论。达蒙在和谐与节奏的领域发现了音乐的"气质"；但苏格拉底问(《王制》400e),如果年轻的城邦卫士真的想要做他们该做的事,他们不应该"到处""追求"这些优美的节奏吗("追求"是一个巧妙的双关语)？绘画和雕塑等美术通过 εὐαρμοστία[优美的音调]、εὐσχημοσύνη[优美的风格]和 εὐρυθμία[优美的节奏]分享了"气质"。不过,读者可以参看400d 关于音乐在道德教育上相对其他艺术形式的优势所说的话。

论证的完整性而被包括进来的——作为严肃与优雅或者粗俗与奢华的一种普遍类型的表现，以及作为有助于创造某种良好的或不良的社会氛围的要素。① 无论如何，它们都不是希腊教育的真正梁柱。② 认识到这样一种社会氛围对教育的影响力，是希腊人的一种独特才能，不过，即使在希腊，也只有柏拉图对此有如此强烈而精微的感受。在讨论哲人王的教育时，我们还会看到这一点。③ 即使在教育越来越理性化时，希腊人也从未忘记教育是一个成长的过程。"教育"和"抚养"这两个原初意义几乎完全相同的希腊词语，一直保持着紧密的亲缘关系。④ 主要的区别是，"教育"一词越来越隐含着智识教育的意义，而"幼儿的养育"则指幼儿成长过程中的前理性阶段。不过，柏拉图在一个更高的平台上将两个观念合二为一了：他不像智术师那样孤立地思考智识教育的问题，而是第一个意识到了智识教育也有某种与环境气候和成长氛围相关的前提条件。柏拉图的教育观尽管具有崇高的理性主义情怀，但他仍然认为教育与植物的缓慢生长一样——这是一种在智术师的个人主义教育方法中几乎完全缺席的思想。[229]这使我们想起柏拉图的其中一个政治和社会原则：即这样一种认识，人不是孤立地生活在真空中，人只有在一个适合于他的天性和禀赋的环境中才能茁壮成长。如果真要有什么教育的话，必须要有一个国家，一个城邦。国家是必需的，它不只是作为一个制定法律的权威机构，而且还是作为一种围绕着每一个个人的社会氛围。单靠纯粹的"音乐"文化这种灵魂的滋养品是不够的。每一种具有形式的艺术和手工艺产品，都必须同样体现高贵的精神，并努力参与创造得体的行为和完美的灵魂。每一个公民，从他最初的孩提时代起，都必须从周围环境中呼吸健康的空气。⑤

---

① 《王制》401b—d。

② 《王制》401d。

③ 参见本卷第 310 页及以下。

④ *Παιδεία*[教育]和*τροφή*[抚养]起初几乎是同义词，参见埃斯库罗斯，《乞援人》，第 18 行。

⑤ 《王制》401c；*ὥσπερ αὖρα φέρουσα ἀπὸ χρηστῶν τόπων ὑγίειαν*[年轻人便能生活于健康的环境，得益于周围的一切]。

　　尽管艺术品和手工艺品有助于明确社会的精神氛围，但音乐仍然是滋养灵魂"最重要的营养"。① 与在其他地方一样，柏拉图在此绝没有为传统观念所束缚。他开始思考，在众多艺术形式中，音乐传统上的那种至高无上的地位——这种地位是希腊人的教育分派给音乐的——是否能够得到合理性证明。柏拉图得出结论，音乐有充分的理由获此殊荣，因为节奏和音调"最善于深入灵魂内部，牢牢地抓住它，给它带来高贵和优雅"。不过，柏拉图认为音乐最为紧要不仅仅是因为音乐的心灵穿透力：音乐比任何别的科目使我们得到更为精确的训练，经过音乐的熏陶之后，在辨别一件优秀的作品或者有缺陷的东西的是非优劣方面，我们会变得非常敏感和敏锐。② 任何一个受过真正的音乐教育的人，甚至在他还年轻、还处于无意识的精神成长期时，也能将优秀和高雅的东西吸收进灵魂；在享受美好事物和厌恶粗俗丑恶方面，他会发展出一种准确无误的品味，从而，当他的有意识的理性姗姗而来时，他会像欢迎老朋友一样格外欢迎她。③ 在柏拉图为城邦卫士设计的教育体系中，他的计划是这样的，在缪斯将他们不知不觉地塑造成为某种理智类型的人之后，一旦时机成熟，理性意识得到完满的发展，哲学教学就会向他们揭示最高的知识；因此，哲学知识以音乐教育为前提。当柏拉图如此这般预示一种另外的、更高的文化[哲学文化]的存在时，他更加清晰地揭示了音乐教育的局限性——在早期希腊可以获得的教育方法中，音乐教育一直都是更胜一筹的理智训练的唯一类型。与此同时，柏拉图赋予了音乐一种新的重要性，他表明，音乐教育是纯粹哲学知识的一种不可或缺的准备，[230]如果没有音乐知识的根基，纯粹的哲学知识就会浮游无根。

　　熟谙柏拉图的人会注意到，这不仅仅是一句机智的无关紧要的哲学警句。这是从柏拉图的知识理论推断出来的一个基本的教育真理。

---

① 《王制》401d：*κυριωτάτη ἐν μουσικῇ τροφή*[音乐的教养最重要]。因此，真正的"存在(Being)"或真正的"实在(Reality)"被说成是*ἡ κυριωτάτη οὐσία*[最重要的本质]，*τὸ κυρίως ὄν*[最重要的存在]。

② 《王制》401e。

③ 《王制》402a。

在柏拉图看来，即使是最敏感最敏锐的才智超群者，也不可能直接进入价值知识的领域，关于价值的知识是全部柏拉图哲学的巅峰。他在《书信》七中说，获取知识的过程，是灵魂同化于它所努力领悟的那些价值的本质之中的过程，需要循序渐进的毕生修炼。在我们想方设法亲证其内在本质之前，"善（Good）"不能作为一种形式的、逻辑的、外在的观念被我们所理解。当"善"本身在我们的灵魂中成形，成为一种实在时，关于善的知识也在我们内心"生长发育"。① 因此，柏拉图认为，擦亮心灵之眼的最佳方式是训练一个人的品格，即这样一个过程：学生的天性在不知不觉间被诗歌、音调和节奏这些最高的精神力量如此这般潜移默化，以至于通过食髓知味的教育，他最终能够领悟最高原则的本质。苏格拉底以其惯常的方式，将塑造一个人的气质的缓慢过程与阅读和写作的基础课程作对比。② 只有学会从所有文字和复合词语中辨认出最简单的字母之后，我们才能真正说我们知道了怎样阅读。因此，除非我们学会了尽可能地发现和珍惜节制、勇敢、慷慨、高贵以及一切诸如此类的东西的表现"形式"——无论它们出现于何处，我们和我们声称要给予教育使其成为城邦卫士的人，都不能说接受过"音乐的"教育。③

对体育和医学的批判

现在，柏拉图已经确立了教育的其中一半（即"音乐"），并转向另一半（"体操"或体育）。④ 柏拉图本人实际上对音乐教育更感兴趣，但身体训练对城邦卫士的教育同样至关重要，因而他们必须从最早的孩提时代起就从事体育运动。现在，我们可以看到为什么柏拉图先讨论音乐教育了。这不仅是因为幼儿的教育首先要从"音乐"开始（像柏拉图开始时所说的那样）；⑤而且原则上音乐教育也应该优先于体育：一个健全的身体

---

① 《书信》7.343e—344b。

② 《王制》402a。

③ 《王制》402c。

④ 《王制》403c。

⑤ 《王制》376e，377a。

不会因为其适合自身而使灵魂高尚,相反,[231]高尚的灵魂却有助于身体进入最佳状态。① 柏拉图的教育体系设计正是建立在这一事实之上。他的意思是说,我们首先要给幼小的心灵以充分的理智和精神训练,然后把照料身体这样的细节交由孩子们自己负责。这里,与在"音乐"教育中一样,柏拉图只满足于提出一些大致的轮廓,②简明扼要,而不作长篇大论。数个世纪以来,希腊人一直认为竞技运动员是身体力量的最高类型;因为战士必须成为"最激烈的竞争"中的运动员,所以,城邦卫士的训练应该按照运动员高强度的训练模式来进行,是合乎逻辑的。③ 例如,与竞技运动员一样,他们一定不能饮食过度。另一方面,对柏拉图来说,拳击运动员在训练中的许多饮食规则又太过夸张了。他认为他们使运动员过于敏感,过于依赖其饮食了,当然,运动员长时间的睡眠是不适合于必须警惕戒备的卫士的。他们必须能够经受住战场上的各种变化,无论什么样的饮水和食物都能下咽,他们的健康不应该依赖于"刀口的美味"。④ 因此,柏拉图想要一种不同的体育类型,一种简单实用的体育训练方法(ἁπλῆ γυμναστική),与他刚才描述的"音乐"教育体系相类似。⑤正如乐器与曲调已经删繁就简那样,⑥身体的训练也应该摆脱放纵无度,回归严格的最小值。⑦ 柏拉图认为"坏的"教育有两个显著的症状:法庭和医院。我们当然不能认为法庭和医院的普遍流行标志着文明的高度,教育者的目标必须是,使它们在自己的城邦内成为多余。⑧

　　医生和法官之间的相似之处在《高尔吉亚》中我们就已经很熟悉了。柏拉图提到这一点,表明了这是其教育理论的一个不可或缺的部分。⑨ 立法者和体育教练之间的相似使柏拉图的教育理论变得完

---

① 《王制》403d。

② 《王制》403e:τοὺς τύπου ὑφηγεῖσθαι[指导的轮廓、原则]。

③ 《王制》403e。

④ 《王制》404b。

⑤ 《王制》403b。

⑥ 《王制》397d,399d。

⑦ 节制(Sophrosyné),音乐上的克制和适度,与体育中的健康相对应,参见《王制》404e。二者都是单纯质朴的结果。

⑧ 《王制》405a。

⑨ 《王制》405a,《高尔吉亚》464b。

整,立法者和教练处理健康的灵魂和身体,而法官和医生则处理病态的灵魂和身体。① 在《王制》中,大体的计划是一样的,除了在这里与体育训练相对应的不是像《高尔吉亚》中的立法,而是"音乐的"教育:因为音乐教育包含了人的行为的所有高级标准,任何一个掌握了它的人都不需要司法意义上的立法。② 司法公正在社会中扮演的角色,[232]对应于医学在身体健康方面的角色——柏拉图称其为"服务于疾病的教育法"。③ 对一种真正的预防性的教育影响而言,当一个人真的陷入病态时就太晚了。柏拉图时代医学的发展,以及一直以来对饮食的特别强调——这种强调在那时开始控制一些医疗体系,证明哲学连同其"健康人也与病弱者一样需要照料"的主张,代表了对于这一问题的最先进看法,而且确实极大地促进了它们的发展。④ 城邦卫士的教育为柏拉图提供了一个机会,将更多的注意力贯注于健康的保持:因为体育训练——为了健康,这是必需的——在职业战士的一生中占据了很多时间。实际上,卫士的体育训练是健康的理想案例。每一个阅读过希腊医学著作的人都知道,医学是如何根据病人的社会阶层以及他所从事的工作类型的变化而变化的。医师给出的指导常常只是对富贵之人而言的,富贵之人有足够的时间和金钱为自己的健康而生活,或者说,为自己的疾病而生活。⑤ 这种生活不适合于柏拉图的世界,在柏拉图的城邦世界中,每一个人都有自己的事情要做。一个生病的木匠怎么可能花费数周时间在治疗上而不做自己的工作? 他只有一个选择:干活,或者死去。⑥ 然而,即使是一个有钱人,如果他生病的话,他也无法遵循福西里德斯(Phocylides)的明智格言"先谋生,后修德"所推荐的工作。⑦ 如果他过分关心自己的身体调养,远远超过体育锻炼的一般限度,一天到晚怀疑

---

① 《高尔吉亚》464b。

② 《王制》404e—405a。

③ 《王制》406a。

④ 关于饮食科学在公元前四世纪的发展,参见本书第三卷,第35—50页。

⑤ 参见本书第三卷,第49—50页。

⑥ 《王制》406d。

⑦ 《王制》407a。

自己有病,那么,无论是在家庭生活,还是在公共生活中,他能实践什么德性呢? 首先,他就不能进行精神文化的实践,不能学习和沉思——如果他做了,他肯定会把自己的头晕目眩归咎于哲学。① 实际上,在柏拉图式的哲学和一个因严格训练而完全健康的身体之间,存在着一种自然而然的亲缘性。没有什么比病态的性格特征与柏拉图哲学更格格不入的了。在《斐多》中,柏拉图宣扬灵魂与感官世界相分离,这样灵魂就可以凝聚自己来沉思纯粹的抽象真理;但是,《王制》所描述的体育教育精神是对柏拉图《斐多》中的教导的必要补充。如果不将此二者并观,我们就不可能理解真正的柏拉图。

柏拉图并没有贬低医学技艺,或者干脆完全抛弃的意思。[233]当然,在他谈到医师在当时世界的地位,及其在理想城邦中扮演的角色时,他是以一种不同的方式来看待医师的。在柏拉图的奇思妙想所创造的原始但健康的共同体中,他不是按照公元前四世纪先进的医学科学,而是按照荷马描述的英雄时代的治疗者来设想医学的作用的。柏拉图认为,关于身体健康的真正政治家是神医阿斯克勒庇厄斯(Asclepius)自己。② 是他发明了如何治疗遭受局部和临时伤害的健康人,以便减轻这种伤害。不过,荷马的诗歌没有表明他和他的两个儿子如何治疗完全腐败和感染了的身体。当欧律皮洛斯(Eurypylus)受重伤时,照顾他的妇女给他喝了调有麦仁和奶酪粉的葡萄酒,这种混合酒甚至可以杀死一个健康的人。当墨涅拉奥斯(Menelaus)为潘达罗斯(Pandarus)的毒箭所伤,阿斯克勒庇厄斯的儿子马卡翁(Machaon)把伤口的淤血吸出,并敷上镇痛的药粉。这表明英雄时代的医师早知道希波克拉底医学所代表的真理:一个天性健康的身体,如果它得到正确治疗的帮助的话,本身就可以自愈。但是,那些彻底败坏了的身体就应该让它死去,就像那些灵魂被罪恶无法挽救地感染了的人,法官判处他们死刑一样。③ 让体育训练治疗难以治愈的慢性疾病,而不是将健康人的教育越来越移交给医学,这完全不合情理。在这一点上被提到的犯错

---

① 《王制》407b—c。

② 《王制》407e及以下。

③ 《王制》408b,410a。

者是希罗迪库斯（Herodicus）——他将体育和医学以柏拉图认为是错误的方式混合在一起，并获得了巨大的医学荣誉。他所做的一切就是首先将自己折磨至死，然后又将别人折磨至死。他长年不断地在死亡边缘挣扎，因为得了不治之症，而又无法找到根治的办法，于是他就小心翼翼、处心积虑地不断在死亡的道路上设置障碍，忍受该死的疾病的折磨，除此之外，什么也干不成；就这样，他居然活了好多年才死。① 在柏拉图的理想城邦中，由于有"音乐"教育之助，城邦卫士们不会需要陪审员和诉讼法庭；同样，由于有体育训练之故，他们也没有必要去求医问药。

城邦卫士为什么必须完成所有的运动并经历体操所规定的全部辛苦？因为他们不是为了获得身体的力量，而是为了激发他本性中的精神勇气。② 因此，认为体育只锻炼身体而"音乐"陶冶灵魂的看法（如柏拉图本人起初所假定的那样）是错误的。③ 体育和音乐首先都旨在陶冶灵魂，但它们以不同的方式完成这一工作，如果其中一个被置于另一个之前，那么它们的效果就会有所侧重。[234]单纯体育训练会使人太过生硬和暴力，而专搞"音乐"则会使人过于柔弱和驯顺。④ 如果把自己的灵魂长期交托给悠扬婉转、缠绵凄恻的吕底亚调，他就先会被软化，像钢铁被软化并变成有用的器具那样。然后，如果还像着了魔似地继续沉湎于其中，不能适可而止的话，他就会完全被溶化，志气消磨，直至筋骨全无。⑤ 另一方面，如果他不辞辛苦，终日训练，饮食也很讲究，但不培养任何哲学和音乐的兴趣，一开始，他会由于身强力壮而精神焕发，自信满满，而且越来越勇猛。但是，如果他其他事什么都不干，不学习，不讨论，根本不和缪斯有任何往来，那么，即使他有热爱智慧的本性，也会变得又聋又瞎。最终他会成为一个厌恶谈话的反智主义者——一个不相信头脑的人，憎恨缪斯的人。他不再能够凭论证以理服人，而是像一头野兽

---

① 《王制》406a。关于希罗迪库斯，参见本书第三卷"作为教化的希腊医学"一章，第37页及以下。

② 《王制》410b。

③ 《王制》410c；376e。

④ 《王制》410d。

⑤ 《王制》411a。

一样,以野蛮和暴力来达到所有目的,生活于无知和愚昧之中,毫无节奏和风度。① 这就是为什么天神将体育和音乐这两种统一的教育交给我们的原因。它们不是作为身体训练和理智教育而孤立存在的。它们是陶冶志气和理性的两种力量。谁能最出色地把它们结合在一起,并恰如其分地塑造自己的灵魂,谁就是缪斯的更大宠儿,远超第一位使所有琴弦相互和谐的传奇英雄。② 柏拉图不可能将其教育学说的精髓比这一比喻阐述得更好了,他用这一比喻结束了对城邦卫士的教育的描述。③它确实是一件精妙的乐器,有好多琴弦:对于那些不会弹奏的人而言,它默不作声,对于那些只会拨弄一根琴弦的人而言,它单调乏味,难以忍受。不过,如果想数弦并作,而且发出的不是不和谐的刺耳声音,而是一曲优美的和谐之音,那么它就确实是一项难乎其难的教育技艺。

教育在完全正义的城邦中的地位

柏拉图的城邦想要得以保全的话,必须要有一位能保持这种教育平衡的常任督察④——或者,如柏拉图在后来着手处理这一想法并对其详加阐述时所说的那样,城邦里必须有某种要素,可使城邦创建者的精神借此得以永葆活力。⑤ 这一要求涉及到另一个更大的新

---

① 《王制》411c—d。

② 《王制》411e 及以下。柏拉图用"συναρμόζειν[结合]"和"κεραννύναι[混合]"这两个词来表示体育和音乐的这种混合,后者取自希腊的医学,根据希腊医学,所有的健康都是正确的混合(κρᾶσις)的结果,参见本书第三卷,第 5 页。体育和音乐教育的和谐才是"健康的"教育。另可参见《王制》444c。不过,柏拉图是在整体性上思考人性的健全,而不仅仅是身体的健康。

③ 在讨论体育部分的结尾(《王制》412b),柏拉图再次提醒我们注意他描述卫士教育的主导原则。他再次指出,任何诸如此类的描述只能提供教育的原则(τύποι τῆς παιδείας),这足以表明他正在描述的文化教育的精神形式了;他断然拒绝进行细节讨论——"这些就可以成为教育和培养人的原则,为何还要详细例举舞蹈、捕猎、竞技、赛马等等呢?"他说,"很显然,所有这些必须与教育原则相一致"。在《法义》这部晚年著作中,柏拉图对这些教育形式的处理有了完全不同的感受,他认为这些具体的教育形式极端重要,参见本书第三卷,第 278—279 页。他在《法义》中对作为教育形式的饮酒和捕猎的处理也与《王制》中的态度毫无相同之处。饮酒和捕猎这两种教育形式都得到了相当的关注,参见本书第三卷,第 270—271、215—216 页。

④ 《王制》412a。

⑤ 《王制》497d。

问题,即教育者的教育问题。柏拉图通过城邦的哲学统治者解决了这个问题。柏拉图在讨论完城邦卫士的教育之后,[235]没有像他在一篇体系严密的论文中可以做的那样,立即开始这一主题[教育者的教育问题]的讨论。他觉得,用一段漫长的插曲将这两种内在地相互关联的教育形式分离开来会更好,这样既能激发我们的兴趣,又能增加这一主题的重要性。但是,他从未想要瞒骗读者他的论证向之发展的方向：因为他接着立即问,这些人中哪些人将统治城邦、哪些人将被统治。① 他没有必要证明城邦的统治者只能是城邦卫士,因为他们代表了国家战时的最高德性与和平时期的最高德性。柏拉图认为,没有人可以在不拥有最良好的教育的情况下行使最高权力。但是,当一个年轻人被训练成城邦卫士之后,教育并没有结束。那些将要成为统治者的人尤其要在一个原则下精挑细选,这一原则就是这样的信念：凡是他们相信对城邦有利的事,他们会全力以赴去做,而凡是对城邦不利的事,他们无论如何都不愿去做;起初,我们听说,只有在他们经受卫士训练时才运用这一原则。② 现在必须根据这一原则持久地观察那些有抱负的年轻人,并将他们置于各种考验之中,看看他们之中谁拥有真正的领袖品质——远见,才干,以城邦的公共福祉为己任。只有那些经受住从童年到青年再到成年长达数十年而不是数年的危险和诱惑的考验,意志坚定、无懈可击的人,才能被认为是真正意义上的卫士。至于那些我们先前称作卫士的其他人,比较而言,只能叫作助手和执行者。③

对柏拉图关于教育影响的全部见解而言,这套品格测试系统意味着柏拉图并不相信它会产生数学上的均衡结果。他考虑到了个体天性的千差万别。从政治的观点看,严格的、深思熟虑的选择原则对其理想城邦的结构也极其重要,因为城邦内部阶层-体系的保存依赖于这种选择。阶层-体系假定了遗传品格的规律性重现,这种经遗传获得的特殊品格是城邦的三个阶层的保持都想要的。不过,柏拉图相信,许多上层阶级

① 《王制》412b。

② 《王制》412d—414a。

③ 《王制》414b。

的退化和堕落,以及第三阶层许多才华横溢的孩子脱颖而出,这些都是不可避免的。通过强调精心的挑选和淘汰,柏拉图使这些要素的浮沉升降变得容易,让他们各得其所。① 统治者需要一种特别强悍的品格。毫无疑问,任何一个国家都是如此,但在柏拉图的"最佳城邦"中尤其如此。在柏拉图的城邦中,绝对没有什么宪法保障来制约柏拉图置于城邦统治者手中的那种无可匹敌的、几乎毫无限制的权力。[236]保证他们会成为城邦共同体的保卫者而不是主人的唯一真正保障——他们不会从牧羊犬堕落为撕咬自己羊群的豺狼的唯一保障——是真正良好的教育。②显然,从上述论述可以看出,完全从宪法和政治经验的角度,批评柏拉图的理想城邦"缺乏保障",指责柏拉图太过天真,以至于想象一个国家居然可以在没有任何现代复杂的宪政机制的情况下被统治,是错误的。很清楚,柏拉图并没有严肃对待这个问题的想法——因为他并不是对一个作为技术问题或心理学问题的城邦感兴趣,而是仅仅把城邦看作教育的一个框架和背景。我们可以因此谴责他,指控他把教育神化了,但事实仍然是,柏拉图的真正问题是教育问题。对柏拉图来说,教育是全部无法解决的问题的解决办法。他将尽可能大的权力塞到那些最不喜欢权力的人手中,并不是基于任何政治的理由。他的统治者是教育最高贵的产品,他们的职责就是成为最高贵的教育者。

城邦卫士的教育——它最初以培养一种尽可能优秀的平均类型为目标——是否足以达到造就城邦统治者的目标,柏拉图留下了一个悬而未决的问题。③ 但是,即使统治者的教育的特殊内容是不确定的,他也继续以这样一种方式描述统治者的生活,以便表明新的城邦是由教育理想所支配的。与此同时,柏拉图以极其简短的方式打发了政治方面的问题。统治者的外部生活是极其俭朴、贫穷、严肃的那种生活。他根本就没有任何私人生活的空间——甚至没有自己的家,或

---

① 《王制》414b—415d。

② 《王制》416a—b。这里"保障"一词的希腊文是 εὐλάβεια。这种"保障"只在于他们是"τῷ ὄντι καλῶς πεπαιδευμένοι[受过良好教育的人]"(416b 6),或者是"ἡ ὀρθὴ παιδεία[获得正规教育的人]"(416c1)。

③ 《王制》416b。

者在家里也不吃肉。他完全就是一个公共人物。他勉强足以维生的衣食由城邦共同体提供，但他不得拥有钱财和私人财产。① 使其统治阶层尽可能地幸福不是一个真正的城邦的义务，尽管他们在超越尘世名利的神圣独立方面可能是最幸福的。统治阶层理应为整个城邦共同体的幸福服务，而城邦共同体的幸福只有在每个人都各司其职，而不越俎代庖时才能得到保证。因为在柏拉图看来，每一个个体的生命，[237]都是通过他作为社会整体的一员在其中所起的作用获得其意义、其确证以及其局限性的，社会整体与活的有机体非常相似。城邦必须实现的至善就是整体的统一。② 不过，请注意这一点：个体的各项权力虽然受到了限制，但它们并没有为城邦的权力所取代。柏拉图并不希望城邦尽可能地富有和强大。城邦所渴望的，并非权力的强大、经济的繁荣和财富的无限制积累。它获取权力和财富的努力是有限度的。这些都是身外之物，城邦对它们的获取以有助于维持其想要的社会统一为限度。③

柏拉图不认为这是一个不可能的理想。他相信，只要城邦公民坚持好一件事情，完全现实他的计划就会非常简单：这件事情就是良好的教育和培养，城邦以教育为根基。④ 如果教育和培养的制度得到忠实的坚持，它就会在城邦共同体中造就公民良好的品格，而具有良好品格的公民再接受这种教育，就会超越前辈，青出于蓝而胜于蓝。⑤根据柏拉图的理想，其社会有机体观念并不依赖于个人的喜好或任意的意志。他认为，它是绝对的标准，它来源于"人性"，来源于人作为一个社会和道德存在物的本性。因此，这个体系必然是"静态的"。其中不存在进步，也没有发展。任何对其标准的偏离都是腐败和堕落。理想城邦的本质就是，任何与它不同的东西都注定是坏的。如果有什么东西是完美的话，我们就不能再指望对它有所改进——唯一可做的事情就是保

---

① 《王制》416c及以下。
② 《王制》419a—420b，以及421b。
③ 《王制》423b。
④ 《王制》423e。
⑤ 《王制》424a。

存它。但是,它只有通过创造它的那种方法才能得以保存。因此,关键之关键就是竭尽全力保持教育不受改变。① 这样的城邦不能承受任何外在的变化,"音乐"的类型一有变动,就会给城邦的整个系统带来危险,就会改变城邦根本大法的品格。② 因此,卫士们必须把城邦的精神据点建立在城邦的最高点之上,也即建立在"音乐"教育之上。③ 如果音乐堕落了,它就会一点一滴、悄悄地侵入和渗透进人们的生活和事业,最后将非法的习俗和行为传遍整个社会,直至最终颠覆一切个人和公共事务。另一方面,如果幼儿从小在玩耍中通过"音乐"养成遵守法律和秩序的精神,那么正确的行为习惯就会再次得到确立——尊敬长辈、孝敬父母、穿着得体、举止端庄。④ 柏拉图取笑繁复的法律条文,他认为即使把这些都定成法律,无论是成文的,还是不成文的,都保持不了多久,这种想法是对语言的力量的愚蠢夸张。[238]达到立法者理想的唯一道路只能是教育。如果教育真正有效,法律就没有必要了。当然,柏拉图经常将自己为建立理想城邦而制定的规则称为"法律",但他的全部"法律"都只与教育的确立相关。教育使城邦不断地制定法律和改变法律(正如柏拉图时代的雅典的惯常做法那样)这种现象不再出现,教育使一切有关警察、市场[管理]、港口[税金]、侮辱与伤害,以及民事诉讼和陪审团制度等等的特定法令,都成为多余。⑤ 政治家是在与九头妖海德拉(the hydra)进行一场无望的战斗。他们不停地努力治疗疾病的症状,而不是用自然的治疗方法,也就是正确的教育,彻底去除病根。

斯巴达优良政制的希腊罗马钦羡者也把斯巴达政制描述为一套国家的教育系统,因为斯巴达公民严格遵守支配他们全部生活的未成文

---

① 《王制》424b。

② 《王制》424c。

③ 《王制》424d。

④ 《王制》424d—e 详细描述了教育变化的恶劣影响,与教育变化的坏影响相对应,425a—b 描写了保持教育不变的各种好处。这两种描述都是通过使用"παρανομία[违反法律]"和"εὐνομία[遵守法律]"两个词来指出的,这两个词使我们想起梭伦的哀歌(残篇 3,第尔斯本)。梭伦让παρανομία和εὐνομία成为城邦的幸福和不幸的终极原因(参见本书第一卷,第180—181页及以下),而在《王制》中,它们只是教育的变化或拒绝变化的结果(425c)。

⑤ 《王制》425c,427a。

法,斯巴达的教育系统使得专业的立法机构成为多余。我们在其他地方曾经指出,关于斯巴达的这种看法,实际上是公元前四世纪在像柏拉图的教育这样的革命性政治观念的影响下创造出来的;①但是,这并不意味着柏拉图本人在设计自己的教育性国家时,完全没有借鉴斯巴达的先例。对现代管理和立法机制不屑一顾,摒弃不断地制定法律而宁愿选择支配他们全部生活的道德规范和教育体系的力量,为所有城邦卫士引入公共餐桌以代替私人用餐,由国家监督的音乐教育,将音乐作为国家的精神据点来尊崇——所有这些都是斯巴达的特征。但是,在雅典民主制度衰落期间,只有一个在对立中成长起来的哲学家,才能将斯巴达描述成一个幸运地避免了极端个人主义的政治体系。雅典的骄傲是宪政国家[的性质]和对成文法的尊重,以及时时处处以法律为准绳的原则,它维持每一位公民(无论贵贱)的平等权利,并有一套错综复杂的管理体制。当然,柏拉图对这些原则的贬抑是一种矫枉过正的夸张,只有当我们想起他那个时代雅典面临的精神危机时才能心知其意。柏拉图曾经得出这一悲观的结论:法律和宪法只不过是形式,除非国家有一个强大的道德核心,以便法律和宪法得到保护和尊重,否则它们毫无价值。[239]保守派人士甚至相信,实际维系民主制度的,是某种完全不同于民主意识形态(人们将其作为民主制度的支撑来赞扬)的东西。他们说,维系民主制度的不是公民新近赢得并精心守护的批评自由,而是传统和习俗的超个人力量——这种力量在民主国家中格外强大,公民们自己甚至也没有认识到这种力量,各种不同类型的国家的公民也很少意识到这种力量。这种未成文法的持久生命一直是雅典民主制度在其英雄时代的力量之源;它的崩溃将自由变成了无法无天,尽管国家仍有全部成文的法律。柏拉图相信,在吕库古的范式的基础上建立的一种严格教育,是恢复传统的道德准则和行为规范——它们可以将城邦再次结合在一起——的唯一方法,而不是恢复他的许多贵族同胞所向往的那种传统的贵族门第的唯一方法。如果我们指望柏拉图制造城邦生活的各种因素的均匀混合物,我们就误解了隐藏在柏拉图的

---

① 参见本书第一卷,第98页及以下。

教育建议背后的深层情感和政治背景。柏拉图以不可遏制的道德信念将一个伟大的真理置于他的国家讨论的核心和焦点之上,这一真理是他通过他那个时代的极度痛苦,以及他那个时代的最伟大人物所遭受的苦难而认识到的。柏拉图的教育理论表面上可能是非常非雅典的,但是,赋予其生命的那套深思熟虑的"斯巴达道德准则和行为规范",除了在雅典,任何地方都是不可能的。其最内在的精神本质绝对是非斯巴达的。它是雅典民主制度的教育意志的最后努力,雅典民主制度在其最后的发展阶段,与其自身的崩溃迎头相遇,殊死一搏。

现在,最后,让我们问一问城邦卫士的教育与正义有何关系。归根结底,我们是从什么是正义开始的。柏拉图已经说了,对教育问题的一种通盘考察有助于发现正义的本性。① 这个承诺实现了。最初,对城邦卫士教育的漫长探究是否真的是一种发现正义的方式,或者还是柏拉图认为这种探究本身就值得去做,我们对此心怀疑虑;②现在,我们发现,城邦的整个结构都建立在正确的教育之上——或者,[240]更确切地说,城邦的整个结构就与正确的教育相一致。③ 如果这是对的,那么,我们不仅发现了真正的教育的目标,而且还实现了真正的正义:我们剩下所要做的一切,就只是更充分地理解正义意味着什么而已。

为此之故,柏拉图回到了他为构建城邦所给出的早先动机:他说,他描述城邦的建构过程,为的是当城邦终于建立起来时,我们就可以认识城邦之中的正义了。④ 柏拉图对自己将正义设想为一种居住在人的灵魂内部的品质从未有过真正怀疑,但他仍然认为,用城邦的类比使正义在灵魂中的本性和效果变清晰更容易一些。现在,我们看到,是"城邦有机体的观念"引导他进行这种比较。他相信,城邦中的正义是一个原则,城邦有机体中的每一个成员都按照这一原则尽可能完美地实现其恰当的功能。⑤ 统治者、卫士和劳动阶级,每个阶层都有其固定和确

---

① 《王制》376c—d。
② 参见本卷第 234—235 页。
③ 《王制》423d—425c。
④ 《王制》427d,368e。
⑤ 《王制》433a。

切的义务。如果三个阶层的每一个都尽可能做好自己的工作，由这三个阶层的合作形成的城邦就会成为设想中的最佳城邦。各个阶层都有自己特定的德性：统治者是智慧，①战士是勇敢。② 第三种德性，即审慎的节制，不是与前两种德性相同意义的德性——它不是第三阶层的专属品质，但对第三阶层而言，拥有此种德性尤其重要。它是三个阶层之间的协调一致，建立在本性较坏的部分对天性和训练较好的部分的自愿服从的基础之上。它贯穿于三个阶层之中，但最需要它的阶层是那个最被期望忠实地服从的阶层。③ 如此，传统行为规范的四大主德都在城邦中找到了自己的正确位置和自己适合的社会阶层——除了正义之外，正义没有其自身特定的位置，没有一个阶层可以将自己与正义相捆绑。因此，直观的问题解决方案就在我们眼前。正义就是城邦中的各个阶层借此以表达其特定德性和实现其特定功能的那种完整性。④

不过，我们必须牢记，这并不是准确意义上的对正义的真正阐释。它只不过是正义的放大了的形象投射到了社会结构上而已：因此，我们必须在人的灵魂中寻找正义的本性和起源。⑤ 与在城邦中一样，灵魂中也有三个相同的部分。统治者的智慧对应于灵魂中的理性，[241]卫士的勇敢对应于灵魂中的志气，第三阶层（它总是寻求利益和快乐）的节制，当它使自己的欲望臣服于理性的最高洞见时，对应于灵魂中的欲望部分。⑥ 柏拉图确实暗示，这一证明灵魂三分论的方式相当粗略，但他说他不想用太过精细的方法来解决这个问题，太过精细的方法会导致我们远离主题。⑦ 如果城邦三个阶层的心理差

---

① 《王制》428b—e。

② 《王制》429a—c。

③ 《王制》430d—432a。

④ 《王制》433a—d,434c。

⑤ 《王制》434d。

⑥ 《王制》435b—c。

⑦ 《王制》435c—d。柏拉图在504b中再次回到这一主题。柏拉图用以表达灵魂各部分的词是 εἶδη ψυχῆς[灵魂的类型]，435c：一个起源于医疗的概念。相应的表达"θυμοειδές[志气]"是一个借自希波克拉底的新词，参见《气候水土论》16，希波克拉底用它来表达为勇敢和斗志所支配的种族。柏拉图在435e中所指的似乎就是这本书。

异不是作为明显的或可区分的要素已经存在于人的灵魂中,那么它们来自何处呢?① 正如身体的一个部分在另一个部分静止不动时可以移动,在我们的灵魂中,欲望的因素渴求,理性的因素给欲望确立界限,志气的因素打击欲望并与理性结盟。② 灵魂包含制约和激励两种力量:是它们的相互作用创造了人格完整的和谐。不过,除非灵魂的各个部分"各司其职",否则想要创造这种统一的人格是不可能的。理性应该充当领导,因为它拥有智慧,而精神志气则应该服从和支持理性。③它们的协调一致是"音乐"教育和体育教育正确结合的产物。④ 当这种类型的文化让志气自由,又不断地控制它,用和谐与节奏来驯服它时,这种文化支撑着理智,并用高尚的思想和知识滋养着理智。如果理智和志气都受到这种方式的教育,如果它们学会了真正的各司其职,那么,它们二者就会一起节制欲望。欲望是灵魂中更大的部分,欲望天然贪得无厌,永不满足。欲望从来不会因为得到满足而去做自己的事。如果得到满足,欲望就会变得强大,接管权力,从而彻底颠覆拥有欲望之人的全部生活。⑤

因此,正义不是一个规定鞋匠制鞋、裁缝缝衣的有机政治体系。⑥ 它是灵魂的一种品质,凭借这种品质,灵魂的各个部分各司其职,凭借这种品质,个体能够控制自己,让构成其灵魂的各种互相冲突的力量团结一致。⑦我们可以用城邦生命体的类比,讨论灵魂的有序生命体。如果我们这样做,我们就到达了柏拉图的城邦和教育思想的正中心。在《高尔吉亚》中得到高度强调的医生和政治家之间的对比,在此关键节点重新出现。⑧ [242]如果我们用健康意指道德完美的话,正义就是灵魂的健康状态。⑨ 正义不

---

① 《王制》435e。

② 《王制》436c 及以下。关于在理性和欲望之上区分出第三种要素"志气(spirit)"的必要性,参见《王制》439e—441a。

③ 《王制》441c—e。

④ 《王制》441e,411e。

⑤ 《王制》442a—b。

⑥ 《王制》443c。城邦中的此类体系只是真正的正义的一个 $εἴδωλον$[图像]。

⑦ 《王制》443d—e,与《斐多》中一样,德性是灵魂中各种不同力量的和谐一致。

⑧ 参见本卷第 145 页。

⑨ 《王制》444c—e 表明德性就是灵魂的健康。

在于单个的行为之中，而在于ἕξις［状态］之中，即在于灵魂拥有一个"善良意志"的持久状态之中。① 正如健康是身体最大的善［好］，正义是灵魂最大的善［好］。因此，行正义之事、做正义之人对灵魂究竟是否有利的问题就暴露了其全部的荒谬性：②因为正义就是灵魂的健康状态，而偏离正义就是灵魂的病态和堕落。③ 没有正义的生活是不值得过的——因为即使是一种没有身体健康的生活，也是难以忍受的。④ 医疗问题和政治问题之间的比较表明，正义是一种内在的品质，不受一切外在力量的变化所影响。它是一个真正自由的领域。不过，这并没有竭尽其全部涵义。柏拉图进一步得出结论，正义只有一种形式，但它的堕落却有许多形式；由此，他再次使我们想起了医学。只有一种建立在正义之上的"自然"状态，和一个与此相对应的正义的灵魂；但堕落的状态和灵魂却有许多种形式。⑤ 如此，教育的任务马上得到了扩展，即去占领一个巨大的新领域。迄今为止，教育的任务似乎局限在陶冶正常类型的和"自然的"状态与灵魂。现在，我们看到，教育必须将灵魂的非自然的状态以及与它们相对应的个体文化的堕落状态包括在内。⑥ 这两个部分是德性的生理学和病理学。柏拉图《王制》的一个基本目的是将它们联系起来，他的方法只有在引进医疗科学的情况下才能得到充分的理解和证明。但是，现在，苏格拉底没有进一步深入探究这个有趣的病理学问题（pathological eidology），⑦而是转向了妇女的教育问题，以及妇女在城邦中的地位问题，从而在教育的这一出伟大哲学戏剧中拉开了新的一幕。

---

① 《王制》443c—e。在讨论正义的部分随处可见"ἕξις［状态］"这个医学概念。

② 《王制》445a。

③ 参见《王制》444d 中的两个非常重要且富有启发的医学概念"κατὰ φύσιν［根据其自然（本性）］"和"παρὰ φύσιν［违背其自然（本性）］"的使用。柏拉图接收了这样的观念，即健康是身体的正常状态（德性），从而他能够将道德品质（即正义）作为灵魂的真正自然状态和正常状态来描述。过去一直可能是一种主观性观念的正义，现在通过与医学上的"真正本性"或"自然状态（physis）"的类比，被柏拉图改变成了一种客观事实：公正和正义就是根据正确的或正常的标准来生活。

④ 《王制》445a。

⑤ 《王制》445c。

⑥ 《王制》449a。

⑦ 非自然的状态和灵魂的病理学问题再次出现在《王制》第八至九卷。

妇女和儿童的教育

这个关于妇女与儿童共有制度的附录，无论是在柏拉图本人的时代，还是柏拉图之后的时代，比《王制》中的任何其他插曲都激起了人们更具轰动性的兴趣。苏格拉底本人对阐述这一似非而是的提议犹豫不决，因为他怕它会激起人们的怒火。① 但是，他相信，这是他关于城邦卫士的教育所说的一切的一个顺理成章的逻辑结果。② [243]一名卫士，在被培养成完全献身于城邦共同体的事业之后，没有家庭，没有财产，没有私人生活，他又怎么可能成为自己家庭的一家之主？如果每一次私人财富的积累，都因为它培养了个体家庭经济方面的自私自利，并由此妨碍了公民之间的彻底统一的实现，而遭受谴责，那么柏拉图就几乎不可能不谴责作为一种法律和伦理组织的家庭。因此，柏拉图废除了家庭。

这一极端的逻辑推演比任何其他东西都更加清晰地表明了柏拉图的《王制》是何等地乌托邦，但柏拉图的政治理想主义以及他对社会统一的那种堪称神秘的崇拜，拒绝任何妥协和折中。当然，正如他所承诺的那样，他注定要对这一社会和道德革命如何可能的问题作出解释。③ 需要妇女儿童共有的唯一证据，是因为它的必要性，目的是限制个体的权力，建立一个绝对统一的社会组织。实际上，让个体成为城邦全心全意的永久仆人的努力，④注定要与家庭生活产生冲突。在斯巴达，统治阶层的男子们几乎把全部生命都贡献给了军事和公民义务的实现，家庭只扮演一种非常次要的角色，而妇女们放纵的道德品行（在一个清教徒式的城邦中）在全希腊都臭名远扬。关于对斯巴达

① 《王制》450c，452a 等。

② 《王制》451d。

③ 柏拉图在《王制》501e 中说，他在创建《王制》时是在"讲神话"。在《王制》450c 中，他的提议是否可能得到实现的问题被提出来供讨论，但是直到涉及妇女的体育和音乐教育时（参见《王制》452e—456c），这一问题才得到回答。卫士应该共妻的提议得到讨论，与其说是要决定它是否可能的问题，不如说是要找出它是否必要的问题。例如，在《王制》458b 和 466d 中，其可能性问题几次被搁置一旁；在《王制》470c 中，这个问题看来即将得到讨论，但很快被忽略，进入到柏拉图的理想城邦的一般可能性问题的讨论。

④ 我们千万不要忘记，柏拉图正在思考的只是注定要统治和捍卫城邦的少数个体。

妇女的批评，我们所知道的主要来自亚里士多德，①但是她们的表现越出了他那个时代：在留克特拉（Leuctra）灾难之后，底比斯入侵期间，素称英勇的斯巴达妇女的惊慌失措震惊了所有希腊人。② 柏拉图的理想国与斯巴达的相似之处，由于统治阶层中家庭生活的缺席，主要是由柏拉图对斯巴达男子的共餐制的借用道出的。③ 也许，这就是为什么柏拉图觉得他应该为妇女地位问题及其与丈夫和孩子的关系问题找到一种非斯巴达的解决方法的原因。柏拉图特别强调把妇女儿童的共有局限在城邦卫士阶层之内，而不延伸到广大劳动群众之中，因为卫士时刻要为城邦服务。后来的教会通过引导祭司（即基督教自己的统治阶层）保持终生不婚不育而解决了相同的问题。柏拉图自己虽然终生未婚，但他没有采用这一解决办法——这既是因为柏拉图不像教会那样相信结婚比独身和禁欲在道德上更败坏，也因为在他的城邦中，[244]作为少数的统治阶层在身体和精神上都是出类拔萃的精华，因而其子孙有必要繁衍一批新的精英。禁止私有财产（包括拥有一位妻子），与种族的优胜劣汰原则相结合，导致了卫士阶层必须妻子和孩子共有的信条。

柏拉图是第一个关心妇女（她们将要成为城邦卫士的妻子）的"教育"问题的人。实际上，她们不仅要成为卫士们的妻子，而且她们本身就是卫士。④ 柏拉图认为卫士的妻子能够为建设城邦共同体做出创造性的贡献，但他不像我们所想的那样期望她们通过家庭生活做出她们的贡献。柏拉图的想法与流行的观点相反，他不认为她们天生只适合于生儿育女和操持家务。他承认，她们在体力上普遍弱于男性，但他认为这并不妨碍她们参与卫士的义务。⑤ 现在，如果她们真要做与男人一样的工作，那么就应该享有一样的培养（τροφή）和教育（παιδεία）权利。因此，统治阶层的妇女必须与男人一样，也接受音乐和体育这两种艺术

---

① 亚里士多德，《政治学》2.9.1269b12 及以下。

② 亚里士多德，《政治学》2.9.1269b37。

③ 《王制》416e；柏拉图在这一段落中使用了表达共餐的"συσσίτια"一词，证明他是在适应斯巴达的习俗。

④ 《王制》451d。

⑤ 《王制》451d。

的教育,而且必须训练她们加入战斗。①

柏拉图非常清楚这一法则的结果。这是一种革命性的创新,它会引发人们放声大笑。妇女们一丝不挂地在体育场上与男人们一起锻炼身体——不只是年轻妇女,还有满身皱纹的老年妇女,就像体育馆里的那些老头经常参加常规锻炼一样。不过,柏拉图并不认为他的规章制度会危及社会道德。无论我们对柏拉图的建议作何感想,但这一建议可以被提出本身就已经表明,自伯利克里时代以来,在两性关系上发生了怎样的革命性变化——在伯利克里时代,希罗多德通过讲述巨吉斯和坎道列斯的故事写到,如果一个妇女脱掉衣服,那也就等于是把她应有的羞耻之心也一起脱掉了。② 柏拉图注意到,当时的蛮族人认为男人在光天化日之下赤身裸体更为可耻;受他们影响,小亚细亚的希腊人的道德情感与他们相差无几。③ 古风时代的希腊人很少描绘裸体妇女,甚至到公元前五世纪时仍然如此。但是,在体育锻炼及其身体德性理想的影响下——体育及其德性理想剧烈地改变了长期建立起来的道德端庄情感,雕塑艺术刻画男性运动员的裸体已经很多年了。④ [245]这一点标志着希腊艺术与东方艺术之间最深刻的差别。通过使希腊艺术崇尚体育,教育的理想为希腊艺术确立了发展方向和道德理念。因此,柏拉图的新规(即妇女也应该裸体锻炼)不过是公元前四世纪不断变化的观念——前四世纪的艺术家们已经开始描绘裸体的妇女——的一个象征符号而已。⑤ 作为艺术领

---

① 《王制》452a。

② 希罗多德,《历史》1.8。

③ 《王制》452c。公元前六世纪时的艺术揭示了小亚细亚的希腊人的道德情感,在这方面,他们的艺术与伯罗奔尼撒的艺术大相径庭。

④ 雕塑接下来最重要的题材是诸神的形象。一些作家曾经错误地说到,希腊的雕刻家们选择描绘运动员,是因为只有在运动场上,他们才能看到男子展现全部裸体之美的身体。这一误解是一种典型的现代观念,即艺术家就是在裸体画领域非常专精的一个人;确实,这一观念在古典时代晚期就开始出现了。真相全然不同。出现在早期希腊雕刻中的运动员,是一个青年男子在其健康和训练的全盛时期最高贵的体育德性的体现。当柏拉图说身体的"德性"是健康、勇力和完美时,他只不过是在重复希腊人的一种普遍观念。

⑤ 当然,艺术作品中裸体妇女的形象不是柏拉图的运动员,而是美人阿芙洛狄忒。这是后来的雕塑学派的典型特征,它们对女性身体本身之美感兴趣,而不是对古典时期早期刻画的妇女的阳刚形象感兴趣。柏拉图的理想之美又是另一种东西:它是"ὅτι τὸ ὠφέλιμον χαλόν[那种有用处的优秀]"。柏拉图城邦中的女卫士要穿上德性之衣,而非衣裙,参见《王制》457a。

域的一场革命性变革——其变革之巨大完全堪比柏拉图建议妇女裸体参加体育锻炼，人们必定普遍地感受到了这种观念上的变化。柏拉图非常清楚这一建议会招致反对，但在回答质疑时，他问到，从男人们开始裸体锻炼到现在有多久？这事在当时不也激起了愤怒和讥讽的暴风骤雨吗？根据柏拉图所追溯的传统，男子裸体锻炼始于克里特人，又从克里特传入斯巴达，最后传遍全希腊所有城邦。[①] 正如我们在修昔底德的《伯罗奔尼撒战争史》中（在他的考古学附录中）所读到的，与在奥林匹克运动会上完全赤身裸体相反的最后遗存，即在腰间系一块遮羞布的习惯，也在不久前被摒弃了，只有亚细亚的异族人才系这种腰带。[②] 不过，在提议妇女也裸体锻炼时，柏拉图心里想的也许是斯巴达，因为那里有斯巴达少女赤身裸体锻炼的传统。

但是，柏拉图允许妇女进入男子的职业，与他自己的原则，即正义在一个城邦有机体内就是每个人只干适合自己天性的工作，不是自相矛盾吗？事情的关键在于那些天赋不同的人应该干不同的工作。[③] 无论如何，柏拉图相信对自己的原则的这种运用是一种辩证法的错误。这种错误在绝对的意义上理解"不同天赋"的观念，而不是集中注意力于特定类型的活动——根据这种活动的类型，我们被赋予了类似的或不同的天性。一个未被赋予制鞋能力的人，不应像一个被赋予了这种能力的人那样做同样的工作。但是，一个秃顶的人和另一个满头浓发的人就都有资格成为鞋匠，尽管他们的头发这一"装备"特别不同。毫无疑问，男女之间的天然差异对生活的影响远比头发之有无更为深远，但仍然可能被赋予了从事相同职业的能力。[④] 男性的优势意味着他在各个方面都优越于女性，即使在那些被认为是女性的专属领域——有些人坚持认为女人是一种家庭动物，

----

① 《王制》452c 及以下。

② 修昔底德，《伯罗奔尼撒战争史》1.6.5。

③ 《王制》453b—d。译注：柏拉图认为提出这个问题的人是对他的原则（不同天赋的人干不同的活）的误用，对他提出反驳的人不是在"辩论"，只是在"争吵"而已，因为"他们不能对讨论的主题作出划分和区别，只知道根据字面的意思，一味唱反调，相互之间使用争论术而非辩证法"，所以是一种"辩证法的错误"，参见《王制》454a。

④ 《王制》454a 及以下。

适合于烹调、烘烤和纺织;但是没有任何一种工作是只有男人或只有女人才能干的,而另一种性别不能干的。① ［246］女人在医疗和音乐上都非常成功:为什么在体育运动和舞枪弄棒上就不行呢?② 因此,对妇女进行音乐和体育训练并不违背她们的天性;倒是当今这些与之相反的风俗习惯违背了她们的天性,使她们的天赋得不到发展。③ 这是一个始于伯利克里和欧里庇得斯时代的进程的合乎逻辑的结果。当然,在早期雅典,妇女既没有接受身体训练,也没有接受智力训练。她们被束缚在家庭之内。从那时起,她们明显越来越多地参与到当时的理智生活之中,尤其是对教育感兴趣。肃剧中伟大的女性角色数量的增加表明,人们已经发现女人也是人;人们开始公开谈论女性接受教育的权利。④ 柏拉图给他的妇女教育计划添加了一些斯巴达的色彩。但是,如果我们从妇女的教育中减去那些旨在将她们锻造成亚马逊女战士的规则,那么剩下的基本上就是妇女教育的现代方案了。柏拉图强调说,实现这个方案不仅是可能的,而且是非常可取的:它通过使男性和女性接受完全相同的教育,增进了城邦的统一,给了将要成为统治者的人对被统治者的优势,这种优势是他们在城邦中的统治地位所需要的。

精英的生育和教育

柏拉图将最佳城邦定义为最优秀者的统治。他认为这是一个原则,这个原则与自然相一致,因而在绝对完美的城邦中是绝对不可避免的。最优秀的男人和女人的统治的字面意义就是"贵族制(aristocracy)";⑤但是,与此同时,这种类型的贵族制与现实存在的宪法的关系没有得到研究。柏拉图所谓"最佳"的意思,在他详细解释选择原则之前,一直没有得到界定——选择原则就是教育,那些注定要统治这个理想城邦的卫士的内部圈子要接受的教育。不过,柏拉图对妇女教育的

---

① 《王制》455c—d。

② 《王制》455e。

③ 《王制》456b—c。

④ 参见布伦斯(Ivo Bruns),《报告和讲演》(*Vorträge und Aufsätze*),Munich,1905,第154页,"雅典的妇女解放运动(Frauenemanzipation in Athen)"。

⑤ 《王制》445d。

描述将我们带向了正题：她们在结束了音乐和体育训练之后，准备完成作为母亲的职能，生育下一代。因此，柏拉图现在开始介绍有关男女关系和孩子养育的规章制度；[247]这[不仅]是它们在逻辑顺序中的适当位置，而且，让对妇女教育问题的讨论通往卫士教育的一个不可或缺的前提条件，也是最自然而然的事情，这个前提条件就是那些注定要统治城邦的阶层的种族选择问题。① 柏拉图的"贵族"可不是什么出身上的高贵——如果出身高贵指的是任何一个出生在贵族家庭的人都有权进入统治阶层的重要岗位的话。无能的或不够格的男子和妇女是要被降低身份的，而能干的够格的则要不时擢升到统治阶层之中。尽管如此，柏拉图仍然认为，一个人的出身和血统在形成其理想城邦的精英方面，起着非常重要的作用。他深信，龙生龙，凤生凤，统治者的孩子一般而言都会与其父母一样出类拔萃——也即是说，如果他们的父母经过精心挑选和匹配的话。如果最优秀的男人和女人的统治要建立在最好的教育之上，那么最好的教育本身就需要最优秀的自然禀赋。柏拉图的时代熟悉这一原则，其主要来源是智术师们的教育理论，②但智术师们只是在发现这种自然禀赋时抓住它，而没有思考如何通过深思熟虑的政策制造这种自然禀赋。品质育种（breeding for quality）确实是早期希腊贵族行为规范的一种遗风。任何一个坚定不移地相信φυά（即遗传类型）是一切德性之根的贵族，都注定要为维护其珍贵的血统而焦虑不安。当城邦中那些穷困潦倒的贵族试图通过与富裕平民的女子通婚来挽回他们破碎的财富时，泰奥格尼斯曾经给他们写劝诫诗；他预言，品种的混合会给原有高贵血统的保持带来致命的危险。他宣称，严格筛选的婚姻（正如动物的交配繁殖一样）是维持最高贵的家族的必要条件，在这方面，他是为我们所知的第一人。柏拉图以理性化的形式接过了这一原则，认为只有最优秀的父母才能生出最优秀的孩子。③ 柏拉

---

① 《王制》457c。

② 参见本书第一卷，第 380 页。

③ 泰奥格尼斯自然也认为最优秀的人（the ἀγαϑοί）应该由经过严格筛选的男女交媾所生，但他是一个贵族诗人，对他来说，ἀγαϑός 和 κακός 永远意味着"贵族"和"平民"，参见本书第一卷，第 253 页。

图宣称,精英阶层一旦确立,由官方控制的一套特殊生育体系来保证精英阶层的存在是必需的。泰奥格尼斯做梦也不会想到事情会走到这一步。泰奥格尼斯的贵族理论与柏拉图的贵族理论的中间阶段就是斯巴达的教育,斯巴达的教育体系特别注重统治阶层的优生优育。在柏拉图成长的时代,雅典的贵族阶层一直对隐藏在斯巴达背后的教育理论深感兴趣。[248]色诺芬说,从婴儿的孕育和出生开始就对其进行严格的斯巴达式的训练是斯巴达的一项特殊法律。[①] 克里提亚的散文也以同样的原则开始,将斯巴达作为一个模范城邦来颂扬。它断言父母双方在受孕和孕期开始之前就应该进行体育锻炼并加强饮食。[②] 这篇散文直接把我们带到柏拉图那里。克里提亚是柏拉图的叔叔;在柏拉图还很年轻时,他肯定耳闻过这些思想的讨论,并阅读过相关著作。《王制》中还有其他两三个论点好像也是来自克里提亚的著作。贵族的出身必须要用真正的德行(virtus)来证明其特权的合理性,这一原则(哈登[Ulrish von Hutton]这样的贵族人文主义者在文艺复兴时期使这一原则得到重生)在民主制度的雅典可能是贵族反对派所持的观点:否则,他们何以证明自身存在的合理性? 柏拉图本人认为,除非一个人拥有远超人类平均水平的能力,否则没有人可以在城邦中要求一种领导地位。不过,柏拉图并不指望把一种血统上的贵族训练成有德之人;他想要选择那些代表最高德性的人,并用他们创造一个新的精英阶层。

柏拉图已经禁止城邦卫士拥有私人生活和私人财产,这种优生优育的想法更导致他得出结论:他们不应该有婚姻——男女永久结合意义上的婚姻。作为一种没有人情味的生儿育女的方法,柏拉图用男女之间的临时结合来代替婚姻。在柏拉图为城邦制定的所有法律规章中,没有任何一种比这一点更单刀直入,而对我们来说,也没有任何一种比这一点更令人惊骇,他怎么能要求其统治阶层为了城邦的利益而放弃全部个人利益呢? 这一点摧毁了个人主义的最后残存,从未有任何一个别的城邦冒险挑战过个人对自己身体的权力。因为当柏拉图在

① 色诺芬,《斯巴达政制》,第一章。

② 克里提亚残篇 32(第尔斯本)。

另一处说，城邦卫士除了自己的身体，真正一无所有，从而来描述卫士的无产状态时，考虑到他自己关于夫妻关系的观点，他事实上是在做夸张之语。他的意思只能是他们"有"自己的身体，而不是他们可以自由地支配自己的身体。当然，他确实说过，在本能的驱使下，青年男女通过相互接近会有性爱交往，[①]这意味着他们可以有个人感情。不过，屈服于这种个人感情，从而进入任何不被政府许可的结合都是被严格禁止的。[②] [249]柏拉图故意模棱两可，但很清楚，"政府许可"的意思不是简单地指从政府官员那里获得正式许可。它的意思是说，政府官员会亲自了解申请结婚者的情况，以便做出他们相信是"最有用的"的选择。这就是柏拉图称之为"神圣婚姻"的定义。[③] 显然，柏拉图努力想用宗教的核准在临时的两性结合——他用这种临时结合取代永久的婚姻和共同生活——周围投上一束神圣的光环。基于同样的理由，柏拉图建议把一些特定的节日和祭礼固定下来，让新郎新娘伴随着节日的颂歌和祭礼的供品结合，[④]但决不允许私人感情或自由意志影响性伴侣的选择。为了城邦共同体的利益，柏拉图甚至允许其官员使用诡计，以确保最优秀的男人与最优秀的女人结合，最差的男人与最差的女人结合。[⑤] 至于有多少人可以结合交媾，取决于城邦公民数量的需要。[⑥]在柏拉图看来，既然完美的城邦宁可小而便于监督，也不要大而无当，那么人口的规模也必须受到限制，所以统治者会倾向于减少城邦中新生儿的数量，而不是增加。柏拉图的生育政策的要旨不在于增加公民的数量，而是改善他们的品质。

　　基于同样的原因，柏拉图规定了为人父母的确切年龄。女人只在二十岁到四十岁期间为城邦生育孩子，男人则是三十岁到五十五岁。[⑦]这两个年龄段是生命的旺盛期（ἀκμή）。未成年人和老年人没有参与集

---

① 《王制》458d。

② 《王制》458d—e。

③ 《王制》458e。

④ 《王制》459e。

⑤ 《王制》459d—e。

⑥ 《王制》460a。

⑦ 《王制》460d—e。

体生育的权利。① 这些优生学原则来自希腊当时的医学理论:因为希腊的医生们对为人父母的年龄做过特定的研究。在柏拉图的理想城邦中,政府会使那些最优秀的男人和女人结婚很容易,而使劣等的男女结婚很难。② 母亲们完全摆脱了照顾婴儿的重担;城邦会在特定地区建立养育所,健康的孩子会抱到那里养育。为了给孩子喂奶,母亲们会被允许进入养育所,但绝不能让任何母亲认出自己的孩子:每个母亲对自己孩子的慈爱都应该分享。③ 正如柏拉图所知,希腊人有很强的亲情本能;它是社会结构的强大支撑,柏拉图想利用它;[250]他只是想让这种亲情远离排他性,想把在一个家庭的成员之间培育起来的那种休戚与共的纽带感延伸到整个公民团体之中,想将整个城邦编织为一个单一的家庭,在那里,所有成年男女都可以觉得自己是所有孩子的父母和教师,而孩子们都会待他们如父母。④ 柏拉图的最高目标是每一个公民的悲欢成为全体公民的悲欢。⑤ 他的自明之理是,最好的城邦是这样的城邦,在那里,当绝大多数公民对同一件事以同样的方式说"这是我的事情"时,指的不是某种个人的互不相关的事情,而是大家共同的事情——因为这样的城邦是联系最为紧密的城邦。⑥ 柏拉图将城邦与人的身体作对比,清楚地证明了这一点:当某人的手指受了伤,身体的各个部分都感受到了痛苦。这个比喻也说明了柏拉图对个人和家庭的极端态度与城邦有机体观念之间的联系。⑦ 每个公民的生活和行为都从城邦整体中获得其全部的意义。共有共享(κοινωνία)使城邦团结,各私其私、各亲其亲(ἰδίωσις)使城邦分裂。⑧ 柏拉图没有想要将他关于婚姻的激进推论——这是他从上述原则得出来的——延伸到支撑城邦的劳动阶级身上。他的原则限定在统治和捍卫城邦的阶层之内。因此,

---

① 《王制》461a。另一方面,在《王制》461c中,柏拉图甚至允许统治阶级的成员在超过限制生育的年龄段(女为四十岁,男为五十五岁)之后,也可以自由地和任何人交媾。

② 《王制》459d。

③ 《王制》460c。

④ 《王制》461d。

⑤ 《王制》462b。

⑥ 《王制》462c。

⑦ 《王制》462c—d。

⑧ 《王制》462b。

城邦之所以是一个统一的整体，主要是由于他们；其次才是由于低级阶层的自愿服从，柏拉图希望统治者的无私和忘我能促成低级阶层的自愿服从。也就是说，城邦的统治者不是城邦的主人，而是保护者和辅助者，他们不会将普通人看作奴仆，而是看作纳税者和供应者。①

但是，国家本身（即"整体"）又从何处获得其最高价值及其对忠诚的要求呢？整体和共有的观念必定能够在极其不同的意义上得到解释，并且可以用来涵盖极其不同的领域吗？今天，我们最容易认定"民族"意指其本质和历史代表了那个特定整体的男男女女；而"国家"则是民族的政治存在和政治行为的形式。那样的话，繁育未来统治者的目的，就将是在组成一个特定民族的种族储备内部创造一个有德性的精英阶层。然而，这并不是柏拉图所想要的。柏拉图的完美城邦是一个城市-国家，因为柏拉图要与政治生活的普遍现实和希腊历史的趋势相一致。柏拉图确实不时地将其理想国称为一个希腊城市，②[251]但它不代表全部希腊民族——因为还有其他一些它可以与之和平相处或者挥戈相向的希腊国家。③ 因此，本质上，它作为一个国家的存在不依赖于其公民是希腊人这一事实。它甚至不妨存在于蛮族人中间——很久以前，也许它确实曾存在于他们中间，只不过我们一无所知而已！④ 在柏拉图心目中，证明其理想国之合理性的不是其人口的种族特征，而是这样的事实：它是一个完美的整体，它的所有部分共同构成了一个统一体。⑤ 这也是我们如何理解它作为一个城市-国家的特点的关键所在。柏拉图的理想国既不是一个大型的民族国家，也不是一个世界帝国，而是一个城市-国家。从人们有时称之为"历史的观点"的角度看，我们可以认为这只是因为柏拉图执着于历史事实而已——这些事实是历史碰巧放在柏拉

---

① 《王制》463a—b。

② 当柏拉图在《王制》469b—c、470a、470c 和 471a 中为希腊人之间的战争制定规则时，他表明自己尤其意识到自己的理想国家是一个希腊的城邦这一事实：在 470e 中，他明确说，苏格拉底正在建构的是一个希腊的城邦。

③ 参见上一注释所引各段落。

④ 柏拉图在《王制》499c 中说，其理想国可以在其他某个国家实现。这段话表明了柏拉图对蛮族及其悠久文明与智慧的尊重。

⑤ 这一点反复出现，尤其可参见《王制》462a—b。这段内容使人想起埃斯库罗斯《善好者》的第 985 行，他称赞公民的爱恨一致为善之善者也。

图的政治经验面前的。其实不然。城市-国家只是柏拉图全部理想的一部分。柏拉图觉得,一个小而联系紧密的国家,与任何一个疆域辽阔、人口众多的国家相比,都将是一个更完美的统一体。① 希腊人的政治生活观念只有在城市-国家中才能以其无与伦比的强度得到发展,实际上也是随着城市-国家的消亡而消亡。柏拉图觉得他的国家比任何其他国家都更是一个真正的充分意义上的国家。他深信其中的人民会实现最高形式的德性和幸福。② 柏拉图所推荐的优质品种选择以及为此准备的教育,都致力于这一理想的实现。

军事训练和战争规则

尽管,他们全部是希腊人(亦即一个单一民族的成员)这一事实不是柏拉图理想国中的公民生活的决定性因素,但公元前四世纪希腊民族感情的增长还是在《王制》中留下了清晰的痕迹。③ 柏拉图用它建立了一套新的关于战争的道德规范。他从制定几条基本原则开始——我们现在倾向于将其称为国际法原则,因为现代战争经常发生在不同的国家之间,因而规范其行为的规则不取决于个别国家的国内法,只取决于国家之间的协议。但是,只要希腊人继续拥有他们的政治自由[即城邦独立性],绝大多数战争就是希腊各国之间的战争;[252]尽管非希腊的种族会经常卷入战争,但是在希腊,罕有一场完全是反对外来侵略的战争。因此,柏拉图制定的行为准则主要目的在于规范希腊军队之间的战争。④ 但是,即使在这一限定区域之内,它们也不取决于国际协议;柏拉图只是为自己的完美城邦规定这些行为准则,而没有考虑它们可能被其他国家所采用的情况。柏拉图为希腊人之间的战争制定的行为规则,实际上只是一套行为准则的典范,这套行为准则包含战争的全

---

① 亚里士多德的《政治学》在这一点上追随柏拉图的观点。

② 柏拉图认为"整个城市"的幸福是最高目标,参见《王制》420b。他在 419a 及以下讨论的城邦卫士的幸福,最后在 466a 解决了这个问题。在幸福的等级中,与在其他事情上一样,卫士的幸福位列最高等级,尽管他们的职业要求他们做出最大的牺牲。

③ 关于公元前四世纪泛希腊主义的论述,参见本书第三卷,第 82 页及以下。

④ 参见上页注释②所引段落。

部规则，正如他的卫士们所知道的那样。①

　　柏拉图没有在战争的行为准则中给他们留更多的"音乐"和体育训练空间。他只是将荷马诗史中可能使战士害怕死亡的段落删除，他还特别指出，为了避免让身体训练退化为特定的体育训练，身体训练就是要为战争做准备。② 但是，柏拉图没有解释如何激励战士们的斗志。在结束音乐和体育教育的叙述很久之后，在偏离主题讨论妇女的教育以及妻子的共有之后，他插入了一段关于军事训练的文章。这段文章是接着柏拉图对孩子的培养(τϱοφή)的讨论出现的，柏拉图说，这些孩子要从小习惯战争的场景和声音。③ 但是，柏拉图提到让孩子习惯战争场景只是一种手段，目的是用它引入战士在战争中的行为规范，这种行为规范其实与孩提时代没多大关系。④ 它们是一种附录性质的东西，明显与柏拉图对卫士教育的主要描述相偏离。⑤ 这种偏离涉及到一个问题，它不仅仅是文本结构的问题。柏拉图为什么拒绝将卫士的"音乐"和体育教育与他们的军事训练紧紧安排在一起呢？不只是因为军事训练要在真正的教育之前开始，而且还因为他认为，"音乐"和体育教育作为一个有机的统一体，是由历史传统固定下来的，而且在理性的基础上证明了其合理性。柏拉图不希望在它们中间插入任何与它们没有密切联系的东西。不过，无论如何，城邦卫士的战斗品质来自于完全不同的传统。在描述"音乐"和体育的教育时，柏拉图一直小心翼翼地在希腊文化的两种天然不同的形式之间（即身体和精神之间）建立一种高级的精神和谐。⑥ [253]在一个更高的平台上，柏拉图对卫士的军事训练做和他们的音乐-体育教育同样的事情[即努力在身体和精神之间达到平衡]。在希腊的任何一个地方，这两种类型的教育都从未联系在一起。在斯巴达，军事训练甚于一切，而在雅典，对

---

① 《王制》469a。

② 柏拉图在《王制》403e 中，嘲讽性地将他的卫士们称作"最激烈竞赛中的运动员"，即战争中的运动员。

③ 《王制》466e。

④ 《王制》468a，柏拉图对军事训练的描述导致了战争道德的一般规则问题。

⑤ 柏拉图在《王制》第二、三卷已经描述了卫士的"音乐"和体育训练，而对他们的战争教育则在第五卷的 468a—471c。

⑥ 教育的目标是在"音乐"教育和体育教育之间建立一种恰当的和谐，参见《王制》410e—412a。

全体公民进行的为期两年的军事学员训练,远不能与音乐-体育教育相提并论。柏拉图试图努力将这些教育传统汇合成一条河流。

当现代的职业战士读到柏拉图的军事训练计划时,很可能会失望——正如音乐教师读到柏拉图的音乐课程计划,或者体育教练读到柏拉图的体育教学体系时,他们都会失望一样;在那时,战争艺术——战略、战术、技术——已经高度发达,战争的机械化变得一年比一年重要。在此,与其他任何地方一样,亚里士多德比柏拉图更现代,他着重指出了柏拉图在这一点上的疏忽。① 但是,与他在"音乐"和体育上所做的一样,柏拉图将纯粹的技术事务排除在军事训练之外,并将军事训练归结为那些称得上是真正的教育的东西。② 柏拉图的目的是,城邦的卫士,无论男女,都应该成为真正的战士。他的意思主要不是他们应该成为使用武器的专家,而是他们必须接受某种特定的精神陶冶。正如我们所看到的,柏拉图音乐教育的关键在于品格的塑造:这就是为什么音乐教育必须在灵魂易塑时早早开始,并将其潜移默化地塑造成一种形状的原因——灵魂以后会认识到这种形状,并有意识地保持这种形状。③ 柏拉图以同样的方式着手他那支小而精的军队的教育训练。孩子们必须从小时候起就学习如何作战。陶工的孩子学习陶艺,在他们的父亲工作时要长时间站在一旁观看,并充当助手,卫士的孩子也一样,要在战场上观察,并处理涉及战争的相关工作。④ 但是,当他们被带到战场上时,他们应该远离危险,所以必须采取一定的预防措施以保证他们的安全。同时,应该把他们交给最能干、有足够经验且年长的军官来带领,让他们做孩子们的指导者和保护者,一旦情况有变,威胁到孩子们的安全,就帮助他们离开战场。⑤ 我们可能认为,单凭在战场上观察,他们学到的东西不会有在战争游戏中通过日常练习学到的那么多。⑥ 但是,柏拉图在此

---

① 亚里士多德,《政治学》7.11.1331a1。

② 参见本卷第 304 页。

③ 参见本卷第 241 页。

④ 《王制》466e—467a。

⑤ 《王制》467d。

⑥ 《王制》467c:ϑεωρεῖν τὰ περὶ τὸν πόλεμον, ϑεωροὺς πολέμου τοὺς παῖδας ποιεῖν[观看关于战争的事情,使孩子们成为战争的观察者]。

也不是想要培养战争方面的技术专家。他是想塑造他们的品格。[254]因此，柏拉图想让他们习惯真刀真枪的恐怖场景和声音，使他们变得沉着镇定，临阵不慌。他似乎想起了提尔泰奥斯的斯巴达勇士之歌，其中，诗人将战士的勇敢与其他所有个人的和社会的优秀品质相比较，并得出结论，没有一种品质可以与爱国主义的自我牺牲精神进行严肃认真的比较——因为没有任何别的品质能让人"直视血淋淋的杀戮"而"咬紧牙关"，毫不畏惧地坚守阵地。提尔泰奥斯认为，镇定自若地观看一场战斗的能力是胆量和勇毅的最高证明。[①] 正是这种能力，而非一堆军事装备，才是柏拉图所指的战争"经验"。

这才是柏拉图给孩子们的军事教育的要旨。柏拉图简单地假定他们会学习武器的使用和其他作战技能。如果我们认为孩子们应该观战（ϑεωρεῖν）的规则有一种重要的道德意义是正确的话，那么就很容易理解，柏拉图为什么要给战士与战士之间的行为以及战士对敌人的行为增加一整套军事道德准则了。没有比临阵脱逃、丢盔卸甲、或者由于胆小怕死而犯其他诸如此类的错误更可耻的事情了。柏拉图会降低任何犯此类错误的战士的身份，将他们置于劳动阶级之中充当工匠和农夫。希腊的习惯性处罚是 atimia，即取消公民权；柏拉图用降低身份来代替取消公民权表明了在他的完美城邦中，卫士们拥有一种什么样的特权地位。[②] 劳动阶级的成员——是的，他们要去的地方在公民名目中，但是这样的处罚表明他们最多只能是二等公民了。[③] 任何被敌人俘虏的战士都不会被赎回，而是留给敌人充当战利品，让抓住他的那些人随意处置。[④]（根

---

① 提尔泰奥斯残篇 7.31，8.21，9.16。在《法义》629e 和 699a 中，柏拉图两次引用提尔泰奥斯关于观看φόνον αἱματόεντα[血腥的杀戮]的诗行。因此，柏拉图很可能在写下《王制》476c 和 e 时，脑中就想着提尔泰奥斯，在那里，描写"观看"的那些词——ϑεωρεῖν、ϑέα、ϑεάσονται——以特别的强调得到了重复。提尔泰奥斯和柏拉图都是"战斗"的心理学研究者，他们看到了人在观看战斗时牵涉到的问题。

② 《王制》468a。译注：依据德拉古法律，被裁定为 atimia，即丧失公民权者，人人得而诛之而免遭刑罚。

③ 亚里士多德也持相同的观点，他说，在贵族政体的国家中，在德性作为衡量政治权利的标准的国家中，匠人和农夫被排除在公民之外，参见《政治学》3.5.1278a17。亚里士多德在其理想城邦中区分了βάναυσοι[工匠]和ὁπλίται[重甲兵]二者，参见《政治学》7.4.1326a23。

④ 《王制》468a。

据古代的战争法则,这意味着他要成为一个奴隶,或者被不假思索地杀死。)任何在战场上出类拔萃的人都要在军中接受加冕和祝贺;只要这场战役还在进行,他甚至有性爱的特权。柏拉图不是在想"战争上的婚礼(war weddings)";柏拉图的卫士的性交,无论是在战时,还是在和平时期,都要遵循生育最优秀的孩子的规则。这就是为什么战场上的勇士特别受宠的确切原因,在别的地方,《王制》还根据这些勇士的个人喜好对他们做了很多未知的许可。① 柏拉图幽默地援引荷马作为这种特殊恩宠的权威,回想起埃阿斯在战场上赢得荣誉之后,[255]如何备受尊崇并获得"整条里脊肉"的营养礼物。② 在祭神典礼和节日中,人们将会在颂歌声中与他们说话,向他们表示敬意,给他们安排荣誉席位、肉食和美酒。那些在战场中光荣牺牲的人,人们会把他们看作黄金种族——也就是说,他们成了英雄,并获得一个神龛,得到如同神灵一般的待遇,我们只能以宗教般的尊敬靠近他们的神龛。③ 那些在战场上幸存的人,以及那些为国家辛劳一生而寿终正寝的人,我们将给予同样的荣誉。④ 这种行为规范的形式和内容都让我们想起提尔泰奥斯的诗歌,他将战士面对敌人时的勇气作为最高德性来颂扬,并描述了国家给予死去的和活着的英雄的一整套荣誉体系——斯巴达国家正是建立这一套荣誉体系之上的;我们已经将其作为斯巴达教育体系的永久丰碑讨论过。⑤ 柏拉图从提尔泰奥斯那里拿来的不只是观看战斗这一点,他还从他那里搬来一整套军人守则,并将其编织进自己的城邦之中。柏拉图是否也如提尔泰奥斯那样将勇敢作为最高德性来夸赞是另外一个问题。柏拉图的理想国建立在正义之上,这排除了勇敢主宰城邦的可能性。勇敢是斯巴达行为准则的根基,在《法义》中,我们会看到柏拉图是如何对它持有异议并做出严肃批评的。⑥

① 《王制》468b—c。
② 《王制》468d。
③ 《王制》468e。
④ 《王制》469b。
⑤ 参见本书第一卷,第113页及以下。
⑥ 参见本书第三卷,第220页及以下。

柏拉图的军人守则在其规范战士之间的行为及其荣誉和耻辱等等时，是相当保守的，但在为他们与敌人的关系方面所做的规定方面，则是非常现代的。① 柏拉图是从他那个时代有教养的希腊人普遍持有的公正感这个唯一的源泉得到这些原则的。在柏拉图看来，战场正是希腊的民族感情发挥积极作用的地方，这种民族感情不是要建构一个全希腊的国家，而是要作为希腊国家内讧的一种道德制动器而起作用。在伯罗奔尼撒战争期间，以及战争之后社会崩塌的很多年，正是国家与国家之间残酷无情的政策，使得希腊人一心向往和平与和谐。尽管在一个其最高准则是各个城邦完全独立的世界中，他们的向往在实践中是不可能实现的，但它确实使公众的良知对凶残的野蛮行径更加敏感，一直以来，希腊国家之间都进行着这种野蛮的战争。[256]此类战争的目的(消灭敌人)和手段(野蛮的虐待和奴役)，在一个意识到拥有共同的语言、习俗和出身的种族中间，看来是不符合自然的。这种互相毁灭是希腊人的一种无意义的自杀，是让他们的国家和文明在各个方面都暴露在敌对国家日益增长的压力之下。互相毁灭的危险随着希腊人的弱点而增长。柏拉图写下泛希腊战争行为准则的那几年见证了雅典权力的复苏，见证了第二次雅典海上同盟的建立——这个海上同盟将竭尽全力进行针对斯巴达及其盟友的战争。因此，柏拉图关于战争的行为准则的提议，对组成希腊种族的交战国集团而言，是一个具有高度当代性的呼吁。

柏拉图的战争规范旨在涵盖针对希腊人的战争和针对蛮族的战争，但并非建立在任何一种普遍的人性和仁慈的理想之上：因为它们在如何对待希腊人和非希腊人之间作出了原则区分。它们要求的人道待遇完全或者主要是对希腊人而言的。从其固有本质来看，希腊人是亲戚和朋友，蛮族则是外人和敌人。② 这就是潜藏于伊索克拉底的泛希腊学说之下的原则，也正是这一原则导致亚里士多德建议亚历山大要像一个领袖那样统治希腊人，但要像一个僭主那样统治蛮

---

① 《王制》469b 及以下。

② 《王制》470c。

族人。① 柏拉图不是从一般原则开始,而是从一项不可能没有说服力的具体声明开始。他说,希腊人奴役希腊人的城邦是不对的。② 但同一个提议,即希腊人应该宽恕其他希腊人,在提到他们面对蛮族人所冒的危险时就行不通了。因此,柏拉图禁止他的理想国拥有希腊民族的奴隶,并运用其影响劝说其他国家的希腊人也不要拥有希腊民族的奴隶。③ 柏拉图希望这样做的结果会使希腊人转而对抗蛮族人,而不是自己的同胞。④ 在这方面,柏拉图的思想与伊索克拉底是一致的;⑤不管怎样,柏拉图并不指望反抗蛮族的战争会将希腊人联合在一起,他只是笼统地规定了这一主题。不过,在他后来的《书信》中,他将同样的政策运用到了西西里的希腊人与蛮族之间的战争中,而且给出了迦太基的威胁作为他们应该联合的理由。⑥ 也就是说,柏拉图对于希腊人和蛮族人之间的关系有一个经久不变的观点。他预料希腊人和蛮族人会处于战争状态,[257]但他不愿意将希腊人之间的战争叫作"战争",因为"战争"只有在陌生人之间才有可能,亲属之间的冲突不叫"战争",而叫"内讧"。柏拉图区分了战争($\pi\acute{o}\lambda\varepsilon\mu o\varsigma$)与希腊人的内部冲突和纠纷($\sigma\tau\acute{a}\sigma\iota\varsigma$)——它是当时演说家们所喜爱的一个主题——而且说,只有后者才能用来描述希腊人之间的对抗行为。⑦ 因此,柏拉图将"内讧"作为"战争"在单个城邦内部的对应词,并用相同的法律标准来判断这种内部冲突。因此,柏拉图禁止希腊人在城邦内部冲突中互相蹂躏土地、焚烧房屋——因为,他说,在公元前四世纪的任何一个文明国家的内战

---

① 关于伊索克拉底的泛希腊主义,参见本书第三卷,第82页及以下。亚里士多德的建议保存于普鲁塔克的《论亚历山大的命运》(*de fort. Alex.*)1.6之中(亚里士多德残篇658[罗斯编]),显然,亚里士多德用词的转折是对伊索克拉底《论和平》134的一种回忆。正如我在其他地方希望证明的那样,亚里士多德对雅典民主制度和泛希腊政治的实际态度遵循的是伊索克拉底的路线。他只在他的理想城邦的建构中显示出一种温和的柏拉图主义。

② 《王制》469b。

③ 《王制》469c。

④ 《王制》469c。

⑤ 伊索克拉底,《泛希腊集会辞》3,133及以下。

⑥ 《书信》7.331d及以下;336a;8.353a及以下。

⑦ 《王制》470b,471a。参见我的一个学生韦斯纳(W. Woessner)的专著《修昔底德的同义词的辨析和希腊的政治演说家》(*Die synonymische Unterscheidung bei Thukydides und den politischen Rednern der Griechen*),Wurzburg,1937。

中,这些行为都不是常见行为,但会招致天神对犯罪者的愤怒和诅咒,在他们身上烙上"不爱国"的印记。① 同样地,希腊各城邦之间的战争,对抗的双方也不能把对方男女老少都视为"敌人"。胜利者应该满足于只清算少数犯罪分子。② 柏拉图允许的敌对的一方对另一方的最大伤害是夺走他一年的收成。③ 他又补充说,无论一个城邦对另一个自己民族的城邦采取了什么样的敌对行为,这两个城邦都应该永远牢记它们的本来目的并不是毁灭对方,而是互相和解。④

除了这些希腊人之间的战争规则,柏拉图也为所有战争制定了无差别的一般准则。他告诉我们,对于一个自由人来说,出于贪婪而在战场上剥取敌人身上的其他东西,是鄙俗行为。同样的原则适用于拒绝敌方把牺牲者运走的做法。一个战士唯一可以从敌人尸体上正当地获取的东西就是他的武器。⑤ 但是,柏拉图的理想国禁止把被俘者的武器带到神殿中,当祭品献祭给诸神,这样做会亵渎天神,而不是装点天神。⑥ 这些行为规范一部分来自于道德自尊,另一部分则来自于一种净化了的宗教信仰。无论是道德自尊,还是宗教信仰,就旨在使战争人道化而言,二者都令柏拉图关于希腊人对待同属希腊人的敌人的规则得到了完善。柏拉图本人承认,希腊人没有如他所希望的那样战斗。因此,他的战争行为规则不只是对当时流行的战争习惯的一种总结,也是对当时既有战争状况的大胆批评。他发现它们太野蛮了——他坚持认为当时的战争行为规则只能适用于希腊人和蛮族人之间的战争,从而隐晦地说明这一点。⑦ 在他那个时代,奴役战俘是习以为常的做法。[258]如果想要理解他的战争行为规则在道德上取得了多大进步的话,我们就必须牢记这一点。即使到了十七世纪,格劳秀斯(Hugo Grotius,现代国际法之父,最大的人文主义者)在其《战

---

① 《王制》470d:*Οὐδέτεροι αὐτῶν φιλοπόλιδες*[不爱自己的城邦];参见471a。

② 《王制》471a—b。

③ 《王制》470b,470d—e。

④ 《王制》470e,471a。

⑤ 《王制》469c—e。

⑥ 《王制》469e—470a。

⑦ 《王制》471b。

争与和平法》(*De iure bellia ac pacis*)中还说,不奴役战俘不合乎自然。在其最后一章"战俘法(De iure in captinos)"的结尾,他引用拜占庭历史学家格雷戈拉斯(Gregoras)来证明罗马人、帖撒罗尼迦人、伊利里亚人、塞尔维亚人(Triballians)和保加利亚人都保持了只劫掠战利品而不奴役战俘,除了在战场上,不随意杀人的行为规则,因为他们都是基督徒。柏拉图的苏格拉底徒劳无益地努力敦促希腊人为了民族的自我保存而在战争中采取一些必要措施,基督教达到这些是在格劳秀斯时代之后。① 但是,格劳秀斯本人评论说,伊斯兰教徒在进行宗教统一战争时,也遵守同样的战争规则。因此,我们必须扩大格劳秀斯的评论范围。既非古代城邦国家,也非公元前四世纪的民族理想,而是基督教世界普遍的宗教友爱,为柏拉图的期望的实现奠定了基础。这种宗教基础是一种远比柏拉图所谈论的希腊民族更为宽泛的东西。但是,柏拉图的方案在这一点上与宗教友爱是相似的:它不是人类的一种抽象和普遍的兄弟情谊;相反,它与基督教或伊斯兰教的具体的兄弟情谊是一样的,基督教和伊斯兰教的组成民族,即使在战争时期,也仍然归属于这种兄弟情谊。

理想城邦:哲人的真正家园

现在,完美的国家已经完全规划完毕。在著作处于中途半端之际,在它达到核心的顶点之前,柏拉图停止了关于这一主题的谈话。我们现在面临的问题是:完美的城邦能实现吗? 能的话,以何方式实现呢?② 柏拉图试图以某种超然的态度来审视自己的著作,他对自己的著作的态度非常重要。"苏格拉底"将自己比作一个刚刚完成了一幅杰作的画家:这幅画就是一个完全正义之人的理想形象,显示了他的本性和幸福。③ 画像的重要意义因为人物的对比得到了加强——这个人物就是处于悲惨境地的极端不义之人。柏拉图将其作品称作范型(paradeigma)——

---

① 莫胡森(Molhuysen)编,《战争与和平法》(*De Iure belli ac pacis*),第 557 页,Leyden,1919。当然,格劳秀斯将柏拉图《王制》关于战争权利一章作为一个主要权威来对待。

② 《王制》471c—e。

③ 《王制》472c—d。

它既是一幅画，又是一个[模仿的]典范（pattern）。① 苏格拉底的乌托邦理想和一幅美男子的画像之间的比较表明，柏拉图心中想的是《王制》的真正主题[真正正义的人]。[259]首要的不是城邦本身，而是有能力制造城邦的人。尽管柏拉图也谈论城邦的范型，但我们不能将城邦与理想的美男子的画像相比较。② 画像确实与真正正义之人的品格相对应，柏拉图本人将真正正义之人作为他描绘的题材来描述。③ 完美的城邦只不过是作为其画作所需要的一个框架和背景的适当空间。柏拉图对自身作品的描述因而与我们对它的分析结果相一致。《王制》首先是一部关于人的品格塑造的著作。就"政治"一词的通常意义而言，它不是一部政治学著作——只有在苏格拉底的"政治"意义上，它才是一部政治学著作。④ 然而，《王制》所生动阐述的伟大教育真理是品格和环境、画像与背景的紧密相关物。这不仅是艺术的原则，也是道德世界的法则。完美的人只能在完美的城邦中得以铸造；反之亦然，为了建造这样一个城邦，我们必须找到如何才能塑造这样的人的途径。这是人的内在结构与城邦之间的普遍对应关系的基础，是两种典范（patterns）之间相似性的基础。从这一角度看，人们对柏拉图的重复断言——在塑造城邦公民方面，社会氛围至关重要——有了新的认识。

不过，柏拉图也告诉我们应该如何看待苏格拉底的哲学"图画"[完美城邦]。每一个范型（paradeigma）都是绝对完美的，无论它是否能够

---

① 《王制》472c，472d。译注：这里以及下文中涉及到几个含义相近的词。"paradeigma（范型）"，首先指神话和史诗中的那些活生生的英雄人物，他们是后人学习的 pattern（典范、榜样），又指那些英雄所代表的德性理想（ideal），经过抽象的理想就是一种可以模仿或仿制的 model[模型或模范]；所以下文提到"希腊教育的两个古老观念"：paradeigma and mimesis（范型和摹仿），the model and its imitation（模型及其模仿），前者强调对榜样的行为摹仿，后者强调对理想（模型）的模仿；无论是柏拉图的理想城邦，还是理想的人（真正正义之人），都兼具理想性和榜样性；从逻辑看，理想性是榜样性的基础，但从历史发生看，"理想"来自"榜样"，希腊思想从榜样上升到理想（型），乃至最高的理想（即"善的型"），最后成了一个完美的独立世界，同时也成了价值的根据；完美的理想世界一旦确定之后，哲学就要求人无限地接近这个理想，这也是人的价值之所在。这也是本书将柏拉图的核心概念译为"型"而不译为"相"的原因。

② 《王制》472d9。

③ 《王制》472d5，472c5。

④ 参见本卷第 66、145—146 页。苏格拉底意义上的"政治"是"照料灵魂（ψυχῆς ἐπιμέλεια）"，因此，任何一个照料自己灵魂的人都是照料城邦本身的人。

成真,我们都羡慕它。① 它的真正本性就是它无法完全实现,最多只能最
大限度地接近。② 承认了这一点,我们就不会抱怨理想本身的不完美[无
法完全实现]。它是一幅哲学的艺术品,因而,与完美的美男子的画像一
样,它的美有永恒的价值,它的价值无关乎实践中的实际考量。但是,当
柏拉图将苏格拉底所描绘的图画描述为一个模型(model)时,他正在思
考的是人类模仿完美的一种无可遏止的本能。整个希腊教育都建立在
两个古老的希腊观念之上——范型和摹仿(paradeigma and mimesis),
模型及其模仿(the model and its imitation)。柏拉图的意思是,《王制》是
希腊教育发展史上的一个新阶段。在柏拉图的时代,修辞学家们经常谈
论神话和历史中的范型(paradeigma),并在他们的劝告演说中将其作为
榜样(patterns)和模范(models)来运用。我们已经表明,这一观念可以
追溯至最早的希腊诗歌传统,[260]早期希腊诗歌在叙述神话传说和描
述神话人物时,给了它们这种榜样和模范的意义。③ 我们认为,希腊诗歌
的教育价值正在于对神话故事的这一阐释之中。因此,当柏拉图将其理
想的城邦和理想的人也叫作一个神话时,④他不仅是说它们是不真实的,
同时还意指它们是真实者所模仿的模型。在造型艺术中也存在着类似
的概念:"canon[标准、经典]"一词,意指在形式和比例各方面都臻于审
美上的完美的人物形象。⑤ 不过,柏拉图的范型也意在成为一种道德上
的模范。他的作品继承了早期希腊诗歌的传统并与之竞争。柏拉图完
全理解诗歌中的理想人物所拥有的魅力,理解他们对我们影响力。他觉
得理想人物的这种魅力和影响力缺乏指向抽象概念和普遍观念的哲学
思考。因此,在柏拉图的诗眼面前,一种德性的普遍概念化身为某个体
现此种德性的人格类型。正义化身于完全正义之人。⑥ 这种情况并非

---

① 《王制》472d,472e。

② 关于理想与实在之关系,以及达到理想之"途径",参见《王制》472c,473a—b。

③ 参见本书第一卷,第53页及以下。

④ 《王制》501e。

⑤ 参见波吕克利特斯(Polyclitus)A3(《前苏格拉底残篇》[第尔斯本])。

⑥ 在《王制》472b—c中,正义和正义之人同时出现。亚里士多德的伦理学尤其得到了将普
遍的伦理观念人格化的方法:他将宽宏大度之人置于对"宽宏大度"这种德性的描述旁
边,将慷慨大方之人放在对"慷慨大方"这种德性的描述旁边。

孤例。柏拉图需要新的范型，因而他创造了与所有道德态度和生活类型对应的理想人物；将一种品质人格化于人格类型的方式成了柏拉图思想的常规部分。必须基于这一背景，我们才能理解《王制》中"完美的城邦"和"真正正义之人"的涵义。它们会成为催人奋进的模范，柏拉图的本意是，通过我们对它们的模仿，让它们成为触手可及的实在。

但是，如果理想的正义之人只有在一个完美的城邦中才能苏醒过来，我们又将如何使之实现呢？创造正义之人的类型的那种教育最终必定是一个权力问题。当然，（如《高尔吉亚》所示）当时的城邦将对权力的争夺看作不言而喻的目标，因而并未感觉到柏拉图视为城邦之本质的教育使命的召唤。柏拉图深信，除非政治权力和政治智慧相契合，否则，要想找到一种以苏格拉底的方式解决人格铸造问题、从而治疗那个时代的社会疾病的建设性方案是不可能的。源于此，才有了他的著名公理：除非哲人成为城邦的统治者，或者城邦的统治者真诚地热爱智慧，使政治权力与哲学智慧相结合，把那些只搞政治而不热爱智慧或只热爱智慧而不搞政治的庸碌之辈排除在外，否则，城邦将祸患不断，永无宁日。① 柏拉图将这一公理置于《王制》的正中心。它不是一个简短而精彩的警句。[261]它是哲学教育和城邦之间的悲剧性冲突的理想解决方案——我们已经表明，在柏拉图早期著作中存在着这种悲剧性冲突。② 正义之人的死亡是这种悲剧性冲突的永恒象征，柏拉图早年的思想全神贯注于这位正义之人。其时，理性和城邦之间的联系似乎完全断裂了。③ 但是，在《王制》中，在那位巨人的冲突和痛苦后面，升起了一种新秩序的愿景，这种新秩序的愿景吸收了旧秩序的积极价值并接管其形式。由于其根深蒂固的信念，柏拉图呼吁哲人的统治，这种信念就是：在正在诞生的新世界中，哲学——也就是理性，城邦试图在名叫苏格拉底的这个人身上摧毁的那种精神——将是其建设性力量。只有理性，只有那个在观念中创造了完美城邦的理性，才能将其转化为现实（如果它拥有政治权力的话）。

---

① 《王制》473c—d。

② 参见本卷第 78、106 页。

③ 参见本卷第 177 页。

现在,哲学终于在《王制》中第一次走到前台。在此之前,它一直隐藏在它的作品背后,隐藏在它新创造的理想城邦背后;但现在,它开始大胆地要求自己至高无上的地位。这一要求并非来源于一般的权力意志,它与柏拉图对城邦及其权力的早期批评的明显矛盾只是名义上的矛盾。① 在对权力的贪欲(pleonexia)的谴责背后,在《高尔吉亚》所展示的权力-城邦中,隐藏着哲学本身统治城邦的要求。柏拉图并没有将权力本身作为一种坏东西加以谴责;他只是将权力观念进行一种彻底的辩证法的清洗,消除了权力身上自私自利的污点。② 他将权力从任性妄为中解放出来,将它转回到纯粹意志,因为按其本性,意志无法改变的目标就是善。没有人想在他认为什么是善和有益这方面出错。现实的权力只能由实现这一天然渴望的目标的能力来构成。因此,真正的权力预设关于善的真实知识为前提。因而,近乎悖论的是,哲学成了通向真正的权力的道路。在《王制》中,柏拉图也证明了,哲学对自身至高无上的地位的要求通过其本性而得到了直接的证明。当然,它还必须得到更加确切的界定——尤其是因为它在这里是在没有任何预先讨论的情况下被引入的。首先,柏拉图以哲人应该成为城邦的统治者这一煽动性论题使我们大吃一惊,然后,通过解释哲人的本性,表明为什么哲人按其本性注定要统治来证明其论题的合理性。③ [262]在柏拉图制定这一原则的同时,我们就回想起他早期著作中关于正确的行为、真正的德性和真正的知识等问题的那些艰难而周详的讨论;我们突然就明白了它们都在朝着一个目标前进,这个目标现在展示出真容。在《王制》的这一简短段落中,柏拉图不可能打算对哲人的品格做出一种描述——这种描述就像他在早期著作中所做的那样生动而令人印象深刻。在这里,与在其他地方一样,他假定他的读者对他的早期著作耳熟能详。尽管如此,《王制》的艺术结构激励我们猜想,这是我们第一次必须严肃认真地思考哲学。而且在某种意义上,这是真实的。哲学对城邦统治权的要求使我们对它有了令人吃惊的新认识,即使是哲学的最

---

① 参见本卷第 147—148 页。

② 参见本卷第 150—151 页。

③ 《王制》第五卷的其余部分,从 474b 以下,充满了柏拉图对哲学本性的阐释。

正统的崇拜者，也注定会觉得这会使他修正他的整个哲学观。

观看柏拉图如何以对哲学的权力的完全信任，让她登上生活之核心的王位，并让她承担最艰难困苦的任务，确实令人感动不已。现在，她孤单寂寞，独自一人。她很难理解，只有通过与这些艰巨任务的艰苦斗争，她才能展示她早年创造时期的那种权力和威严。不过，黑格尔的忧郁格言，即密涅瓦的猫头鹰只有在黄昏降临之后才起飞，确实所言不虚；在人类思想为挽救城邦免受毁灭而进行的最后的英勇努力中，正是这一悲剧性认识给柏拉图蒙上了阴影。但是，即使是一个古老的文明，也有其青春时期，柏拉图的哲学是他那个时代的青春活力；因此，柏拉图的哲学将那些热情洋溢的年轻人——柏拉图喜欢将他们描述成簇拥在苏格拉底周围——征召进一场坚定不移的运动之中，向这个古老的、怀疑重重的、过度文明化的公元前四世纪城邦宣告它的新生。这就是哲学自觉到的使命：与其说是因为她自身就是一种承载着历史传统的力量，由于许多备受尊崇的称号和功能——自然的发现者、宇宙之谜的解决者、世界秩序的探索者——而受颂扬，不如说是因为她自己觉得深受苏格拉底的一种新力量的激励，这种新力量要将关于生活的真正准则的新知识传授给人类。

柏拉图在《王制》中对哲学的本性的解释，正是在这个方面。[263]他概述了一个简短的要理问答，以哲学的知识的对象来界定它的本性。哲人是这样的人，他不愿意把自己交托给五花八门的感官印象，不愿意围绕着一大堆不确定的意见旋转。他的心智全神贯注于存在的统一性。① 只有他拥有真正的知识和智慧。他能在众多个别现象的表层下发现事物普遍而永久的基础："型"。只有他才能界定什么是正义本身和什么是美本身。大众关于这些以及其他所有问题的意见都游移于存在与非存在的昏暗之间。② 政治家在这方面与大众无异。他们为所有种类的宪法和法律寻找指引——但正如柏拉图在《政治家》中所说的那样，这些都不过是真理的仿制品。③ 因此，如果一个人除了模仿它们之

---

① 《王制》476a 及以下。

② 《王制》479d。

③ 《政治家》300c。

外,一无所知,他就只能说是一个制造仿制品的模仿者。而哲人却是这样一种人:他在他自己灵魂内部就拥有一个清晰的范型,一个供模仿的模型。① 当其他一切东西都在他眼前晃来晃去时,他的目光凝聚在那一标准之上。把握这一范型和标准的能力就是观照的能力,这是真正的城邦卫士最需要的东西。如果一个哲人能将其与经验和其他城邦实际管理所需要的良好品质相结合,那么他就会远远优于政治家的一般治理。②

对哲人的这一描述阐明了柏拉图城邦理论本身的理性态度和出发点。他坚持认为,政治和道德世界的最大弱点是缺乏一个至高无上的权威将所要达到的目标和为了达到这些目的而需要的规则固定下来。正是在创造这样一种能力的努力过程中,民主制度诞生了。通过接受大多数人的意志作为至高无上的法律权威,民主制度已经解决了创造这种能力的问题。民主体系建立在对个体推理能力的过高估计之上,它长期以来一直被认为是各类政体中最先进的政体。然而,正如其他政体一样,它也遭受着人类的不完美的折磨。正如它在希腊最伟大的城市雅典的发展,它越来越成为那些肆无忌惮的政治煽动者手中兴风作浪的工具,这些人受过以"智术师"闻名的特殊教育者的训练。柏拉图把他们描述成与驯兽师一样,他们把生命花费在想方设法搞清楚"那头庞大的猛兽"——民众——的一时兴致,他们非常熟悉它发出的表达快乐或愤怒的声音。[264]他们的技艺在于,通过与猛兽的长期相处,知道怎么对付它,通过迎合它、小心翼翼地让自己适应它随时变化的情绪而如他们所愿的那样管控它。③这使得民众的赞同和认可成了政治行为的最高准则——这种对乌合之众的遵从精神逐渐侵入到整个生活之中。如果人们不得不遵从赢得民众赞同的流行方法,那么真正的教育——它始终不渝地直面永恒的准则——就会成为不可能。④ 从最早期的著作起,柏拉图就十分

---

① 《王制》484c。在 540a 中,范型被更准确地定义为"善"的型。

② 《王制》484d。

③ 《王制》493a—c。

④ 《王制》493a7 和 493c8。

强调苏格拉底对政治演说家们的批评，因为他们对自己所言说的主题的相关事实一无所知。在《高尔吉亚》中，柏拉图将修辞学家们的那种政治与哲人的态度相对比：哲人使自己的每一个行为都服从于他关于最高目标——善——的知识。① 在《王制》中，通过规定关于最高准则的知识——哲人将此知识作为永恒的模型携带在灵魂中——是真正的统治者的试金石，又强化了这一点。②

有鉴于此，我们才能理解《王制》的整个结构。柏拉图坚持认为，哲学是急需的救世良方，因为她有解决所有社会问题中最急迫问题的办法。如果我们假定柏拉图意义上的那种关于最高准则的知识是可能的，③那么从这种知识开始重建正在崩溃的城邦就是理所当然之事。城邦的真正君王，一切权威和权力之源，必须是关于"真理"的知识。而对于民众而言，关于真理的知识自然是不可能的——真理只对少数人敞开。柏拉图不是从"怎么在心理上对付民众"的问题开始，而是从哲学的本性的要求开始，即哲学为了使自己能够完全尽心尽性，具备最高的道德和智力的那类人必须使城邦配得上自己的本质。④ 以存在于人身上的高级要素［理智］为由，柏拉图宣称哲人必须成为统治者。柏拉图理想城邦最鲜明的特点——三个阶层之间的有机互动，以及它的威权政府——无非来自一个基本原则，即城邦必须由关于绝对真理的知识来统治。它是一种极其简洁的建筑构造，逻辑上非常完美。没有一块石头可以被抽走；没有一个人可以被另一个取代。假如我们剥夺了统治者作为一个拥有绝对知识的哲人的品格，那么按照柏拉图的意思，我们也因而摧毁了他的权威的基础：［265］因为，统治者的权威不依赖于任何神秘的个人领导能力，而是依赖于真理的说服力。在《王制》中，人人都自觉自愿地服从真理的统治，因为人人都是在真理的精神氛围中长大成人的。哲人灵魂中携带的关于最高准则的知识是柏拉图的教育理想国的拱心石。

① 参见本卷第 143 页及以下，第 167—168 页。
② 参见上页注释①。
③ 在写作历史和解释柏拉图的教育理论时，检验这一假定的正确性是系统哲学的任务。
④ 《王制》497b。

关于终极标准的知识是理想城邦的根基。尽管如此,当柏拉图推论说,只有拥有此类知识的哲人才适合于统治时,他遭遇到了经验事实的挑战。在实际生活中,哲人通常毋宁是一些茫然无助的人。① 《王制》的这个部分主要关注的,是怎么回答卡利克勒斯在《高尔吉亚》中提出的批评,即如果人们在年轻时学习几年哲学,那么哲学适合于"教育",但如果作为一种永久的职业,它会使人百无一用,使他们无法适应生活。② 无论是在《高尔吉亚》还是《王制》中,柏拉图都拒绝这种对教育的狭隘理解:即哲学只是某种年轻时可以有限度地学习,然后必须弃之一旁的东西。作为回答,柏拉图做了一个比喻——一幅生动的画面,这幅画面很容易转换成一本政治讽刺杂志前几页的讽刺漫画。③ 他说,想想看,假定在一艘船上发生这样的事。有一名身强体壮的船长,但是耳朵有点聋,眼神不怎么好使,航海知识也不高明。他就是民众。于是,其他船员就簇拥在他周围,争论不休,每个人都声称必须由自己来掌舵;他们就是那些政客的形象体现,个个都想攫取城邦的最高权力。他们不相信掌舵是一门技艺,也不认为这是一门可教的技艺;他们都认为凭自己就可以完美地驾驶。如果有人反对,不让他们掌舵,他们就用暴力将其杀死,扔下海去。他们用麻药把真正的舵手,那个唯一能够安全驾驭航船的人放倒,然后开始号令全船,大摆筵席,吃喝玩乐,让航船按自己的习惯航行。不仅如此,凡是参与阴谋,帮助他们从船长手中夺取权力的人,他们都称之为航海家。而那个真正的舵手,唯一正规地学习过航海技艺的的人,他们称之为无用愚蠢的望星迷(a useless star-gazing fool)。

柏拉图迫不及待地将哲人的教育(隐藏在"真正的航海家"的面具下面)从卡利克勒斯心目中的那种哲学"教育"区分开来——按卡利克勒斯的说法,[266]后者只可以在像他本人那样的贵族子弟开始"认真

---

① 《王制》487d 及以下。

② 《高尔吉亚》485a:οἶον παιδείας χάριν[有助于教育的东西]。卡利克勒斯在《高尔吉亚》中反对哲学文化,指控它狭隘(ἀνελευθερία),这一指控受到了柏拉图的挑战(《王制》486a)。柏拉图的辩护也是对伊索克拉底的一个挑战,伊索克拉底对柏拉图哲学(作为一种教育)的态度与卡利克勒斯的很相像。

③ 《王制》488a 及以下。

的生活"之前，占据他们一些年头，如果一个成年人还在学习哲学，那不仅滑稽可笑，简直就是在讨打。与卡利克勒斯心目中的那种哲学教育相比，"航海家"努力获得的那种科学知识似乎很枯燥、反人文，而且开始造成后果。它是公认的职业训练；它在它所教的职业实践中得到应用和实现。因此，柏拉图似乎不赞成智术师和人文主义者对教育职业化的攻击。乍一看来，这种看法出现在一个为知识而知识的人身上似乎自相矛盾。① 但很清楚，它是一种捍卫柏拉图的哲学教育的有效方式——当时的教育权威，尤其是伊索克拉底，指控柏拉图的哲学教育是十足的、存心的无用。② 它有一个目的。它服务于一种使命。尽可能地拯救在同一条航船上的那些人的生命，对任何人来说，这种使命都是最高尚的。柏拉图选择航船舵手的形象来说明两点；第一，航海家的知识对同伴们的安全来说不可或缺，第二，是其他人无法理解航海家的知识意味着什么。船员们认为他只不过是一个行为古怪的家伙，瞪着眼观天象，喋喋不休，浪费时间，③因为他的工作涉及到他们可能无法理解的理论和方法。这段文章的另一个有趣要点是柏拉图数次指出，充当舵手的方法能够且必须是"学习"，尽管愚蠢的船员们都认为这完全是一件实践的事情。④ 这是对柏拉图在《高尔吉亚》中关于政治技艺的讨论的引用，⑤与此同时，它也使我们想起《普罗泰戈拉》的开头，其中，苏格拉底对政治德性是否可教心存疑虑。⑥ 当然，在《普罗泰戈拉》的结尾，当苏格拉底明白德性意味着关于"善"的知识时，他就疑虑顿消。⑦ 在《王制》中，柏拉图不再允许苏格拉底有任何疑虑。运用真正的航海技艺（它可教可学）这一比喻，他为接下来他自己关于政治航海技艺的解释——统治者的哲学教育——做了准备。⑧

---

① 例如，在《王制》499a 中，苏格拉底说哲人的特征是"为了知识而不惜一切代价去寻求真理"。

② 参见本书第三卷，第 64 页及以下，第 177—179 页。

③ 《王制》488e。

④ 《王制》488b，488e。

⑤ 《高尔吉亚》462b，464b。

⑥ 《普罗泰戈拉》319a8。

⑦ 《普罗泰戈拉》361a。

⑧ 关于通识教育起源于政治教育，参见本书第一卷，第 141 页及以下。

不过，舵手的意象不足以驳斥哲人迂腐无用的指控。它只是深入分析哲人在政治共同体中的位置的第一步。① 对哲人的政治才干的普遍怀疑主要建立在心理基础之上。[267]因此，对它的回答必须深入到哲人的心理之中。不过，柏拉图没有将哲人看作一个孤立的个人，他的分析是对一种人格类型的巧妙描述，不仅从理论上描述了一个特定阶层的性格特征，而且还解释了这个阶层与社会环境之间的相互作用。他利用这个机会拒绝了通常附着于哲学这一名号上的许多品质，但在他为真正的哲学所做的坚决辩护中，对批评的每一次妥协和让步都变成了对世界的控诉。他对哲人命运的描述成了一种深切的悲剧，在他的著作中，这些段落比其他任何地方都饱含着他更多的心血。现在，他思考的不仅仅是苏格拉底的命运——它已经成为一种象征，他还在思考他自己的崇高意图，思考他在一度自认为是自身使命的任务面前的无能为力。

严格说来，柏拉图为哲人所做的辩护始于他谈论任何针对他的批评之前。迄今为止，他一直只根据哲人的知识的对象来定义哲人；②但现在，他对哲学的品格做出了一种描述，③这种哲学的品格对理解柏拉图的理论（即哲人必须成为城邦的统治者）必不可少——尤其是对现代读者而言，他们太易于认为希腊语"哲人"一词的意思就是"学者"。柏拉图的哲人（philosophos）既不是哲学教授，也不是某个哲学"院系"的任何成员——他由于自己特定的知识分支（τεχνύδριον）而僭称哲人的名号。④ 他更不是一个"原创性思想家"——存在那么多如柏拉图治理其理想国所需的原创性思想家，怎么可能？尽管如此，正如我们稍后会看到的，他使用"philosophos[哲人]"一词来意指经过大量辩证法的专业化训练的人，其根本含义是"文化的热爱者"，是对受教育程度最高的或者最有文化的那种人格类型的描述。柏拉图将哲人看作智力发达、头

---

① 柏拉图经常运用诸如此类的意象（εἰκών）来预示逻辑分析的结果。最著名的例子就是《王制》第七卷开头的洞穴意象。这一意象预示了第七卷中将要揭示的整个教育体系的意义和普遍趋势。

② 这一点发生在《王制》第五卷结尾。

③ 《王制》485e 及以下；参见 487a 对"哲学的本质"特征的扼要重述。

④ 《王制》475e；参见 495c8—d。

脑敏捷、求知欲旺盛的人。这样的哲人讨厌所有细枝末节之事,他总是急于把事物看作一个整体,从高处俯视时间和万物。他并不看重他的生命,几乎不关心外在利益,显山露水不是他的性格,他在各方面都宽宏大度,也有相当的魅力。他是真理、正义、勇敢与节制的"朋友和亲戚"。在柏拉图看来,这种类型的人格是能够在现实中产生的。[268]它可能是早早不断筛选、完美教育和年龄阅历催生的成熟产物。① 柏拉图的哲人品格与智术师的典型学生[如卡利克勒斯]毫无相似之处。柏拉图极其厌恶以不断攻击他人而闻名的"智识分子",他把他们逐出自己的哲学神殿。② 柏拉图强调的主要重点是思想和品格之间的和谐。因此,通过称其为 kaloskagathos(即"一名绅士"),柏拉图相当简单地概括了自己心中的哲人形象。③

因此,要为哲人无用这一指控真正负责的就成了那些不能使用他的人。哲人这样的天性少之又少。除此之外,他还面临着来自公众的严重危险,不断地遭到腐蚀的威胁。④ 这一危险部分地植根于他自身之中。他所拥有的每一种良好品质——勇敢、节制等等——都会成为通向真正的哲学文化的障碍,如果这种品质与其他品质相分离而不成比例地发展的话。⑤ 再者,美貌、钱财、勇力、有影响力的亲戚,以及其他诸如此类的"优势",都有败坏哲学天性、使之偏离哲学的作用。⑥ 健康的培育依赖于合适的养分、季节和环境:这些每一种培育

---

① 《王制》487a7。实践(ἐπειρία)在 484d 中也得到了着重强调,并被置于与理智的哲学训练同等的位置。

② 参见《王制》500b。苏格拉底的话是这样的:"在这一点上,你不是也同意,大多数人对哲学没有好感,是由于那些冒牌的哲人闯进了本来就不属于他们的领域,他们互相诽谤,争吵不休,并且总是进行人身攻击? 这种行为根本不符合哲学,对吗?"

③ 《王制》489e。在亚里士多德的《优台谟伦理学》中(它在这一点上与在其他事情上一样,与柏拉图密切相关),具有完美德性的人——他集各个"德性的部分"于自身——以拥有 kalokagathia[美善]为特征(8.3.1248b8)。在《尼各马可伦理学》中,亚里士多德就像将柏拉图的其他观念搁置一旁那样,将这一点也搁置一旁。注意到柏拉图的哲人(philosophos)无非就是被苏格拉底的精神所激活和激励的 kaloskagathos[尽善尽美者]——苏格拉底就是这样一个尽善尽美者,是希腊古典时期的最高文化理想——非常重要,尤其是对习惯于将其哲学视为教育的人(如柏拉图)来说。

④ 《王制》490d 及以下。

⑤ 《王制》491b;参见 487a 中对单个德性的罗列。

⑥ 《王制》491c。

良好的动植物都需要的一般条件对最强劲和最优秀的天赋来说尤其重要。① 天赋最好的灵魂如果受到坏的"教育"(pedagogy)和坏的培养的话,反而容易比平庸之辈变得更坏。② 哲学天性在好的土壤里长势良好,但如果植根于坏的教育的土壤并受到坏的教育的滋养,它就会产生所有与其高尚品质相对立的恶劣品质,除非它幸好得到"神赐机会"的帮助。③

在这一点上,柏拉图的研究者们不止一次地遇到柏拉图的这一想法,这一想法就是,非常人的理性可以解释的天才会横空出世,而且天才的出现不是由于纯粹的意外,而是由于一个保护神的神奇力量所致。④ 这是对某个特定事件的一种宗教解释的表达,既看似自相矛盾,又意义深远。我们在柏拉图的书信中也发现了同样的"神赐机会"。例如,在他第一次逗留西西里期间,他认为这是一个"神赐机会",他可以使西西里僭主的外甥狄翁转而成为他关于城邦的教育功能的学说的热情支持者,狄翁后来领导了推翻狄奥尼修斯专制统治的革命。这意味着通过他的教导,柏拉图无意间成了这一重要历史事件的首要原因。[269]我们自然会问,整个事件是纯属偶然呢,还是他只是一种更高力量手中的一个玩偶而已?⑤ 在柏拉图晚年,他为实现自己的希望所做的一切直接努力似乎都失败之后,这一系列相关事件获得了一种宗教问题的重要性。在《王制》中,当柏拉图描述一个凭天性注定要成为哲人的人奇迹般地免于所有危险时——这些危险,在他于一个极其危险的败坏环境中接受教育期间,一直威胁着他——也有这种性质的个人体验在里面。这就是使柏拉图对哲人在这个世界的生活的描述看起来如此悲剧的东西:似乎只有一种奇迹,一个神赐的机会,才能允许一个哲人在这个世界中成长;而绝大多数诸如此类的哲学天赋则在其得到

① 《王制》491d。

② 《王制》491e。

③ 《王制》492a,492e。

④ 参见在本人的建议下,由贝瑞(E. Berry)完成的学位论文《到柏拉图为止的神的分配和神的机运的历史》(*The History of the Concept of θεία μοῖρα and θεία τύχη down to Plato*,Chichago,1940),以及其中引用的有关这一主题的相关文献。

⑤ 《书信》7.326e。

充分成长之前，早就变坏了。

　　当柏拉图说，年轻哲人的主要危险是不适合其本性的教育时，①他似乎是在赞同人们对智术师的腐蚀性影响的普遍怨恨——苏格拉底本人曾经是这种怨恨的牺牲品。然而，实际上，把对哲人的一种决定性影响归结为任何特定的个人，与柏拉图的教育理念完全相反。他坚持认为，一切教育在精神上都是城邦共同体的一种功能，无论它是"自由的"私人教育，还是由城邦主导的正式教育。由于深信正确的教育只能存在于一个完美的城邦之中，他建构了一个理想的国家作为这种完美教育的框架。因此，柏拉图并不认为教师们要对现存教育体系的缺陷负责。要负责的是城邦共同体。因为年轻人的堕落而谴责智术师的人自己就是最大的智术师，难道不正是这些人在教育人们，并把对方塑造成自己希望看到的人吗？② 教育人们并使他们成为社会想要他们成为的样子的，实际上是国家对他们的影响。在公共会议、法庭、剧院、军营以及所有别的公共集会上——这些都是各个年龄段的人们得到陶铸的地方——激动的人群为一个演说者的演说鼓掌或起哄。没有哪个年轻人，没有任何私下的或个人的教育（ἰωτικὴ παιδεία）能够抵挡得住这种力量。③ 处于这样的位置，个人注定要遵循群体的赞同与否，并以群体的判断作为他自己的行为标准，如果他想要活下去的话。除了遵从由群体安排的这种"教育"之外，没有任何人能陶冶品格和人格——除非特殊的神意拯救了他。④我们把那些收费授徒者（μισθαρνοῦντες ἰδιῶται）叫作教师和教育者，[270]他们忍不住把大众要他们教的东西教给我们，因为大众主导着舆论和民意。他们对事物的毁誉所用的术语，如果仔细审察，完全与大众无异。⑤ 智术师的教育承诺给人以高级的文化教育，它的真正弱点，是他们的一切价值判断都来自于大众这一源头。在目前这个世界

————————

① 《王制》491e。

② 《王制》492a5—b。

③ 《王制》492b—c。

④ 《王制》492d—e。

⑤ 《王制》493a。

中,最成功的教师就是那些最擅长辨别"那头巨兽"[大众]喜爱的声音
和言词的人。① 他们通过随波逐流而谋求发达。因此,对柏拉图来说,
当时的教育和教育学无非是真正的教育的一幅讽刺漫画而已。② 当他
断言真正的教育根本不可能在这个世界生存,或一个具有哲人品格的
年轻人除非被一个来自天界的特殊神迹所拯救[否则就没有可能成长]
时,③这是对事实的一个普通但确凿无疑的提及,这个事实就是,通过
找到苏格拉底这个真正的教师,柏拉图自己起初得以保存了下来。那
是一个例外,在这个例外中,一个独立的人格将永恒价值之善传递给了
他的学生。不过,由于他超然独立于大众的观念之上,这个所有教师的
教师没有得到报酬;但他不得不用自己的生命来为自己的独立不倚
买单。

　　很清楚,柏拉图那个时代的雅典民主制度是他的描述的历史背
景;但他对"大众"的描述无疑是一种普遍情况,他所描述的不只是雅
典的乌合之众,而是无论何时何地的任何乌合之众。从柏拉图的定
义看,这是显而易见的——大众根本不知道什么是善本身和正确本
身。④ 知道什么是善本身是哲人之为哲人的标志,柏拉图认为谈论
"哲学的大众(φιλόσοφον πλῆϑος)"本身就是自相矛盾的说法。⑤ 大众对
哲学的态度天然充满敌意。迎合大众,一味博得大众欢心,从而谋求
飞黄腾达的个人同样如此:他对哲学充满同等的仇视。面对此种敌
意,哲学的天性如何肯定它自己、完全公正地面对它感受到的内心冲
动呢? 想必那些能预见到他的美好未来的别有用心者,会把他看作
自己可以利用的工具,抢先奉承他未来的权力,迎合他的卑下本能。
他们告诉这个年轻人,他完全有能力统治希腊人和蛮族人,他的头脑
因而充满了无法自制的野心和不切实际的幻想。⑥ 在此,柏拉图心里
想的显然是阿尔西比亚德和克里提亚这样的人物,人们曾把他们的

---

① 《王制》493a—b。
② 《王制》493c。
③ 参见本卷第 307 页,注释③。
④ 《王制》493b7。
⑤ 《王制》494a。
⑥ 《王制》494c。

错误归咎于他们的教师苏格拉底。① 柏拉图不像色诺芬那样试图与他们断绝关系。② [271]他将他们作为哲学曾经的学生来接受，并将其作为那种天赋极高却被环境所败坏的哲学品格的事例来使用。他承认，在这些政治冒险家中存在着某种"哲学的"东西。他们身上有着使他们超拔于庸众之上的冲劲和才华——因为天赋鄙薄器具狭小者干不了任何大事，无论是好事，还是坏事。只有具备哲学的天性者才能成就大事。只有这样的人才有选择的机会，成为造福于人类的最伟大者之一，或成为给民族带来最可怕的伤害的魔王。③

如果将阿尔西比亚德这样的人物与柏拉图对成熟哲人的描述——这一描述从对比中呈现出新的色彩和新的生命——作个比较，我们就能最深刻地理解柏拉图的哲人-王梦想。这种比较是一个曾经与阿尔西比亚德和克里提亚这样的人十分熟悉的人的工作，他觉得他与他们才具相仿，但他也知道他们在何处与他分道扬镳。与此同时，他又能给他们以同情的理解，从内部看到他们遭遇的困难，因为他是在描述他自己家庭的一个成员的悲剧。年轻人的这种腐败荒废了他们的哲学，按其天性，他们注定不会成为真理的邪恶对手，而毋宁是站立在王位周围的护驾天使。而现在，一些自命不凡的人侵占了他们的空位，这些人如同从监狱里逃出后闯入神殿的人，根本配不上哲学，没有能力接受如此高贵的教化（paideusis），他们根本不能增强公众对哲人的使命（成为统治者）的信心。④ 柏拉图觉得自己被这样一些可怜的劣质模仿者所包围。能够逃脱普遍败坏的人少之又少。也许，一个出身高贵且受过良好教育的人（他被迫在流放中像一个外乡人那样生活，不自觉地与这些有害影响相隔绝），或者诞生于某个小城市的一个伟大灵魂（它蔑视一切城邦事务，根本不把这些东西放在眼里），会转向精神的生活；也许，这样的人会由于疾病而远离政治，或者他是某方面

---

① 参见本卷第 28—29、51—52 页。
② 色诺芬，《回忆苏格拉底》1.2。
③ 《王制》495b。
④ 《王制》495c—d。

的专家,又认为自己从事的专业卑不足道,从而找到了通向哲学的道路。① 他们是一些奇怪的同伴,一些在包围他们的危险中幸存下来的人——很明显,他们使人想起柏拉图圈子里的真正成员。② 在哲学对王位的要求刚刚得到严肃而庄严的宣告之后,读到这样的反讽性自贬,也足以让人拍案称奇。[272]这是通往深切的自我委弃的一个过渡,柏拉图以此完成了他为哲学的辩护:

> 属于这个群体的极少数人,尝到了哲学这一珍宝的幸福和甜蜜,又确实看到了大众是何等疯狂和愚蠢,因而绝对没有人能为城邦做出明智和有益之事,他们又没有可以共同为正义而奋斗并使之幸免于难的盟友,反而像一个人孤身落入一群猛兽之中,既不想与之同流合污,又不能单凭一己之力抗拒这帮野蛮的生物,在这种情况下,在能够为城邦和朋友们造福之前,注定英年早逝,对自己、对别人都没有任何用处——在他们明白了这一切之后,就会保持沉默,独善其身,就像在狂风暴雨或风沙漫天之时,避于矮墙之下,目睹他人狂妄自大,干尽不法之事,只求洁身自好,了此余生,不受非正义和不虔敬行为的影响,最后带着美好的希望,愉快地告别人世。③

哲人已经从统治真正的城邦这一崇高要求中降下身段。他离开人们的视线,静静地退守一隅,远离尘世。④ 现在,我们知道了,如果他有权建造的话,他建造的城邦会是什么样子的了。但是,在精神的高飞远举之后,他仍然处于与在《高尔吉亚》那里一样的境地,遭受修辞学家[演说家]和政客们的猛烈抨击和残酷威胁。他不相信他能够改变自己时代的现实城邦,不想卷入政治舞台的残酷争斗,他就是(像在《高尔吉

---

① 参见《王制》496b—c 中所说的这类人,他们通过离群索居而免于败坏,这些人被留给了哲学。

② 泰阿格斯(Theages)是苏格拉底的一个学生,仅因为健康原因而远离政治之外,他被明确地指名道姓。柏拉图的同时代人应该知道其他还有哪些人;不过,我们不知道。

③ 《王制》496c5—e2。

④ 《高尔吉亚》485d。

亚》中那样）被世界误解的那个真正的人。他的生活重心与功成名就、万众瞩目、大权在握完全无缘，这些东西是他那些同时代人的居所——人们认为他们是叱咤风云的伟大人物。他真正的力量在于从现实的公共生活中隐退。在《申辩》中，柏拉图描写苏格拉底在生命的尽头，终于认识到了为什么他的守护神（daimonion）一直警告他不要参与政治。他坦率地告诉陪审团，如果一个人公开反对他们的罪行，阻止他们犯下重大错误和做不法之事，那么没有人能够保全性命。正义的真正斗士，如果想要活下来，哪怕是短暂的时间，也一定要把自己的行动限制在私人生活中，而不是像一个政客那样。① 这表明下述看法是错误的：这种看法，正如许多学者所做的那样，认为柏拉图在《王制》中对逆来顺受的认可，是他首次放弃自己参与政治影响城邦的初衷。《书信》七已经说得尽可能地清楚，苏格拉底之死是柏拉图政治抱负的最大危机，②这一点得到了《申辩》的证实。[273]《王制》的悲剧性表白，与苏格拉底对陪审团说的话一脉相承，尽管它更富诗意，情感更加强烈，但实质相同——它是柏拉图对自身命运长期且痛苦的思考的结果。苏格拉底在《申辩》中承认的对政治的原则性回避，在此变成了一种宗教性弃绝，在这种对政治的摒弃中，柏拉图似乎是在为一次最后的审判默默地积聚力量。这就是我们在《高尔吉亚》的末世论神话和其他对话中看到的态度。

柏拉图所描述的哲人，之所以异于早期诗人所刻画的所有希腊理想人格，是因为世界误解了他。他们一直都是植根于现实城邦的一种德性的表达；公民共同体将他们视为自己的最高抱负的光辉灿烂的诗意化身，将他们视为自己对世界的理解。但是，柏拉图对哲学的德性和哲人的理想化描述，与城邦共同体践行的公民德性形成鲜明的对比——从而城邦共同体不再成其为共同体了。哲人与城邦共同体的不情愿的分离是由这样一种感觉引发的：他觉得，关于生命中真正有价值的事物，他比别人拥有一种更加深刻的知识——即使别的人占绝大多

---

① 《申辩》31e。
② 《书信》7.325b 及以下。

数。哲人把他自己的缺点——那就是他永远是少数派——变成一种美德,别人从实际政治角度看作"社会"的东西,在他看来不过是一群乌合之众。与大众对立的人中也有一些幸存者,由于他们的哲学天性,他们得以免于所有的威胁和危险,并保持其纯粹的本性;他们开始看起来像一个新的社会,即学派或宗派的共同体。

这样一些学派的出现是一个具有重大意义的历史事实,即使在今天,它们也在根本上影响和调节个人与社会之间的关系。在学派和小型共同体背后,永远站立着理智的一种人格,他是一种积极的力量,以他自己关于深层知识的权威说话,他的周围聚集着一群对生活持相同态度的同道。当柏拉图设计出一个威权主义国家的蓝图时,我们千万不要忘记,他的那个使哲学的真理成为最高标准的伟大原则(一个在实际政治中不可能实施的原则),实际上源于个人对真正自由的要求的极大扩展,而不是源于对这些要求的价值的否定或误解。[274]这种对理性的独立性的肯定,对希腊社会的结构有一种直接的现实影响:学校或学院这样的共同体的创立。柏拉图本人在雅典建立的学园(Academy)就是此类产物。当然,雅典一直都有教师和学生。但是,设想在前苏格拉底哲学家中间存在诸如柏拉图学校这样的团体,那将是一个历史学上的年代错误。唯一的原型是南意大利的毕达哥拉斯社团。因为柏拉图创立学园就在他第一次去希腊西部游历回来之后——游历期间,他与毕达哥拉斯的信徒们一直保持着密切联系,所以看起来两个组织好像有联系似的。毕达哥拉斯派是一个保持固定生活准则的社团。与此类似,柏拉图的哲学生活(βίος)也以关于生活的准则的知识为前提——尽管下述说法纯粹只是一种传说:这种说法就是,哲人的那种生活方式的刻意培养,以及"哲学"这个词本身,都来自毕达哥拉斯。① 尽管有柏拉图对政治的这一切理论阐述,但作为一个政治团体,他的学园并不

---

① 参见拙著《亚里士多德:发展史纲要》,第99页。我已故的朋友斯托克斯(J. L. Stocks)试图证实西塞罗《图斯库勒论辩》5.3.8中的传说的真实性,根据这一传说,毕达哥拉斯使用了"哲人"一词,并声称自己就是一个"哲人"。不过,我从未接受这位令人赞赏的学者提出的证据,他的英年早逝是古典学的重大损失。

像毕达哥拉斯的社团那样，直到消失之前一直都非常活跃。在《书信》七中，当说到他喜爱的学生叙拉古的狄翁的政治事业时，他为他克制愿望、拒绝参加雅典的革命活动的决定给出了明确的理由。他对母邦的感觉，就像一个已经长大成人并且独立自主的儿子对父母的感觉，他不认同他们的行为和原则；必要时，他会表达对父母的不满，但这并不能使他免于孝顺的义务，也不能证明他对父母使用暴力的正当性。①

确切地说，没有任何其他地方比民主的雅典更有可能存在柏拉图学园这样的组织了，即使在柏拉图批评自己的国家时，雅典的民主制度也允许他说话。长久以来，雅典人一直认为他们处死苏格拉底罪莫大焉，他们认为他的传人是为城邦增光添彩——尽管雅典的政治权力在衰落，但她越来越成为希腊社会的智识中心。离群索居，遗世独立，连身体也远离城市嘈杂的喧嚣，栖居于科洛诺斯(Colonus)宁静的青山之间，柏拉图学园产生了一种特殊类型的人。在《泰阿泰德》(*Theaetetus*)中，柏拉图带着深情的反讽对他们进行了描述。② 他们不知道市场、法庭和议事厅在哪；他们对贵族世家的门第和血统，就像对城市的各种流言蜚语的细节一样一无所知，他们上穷碧落下黄泉，到处寻求作为一个整体的事物的本质。[275]他们深深地沉浸于数学和天文学，目不转睛地凝视着苍穹，以至于在这个世界不能自由行走，甚至被那些睁着眼睛、头脑健全的人根本不成其为问题的事物所绊倒。即使如此，柏拉图仍然完全相信他们的价值，深信他们头脑中闪现的神圣火花。因此，他们不可避免地要被同胞所误解，这一事实只不过是柏拉图把自己对他们的描述夸张成一幅漫画而已——以便激怒那些无教养的俗人(Philistines)，从而给理解和热爱这些奇怪的哲学品格的人们带来娱乐和满足。尽管哲学的人没有任何对原创的自负尝试，没有任何刻意的放荡不羁(Bohemianism)，但他以一种真正的艺术家的自由来看待生活。这幅哲人的肖像，也许比那种身体文化和精神文化的理想融合更

---

① 《书信》7. 331b—d。
② 《泰阿泰德》173c 及以下。

像一个真正的哲人——这种身心两方面的理想融合，是柏拉图为他的城邦卫士确立的。不过，他在《泰阿泰德》中对哲人们的研究的叙述，非常类似于《王制》中哲人王的高级教育；哲人王的那种教育证明了他在《泰阿泰德》中的评论，即哲人的知识不像感官知觉那么轻而易举（感官知觉是我们大家生而具有的）：哲人的知识是历经磨难和长期教育之后"从他内部生长出来的"。①《王制》向我们展示了柏拉图学园中的这种教育的结构；在这个特定的部分，柏拉图不仅是在提供一个理想，而且是在提供现实的一个切片。

在柏拉图描述了哲人如何听任自己被误解并远离尘世之后，读者就很难重新想起"哲人是未来城邦的统治者"的思想了。如柏拉图前面为我们所描述的，与那个崇高的理想相比，真实的哲人看起来有点傻傻的。尽管如此，柏拉图仍然觉得，这是他的"坏环境会毁了教育"这一理论（在这个理论中，他在植物的生长和灵魂的成长之间进行了一个类比）的另一个证据。哲人的诞生确实是一个奇迹，但如果他像一颗外来的种子那样被移植于不适宜的土壤，比如现存的那些城邦之中，那么他在成长中注定要消失在当地的植物之中，被它们所败坏，或者干脆像它们一样生长。② 另一方面，如果他被移植到理想城邦的有利环境中，他就会显示出他的神圣起源。③ [276]这是以下事实最清晰的标志：即柏拉图的理想国无非是哲学天赋的充分发展所必需的理想社会而已。反过来说，通过使哲人成为城邦的统治者，柏拉图在城邦中植入了一种精神，这种精神有助于维持他的教育体系并确立一种传统。柏拉图，只有柏拉图，开出了药方（理想国的建构在柏拉图开出这一药方之际达到了高潮）——这个药方就是，应该有一个至高无上的权威来主持教育。④到柏拉图时代为止一直存在的哲学教育，不可能达到其最高目标，那注定是"政治"教育：因为它总是被放置在错误的生命阶段；它一直只是

---

① 《泰阿泰德》186c：*διὰ πολλῶν πραγμάτων καὶ παιδείας παραγίγνεται*[通过许多磨炼和教育长成]。

② *φυτὸν οὐράνιον*[来自天上的生物]，参见《蒂迈欧》90a；"外来的种子"即*ξενικὸν σπέρμα*，参见《王制》497b。

③ 《王制》497b7—c4。

④ 参见本卷第 266 页及以下。

"一种适合青少年的教育和文化"。① 这是对智术师"只为文化"学习哲学的典型理想的另一种挑战。② 柏拉图现在开始制定自己的计划，通过使文化成为需要一个人的全部精力和生命的过程，这个计划赋予了文化一种更加综合的意义。如果人们有朝一日能知道什么是真正的知识，并对其加以检验，那么他们就会改变自己关于知识的教育力量的想法。不基于任何其他考虑，只为自身之故而寻求的知识观念，对他们来说仍然是陌生的。③ 他们只熟悉雄辨术中那些矫揉造作、吹毛求疵的知识，这些知识本身并无什么目的和意义，只是用来满足争辩的激情和炫耀的欲望。④ 人们必须首先认识到那些他们视之为哲人的人其实并非真正的哲人，当他们理解了这一点，就不会再因为哲人不谙世故而嗤之以鼻：因为任何献身于观察崇高而神圣的法则的人，都不可能也涉足人世间的那些妒忌和怨恨，不可能卷入他们之间的纷争和撕咬——世人误认为他们是学者和知识分子，尽管他们其实只不过是一些哲学领地的鲁莽闯入者而已。⑤ 如果一个人想要领悟纯粹存在的神性世界——这个世界为永恒不变所主宰——那么他的灵魂必须充满神圣的宁静，而且井然有序。⑥

和《泰阿泰德》中一样，与柏拉图早期著作中的苏格拉底相比，《王制》中典型的哲人更像数学家和天文学家。《王制》和《泰阿泰德》为柏拉图生命的同一时期所著，[277]在这一点上，两部著作都出现了同样的主题——哲人的天性变得像他所研究的对象（即神）一样。⑦ 不过，在《王制》中，尽管哲人在其现有环境中被迫过一种以沉思为主的生活，但这并非其整个生存的目的。在理想城邦中，他会走出纯粹沉思的领域，进入行动的领域。他会成为一个"造物主（demiurge）"；无论是在私人生活中，还是公共生活中，他都会把这个世界允许他做的唯一创造性

---

① 《王制》498b，498a。

② 参见本卷第 156—157 页。

③ 《王制》498d—499a。

④ 《王制》499a—b。

⑤ 《王制》500a—b。

⑥ 《王制》500c。

⑦ 参见《泰阿泰德》176b：ὁμοίωσις θεῷ κατὰ τὸ δυναιτόν[变得尽可能像神]。

工作,即塑造自己($\dot{\varepsilon}\alpha\upsilon\tau\grave{o}\nu\ \pi\lambda\acute{\alpha}\tau\tau\varepsilon\iota\nu$),换成塑造他人的性格($\ddot{\eta}\vartheta\eta$)的工作。① 如此,他会成为伟大的画家,他神思内敛,描绘出完美城邦的轮廓。② 我们还记得,当苏格拉底结束勾勒他的理想城邦时,他是如何将自己比作完成了一幅美男子的完美画像的画家的。③ 不同之处在于,苏格拉底是在建构一个现实可以模仿的模型,而此处哲学家所刻画的"图画"——理想城邦——本身就是一个模仿灵魂中的神圣范型的新现实。画家就是政治家(stateman);城邦本身就是画板上的画(pinax),在彻底地清洗掉这幅画之后,[哲人就会按照神圣的标准,重新画上一幅],新型的人就在上面有了形式和色彩。在他身上混合了永恒的正义、美、自制和其他所有德性,以及我们在真实的人身上观察到的那些特征。他其实就是理想和现实的一个混合物;如此,在哲学的艺术家的画笔下,出现的不是荷马在其史诗人物中所描述的$\vartheta\varepsilon o\varepsilon\acute{\iota}\varkappa\varepsilon\lambda o\nu$,即"神样的存在(godlike being)",而是某种与他相对应的东西,$\dot{\alpha}\nu\delta\varrho\varepsilon\acute{\iota}\varkappa\varepsilon\lambda o\nu$,即"人样的存在(manlike being)"。④

这里,柏拉图再次强调了诗歌和哲学之间的相似性,这种相似性指引着他的全部思考和全部性格-描画。哲人能够成功地与诗人的教化相竞争,因为他有一种新的人性理想。在这一段落中,柏拉图完成了从性格的英雄理想到哲学理想的转换,使其最伟大的作品转向人文主义的目标(polestar)——这一目标指引着希腊精神的整个发展旅程。因为人文主义意味着教育,即按照某种理想的人性观来深思熟虑地复制人。作为对智术师类型的人文主义的一种直接挑战,柏拉图奉献了自己哲学的人文主义,[278]智术师型的人文主义不为任何柏拉图式的理想所支配,柏拉图曾经描述过这种人文主义,它随俗浮沉,无是无非,委身于此刻存在的无论何种类型的国家。柏拉图的人文主义原则上不回避政治;尽管如此,其政治态度不由经验的现实所摆布,而由它持之为

---

① 《王制》500d。这一段落极其有趣,部分是因为在教育史上,自我教育的观念首次在此出现,部分是因为它极其清晰地表明了柏拉图哲学的教育理想和现实。在柏拉图生存的不利环境中,他的哲学不是为了教育共同体,而只是为了自我教育。

② 《王制》500e。

③ 《王制》472d。

④ 《王制》501b。

真正实在的理想所支配。它自始至终准备着为国家服务，尽管不是在这个世界，而是在未来神圣的完美世界中为国家服务。它觉得有必要保留自己批评每一种现实国家的权力，因为它不是面朝任何尘世的模型，而是面朝永恒。① 柏拉图将"人"或"人样的存在"的理想画像，作为真正的国家的真实意义和内容的一种象征符号，置于他对统治者的教化的讨论的开端位置。倘若没有一种人性的理想，想要塑造人是不可能的。自我-塑造的进程——在现今的真实世界中，哲学的教化被局限于这种自我-塑造之中——获得了一种更高的社会意义，因为它是在为理想的国家准备道路。柏拉图不认为这种关系只是一种虚构，一种"似乎好像（an As If）"。这里，与其他地方一样，柏拉图说理想的国家是可能的，尽管很难实现。② 由此，他支持关于"未来"的想法，哲人正在为"未来"塑造他自己，使"未来"不沦为纯粹的想象；哲人的"理论生活"随时可以转化为实践的可能性，给了它一种奇妙的紧张和兴奋——"纯科学"中完全没有的一种紧张和兴奋。在没有任何实际生活之功利目的的纯研究，和智术师完全实际的、政治的、一切只为成功的文化之间，柏拉图的人文主义之所以高踞于这二者之上，是因为它左右逢源的中间位置。

二

统治者的教育：神圣的模型

[279]就在柏拉图结束了对卫士教育的描述之后，他指出，要维护真正教育精神的统治者们自己也应该接受特殊的教育。③ 当他讨论妇女儿童的教育和共妻问题时，这一主题被延迟了。④ 尽管如此，在证明

---

① 在古代希腊，哲学与国家之关系类似于先知与以色列诸王之间的关系。

② 《王制》499c—d。

③ 最佳卫士的选择是在《王制》412c 中介绍的；统治者需要一种特殊的教育的第一个暗示是在 416c；ὅτι δεῖ αὐτοὺς τῆς ὀρθῆς τυχεῖν παιδείας, ἥτις ποτέ ἐστιν[他们自己必须获得正规的教育，不管是何种类型的教育]。最后一个分句预示这种教育不会与前述卫士的教育相同，并预示着《王制》第六、七卷描述的统治者的教育。

④ 《王制》449c 及以下。

了"保存哲学的性格"这一问题就是给哲学的天性一种适当的教育的问题之后，哲人必须拥有至高无上的权力这一信条——它似乎只是作为柏拉图其他理论的实现的一个前提条件被引入的——自然而然地回到了统治阶层的教育这一主题。①

城邦卫士的体育和音乐教育实际上是传统的希腊教育，这种教育就智力发展而言由习俗和传统所支配；②但从一种哲学的观点看，它已经得到了修正。柏拉图将其奠基于何为善、何为正义的观念之上；但他并未证明这些观念精确无误，他只是预设了其有效性，目的是在灵魂中创造正确的和谐与节奏，而不是要搞清楚为什么某种特定的和谐与节奏是好的。在教育的这一阶段，对学习者来说，要想理解它为什么好是不可能的。但是，建构和监督整个教育计划的人——也就是统治者——在他开始工作之前必须理解这里面的原因。他的特殊教育的目的就是使他理解这些原因；因此，这种特殊教育必定是哲学的教育。尽管与音乐教育和体育教育相比，它在时间上处于较后的阶段，但在本质上和定义上其实早于这二者。整个教育计划必须从哲学教育开始。[280]通过引进范型（paradeigma），将其置于它们中间，作为注定要让哲人成为最高意义上的统治者和教育者的特殊所有物，柏拉图将其与第一个阶段相联系。③ 柏拉图把那个至高无上的标准，即他据此勾勒出城邦卫士的教育的"典范（pattern）"，称为最伟大的研究课题（μέγιστον μάθημα），因为它是理想国的统治者必须拥有的最难理解同时也是最重要的知识。④ 与所有早期阶段的教育相比，"研究（mathéma）"一词在哲学教育中包含着一种决定性的新因素，即这样一个事实：它不是通过以史诗人物的形式出现的各种范型（paradeigmata）或者单独的道德诚命来教育，它的教育范型（paradeigma）是某种普

---

① 关于统治阶层的教育问题的讨论始于《王制》502c—d。

② 参见本卷第 251 页。

③ 《王制》484c。在 472c—d 中，通过用范型概念来描述他的理想城邦和完美正义者的特征，柏拉图已经为在这里使用范型概念做好了准备。除了哲人之外，没有人能够得到这些城邦和人的理想画像[即范型]，因为哲人拥有关于"善"的知识。作为统治者的范型的"善"的型，参见 540a。

④ 《王制》503e，504a，504d，504e，505a。

遍的知识，实际上，是关于某个单一对象的知识。死守善道和洁身自好的性格——这是柏拉图期望于他的统治者的——必须与最高的智识能力相结合，并得到最精确的教育体系（ἀκριβεστάτη παιδεία）的训练。① 在经历了艰苦的身体训练之后，当开始"精神的体操训练"时，他必定不再害怕学习的艰难。②

黑格尔在一则著名的警句中说，"思维的道路是曲折的"。自然的路线似乎是直达目标的那种，但它常常被一种看不见的深坑所打断；或者被其他障碍物所堵塞。通过迂回曲折的道路达到目标——无论多么艰苦——以克服这些困难，是一切系统性研究的本质，尤其是哲学思想的本质。实际上，黑格尔的警句毋宁是受到了柏拉图的一个暗示的启发，黑格尔将其扩展为一个更普遍的公式。在规定了统治者必须接受特定训练之后，柏拉图提醒我们③他之前是如何描述自己对四德性问题的处理的，根据柏拉图简明扼要的描述，卫士的教育以四德性告终；他之前又是如何指出，"为了充分理解它们，有必要走一条更长的弯路"，他在那时说，在卫士教育的较低阶段，这样就够了，不必做进一步的探索。然而，在真正的哲学教育开始时，他又旧话重提，宣布那些即将成为城邦统治者的人现在必须踏上这条迂回曲折之路，不然，他们就"永远不会了解这个最伟大的课题"。对于柏拉图所谓的"弯路"的所指，有许多争议；不过，尽管他首次提到"弯路"时的语言相当模糊，④ [281]但他在哲学教育开始时提到弯路这一比喻的方式，使我们不可能怀疑他指的就是统治者必须穿越的那条哲学教育之路。如果我们认为它是指一种未来政治家的教育体系，即"政治文化"，那么柏拉图的数学

---

① 柏拉图在《王制》503c 中说，统治者必须稳定可靠，能经得起各种考验；在 503d 中，柏拉图说他们必须善于学习，504b 和 504e 中谈到了"精确"，akribeia，这是统治者的教育和卫士的教育之间的真正区别。柏拉图在《法义》中作出了同样的区分，参见本书第三卷，第 272—273 页。

② 《王制》503e。

③ 《王制》503e—504b。柏拉图的提醒重新提到了《王制》435d。那是第一次提到一条 μακροτέρα ὁδός[更长的路]，在《王制》504b 中，柏拉图称其为 μακροτέρα περίοδός[更长的弯路]。另可参见 504c9：μακροτέραν（scil. ὁδόν）…… τοίνυν περιϊτέον τῷ τοιούτῳ[这样一个人必须要走一条更长的弯路]。

④ 《王制》435d。

和辩证法训练体系被叫作一条"弯路"是非常合适的。① 这一名称表明了哲学教育计划的新颖之处——柏拉图要求那些想要从事积极的实践生活的人,应该经由长年累月的纯粹智力训练,为这种生活准备条件。柏拉图用以下方式确切表达了使他认为必须走弯路的理由:"我们必须对最伟大的真理保持最大的准确性",如果说,对一些没什么价值的小事情,我们尚且不惜耗费心机,力求达到关于其最精确的知识,而对这些最伟大的真理,反而不要求关于它的知识具有最大的精确性,那岂不荒唐?② 这是苏格拉底的旧要求,即政治家应该对一切人类行为的最高目标有一种确切的专门的知识。为了满足这一要求,柏拉图提出了辩证法的科学,他将苏格拉底的对话式辩论的艺术发展成辩证法科学。

但是,在描述"弯路"阶段的任何细节之前,柏拉图转移了我们的视线,直指旅程的终点,即我们必须攀登的陡峭顶峰。在此之前,它被简单地叫作"最伟大的课题"。这个最伟大的课题就是"善[好]的型(the Idea of Good)"——一切正义、美等等都由于它而变得有用和有益。③除非我们认识它,否则我们所有的知识都毫无用处。拥有一件毫无用处的东西有什么好处呢? 通过将"好东西(the good)"说成是(正如他通常称呼它的那样)"善[好]的型",他首先指的是普遍的好(goodness)(如"型"一词所指的那样),即与我们称之为"好(good)"的各种不同对象相对比的一切好的统一性,因为,正如柏拉图所指出的,它们都"分有"某种"善[好]的型"。这种看待"善[好]的型"的方式对一般人来说是陌生的,但即使如此,一般人通过将他认为有价值的每一样事物归纳为他从中得到的快乐,也就等于是承认了存在某种最高的善(summum bonum)。④ 但是,自从《高尔吉亚》(间接地自从《普罗泰戈拉》)之后,我

---

① 我们千万不要忘记柏拉图在《斐德若》中也将辩证法教育作为未来政治家必须要走的"弯路"来描述这一事实。与这里一样,柏拉图在《斐德若》中迫切想证明辩证法科学——他的对手(如伊索克拉底等)批评它是脱离生活的无用的东西——对政治家和修辞学家而言是必不可少的,参见本书第三卷,第235—236页。与柏拉图的智力体操相对比,伊索克拉底曾经将他自己的 peideia 形容为真正的政治教育,参见本书第三卷,第176页及以下。

② 《王制》504e。

③ 《王制》505a。

④ 《王制》505b。

们已经认识到,快乐就是最高的好这种庸俗的假设不符合快乐的好坏之分,尽管绝大多数人认为这是理所当然的事情。① 有教养的人倾向于把智慧和理性当作最高的善[好]。但是,当被问到智慧和理性到底是什么时,他们也只能回答说是关于"善[好]的知识"。② [282]其他对话证明,柏拉图没有不假思索地谴责这两种对立的观点的意思。它们都旨在真正的"人的好(human good)",根据《斐利布》中的说法,"人的好"是由快乐和才智以一种适当的混合方式构成的。③ 然而,无论是快乐,还是理性,它们本身都不是最高的善[好]。④ 那些赞成其中一个或另一个的人一致认为(如柏拉图在《王制》中所表明的),"善[好]"本身的价值高于他们认为是最好的东西的价值——如我们所言,他们将好的快乐置于坏的快乐之上,或者断定关于好的知识优先于其他任何类型的知识。⑤ 不管怎样,不必为了理解"善[好]的型"在统治阶层的教育中的重要意义而需要一个它的预备性定义,我们只需要考虑到好的最普遍的标志就行了,好的众所周知的标志就是,好的东西是没有人自愿错过的东西。⑥ 如果这样做,我们就会认识到,将国家的治理交给一个对所有问题中这一最重要的问题一无所知的统治者会是多么的荒谬。⑦

即使在接下来的部分中,柏拉图也不想精确地定义"善[好]"本身的性质。实际上,他从未在别的任何著作中给"善[好]"本身下过定义,尽管他的讨论常常朝着这一方向走。在柏拉图的后期著作中,对这里提出的问题,即快乐或理性到底哪一个是最高的善[好],做出一种系统考察的是《斐利布》。不过,即使在《斐利布》中,柏拉图也未曾试图通过对"善[好]"给出一个彻底而详尽的定义来结束这一问题,他演绎出了"善[好]"的三个特征——美、比例、真理⑧——并以此为标准来决定是

---

① 《王制》505c。关于好的快乐和坏的快乐的区分,参见本卷第 164 页。

② 《王制》505b—c。

③ 《斐利布》66b—c。"人的好"不同于"好本身"。

④ 《斐利布》22b。

⑤ 《王制》505c。

⑥ 《王制》505d。

⑦ 《王制》505e。

⑧ 《斐利布》65a。

快乐还是理性更接近最高的善[好]。在《王制》中,当苏格拉底的对话者格劳孔要求苏格拉底不要总是只对别人的意见提出批评,而是要直接陈述他自己关于"善[好]"的信念时,柏拉图(在历史上真实的苏格拉底的影响下)让苏格拉底第一个求助于"无知"的避难所。① 不过,在《王制》的其他地方,柏拉图并不是一个如此这般的怀疑论者,而是声称政治上的航海艺术其实是可教的。② 因此,柏拉图不让苏格拉底再假装无知,但他让格劳孔说,如果苏格拉底愿意说出他关于"善[好]"的见解,哪怕是他以此前讨论公民德性的同样概括的方式,他的听众们也会非常高兴的。③ 就我们记忆所及,苏格拉度未曾为四德性给出一个最终的定义。[283]相反,他只是概述了它们在灵魂中的地位和作用,将它们与不同的社会阶层及其在国家中的作用相类比。④ 现在,他以同样的方式来处理"善[好]"的问题——他避免任何技术性的哲学推理,取而代之的是,他以一种看得见的类比来说明"善[好]"在这个世界中的地位和影响。这是一幅结合了诗歌的力量和逻辑的清晰性的图像(eikon);它使贯穿于他的早期著作、但故意隐蔽于神秘之中或草蛇灰线般遥指的东西——"善[好]的型",也即柏拉图哲学的最高原则——的地位和意义豁然明朗。

在讨论过程中,是否有可能通过任何一种理性的定义来把握"善[好]"的问题已经变得相当可疑。柏拉图用以代替这样一种定义的意象表明,我们必须要以另一种方式来处理这一问题。在柏拉图的辩证法中,"看(to see)"已经开始用来描述将许多个别事物归纳为一体以便认识它们背后的单个"型"的思维行为。柏拉图本人有时将这种行为称之为"概括(synopsis)"。⑤ 不过,既然通往"看(seeing)""善[好]的型"的辩证法道路的最后阶段不可能以书写的方式得到描述,他就以引述"善

---

① 《王制》506c。译注:所谓求助于"无知"的避难所,即苏格拉底以"无知"为托词,而不对"善[好]的型"正面下定义。

② 参见本卷第 304 页。在真正的船长的印象中(《王制》488b,488e),只有那些乌合之众才认为政治上的航海艺术是不可教的。

③ 《王制》506d。

④ 参见本卷第 274—275 页。

⑤ 参见本卷第 112 页,第 128 页及以下,第 187 页。

［好］的型"在可见世界（也即视觉世界）中的"类似物（analogon）"的方式对它作出阐释。他告诉我们，永恒的善［好］在其儿子赫利俄斯（Helios），即太阳神（Sun），这个天空中最高的可见的神那里展现出本质。① 他没有说太阳神的父亲是一个神——那样就会意味着他设定了我们正在寻找的东西的性质。因此，柏拉图神学的有形象征首先只包括太阳。当格劳孔示意说，有机会的话，他想听一听关于父亲的同类"故事"时，苏格拉底敷衍他说，希望他能讲这样一个故事，并希望他的听众们能理解这个故事。他简短地提及了一下他早先在对话中关于型论说过的话，以及在对话的其他地方对此作出的更为详尽的解释。② 然后，与型和现象之间的区分相一致，柏拉图区分了两个世界，即经由思维所知的可知世界和经由视觉所见的可见世界。我们把为我们的感官所知的世界称为可见世界，因为视觉是我们所有感觉中最珍贵的。③ 柏拉图认为视觉是感觉中的最珍贵者，他为此给出的理由是，眼睛想要看见需要光作为媒介，而光是一种特别珍贵的东西。［284］眼睛之所以能看而外在世界之所以可见的根本原因，是天神赫利俄斯送来了光。（现在，我们想起了柏拉图早先在其对话中提到又抛弃的学说，即知识本身就是"善"，④我们开始明白这种比较的意义了。柏拉图的意思是说，善是真实的，是客观的，它不依赖于我们的意识而存在。）柏拉图问道：我们的视力与天庭的光神太阳是何种关系呢？视力和视力所在的那个被称为眼睛的器官都不是太阳神赫利俄斯本身。⑤ 也许我们可以说，在我们所有的感觉器官中，眼睛最像太阳；只有当眼睛吸收了从太阳流向它的光，凭借这种光，眼睛才能看。正是通过太阳发射的光，眼睛才能看见太阳本身；但太阳并不是视力。太阳是光的源泉，因而也是一切视觉的起因。

现在，我们已经非常接近对知识产生的过程和对"善［好］的型"在

---

① 《王制》507a。

② 《王制》507a；可参见此前的476a及以下。"ἄλλοτε ἤδη πολλάκις［其他地方已经多次］"这一表述指柏拉图曾经在其中更充分地讨论过型论的那些对话，诸如《斐多》、《会饮》等。柏拉图在《王制》中主要是勾勒作为一个整体的教化，无暇对其型论进行详尽的阐释。

③ 《王制》507c。

④ 《王制》505b。

⑤ 《王制》508a。

其中所起作用的理解了。人的灵魂就像眼睛。① 如果我们不把眼睛朝向明亮的日光照射的区域,而是对着由暗淡的星光所照亮的夜晚世界,那么眼睛就会变得模糊,近乎瞎子,好像完全不具备视力似的。人的灵魂亦如是。当灵魂将其目光凝聚在为真理和实在的明亮之光所照耀的世界时,灵魂就一下看见了对方,认识了对方,有了理性;但如果灵魂转向那个黑暗的混乱区域,那个万物永恒生成和消逝的世界时,它就只能产生意见,变得视力模糊,反复不停地改变想法,似乎成了某种没有理性的事物。② 是"善[好]的型"给了灵魂所理解的事物以真理,给了灵魂认识它们的理解力。"善[好]的型"是知识和真理的最初起因。正如我们可以看见太阳——凭借太阳,我们得以看见其他事物——我们也可以认识"善[好]的型",但"善[好]的型"远比知识或真理珍贵,就像太阳远比我们的视觉珍贵一样。③ 就像太阳是光的源泉,使可见世界变得可见,"善[好]的型"是真理和意义的源泉,使可思世界变得可思。因此,我们的知识不是"善[好]",就像视觉不是太阳一样。④ 不过,就像在我们所有的感觉器官中,眼睛最像太阳一样(helioid),知识和真理最像"善[好]"(agathoid),最接近善[好]的基本形式。但是,这一类比有更深远的意义。太阳不仅给了可见世界以可见性,[285]还给了世上事物出生、成长和获取营养的能力,尽管它本身并不属于生成之物。与此类似,可知世界不仅从"善[好]"那里得到了其可知性,而且还从"善[好]"那里得到了其实在性——尽管"善[好]"本身并不是实在,而是在地位和威力方面比实在更为珍贵的东西。⑤ "善[好]"作为一切知识和

---

① 关于接下来的论述,参见《王制》508b 及以下。

② 《王制》508d。

③ 《王制》508e。

④ 《王制》509a。

⑤ 根据《王制》509b 记载,"善"超越于"实在(Reality)"或"存在(Being)"(ἔτι ἐπέκεινα τῆς οὐσίας)之上。另可参见 532c,"善[好]的型"在水面上构成的图像被描述为"存在领域(the realm of being)"中看见的最高贵部分(τοῦ ἀρίστου ἐν τοῖς οὖσι ϑέα),因而是最高的存在(Being),并给予我们所认知的一切事物以实在性。与此类似,亚里士多德在其论祈祷的著作的一则残篇中说(《辩证法》[Dial.]残篇 100,华尔兹;残篇 49,罗斯编),神(God)"要么是心灵(Mind),要么是超越于心灵之上(ἐπέκεινα τοῦ νοῦ)"。因此,上述两段残篇所表明的,柏拉图关于"善(Good)"和"存在(Being)"的观念的模糊性,对柏拉图来说并不矛盾:要么其中一个是真实的,要么两个都是真实的。

一切存在的原因的双重意义，使我们可以将其称为不可见的可知世界的君王，就像太阳是可见世界的君王一样。①

柏拉图之前的希腊哲学家通常简单地将宇宙中的最高原则[本原]——无论它是赐予万物以生命的基质，还是掌控万物的心灵——都描述为"神(God)"，或"神圣者(the divine)"。② 从一开始，希腊哲学就一直关注自然，关注实在或"存在(being)"的本性(physis)。这就是我们称之为科学的东西的起源。但是，自十九世纪以来就有一种思潮，这种思潮允许希腊哲学的科学方面使其宗教方面隐而不见，甚至干脆将其宗教方面作为无用的装饰弃之一旁。这实际上使得我们难以理解柏拉图，柏拉图比他的任何前辈都更富宗教虔诚。除非有一种宗教背景，否则我们根本不可能估量他"善[好]的型"这一核心学说的意义。柏拉图是所有古典神学家中最伟大的神学家。③ 如果没有柏拉图，神学的名称和学科都不可能存在。柏拉图关于神的本性的评论散见于他的著作当中，它们的意义各不相同。在此，讨论柏拉图的神学信念这样棘手的问题是不可能的。我们只能满足于讨论它在进入《王制》的教育范围之内时的意义；我们仅限于指出它在柏拉图整个教育体系中的地位，并强调最高原则——柏拉图将他的读者引向这一最高原则——的神学功能。④

---

① 《王制》509d。

② 参见哈克(R. K. Hack)，《到苏格拉底时代为止的希腊哲学中的神》(*God in Greek Philosophy to the Time of Socrates*)，Princeton，1931。在本人的吉福德讲座中(苏格兰的圣安德鲁斯大学，1936 年)，我曾对前苏格拉底哲学中的神学方面进行过详细的讨论，并以《早期希腊哲人的神学》(*The Theology of the Early Greek Philosophers*)一书出版。后来，我打算追踪希腊思想中的这一第二潮流(它在讨论古典文化对后世的影响方面是如此重要)，直迄柏拉图；在柏拉图哲学中，神学潮流与教化的洪流在这一关键节点上汇合在了一起。柏拉图知道，所有塑造一种更高类型的人的尝试——也就是所有的教化和文化——都汇合成一个问题，即神的本性的问题。

③ 西方最伟大的基督教哲学家奥古斯丁知道这一点；没有人比奥古斯丁更适合对此作出评价了。奥古斯丁的《上帝之城》(*City of God*)或《上帝之国》(*State of God*)，是他有意按照柏拉图《王制》编撰的一个基督教对应本，在其第八卷中，他将柏拉图置于所有前基督教神学家中的首位。基督教教父们所从事的神学，实际上是如何处理基督教与柏拉图神学的概念和方法之间关系问题的结果。

④ 关于这一点，参见心理学家和哲学家斯图姆夫(Karl Stumpf)(他后来任教于柏林)的过时但仍有价值的学位论文《柏拉图的神与善[好]的型之关系》(*Verhältnis des platonischen Gottes zur Idee des Guten*)，Halle 1869。(正如人们所猜想的)这是由布伦(转下页注)

　　根据希腊人的观念，柏拉图通过使"善［好］的型"成为可知世界的君王，就像太阳是视觉世界中的君王一样，给予了"善［好］的型"与其他思想家的神（God）相同的神性，尽管他并未实际上将其称为神。① 柏

────────────

（接上页注）塔诺（Franz Brentano）提出，由现代"价值"哲学理论之父洛采（Hermann Lotze）接受的一个论题。"神"与"善"的关系问题的历史不是一个脚注所能涵盖的；它永远都是一个问题。在我有空继续《早期希腊哲人的神学》一书时，我会在其他地方对这个问题给出充分的论证，并追寻这个问题在希腊思想的古典时期的发展线索。在讨论柏拉图的观点时，我们应当记住他自己在《蒂迈欧》28b—c 中说过的话："我要问一个任何研究总要提出来的问题——这个宇宙究竟是永恒存在、没有开端的呢？还是被创造出来的、有开端的呢？我的回答是，它是被创造出来的，因为它看得见，摸得着，并且有形体。……但是，要找出这位宇宙之父和宇宙的创造者是一件难事，即使我们能够找到他，想要把他告诉所有人也是不可能的。"由此导致了柏拉图关于神的表述的严肃而神秘的形式。我们必须把他在《斐德若》和《书信》七中说的那些名言主要指向这个柏拉图思想中的核心问题：即想要把他的哲学中的本质性的东西用文字表达出来是不可能的。正如索尔姆森在其《柏拉图的神学》（*Plato's Theology*, Ithaca, New York, 1942）中正确地指出的那样，柏拉图远不只从一个侧面接近神的问题。那么，柏拉图接近神的问题的主要线索是什么呢？《蒂迈欧》和《法义》中关于神的明确陈述（部分是以神话的形式，部分根据哲学论证）表明，柏拉图越来越注重解决这个问题的宇宙论和自然演进方面。关于事情的充分讨论——我当然不能在此展开——将不得不把它们考虑进去。关于这一论题，索尔姆森的《柏拉图的神学》是可以得到的证据的最新最细致的思考。关于"善［好］的型"及其在《王制》中的神圣地位的问题，索尔姆森加入了那些否认"宇宙的本原"（如柏拉图所称呼的）是神的学者的观点。另可参见索尔姆森的前辈博韦（P. Bovet）的《柏拉图的神》（*Le Dieu de Platon*）（一篇日内瓦的学位论文，1902），更不用说许多别的学者了，其中包括肖里和吉尔松这样的学者。我发现，想要相信柏拉图原初就是从自然哲学和物理运动的角度（就像他在《蒂迈欧》和《法义》中所做的那样）来处理其道德和政治哲学的核心问题——神——或其他任何问题的，确实难之又难。确实，柏拉图逐渐觉得这一问题的宇宙论方面越来越重要：他认为，"神（God）"有必要让日月星辰运转起来。不过，他处理这一问题的首要方法是苏格拉底式的，而非前苏格拉底式的那种。我们可以看到，从《游叙弗伦》到《王制》的对话，他一直在继续追踪其中的思想线索。在那里，苏格拉底的问题——什么是德性的本质和统一性——最终显示自身为神圣的"善"这一"万物的尺度"的问题（就像《法义》中将神定义为"万物的尺度"那样）。在柏拉图那里，不仅不只有一种接近神性的方法，神性也不止一个方面——神是绝对的善，万物都向着它奋力前进；神是世界-灵魂；神是创造宇宙的大匠或创世主；神是理性，即努斯（nous）；世界上还有许多看得见的神灵，日月星辰等等。正是柏拉图哲学中的神圣者（the Divine）形式多样、方面众多，才使得希腊化时代的批评家们困惑不已——不仅是他们，甚至是现代学者，也期望在柏拉图那里找到一个神，而不是 πάντα πλήρη ϑεῶν［各种神性］。亚里士多德的已轶对话《论哲学》（*On Philosophy*）同样如此，它在这方面与柏拉图的神学显然十分相似：参见拙著《亚里士多德：发展史纲要》，第 140 页，以及伊壁鸠鲁学派的批评，残篇 26，罗斯编（西塞罗，《论诸神的本性》[*N. D.*]1. 13. 33）。

① 君王的概念饱含着统治的职能：《王制》509d 使用了"βασιλεύειν［统治］"这个词，而前苏格拉底哲学家们则常常将"κυβερνᾶν［掌舵、统治］"这个词运用于宇宙的最高本原［原则］。这两个词是同义词，希腊人用这两个词来形容宙斯的权能。许多早期希腊哲学家都不使用"ϑεός［神］"这个词，或者更倾向于用"神性（divinity，即 τὸ ϑεῖον）"这个词，"神性"这个词与世界上有许多各不相同的个体神灵的一般观念截然不同。

拉图似乎是有意避免这样做的，因为很显然，读者可以独立地用神的神性将其填满，也因为将他的至高无上的存在与日常宗教中的诸神区别开来非常重要。① 但是，如果我们回想起他对影响诗歌——这些诗歌将在教育城邦卫士的学校中阅读——的"神学模式"的描述，[286]我们就会明白，没有任何东西比"善[好]的型"更配得上神之名：柏拉图对神性的界定完全覆盖了"善"：神从不作恶，永远只做善事。② 这是潜藏于柏拉图对史诗和肃剧歪曲神明的批评背后的信条。正如我们已经见到的那样，它植根于这样的信念，即宇宙的最高原则[本原]是"善[好]的型"。也许这也是为什么他不将其称作神的另一个原因——因为即使他这样做，也不会使其再增加任何本质性的东西。另一方面，神除了行善，决不做任何其他事情的表述也使神本身的本质和行为适合"善[好]的型"的标准。③ 实际上，"善[好]"的神性特征的主要证据是它使柏拉图的"神"像其自身一样成了"尺度"。因为，如柏拉图在《法义》中所言，神是万物的尺度；④ 而他之所以是万物的尺度，就因为他就是"善[好]"。这里，"善[好]的型"是至高无上的标准，它是很早就出现、后来又存活于柏拉图思想的发展过程之中的一个观念的基础，这个观念就是，哲学是最高的"衡量技艺"。这样一种技艺，不可能像智术师和普通大众在《普罗泰戈拉》中所相信的那样，使用一种快乐和痛苦的主观评

---

① 柏拉图将太阳在可见世界中的地位与"善"在精神世界中的地位相比较，并说统治光和视觉的是天上的神。这不仅仅是一句诗。在柏拉图的其他著作中（如《蒂迈欧》和《法义》），以及由他的学生奥普斯的菲利普（Philip of Opus）出版的《厄庇诺米斯》（*Epinomis*）中，都把太阳和星辰叫作"看得见的神灵（ὁράτοι θεοί）"，这些说法使它们与一种看不见的神性形成一种对应和比较。注意到这一点也非常重要：柏拉图在《王制》中将天空中的至高神赫利俄斯叫作儿子，而将"善"叫作父亲。

② "神学的模式"，参见《王制》379a：τύποι περὶ θεολογίας。神学的主要原则是神本质上是善（ἀγαθὸς τῷ ὄντι）（《王制》379b）。"τῷ ὄντι[本质]"这个短语是柏拉图描述型之存在的方式。

③ 当然，在希腊宗教中，"神（God）"是一个可以运用于至高无上的、掌控一切的"善"之上的描述语，比将其运用在任何希腊人敬之为神明（gods）的许多其他力量上更加合理。但是，从哲学的角度看，至关重要的是柏拉图关于神性的知识所做的贡献，他将宇宙的最高原则定义为那本身就是"善"的东西。

④ 在《法义》716中，柏拉图所说的"神是万物的尺度"当然是想与普罗泰戈拉的著名格言"人是万物的尺度"作对比。

价体系,而是必须使用一种完全客观的标准。① 不过,在这里,我们可以引用另一则证据。亚里士多德在其一篇早期对话《政治家》(The Statesman)中,把"善[好]"称为"最准确的尺度",这里,他的思想显然仍遵循着柏拉图的路线。② 亚里士多德的话有两个有意思的要点:首先,它表明了"善[好]"与柏拉图迫切向往的准确的政治衡量技艺之间的紧密联系;其次,它在《王制》的"善[好]的型"和《法义》中定义为"万物的尺度"的神之间提供一条令人愉快的纽带。

对柏拉图的存在论的实在论(ontological realism)而言,"善[好]的型(the Idea of Good)"不是我们所理解的这个词的意思,而是它本身就是善[好]。实际上,正如"美的型"本身就是美,确实是一切美的事物中最美的存在一样,"善[好]的型"是善[好]的最完美的形式。再者,对柏拉图来说,成为善[好]的(to be good)意味着变得幸福(to be happy)。③ 希腊人认为,神的本性中一个最本质性的方面就是幸福。荷马的天神们被简单地叫作"蒙福的"。柏拉图认为,"善[好]的型",作为配得上善[好]之名的世间万物的典范(pattern),就是"神"——如果我们这样解释是正确的,[287]那么,"善[好]的型"也应当被称为幸福;柏拉图的"德性(= being good)即幸福"的论点也会支持这一点。"绝对的善(Absolute Good)"是世上各种类型的德性得以存在的原因:因此,它必享有幸福,也即 eudaimonia,更确切地说,它必然是幸福的终极根源。在《王制》的稍后一个段落中——它一直没有得到应有的重视——柏拉图千真万确地说,"善[好]的型"是宇宙中最幸福的东西。④ 我们现在

---

① 《普罗泰戈拉》356d—357b。真正的标准是善本身。存在着一种最高的衡量技艺的观念,和哲学家关于价值的知识(φρόνησις)是一种衡量的能力的想法,贯穿柏拉图的全部著作。在《政治家》、《斐利布》和《法义》中,这种衡量标准的出现又与它在伦理学、政治学和法律制定中的正确行为问题中的新运用联系在一起。它的发展在《法义》中达到顶峰,在那里,柏拉图将神称为衡量"万物的尺度"。不过,早在《高尔吉亚》中(499e),柏拉图就相当明确地说,善是唯一真正的"目的",行为的唯一目标。

② 亚里士多德,《辩证法》残篇,沃尔泽(Walzer)编 99(罗斯编 79)。

③ 亚里士多德认为,这一公式是柏拉图主义的精髓,参见亚里士多德的祭诗,以及本人对此的阐释(《亚里士多德:发展史纲要》,第 107 页及以下)。

④ 《王制》526e。柏拉图说,哲学家的灵魂最终都转向宗教,那里有"存在领域中最幸福的东西(τὸ εὐδαιμονέστατον τοῦ ὄντος)"。他指的就是"善[好]的型"。在此处的注释中,肖里将柏拉图的这一描述贬低为"修辞";但是,它与将善[好]称为"τὸ ἄριστον ἐν τοῖς οὖσι[事物本质中最高贵(优秀)的东西]"是严格对应的,参见《王制》532c6。

明白了，"善［好］"是最高的范型，哲人心中携带着关于"善［好］的型"的知识。① 为了取代传奇故事中的天神和英雄——他们是以人的形式表现出来的德性的模范，是由早期希腊教育在大诗人们的作品中树立起来的——柏拉图《王制》中新的、哲学的教化将神圣的"善［好］"确立为完美的范型。从而，《泰阿泰德》中的伟大格言——哲人根据德性进行的生活意味着"尽可能变得像神一样"——成了柏拉图的教化的最高贵的表达；②而"善［好］的型"和哲人的教育——在哲人的教育中，对"善［好］的型"的研究是"最伟大的课题"——之间的联系也就变得最明白不过了。如果"神"天然就是善的，如果他事实上就是"善［好］自身（Good itself）"，那么，人可获致的最高德性就是一个向神靠拢、"变得像神一样"的过程。因为，正如柏拉图的小篇幅对话已经表明的那样，潜藏于一切单个德性之下的基础是"在其自身之中的善［好］（Good-in-itself）"，绝对的完美的善［好］（goodness）。柏拉图的这些小篇幅对话都是对不同德性的性质的探究，但也都服务于同一个目的：不是要定义各种不同的德性，而是要追溯善［好］自身的本原，柏拉图在《王制》中将善［好］自身的本原呈现为一切存在和一切思想的神圣本原（ἀρχή）。③ 不过，这似乎与柏拉图的断言——人［性］（humanity），即荷马所说的"人样的东西（that which is like mankind）"，是哲学的画家的目标——不相一致。（柏拉图是在开始描述他的高级教育时做出这一断言的。）④但他在那里说，画家所描画的"人性（humanity）"与史诗诗人所描画的"神样的东西"相似，并说，人的新典范（pattern）就是理想和现实因素如此混合而成的，我们应该尽可能使之成为"神喜欢的"样子。⑤

---

① 《王制》484c。

② 《泰阿泰德》176b：ὁμοίωσις θεῷ［像神一样］。参见《王制》613b：εἰς ὅσον δυνατὸν ἀνθρώπῳ ὁμοιοῦσθαι θεῷ［凭凡人的最大能力模仿天神］。如果神就是"善自身"，那么成为"神样的人（ὁμοιοῦσθαι θεῷ）"就成了获致德性的方法。

③ 《王制》511b；508e。

④ 《王制》501b：τὸ ἀνδρείκελον［人样的东西］。

⑤ 《王制》501b：τὸ θεοειδές τε καὶ θεοείκελον［类似天神和宛如天神］；501c：εἰς ὅσον ἐνδέχεται θεοφιλῆ ποιεῖν［博得天神的喜欢］（亦即ἀνθρώπεια ἤθη［合乎人的本性的性质］）。

因此,即使在那里,终极的标准也不是那种个体的偶然的人,就像那些使人成为"万物的尺度"的智术师们在他们的教育中所做的那样。[288]完整的人性只有通过努力接近神性(也即永恒的尺度和标准)才有可能获致。①

不过,我们现在已经比柏拉图的论证走得远了。首先,柏拉图似乎只对"善[好]的型"的形而上方面感兴趣。他好像已经全然忘却"善[好]的型"与它在城邦卫士的教育和妇女教育中的功能之间的关系。这一点常常误导评论家们将柏拉图的太阳喻从语境中脱离出来,并将其阐释为柏拉图形而上学或其知识论的一个独立的象征符号——尤其是因为它出现在第六卷的结尾,因而看起来像是一场讨论的巅峰时刻,这其实不是柏拉图的意思。柏拉图的太阳喻说明了人的灵魂是如何获得知识的——只不过这种知识是关于"善"的知识:因而它不可分割地与获致德性的问题联系在一起。即使当柏拉图从苏格拉底的原则出发进行最遥远、最艰难的形而上学推理时,其思想结构仍然带着教育的基础的印记。教育的形而上学是一种以"善[好]的型"而登峰造极的存在论(ontology)。在柏拉图的思想中,实在(Reality)或存在(Being)不是与人及其意志毫无联系的东西。赋予柏拉图的整个型世界以意义和价值的"善[好]的型"是人类全部努力的天然目标。为了认识它,必须使我们的性格和行为像它那样,但它不能在这个感官世界之内一下子为我们所知,好几重障碍遮住了我们的眼睛。让它的光芒涌向灵魂的眼睛,从而使真理的世界对它可见的第一步,就是要摆脱那些阻碍性的遮挡。

因此,柏拉图将太阳喻与另一个比喻(即线段喻)紧密结合,线段喻描述了我们的知识从最空洞的假象到对最高实在的观照之间的各个阶段。这个比喻是一个数学上的意象。柏拉图说,知识的进程就像一条被分成不相等的两个部分的线段。

A   B

——————————//————————————————

---

① 参见本卷第 328 页,注释④。

A 和 B 两个部分又按照相同的比例各自分成两个部分。①

A1   A2   B1   B2

——/————//——/————————

[289]A 和 B 两个主要部分代表可见世界和可知世界，或者（按照柏拉图的型论就是）意见的世界和实在与知识的世界。在象征可见世界的 A 这个部分中，又有 A1 和 A2 两个次要部分。A1 包括仅仅只是摹本的一切事物，诸如阴影、水中的倒影和表面光滑的物体反射出来的影子。另一个部分 A2，代表我们所生活的植物和动物的世界，以及一切种类的人造事物。占据第一个阶段的阴影和倒影是第二个阶段的实物的摹本：同一物体以不同程度的真理和实在出现在 A1 和 A2 两个部分中。然后，同样的关系必然存在于第三阶段的对象和第四阶段的对象之间：因为整条线段的划分以及按照同一比例进行的二次划分表明，柏拉图是在思考一种有规则的比例关系。当然，线段的不同部分不足以完全表达柏拉图的真正意图，因为他关注的并不是不同类型的事物之间的数量关系，而是它们的实在性的相对程度以及我们关于它们的知识的精确程度。只有线段的第二部分才能使我们超拔于意见的领域升入到科学研究与知识和真理的领域——也就是说，哲人王的教育在其中得以发生的领域。这里，柏拉图首次揭示了潜藏于他的教学方法之下的思想。它是一个渐进的过程，凭借这种方法，学生们被提升到感觉世界之上，并最终攀登哲学真理的顶峰。

B 中的第一部分包含各种特定的技艺和处理事物的各种专业技术（τέχναι），②比如数学[几何学]，它从各种假设出发，并通过追踪它们的逻辑结果达到新的知识。③ 它们利用看得见的图形作为影像。不过，它们真正思考的实际上不是这些可见的图形，而是这些图形所模仿的

————————

① 《王制》509d。译注："相同的比例"，即 A1∶A2＝B1∶B2＝A∶B。其中，A 代表"可见世界"（或可被想象的世界），A1 代表实物的阴影或倒影的领域，A2 代表实物的领域；B 代表可知世界（可被思维的世界），B1 代表数学领域或以数学为基础的整个科学领域，A2 代表思维领域或以辩证思维为基础的理智领域，也即以完美存在为对象的领域。

② 在《王制》511c6 中，柏拉图称这个阶段的科学为τέχναι。

③ 《王制》510b。

那些东西,是三角形本身和圆本身这些它们真正的思维对象。① 因为它们从感官对象中抽象出真理,并试图以理性的眼睛洞察数学对象(圆、三角、斜角等等)的本质,它们与获致知识的那种最高的哲学方法非常接近。[290]不过,另一方面,它们又以两种方式与感官世界和与此相应的知识阶段(即意见)联系在一起:

1. 它们从围绕着可以感知的图形建立的假设出发,尽管它们的定理根本不关心这些图形的视觉形象;

2. 它们并不试图超越这些被当作真实的("被采用的")假设,而且因为它们从这些假设开始,通过逻辑推理,向下直到最后一个可能的推论,所以人的灵魂不得不同时把假设当作绝对的起点,当作本原(ἀρχαί)。②

只有在线段的最后部分 B2,即可知世界的第二部分中,我们才能达到一种从假设出发[向上寻求]的知识——不是以与数学相同的方式,而是以"假设(hypothesis)"一词所标示的方式:也就是说,以[假设]作为立足之基础、并由此基础向上达到绝对(也即宇宙之本原)的方式。③ 此种类型的知识是真正的或纯粹的逻各斯。它上升到了把握最高的本原;从那里出发,牢牢抓住紧靠这个本原的东西,再回头从高处下降到终点,不借助任何感官知觉的帮助,而只使用事物的型;如此这般,从型到型,并最终止于型。④

柏拉图多次指出,要想使知识进程的各个阶段一目了然是多么困难。柏拉图让苏格拉底的经过良好哲学训练的对话者也难以一下子完全理解其所指,而只能把握其论证的大概来说明这一点。⑤ 不过,柏拉图显然不关心在某一页纸上写下其逻辑和方法论的最终秘

---

① 《王制》510d,510b。

② 《王制》511c—d。

③ 《王制》510b。译注:"hypothesis"一词的希腊语分为 hypo 和 thesis 两部分。"thesis"意为"放置",此处即指"命题";"hypo"意为"下面",放置在下面的命题,作为推理的基础,就是"前提"、"假设"。类似的词还有 synthesis(并放)、antithesis(反放)、parenthesis(插进去放)等。

④ 《王制》511b。

⑤ 《王制》510b10,511c3。

密——尽管绝大多数陶醉于这一页的评论家们都认为柏拉图是想这样做的。柏拉图只是想为知识的各个不同阶段给出一幅大胆的示意图，这幅示意图的最后阶段是摆脱了任何感性形象的纯粹辩证法，是引向宇宙本原（即绝对）的那种类型的知识，因此它可以再次从本原下降，并表明其他任何东西都来源于这一最高本原。只有这种形式的思维才配得上理性（nous）之名。与此相比，数学思维只不过是理智（dianoia），而对物质世界的感官知觉只是意见（pistis）而已。第四个和最低的阶段是纯粹的猜测或臆测（eikasia）：①[291]它的对象，从在它之上的知识阶段（即感官知觉的阶段）来看，都不过是可以感知的实物的摹本而已。② 与此类似，可以感知的实在本身（比如一个木制的圆球）只是数学处理的那类实在（圆球本身）的"摹本"而已。③ 柏拉图没有说数学知识所处理的那类实在只是辩证法所把握的那类实在的摹本而已；但是，当柏拉图说，那些被数学家当作本原的普遍命题，对哲人而言只不过是假设而已时——他从这些假设上升到真正的本原——他肯定有类似的想法。④

用来说明知识的这四个阶段的数学比例，从太阳喻——它构成了第六卷结尾的高潮——通向第七卷开头的洞穴意象。只有到现在，哲人的知识得以上升到把握"善［好］的型"的进程，才得到抽象的描述。不过，柏拉图的洞穴意象才以诗歌的最高力量和生动逼真象征了知识的这一进程。

洞穴——教育的一个意象

"现在"，苏格拉底开始了这个著名的比喻，"请从受过教育和缺乏

---

① 《王制》511d。四个阶段之间进行比较的基础是它们所呈现的清晰（σαφήνεια，有时是 ἀσάφεια［模糊］）程度的差异。"σαφήνεια［清晰］"一词不仅意味着对象的可理解性，而且还意味着对象的实在性，参见 510a9；ἀλήθεια（真实性）。

② "Εἰκών"意指"摹本（copy）"，不仅仅因为其相似，而且因为它是某种比原本虚弱无力的东西，是某种出示的例证。基于此，在《王制》509e—510a 中，柏拉图把阴影和倒影叫作可感事物的εἰκόνες［摹本］。

③ 《王制》510e,511a。

④ 《王制》511b5。

教育这两种角度把我们的本性比作这样一种经历".① 柏拉图想象,有这么一个地下洞穴,洞穴有一条长长的通道通向地面,与洞穴等宽的光线可以从入口照进洞底;一些人从小就住在这里,由于腿上和脖子上都被锁着锁链,以至于他们不能走动,始终待在同一个地方,只能看到身前的东西,也不能转身看到身后的东西。他们背对着洞口。在他们的后上方,远离他们的身后,燃烧着一团火:火光越过囚犯们的脑袋,落在洞穴的后墙上,囚犯们正在观看洞穴的后墙。在这团火和这些囚犯之间有一条路通往上方,沿着这条路还有一堵矮墙,就像那些演木偶戏的人用的、摆在自己和观众之间的一道屏障,他们在这屏障上进行表演。在矮墙后面,有一些人正在搬运各种各样用木头和石头制作的东西和雕像,这些人或语或默。这些东西和雕像高出于矮墙之上,火光将它们的影子投射到洞穴的后墙上。由于不能移动和转身,除了影子,囚犯们终其一生都从未见过别的任何东西。他们自然而然地将影子当作实在,将从对面洞壁传来的回声当作影子-人物的声音。

[292]现在,如果他们其中的一个被释放出来,且挣扎着站立起来,转动脖子,环顾四周,开始行走,抬眼看到了火光,由于火光过于刺目,他不能看清之前只见其影子的东西;如果有人告诉他,他之前看到的一切全是子虚乌有,而他现在看到的才是一个真实的世界,一个具有更高实在性的世界,他也根本不会相信。② 恰恰相反,他会坚定地认为,那个他曾经看到的影子世界才是真正的实在,他会将被刺痛的眼睛再次转向洞穴的后壁。他需要有一个逐渐适应的过程,才能看见洞外高处的世界。起初,他只能看见那些影子,接着是人和其他事物在水中的倒影;然后是人和事物本身。经过这样一个适应过程,他会在夜间观察天空和星象;最终,他才能凝视太阳——不是太阳在水中或其他什么东西中的倒影,而是在其自身位置上的纯粹的太阳本身。然后,他才会认识

————————

① 《王制》514a。"比作",即"ἀπείκασον"这个词(另可参见洞穴意象结尾517a8的"εἰκών[意象、图像]"一词),将整个洞穴比喻与柏拉图使用的其他"意象(εἰκόνες)"——太阳意象和数学比例的意象——置于同等的地位。即使是后者,即分割的线段,也是一个规则的εἰκών[图像]。

② 《王制》515c。

到，正是太阳造成了四季交替和年岁周期，并主宰着可见世界中的一切事物，在某种程度上，太阳也是他和他的囚犯伙伴们看到过的一切事物的原因。

当他回想起自己从前的住处，想起他在那里所具有的智识水平，还有那些与他同遭禁锢的伙伴，为自己感到庆幸的同时，他也会为他们感到遗憾。现在，假设洞穴中的囚徒之间也有某种荣誉和赞扬，那些习惯于识别影像、能记住影像出现的通常次序、而且最能准确预言后续影像的人会受到奖励（柏拉图在这里想到的是那些纯粹凭经验而工作的政治家），这个已经被释放的囚犯还会渴望回到洞中、会羡慕那些受到囚徒们尊敬且拥有权势的人、与他们争夺那里的权力和地位吗？还是相反，像荷马所说的阿喀琉斯那样，宁愿活在上面的理性世界中"像一个卑贱的农奴那样劳作"，忍受命运的任何摆布，也不愿在冥府鬼影的世界中称王？① 但是，如果他再次下降到洞穴之中，试图在辨认影子方面与那里的其他人一较长短，就会显得非常可笑，因为他的眼睛在黑暗中一片模糊：他之前的同伴们会说，他去上面走了一趟就把自己的眼睛弄坏了，而如果他想释放他们，并将他们带离那里，如果他们能抓住他的话，他们肯定会把他处死。

柏拉图为这个比喻给出了解释。一旦我们将洞穴喻和前述两个比喻——把"善［好］的型"比作太阳，把线段之间的数学比例比作不同程度的知识和实在——联系起来，这一点就很清楚了。② ［293］洞穴与可见世界相对应。照亮可见世界的火光与太阳相对应。上升到洞穴之上的世界代表灵魂向可知世界的攀登。苏格拉底将这一切都作

---

① 《王制》516c9。很明显，柏拉图是在将作为理解了型的政治与仅仅只是经验的政治作比较。柏拉图用"习惯于（即εἰώϑει）"（516d）这个词来表达传统的非苏格拉底类型的政治家的特征，这一点很重要；因为所有只根据经验作出的判断都不可能比通常情况下发生的感知更好。Γίγνεσϑαι［了解］和συμβαίνειν εἴωϑεν［一起生活的习惯］的方法是医学中经验方法的特征，参见拙著《卡里斯托斯的狄奥克勒斯》，第 31 页；关于这种方法在政治学中的运用，参见拙文《伊索克拉底〈战神山议事会辞〉的写作年代和雅典人的反对意见》（The Date of Isocrates' Aeropagiticus and the Athenian Opposition），载《雅典研究：献给 W. S. 弗格森》（Athenian Studies presented to W. S. Ferguson），Cambridge，1940，第 432 页。译注：《献给 W. S. 弗格森的雅典研究》是《哈佛古典学研究》其中一期。

② 《王制》517b：

为他个人的"希望"说出来："情况是否真的如此,只有神知道,不过,依我看,这一切似乎就是这样。"①这种意义上的"希望"常常被专门用于某种"愿望",这种愿望肇始于神秘宗教对来世的期待:这里,它被转用来描述灵魂从可见世界到不可见世界的期待。②除此之外,对真正的存在的领悟就是一段从时间到永恒的旅程。在纯粹知识的领域,灵魂"艰难地"学会看到的是"善[好]的型"。然而,当一个人看到它之后,他肯定会得出这样的结论:它是一切正确和美好的事物的起源,任何想要在公私场合都合乎理性地行动的人必定见识过"善[好]的型"。③因此,从洞穴比喻的角度看,真正的哲人不愿意为人世的事务而奔忙,他的灵魂渴望飞升到上面的世界,就变得容易理解了;我们也能理解,当他从神圣的观照转回到糟糕的人间,两眼还因为上面的光照而一片模糊,不习惯地下的黑暗时,就被迫在法庭或别的什么地方与人争辩正义的影子和那些产生影子的偶像,他看起来为什么那么荒唐可笑了。但是,当灵魂的眼睛从光明到黑暗所感受到的困窘,与它从黑暗到光明所遭受到的困窘是不同的;任何完全理解这种情境的人都不会嘲笑,而是会祝贺处于从黑暗到光明旅程中的灵魂,并怜悯处于相反旅程中的灵魂。④

对于洞穴喻这个部分,我们已经说得比柏拉图自己还要多,不仅仅因为它是诗性想像的最精彩的华章,主要还因为它对我们这里的探究极其重要。洞穴喻是一个深刻的比喻;自古典时代以来,对它的阐释就数不胜数,人们从中得出了大相径庭的涵义。不过,我们在一件事情上特别幸运:柏拉图为此加上了他自己的解释,清晰、简明和完整。它将我们的注意力引向他想要说明的要点;从而,使我们避免误入那些极其重要但在此无须进一步研究的问题。例如,哲学的方法问题,现代思想家们对这个问题尤其感兴趣;[294]柏拉图在这段文章中对这个问题的

---

① 《王制》517b6。
② 参见《王制》331a 年老的克法洛斯在关于死后生活的反思中所使用的"ἐλπίς[愿望]"一词,以及《王制》496e 柏拉图关于"度过了哲人的一生的人"最后怀抱"美好愿望"心满意足地离世中的用词。
③ 《王制》517c。
④ 《王制》517d。

看法将由他的其他对话来解释：它对那些需要进一步研究的问题不会有太多帮助。因此，我们应该将自己局限在概括柏拉图关于这两个意象对其主题的意义所说的话上面。

太阳的意象和洞穴的意象（如上所述，它们与线段喻一起构成一个整体）是教育的本质的一种比喻性表达。每一本关于希腊哲学的书讨论这些意象，都说它们是柏拉图宇宙观令人印象深刻的象征。不过，很少有人注意到《王制》第七卷的第一句话，是这句话将读者引向了洞穴意象。柏拉图在其中明确地说，它是一个关于教育的意象；或者，更准确地说，它代表着人的本性，以及人性与有文化和"没文化（unculture）"、受过教育和缺乏教育之间的关系。任何能够在一种逻辑联系中同时理解一个以上句子的读者，都必定明白柏拉图的这句话指向前后两个方向。受过教育当然指向前面的方向——它在太阳喻和描述实在的四个阶段的线段喻中得到了形象的表达。在那里，教育的最高目标得到了界定——它就是关于"善"的知识，关于最高尺度、一切尺度之尺度的知识。柏拉图先前曾指出，这一意象是走向描述哲人王的教育的第一步：他说"善[好]的型"是"最伟大的研究课题"。① 现在，洞穴的意象表明了"我们的本性"与这一目标之间的关系。② 它不像在太阳的意象中那样，在一种绝对的意义上对待教育，而是从人性的角度，作为灵魂的转化和启示来对待，直到灵魂达到其终极目的——那时，它能够看见最高实在的景象。通过将我们的注意力从灵魂的终极目的引向教育的这种内在进程的情感体验，柏拉图使我们能够更进一步地理解灵魂在数学和辩证法教学中的有序进步。在将我们带入这类研究的文化价值的枯燥理性讨论之前，通过描述灵魂上升到光明和真正的实在的景象，柏拉图向我们展示了整个精神进程的本质和重要意义。他使我们感受到了伴随着这一进程的整个情感冲击；[295]通过描述灵魂的质变，柏拉图阐释了知识的解放工作，在其最高意义上，他将知识的这种解放作用称为教化（paideia）。

---

① 《王制》504e；505a。

② 《王制》514a：*ἀπείκασον τοιούτῳ πάθει τὴν ἡμετέραν φύσιν παιδείας τε πέρι καὶ ἀπαιδευσίας*［关于教育和缺乏教育，请把我们的本性与这种情形作对比］。

作为转化的教育

在读了柏拉图的早期对话之后，我们必定指望柏拉图会在《王制》的某个地方，从知识概念的革命性变革中——《美诺》首次预示了这一变革①——得出必要的推论。甚至在他最早的著作中，他就留意表明，苏格拉底的"无知"其实是一个正在努力克服现存的知识观念并使其更加深刻的人的一种难题（aporia）或困惑。《王制》关于这一主题的论述，注定远没有那些柏拉图为知识问题的特定研究而写就的对话那样精确细致。在《王制》中，他只是将各个阶段的知识所达到的结果排列整齐。柏拉图本人对太阳意象和洞穴意象的解释绝对排除了通常的教育观念，即知识是从外面被灌输到无知的灵魂中的，就像我们把视力塞进一个瞎子的眼睛。② 真正的教育意味着唤醒灵魂中沉睡的潜能；它启动我们借之以学习和理解的器官的功能；或者，如果继续借用那个视觉比喻的话，就是它将灵魂转向了那个光明（＝知识）由之流射的源泉。好像我们的眼睛能够面向光明的唯一道路就是转过我们的整个身体，我们必须将"我们的整个灵魂"从生成和消逝的领域转移开去，直到灵魂能够直视实在的最光辉之处。③

因此，哲学教育的本质是"转向（conversion）"，其字面意义是"转身（turning round）"。"转向"是柏拉图哲学教育的一个特殊术语，实际上也是一个划时代的术语。它更具体地特指"整个灵魂"朝着"善［好］的型"（即宇宙的神圣起源）的光芒转动。④ 在灵魂的这种转化（conver-

---

① 参见本卷第 188 页。

② 《王制》518b6 及以下。

③ 《王制》518c。

④ 《王制》518c—d。柏拉图在这一段落中使用的词是"*περιαγωγή*［转动（脖子）］"，但是他的用词并不是一成不变的。他也会使用"*μεταστροφή*［转向］"这个词，还有"*περιστρέφεσθαι*［转圈］"和"*μεταστρέφεσθαι*［转身］"这两个词。这些词都试图传达同一个视觉形象，即将头和眼睛转向神圣的"善"。参见诺克（A. D. Nock），《皈依》（*Conversion*），Oxford，1933。他通过古典希腊追溯基督教皈依现象的原型，并提到了柏拉图的这段话。如果我们不是从宗教的皈依现象的角度，而是从基督教的皈依观念的角度来处理这个问题，那么就必须承认，柏拉图是皈依概念的创始人。在早期基督教柏拉图主义的圈子中，这个词被转用于基督教的皈依体验上。

sion)体验与基督教信仰的"皈依(conversion)"——基督教信仰的皈依是随着哲学的转化观念后来才命名的——之间存在着一个重要差别。这个差别就是这样一个事实：哲人的知识植根于客观的实在。另一方面，正如柏拉图所设想的，它与经常遭受错误指控的理性主义绝对无缘。《书信》七表明，[296]这种知识的精神只能在这样的一个灵魂中被点燃：这个灵魂经过长年累月的艰苦努力，已经与对象（也即"善"本身）达到了一种可能的最紧密的亲缘关系。① 这种智慧(phronésis)的生动呈现和活动是一种德性，通过将这种智慧叫作哲学的德性，柏拉图将其与通常的德性区分开来——因为它以关于所有美好事物的永恒本原的自觉知识为基础。② 通过这种对比，作为卫士教育的目标的"人们所谓的德性"（节制、勇敢等等），似乎与诸如力量和健康这样的身体德性联系更为紧密。它们不是预先存在于灵魂之中，而是通过培养习惯和不断训练在灵魂中创造出来的。③ 哲学的德性，即智慧(phronésis)，是一种几乎无所不包的德性，它是苏格拉底毕生孜孜以求的东西。它属于"我们之中一个更神圣的部分"，属于一个总是在场但除非灵魂朝向正确的方向并围绕"善"转动就不可能被打开的部分。④ 哲学的文化(paideia)和与之相应的哲学的德性，是通常的教育和德性的更高层次，因为它们属于实在的更高层次。当灵魂通过向智慧奋进而努力塑造自身时，如果有任何一种向着更高层次的存在从而也是更高层次的完美的进步的话，那么，正如柏拉图在《泰阿泰德》中所言，这种进步就是"变得像神一样"的进步。⑤

在柏拉图的对话中，当苏格拉底及其朋友们努力获得关于德性本身和善[好]本身的知识时他们所具有的那种持久而隐秘的激动心情，到此终于告一段落。这是灵魂一直在努力达到的终点，尽管它永远不

---

① 《书信》7.344a;341c—e。

② 《王制》500d,《斐多》82b。

③ 《王制》518d。

④ 《王制》518e。

⑤ 《王制》511b;508e。换句话说，根据柏拉图所言，在人的灵魂和神之间存在着一个漫长而艰辛的完善过程。没有完美，德性就是不可能的。柏拉图在灵魂和神之间建立的桥梁就是教育。教育是一种朝着真正的存在的成长。

能真正进入一种永久拥有且不动心地满足的状态。从个体的角度看，哲学最内在的本质就是模仿范型（paradeigma），即"存在（Being）领域中的典范（pattern）"的不断拼搏。① 但是，在一个被认为是完全根基于这种哲学（或智慧）的理想城邦中——这种哲学或智慧作为城邦的建构原则贯穿于始终——哲学似乎必须是终极的、彻底的和无可抗拒的。关于"一切事物的起点"②（即一切好事物的原因）的知识，是这个城邦的统治原则。除了表达方式上的变化，在这一原则和《法义》的基本表述（即"神是万物的尺度"）之间，不存在什么差别。③ ［297］《法义》所描述的城邦是神统治的城邦（theonomic），但它不是与《王制》对立的城邦，而是建立在对《王制》的模仿之上的城邦。尽管它只在有益于存在论的实在（ontological reality）的较低层次——《法义》中的城邦建立在这一层次之上——的范围内给出哲学的知识，但它仍然保持着那个最高原则。柏拉图在《斐多》中说，善［好］和终极原因的发现是自然哲学的历史性转折点，前苏格拉底与后苏格拉底的世界由此一分为二。④ 围绕这一信念，亚里士多德在其《形而上学》第一卷中建构了他的哲学史。⑤ 与自然哲学相比，这一表述对于政治哲学而言更富真实性。在自然哲学中，苏格拉底的发现导致柏拉图在自然哲学和最高哲学——型论，最终是神学——之间作出区分；而在政治学中，柏拉图的信念，即"善［好］的型"是一切行为的目的，促成了哲人王（他代表着新的精神信仰）对由纯粹的型所激励的理想国的统治。柏拉图的学生们相信，当他宣告"善［好］"是宇宙中一切事物的终极原因时，他是在创立一种新的宗教。亚里士多德在菲利亚（Philia）祭坛上的赞美诗使这一点变得非常确定。他们也认为，柏拉图的"为善即幸福"的信念，在他们导师身

---

① 《泰阿泰德》176e，这一段落提到两种相互对照的"存在（Being）领域中的范型"：一种是神圣的，另一种是不敬神的，前者是最高的幸福，后者是最悲惨的不幸。这使我们想起《王制》472c 中的一段话，其中，柏拉图将正义的型与完全正义的人，以及不正义的型与彻底不正义的人比作典范（παραδείγματος ἕνεκα）。我们已经说过，作为"变得像神一样"的德性观念曾出现在《泰阿泰德》中，现在则出现在了《王制》中（613b）。

② 《王制》511b：τὴν τοῦ παντὸς ἀρχήν。

③ 《法义》716c。

④ 《斐多》96a 及以下，99a 及以下。

⑤ 亚里士多德，《形而上学》A. 3. 984b8 及以下；A. 6. 987b1。

上，至少在这个世界真实无疑。① 亚里士多德遵循学园的传统以及柏拉图给予哲学的方向，把他的"第一哲学"叫作神学。② 柏拉图的另一个学生，奥普斯的菲利浦（Philip of Opus），编辑了《法义》，并为其加了一个柏拉图最智慧的思想的附录，他也认为柏拉图最智慧的思想是神学。③ 没有柏拉图学园的同意，他不可能将其编辑成文并与《法义》一起出版。④ 现在，柏拉图不是将"善[好]的型"（尽管他显然将其思考为一种模型）的学说，而是将《蒂迈欧》中提到的"看得见的神灵"的天文学神学看作《法义》所描述的国家的基本原则。⑤ 这与《法义》描述的以经验为依据的实在和《王制》描述的凭纯粹智慧所把握的实在之间的区分相对应。确切地说，是柏拉图创立了神学。这一革命性观念在《王制》之前从未出现过——在《王制》中，柏图勾勒出了"神学的纲要"，[298]以有助于在教育中运用关于"神"（="善[好]"）的知识。⑥ 神学，即依靠哲学的理性对宇宙中的最高问题的研究，是希腊人的特有贡献。这是理智的一次最崇高、也是最为大胆的冒险；⑦而柏拉图的学生们不得不与流行的意见作斗争：即诸神的嫉妒禁止人们理解如此崇高的事物；人们不能诉诸神圣启示的权威，只能诉诸柏拉图教导他们的关于善的知识。

这使神学成为比任何其他只是宗教的宗教——任何建立在因信而接受的神秘思想之上的崇拜——要更加高级、更加纯粹的理智工作。

---

① 参见本人的《亚里士多德：发展史纲要》，第 109 页；关于这一点请比较本人的论文《亚里士多德赞扬柏拉图的诗》（Aristotle's verses in praise of Plato），载《古典研究季刊》（Class Quarterly）21，1927，第 13 页及以下，我在该文中更加详尽地表明了，只有某个宗教的创建者才堪与亚里士多德给予柏拉图的地位相匹配。

② 亚里士多德，《形而上学》E. 1. 1026a19；参见拙著《亚里士多德：发展史纲要》，第 138 页。

③ 《厄庇诺米斯》主要关注的是《蒂迈欧》中"看得见的神灵"和《法义》中的神祇与星辰。至于"神（God）"——"神"是《法义》第十卷的神学的主题——则是作为运动和变化的原因的神。

④ 第欧根尼·拉尔修，《著名哲学家的生平和学说》3.37。恕我在此不能讨论《厄庇诺米斯》真实性问题的文献，参见本书第三卷，第 261 页，注释④。

⑤ 《蒂迈欧》40d。

⑥ 《王制》379a。

⑦ 《书信》988a，亚里士多德，《形而上学》A. 2. 982b28—983a11；亚里士多德，《尼各马可伦理学》10. 7. 1177b30—33。

在文化发展的较早阶段,国家在宗教崇拜的基础上建立了自己的训练体系。尽管理性的怀疑精神削弱了传统的宗教虔敬,柏拉图的同时代人仍然持之为城邦公民的四主德之一,柏拉图将其与其他三个主要德性一起从宗教和政治传统接收过来,从其哲学生涯开始时起,就对它深感兴趣,在苏格拉底之死不久,还为它写作了一篇对话——《游叙弗伦》。即使在这篇对话中,传统的虔敬观念也被批判性地与苏格拉底的新观念相对比,后者以一个标准(即"善[好]")不仅衡量地上的万物,而且衡量天上的万物。① 使《游叙弗伦》成为柏拉图第一部提到型的对话的不仅仅是巧合。② 然后,在《王制》中,柏拉图将"eusebeia(虔敬)"作为人所称道的"四大美德"之一,包含在教育的第一阶段(也就是卫士的教育)之内。③ 在由统治者的哲学文化所代表的更高层次的实在中,虔敬消失了,它与普通人的其他三种公民德性一起,汇入了"智慧"的更高统一体之中——智慧本身是灵魂的一个神圣部分,能从最纯粹的方面认识神圣者,如"善[好]的型"。④ 希腊人创造的哲学形式的虔敬(即神学)已经取代了传统意义上的虔敬,并成为城邦的基本原则。我们可以采用斯宾诺莎的书名,将柏拉图的主要著作《王制》——他在此书中奠定了理想的教育的基础——叫作《神学-政治论》(*Tractatus Theologico—Politicus*)。尽管在宗教和国家之间存在着紧密联系,[299]但希腊人从来没有过一个由教条支撑的祭司阶层。不过,在柏拉图的《王制》中,希腊创造了一种堪与东方祭司阶层的神权政治相匹敌的大胆理想:一个受过教育的哲人的统治阶层,他们对统治的要求建立在人心寻求和发现善[好]——善[好]就是神——的能力之上。我们曾经指出,尽管柏拉图将其理想国设想为一个希腊城邦,但它的希腊性只在于它由之建造的物质材料。⑤ 神圣的"善[好]的型"将其自身呈现为那种物质材料中的构成性原则;由此,自宪政国家的理想诞生以来,希腊政治

---

① 《游叙弗伦》11e;参见 10a 中尖锐的两分法:虔敬之所以是虔敬,是因为诸神赞许它,它才虔敬? 还是因为它是虔敬的,所以诸神才赞许它? 这个问题的目的是将神性与善相等同。

② 《游叙弗伦》6d。

③ 参见本卷第 248—249 页。

④ 《王制》518e。

⑤ 参见本卷第 256 页。

生活中积极主动的理性要素，也即努力创造一套普遍有效的法律和标准的要素，现在达到了最高的普遍性。它的可见符号，就是善[好]与照亮了整个世界的太阳的对比。

但是，在我们研究获得哲学知识的实际进程——这一进程与柏拉图的那种教育观相对应——之前，一种新的疑虑产生了，即关于哲人统治的可能性问题。早先我们曾经讨论过他是否"能够"统治，现在则必须问他是否"愿意"统治了，"愿意"统治意味着，他要从他已经如此艰辛地攀登到的能够看见真正的实在和存在的高处，重新下降到低处。① 就他的资历而言，洞穴的意象表明，我们所谓的实际政治家对真理缺乏洞见；被锁在洞穴中的一些人，在他们的因犯同伴中间获得了某种可疑的荣誉，因为他们设法搞明白了影子最常见的顺序——这些影子反复出现在洞穴后墙的无休止的队列之中。（柏拉图说）这些人就是没有原则、只凭经验操纵权力的人；国家的统治现在就在他们手中。② 根据柏拉图的洞穴喻，没有受过教育的人（ἀπαίδευτος）是生活中没有固定目标的人；③ 而现代政治家是此类人最显著的体现，因为他们的主观"目的"，他们的野心或权力欲为他们提供的"目的"，不配柏拉图意义上的"目标"之名。柏拉图说，判断一个人能否成为统治者的最高标准是，他是否拥有一个绝对的目标，如果我们遵此而行，那么哲人由于其所接受的教育，就是唯一真正配得上统治的人。[300]但是，我们如何才能促使他离开他的"福岛"并担此重任呢（这一重任肯定会使他不能继续他的研究和学习）？④ 作为"沉思生活（vita contemplativa）"的乐园的一种

① 《王制》519c。柏拉图在《王制》第一卷 347b—d 中已经说过，最优秀的人不愿意去统治。

② 《王制》516c 及以下。

③ 《王制》519b8—c2。从《王制》第六卷一开始——此处，柏拉图将哲人王与"那些灵魂中没有清晰的范型的人"区分开来（484c）——柏拉图的全部论证就都旨在证明，没有受过教育的人是生活中没有一个目标（σκοπὸν ἕνα）来指导他们的行动的人。统一性不可能存在于任何一个人的生活中，除非它指向绝对的"善[好]"，"善[好]"是人类全部努力的天然目标。

④ 《王制》519c5。在《王制》540b 中，哲人真正的死亡及其死后的生活，被描述为"离开城邦前往福岛，在那里居住"。坐享一处特定的天堂乐园，这也是一个英雄死后的生活。《高尔吉亚》526c 也是如此。在《王制》519c5 中，福岛生活的这一宗教意象意指 θεωρητικὸς βίος，即哲人在此生中的沉思生活。亚里士多德模仿了这一观点，参见拙著《亚里士多德：发展史纲要》，第 98 页。在《尼各马可伦理学》10.7 中，通过亚里士多德对沉思生活的幸福的描述，我们仍然可以看到这一意象。

形象,"福岛"是一个如此恰当的发明,以至于此后,无数作家都用它来描述那种我们称之为"象牙塔"的生活;它在亚里士多德青年时代的作品《劝勉篇》(*Proprepticus*)中再次出现,作为柏拉图的学生,亚里士多德解释了他自己的哲学生活的理想;通过亚里士多德,这些理想传播到古代晚期及其之后。① 尽管柏拉图和亚里士多德赋予了这种纯粹的沉思生活以强大的吸引力,但它永远注定要在行动中得到合乎理想的实现;行动才是证明其存在之合理性的东西。全部希腊教育的原初政治意义,经由柏拉图再次赋予它以理智和道德的重要意义,在冲突和危险最为巨大的时刻,现在欢欣鼓舞,凯旋归来。哲人在何时并如何完成其义务这个问题,必须在以后得到更仔细的解释,但柏拉图一开始就制定了原则:哲人"必须"下降回到洞穴中去。② 他必须被说服和强制回到洞穴去帮助那些被囚禁的同伴。这种强烈的社会责任感将柏拉图的精神文化理想与前苏格拉底的哲学区分开来。那些比别人更有兴趣研究自然的思想者应该在实际政治中扮演比柏拉图——他的全部思想都聚焦于实践问题——更为积极的角色,这是历史的悖论之一。③ 柏拉图深信,只有在理想的城邦中,一个哲人才有可能得到正确的教育并成为实际的政治家,而且,只有在理想的城邦中,他才能对共同体完全负责。对于他自己时代那个堕落的城邦,柏拉图心中没有任何主动的感激之情:因为,如果一名哲人在一个诸如此类的城邦中竟然能够长大成人,那么可以肯定的是,公众和城邦的各种制度没有做过任何有助于他的事情。④ 这一切在理想城邦中就截然不同了。在那里,哲人会因为他

---

① 参见拙著《亚里士多德:发展史纲要》,第 73 页。

② 《王制》519d——6520a。

③ 参见拙文《哲学的生命理想的起源和循环》(Ueber Ursprung und Kreislauf des philoso-phischen Lebensideals),载《柏林学术研讨会报告》(*Berichte. Berl. Akad.*),1928,第 414 页。

④ 《王制》520 b。如我们所知,公元前四世纪的希腊城邦在高级教育上极少作为或者根本无所作为。参见亚里士多德,《尼各马可伦理学》10.10.1180a26:他说,就绝大多数城邦的教育而言,人们仍处于独眼巨人库克罗普斯(Cyclopean)的阶段,每个人都自己决定什么对自己的家庭最好。在柏拉图的《克力同》中,因为在雅典城邦法律的保护下苏格拉底所接受的教育,他对雅典城邦表达了一种深深的责任感。如果这是历史上真实的苏格拉底对雅典的真实态度,那么柏拉图在《王制》中的判断——与苏格拉底的态度截然相反——就变得更加重要了。

所接受的教育、因为他的整个理性化的生存而感激社会：因此，他会随时准备"为他自己的养育付费"。尽管犹豫不决，但他的感激之情也会迫使他接受指派给他的职位，并尽自己最大能力完成自己的职责。因此，最佳的城邦不是由那些贪恋权力的人统治的城邦，而是由那些绝对厌恶权力的人统治的城邦。①

有助于哲学教育的数学

[301]那么，究竟何种类型的知识能引发"灵魂的转向"呢？显然，柏拉图不相信，仅凭一次体验、一种灵魂的突然运动、未经任何困思衡虑的灵光一闪，就能导致"灵魂的转向"。城邦卫士的通常教育(也即希腊教育的传统方法)也不可能做到这一点——因为体育与生成和消逝的世界相关联，影响的是身体的成长和衰退，而"音乐"只在灵魂中产生节奏与和谐，并不给出知识。② 专业的技艺(τέχναι)都只是粗鄙的工匠活，在一种有关教育的讨论中不值一提。③ 但是，除了这些之外，还有一类知识是每个人或多或少都要学习和使用的，它格外适合于使灵魂从可见世界转向可思世界。这就是数的科学，即算术。④ 传奇故事中说，是英雄帕拉墨得斯(Palamedes)创立了算术，他参加了特洛伊之战，告诉联军统帅阿伽门农如何将新技艺用于战略和战术的目的。柏拉图取笑这个故事说，这不是阿伽门农连自己的手指头都数不清的意思吗，遑论自己的士兵和舰船了。严格地说，由于其军事价值，计算对统治者的教育不可或缺。⑤ 因此，这种关于算术的实用性观点不应该被视为语带讽刺。柏拉图后来将数学从算术和计算扩展到其他数学科学领域，如我们所知，公元前四世纪战争艺术的发展迫切需要一种日益增长的数学知识。⑥ 不

---

① 《王制》519a—d,521b。

② 《王制》521e—522a。

③ 《王制》522b。

④ 《王制》522c—d。

⑤ 《王制》522e1—3。

⑥ 这也是为什么数学成为希腊化时期的将军和君主们喜爱的科学的原因。关于马其顿王安提哥那斯(Antigonus)和德米特里乌斯-波里奥西特(Demetrius Poliorcetes)，参见拙著《卡利克勒斯的狄奥克勒斯》，第81—82页。军事角度的数学再次出现在《王制》526b—c。

过,柏拉图想要研究的算术远非将军们的一门辅助科目,它是人文学科之一,因为如果没有它,一个人就无以成其为人。① 本来,它只指算术学习的原始阶段——数数和具体数量的区分;但柏拉图目光远大,他将其看作了某种类型的科学,特别适合于将思想引向我们正在寻求的领域——存在(Being)的领域。②

这是一个全新的视角,柏拉图由此来审视算术和其他全部数学科学的文化价值。[302]我们不必指望柏拉图讨论数学问题的具体内容,甚至详细说明研究过程。就像对体育和"音乐"那样,他只是给出了最大胆的概述,用以阐明我们对待数学科目的精神。他顺次提到了各种不同的数学训练。因此,在他的概述中有不少重复之处,因为在处理其中每一个时,他都想把自己的观点再讲一遍:即数学公认具有促进"思想"的特点。他承认,迄今为止,数学从未被用于这一目的。(我们可以回想一下,我们关于智术师的数学教育以及他们为此给出的现实主义理由所说的话。③)柏拉图接受了智术师对数学的高度评价,但他没有遵循他们把数学的价值置于其实用性之上的做法。当柏拉图说数学对战略很有价值时,他只是在对他所规划的统治者的教育做一种让步;未来的政治家上升到哲学的旅程是如此艰难,以至于他理所当然地认为,他们对文化极其热爱,[否则,他们根本不可能踏上这一旅程]——这种纯粹的爱是如此丰盈,以至于当柏拉图提到这些研究和学习的实际意义时,他几乎不会想到它会有损他为研究数学所给出的真正理由。④ 柏拉图尤其嘲笑那些讨论几何学的数学家:他说他们的行为"非常可笑",他们在排列

---

① 《王制》522e4。

② 《王制》523a:ἑλκτικὸν πρὸς οὐσίαν。译注:"存在的领域(the realm of Being)",王杨译为"本质的世界"(《理想国》,第 261 页,北京:华夏出版社,2012),οὐσίαν 被译为"本质"。我们此处译为"存在的领域",不仅因为英文 Being 通常译为"存在",还因为,"本质"一词不能体现型作为一种"完美的存在"的意义。

③ 参见本书第一卷,第 386 页。

④ 当狄翁要求柏拉图将僭主狄奥尼修斯二世(Dionysius II)教育成一个哲人王时,他认真地使用了这一教学方案,这背后存在着一种传统。普鲁塔克在《狄翁传》(*Dion.*)13 中说,有那么一段时间,不仅是统治者,而且整个叙拉古宫廷都热衷于数学,连空气中都弥漫着在沙子中画图的数学爱好者们扬起的尘土。

自己的证据时好像几何运算只关乎实际操作（praxis），而非知识（gnosis）。① 柏拉图用大量令人印象深刻的比喻——这些比喻都指向同一方向——三番五次地将数学知识描述为将灵魂导向思想、净化和点燃灵魂、召唤和唤醒理性的力量。② 将要统治理想城邦的青年男女不仅要有一种非专业人员的数学知识，而且还要有一种专业人员的数学知识。③ 他们必须学会欣赏科学的美及其有用性，不是为了像商人和小贩那样做买卖，而是为了有助于灵魂"转向"超越的实在。柏拉图认为，算术的影响是使一个擅长算术的人能够理解科学的全部分支；而学习迟钝的人接受了算术训练之后，即使他在其中没有得到任何好处，至少他们的理解力也会变得敏锐。④ 数学是一个很难的科目，那些先天条件最好的智力精英必须接受数学的教育。

除了算术和几何，智术师教育体系中的数学分支还包括天文和音乐。[303]这整个组合后来被称为"四艺（Quadrivium）"。⑤ 至于柏拉图是从智术师传统还是从别的来源接过这一教学方案的，我们不是十分清楚。在《王制》中，当柏拉图从天文过渡到音乐时，他提到毕达哥拉派的人相信天文和声乐是姐妹科学。⑥ 我们可以由此推论，将这两门学科与算术和几何联系起来的也是毕达哥拉斯派的人，或者至少为他们所知。至于我们是否能够更进一步把为希腊人所知的全部精确科学都归功于以阿尔基塔斯（Archytas）为中心的毕达哥拉斯派，是另一个问题。也许不能；但至少他们大力鼓励这些"数学因素涉及物（mathemata）"的学习，而柏拉图曾经与他们过从甚密。⑦ 在讨

---

① 《王制》527a。

② 《王制》523a2，a6，b1，d8，524b4，d2，d5，e1，525a1，526b2，527b9。

③ 《王制》525c:$\dot{\alpha}\nu\vartheta\dot{\alpha}\pi\tau\varepsilon\sigma\vartheta\alpha\iota\ \alpha\dot{\upsilon}\tau\tilde{\eta}\varsigma\ \mu\dot{\eta}\ \iota\delta\iota\omega\tau\iota\kappa\tilde{\omega}\varsigma$。

④ 《王制》526b。

⑤ 参见本书第一卷，第386页。在《泰阿泰德》145a中，柏拉图将这四门学科也列为公元前400年的雅典青年泰阿泰德所接受的教育的一部分。

⑥ 《王制》530d8。

⑦ 弗兰克（Erich Frank）在其著作《柏拉图和所谓的毕达哥拉斯派信徒》（*Plato und die soge-nannten Pythagoreer*，Halle，1923）中，进一步将希腊的精确科学追溯至毕达哥拉斯学派。海德尔（W. A. Heidel）追溯了数学研究在早期希腊的发展，在证据许可的范围内，他还追溯了数学研究在非毕达哥拉斯圈子中的发展，尤其是在伊奥尼亚的发展，参见海德尔，《毕达哥拉斯学派和希腊数学》（The Pythagoreans and Greek Mathematics），载《阿姆斯特丹哲学期刊》（*Journal of Philosophy*），第61期（1940），第1—33页。

论数学在他的哲学教育范围内所起的作用时，柏拉图谈论他们时尊敬有加，把他们称为知识的这个分支中的最大权威。尽管如此，柏拉图仍然批评他们执着于感官知觉，而不是继续前进，将心灵集中于纯粹的思想之上。① 他们是音乐方面的专家，因此，尽管他们对柏拉图帮助极多，但是，是柏拉图自己提出了支配其思想的观点。他在讨论音乐时明确地表达了这一点——"音乐"一词他在这里指的不是器乐的教学，而是指和声的理论。他说，毕达哥拉斯学派的人对可以听见的一切和声和音调进行无休止的测量和对比，试图发现它们中间相应的数字；②但是，他们在"难题"的开端就止步不前了，③柏拉图相信，不仅是音乐中的，而且还有几何和天文中的这些难题，都是他的教育体系想要研究的问题。④ 以此种意义上的"难题"，柏拉图意指直接导致对事物本身——即无形体的存在（Being）——的沉思的那些困惑。毕达哥拉斯学派并不是在寻找向上的道路，不问"哪些数字是和谐的数字，哪些又不是，它们又为什么是这样"。⑤ 他们并不从柏拉图所建议的角度研究数学的全部对象的相互关系；他们没有回到它们全部具有的共同基础之中；⑥他们只是得到了对数线面、天空中看得见的现象、听得见的声音与谐音的一些分散的观察。因此，柏拉图说，如果我们只考虑日月星辰这些有形事物的运行和看得见的数量关系，就会很难相信天空中的现象是永恒的、相互之间永远遵循同一比例，当此之时，他批评的正是毕达哥拉斯派的天文学。⑦ ［304］这些批评含有这样的意思：柏拉图这样做，是在为他自己某部特定著作中的理论的正面阐述节省力气，这些批评引出了我们在《蒂迈欧》和《法义》中再次遇到的合乎逻辑的结论：即天体运行现象中的数学的规律

① 《王制》531a5，530d6。

② 《王制》531a1—3，531c。

③ 《王制》531c。

④ 《王制》530b6。

⑤ 《王制》531c3。

⑥ 《王制》531d。对数学科学制定一种哲学分析的计划及其在柏拉图学园中如何实施的问题，参见索尔姆森，《亚里士多德逻辑学和修辞学的发展》（*Die Entwicklung der aristotelischen Lpgik und Rhetorik*），载《新语文学研究》，耶格尔编，第四卷，第251页及以下。

⑦ 《王制》530b。

性，预设了在天上安排和引导它们的灵魂的存在。① 不过，由于柏拉图正集中注意力于教育问题，他在这里克制自己，没有深入这些科学细节的探讨——即使在讨论自己的哲学时，他也总是遵守着其大略的原则。②

　　柏拉图可以毫不费力地将所有这些特殊科目的知识——对这些科目的知识，柏拉图只是叙其大略，而非详尽阐释——归到苏格拉底头上。苏格拉底似乎总是无所不知，通晓每一个讨论中出现的科目；尽管他好像聚精会神于中心主题，但是，对于我们本来认为他可能所知甚少的那些科目，不时表现出惊人的熟悉。苏格拉底的这种无所不知必有其历史根源，但有一个事实毋庸置疑那就是，真实的苏格拉底并未对数学各科看得如此之重——柏拉图在此力图使它们成为通往"善[好]"的知识的"道路"。这一事实是一个很好的试纸，它证明了柏拉图在写作其对话时，可以完全自由地将自己的思想置于苏格拉底之口。当色诺芬说苏格拉底对数学略知一二，但认为其教育价值受到其实用性的严格限制时，他针对的显然是柏拉图对这一事实的非历史态度。③ 这当然与柏拉图让苏格拉底说的正好相反。色诺芬有意驳斥柏拉图这一事实，可以用来证明真正坚持历史事实的是色诺芬，而不是柏拉图。历史上的苏格拉底可能从未像柏拉图笔下的苏格拉底那样责备他的对话者，因为这些对话者通过宣称天文学在农业、航海和战略上的实用性来证明天文学的正当性。④ 这里，即使在对苏格拉底的思想的理论阐述中，柏拉图的教育也显示了他所赋予数学的那种重大意义。尽管柏拉图自己指出，数学对一个战略家来说不可或缺，但他对科学的任何纯实用主义考虑都持怀疑态度。就像天文学（它被当作数学来看待）教导我们做的那样，灵魂要"向上

---

① 《蒂迈欧》34c—35c，《法义》898d—899b。另可参见《厄庇诺米斯》981e 及以下。
② 柏拉图删繁就简的习惯在《王制》中随处可见，一个很好的例子是《蒂迈欧》38d。在说明天体的安排时，他拒绝"详细说明神给它们安排的位置以及为何要如此安排"，因为这样做会本末颠倒。亚里士多德（《形而上学》A.8）在这一点上没有遵循柏拉图。
③ 色诺芬，《回忆苏格拉底》4.7.2 及以下。
④ 色诺芬，《回忆苏格拉底》4.7.4，通过指出天文学在这些活动中的有用性，证明了天文研究的合理性。

看", 但这种"向上看"与把目光像专业的天文学家那样转向天空大不相同。① [305]灵魂中"向上看"的那个部分"比一万只眼睛都重要", 柏拉图教育体系中学习的数学会将它点燃, 使它纯净和明亮。②

柏拉图没有遵循传统的说法认为数学只有四个分支。他介绍了一门他自己称之为崭新的数学学科: 立体测量学。③ 排在几何学之后的天文学的位置, 必定在他那个时代得到了重新安排。似乎是为了遵循常规的习惯, 柏拉图在第三的位置说到了几何学, 并开始对它的讨论; ④ 不过, 他马上纠正自己, 说按顺序接下来应该是关于空间中的物体的科学, 这与一切立方体和有厚度的东西有关, 因此, 它应该跟随在研究线和面的几何学之后, 处在研究星体运行的天文学之前。⑤ 立体测量学的引进是个惊喜, 柏拉图因此为这个部分带来了某种变化。很明显, 柏拉图此处的思路受到学园日常教学步骤的影响。古代晚期的数学史家, 利用一种传说——这一传说可以追溯到亚里士多德的学生优台谟(Eudemus)的一部基础著作——声称是泰阿泰德引进了立体测量学。泰阿泰德是雅典杰出的数学家, 柏拉图在《王制》发表数年之后, 以泰阿泰德为名写了一部对话。⑥ 我们现在认为, 他于公元前369年在军队服役时死于流行性痢疾。⑦ 欧几里德(Euclid)的《几何原本》(*Elements*)是全部希腊数学的永恒基础, 其最后一章(第十三章)中关于立体几何的思想只在泰阿泰德一代人之后就写就了, 因而必定曾是泰阿泰德的基本思想。⑧ 他在学园中是一个众所周知

---

① 《王制》529a。

② 《王制》527e。

③ 《王制》528b。

④ 《王制》527d。

⑤ 《王制》528a—b。

⑥ 《苏达辞书》, "Θεαίτητος[泰阿泰德]"词条; 欧几里德, 《几何原本》(*Elem.*), 第十三章古注(vol. 5, 第654页, 1—10, 海伯格)。希腊数学家普罗克鲁斯(Proclus)在其几何学家名录中说, 毕达哥拉斯发现了五种正多面体, 不过, 这是一种不实之词, 正如荣格(Junge), 沃格特(Vogt), 萨克斯(Sachs)等人的研究毫无争议地所表明了的那样。

⑦ 萨克斯(Eva Sachs), 《论雅典数学家泰阿泰德》(*De Theaeteto Atheniensi Mathematico*), Berlin, 1914, 第18页及以下。

⑧ 关于泰阿泰德作为欧几里德《几何原本》第十三章之思想来源, 参见萨克斯, 《柏拉图的五种几何体》(*Die fünf platonischen Körper*), 载基斯林(Kiessling)和维拉莫维茨编, 《语文学研究》[*Philol. Unters.*], 第24期, 第112页; 以及希斯(T. L. Heath), 《希腊数学手稿》(*A Manual of Greek Mathematics*), Oxford, 1931, 第134页。

的人物。在《泰阿泰德》中，作为一个和蔼可亲的学者，柏拉图给他画了一幅招人喜爱的肖像。毫无疑问，是泰阿泰德的个人影响力促使柏拉图在《王制》中给了他所创立的科学以如此光荣的地位。

对我们来说，在研究柏拉图的教育（paideia）时，利用这一重要机会评估柏拉图本人对《王制》中各种哲学教育方案的实际科学兴趣至关重要。自欧几里德确立数学的经典形式——也即科学的形式（其基本原则一直行之有效）——以来，已经过去了二千多年，我们已经很难追溯那个才智迸发的时代——其时，数学的形式仍在向着其最终目标奋力前行。如果我们记得这只是相对较少的几代人的工作，我们就会意识到，少数杰出科学家聚精会神的思考是如何创造了一种胜券在握的自信气氛——这些科学家相互之间激烈竞争，[306]争先恐后地推进自己的学科，在公元前四世纪雅典智识生活无处不在的兴奋不已中，这种氛围注定会对哲学思想产生回应。对哲人而言，数学看起来是一门理想的学科：逻辑推理和证明的一种严谨而牢不可破的结构，某种前苏格拉底自然哲学家们的时代做梦也想不到的东西。数学们后来对科学方法的发展给予的关注，增添了数学作为新科学的范式的价值——这种新科学是由柏拉图从苏格拉底关于德性的对话中辩证地发展出来的。如果没有同时代的科学（通过提出新问题和解决问题的新方法）对哲学的深厚影响，那么与其他大哲学家一样，柏拉图不可能形成他的哲学。数学对柏拉图的启发和激励仅次于医学（我们已经三番五次地指出医学对他的影响）。柏拉图从医学那里得到了人的身心状态（状态＝*hexis*）之间的类比，以及哲学应该是一种技艺、一种与医术相当的技术、一门关于灵魂健康的科学的观念。数学向他展示了，理性是如何与只可知而不可见的事物（如型）一起运作的。另一方面，柏拉图自己以其新的逻辑发现，大力鼓励数学家们将他们自己的科学建构为一种系统的结构——因此，正如古代传统所告诉我们的那样，它们之间是相辅相成、相互受益的关系。①

泰阿泰德对柏拉图变得重要是在他人生中相对较晚的时期。当泰

---

① 索尔姆森，《亚里士多德逻辑学和修辞学的发展》，第 109 页及以下。

阿泰德于公元前 369 年去世时,柏拉图仍处于人生之盛年;因此,当柏拉图在数年之前将他的那些发现写进《王制》时,它们必定相当新颖。①柏拉图与数学的首次接触,甚至在他遇到毕达哥拉斯派的人之前,必定早就发生了,因为像《普罗泰戈拉》和《高尔吉亚》这样的对话——这些对话透露出作者对所论及的学科的明显兴趣——在柏拉图首次西西里之行前就写就了。在这一时期的雅典,必定有大量研究数学的机会。②不幸的是,我们不能深入追究柏拉图与昔兰尼(Cyrene)之间的关联,据说柏拉图在苏格拉底死后曾经访问过这个城市(尽管这一说法没有得到证实)。③后来,当柏拉图写作《泰阿泰德》时,将泰阿泰德本人(他代表数学家中乐于接受哲学问题的年轻一代)与一名年长者[307](即昔兰尼的西奥多鲁斯[Theodorus],他是一位声名卓著的科学家,但对哲学问题无甚兴趣)作对比。这也似乎暗示了柏拉图对西奥多鲁斯有一些个人的了解。④公元前 388 年的南意大利之旅,柏拉图遇到了当时毕达哥拉斯派的主要学者。可能其中之一就是塔伦特姆的阿尔基塔斯(Archytas of Tarentum),他是一位政治家、数学家、毕达哥拉斯派中最杰出的科学家。柏拉图和他共处了一段时间,并成了他的终生好友。⑤确实,柏拉图的哲人教育的理想就是以他为基础建立的,他是活的原型。亚里士多德说,柏拉图的研究和教学体系本质上是对毕达哥拉斯

---

① 根据流行的观点,《王制》作于公元前 380 至前 370 年间的某个时候。

② 尽管柏拉图可能虚构了泰阿泰德与苏格拉底之间的会面,正如他在《巴门尼德》中虚构了苏格拉底与巴门尼德和芝诺之间的对话一样,但柏拉图以历史的准确性设定了这一点,参见《泰阿泰德》143e 及以下。

③ 第欧根尼·拉尔修,《著名哲学家的生平和学说》3.6。

④ 这一假设很可能是以下故事的基础:即柏拉图在苏格拉底死后,前去拜访了昔兰尼的西奥多鲁斯,参见上一注释。

⑤ 根据《书信》7.338c 记载,柏拉图于公元前 368 年第二次南意大利之行期间,在使阿尔基塔斯成为僭主狄奥尼修斯的"宾朋"方面,柏拉图起了重要作用。因此,他们两人都鼓励他开启第三次南意大利之行。普鲁塔克在《狄奥尼修斯传》II 中说,毕达哥拉斯派的人(还有狄翁)敦促他做第二次南意大利之行——如果这是真的,那么它就是一个柏拉图本人没有提到的事实。我们可以认为这是同一个事实的一个重叠;但是,在柏拉图访问叙拉古(公元前 388 年)之前,如果柏拉图访问的不是毕达哥拉斯学派的人,那么在他第一次行至大希腊时,他访问的又是谁呢?第欧根尼·拉尔修的《著名哲学家的生平和学说》3.6 谈到这一点时,关于柏拉图的首次西西里之行,只提到了菲洛劳斯(Philolaus)和欧律托斯(Eurytus),而非阿尔基塔斯。

派的模仿,尽管其中也包含着一些他自己的东西;这一引人注目的说法肯定主要是指他教学中的数学方面——这个方面在对话中并不突出,但在柏拉图学园中却扮演着重要角色。① 希腊传记作者关于亚里士多德的记叙——即亚氏进入柏拉图的学校时,"比欧多克索斯年轻(under Eudoxus)"——允许我们做出一个推论。亚里士多德经常连同学园一起提到大数学家欧多克索斯;亚里士多德在《伦理学》(Ethics)中说他本人认识欧多克索斯。因此,在亚里士多德本人进入学园时(公元前367年),欧多克索斯有一段时间肯定经常前往柏拉图学园。② 欧多克索斯自己的学校在基济科斯(Cyzicus),它与柏拉图学园的联系一直保持到下一代。③ 这是柏拉图学派在数学进步中所起的积极作用的显著证据。柏拉图晚年的秘书和最亲近的助手是奥普斯的菲利普,他是柏拉图遗著《法义》的编辑者,我们已经提到过他;他也是古代著名的数学家和天文学家,而且著述颇丰。④ 看来,他跟赫尔谟多罗(Hermodorus)和赫拉克利德斯(Heracleides)一起,是柏拉图学园中关于这些学科的主要权威之一。不过,赫拉克利德斯的研究似乎更多地代表的是天文学方面的沉思,菲利普是典型的研修生,尽管在《厄庇诺米斯》中(像所有柏拉图主义者一样),他将天文学看作神学的基础。

这些事实是对我们的一种警醒,使我们记得,柏拉图的著作无非是学园的科学研究和教学的一种反映,它们显示了学园的内在结构。《王制》中提供的数学教学规则,[308]明确表明了数学在学园的哲学课程中所处的地位。很明显,柏拉图没有在研究和教学之间作出区分。整个知识领域清晰可见,因此,他只是引导未来的统治者研究整个学科,⑤没有做任何挑选,他甚至欢迎像立体测量学这样的新生分支来扩展自己的课程计划。关于政治家的正确教育,我们很容易想像其他学

① 亚里士多德,《形而上学》A.6。
② 参见拙著《亚里士多德:发展史纲要》,第10页及以下。
③ 柏拉图的学生亚里士多德,是欧多克索斯的学生天文学家卡利普斯(Callippus)的科学助手,参见《形而上学》Λ.8,1073b32,以及拙著《亚里士多德:发展史纲要》,第343页及以下。
④ 参见《苏达词典》,"φιλόσοφος[哲学家]"词条。
⑤ 《王制》525c。

校肯定有不同的想法。在任何抱着一种实用目的，也即修辞学［雄辩术］的目的的地方，比如在伊索克拉底的学校中，柏拉图对精确的数学知识在政治教育中的评价，肯定是太过夸大其词了，他们更多强调的肯定是经验的重要性。不过，柏拉图因为大力发展数学而遭受批评这一事实，强烈地表明了柏拉图将数学作为其教育体系的拱顶石。

无论是在较为简单的卫士教育中，还是在教育的这种高级形式中，柏拉图的教化都没有建立在纯粹的理论之上。在城邦卫士的教育中，他接受所有现存的传统文化（柏拉图以此指希腊文化），即民族的全部诗歌和音乐，作为教育的主要材料；只是他迫使这些材料净化自身，并准备实现其最高使命。在后者中，他将同时代科学的源头活水引入自己哲学教育的沟渠；只是他搜寻出可以为他的哲学目的直接服务的任何东西，并使其从属于这一目的。这引出了另一个问题：柏拉图对那些在他的教学方案中没有提到的其他学科抱何种态度呢？如今，我们相信，科学的边界肯定不比人类经验的边界狭窄。这会使我们认为，柏拉图的教化给予数学的巨大声望是对重点的一种严重扭曲，或者，也许这是因为数学在柏拉图时代的支配地位。不过，尽管数学在学园中的首要地位肯定归功于那些孜孜以求的大家，以及他们所带来的自信感和进步，但它的重要性归根到底还是基于柏拉图哲学及其知识观念的特征。柏拉图将一切经验知识排除在教育之外。智术师试图培养百科全书式的"学术研究（scholarship）"的尝试，在柏拉图的学校中没有得到进一步的发展。[309]在同时代的阿提卡谐剧的残篇中，我们发现了一些玩笑，这些玩笑针对柏拉图及其学生在讨论如何界定与划分植物和动物时的冗长乏味的辩论。这些间接提示证实了我们从柏拉图的对话中得出的印象。是谐剧家厄庇克拉特（Epicrates）的笑话给学园教学的秘传秘密投下了一道亮眼的侧光，尽管夸大其词，但他提出了正确的观点。哲学家们确实对植物所知不多，在试图对植物进行分类时，他们显得相当荒唐可笑——其可笑程度足以娱乐雅典剧场的观众。厄庇克拉特曾让一位西西里的名医（因而是经验知识的代表人物）——他碰巧参加了这些讨论——一言不发但粗鲁无礼地表达了他对此类讨论的厌倦，他的这种表达方式适合于一个"未受教育的自然主义者"。由于他所参与的是动物学和植物学研究，一些读者曾经错误地推论，学园中的教学实质上必定与《王制》里所描述的大不相同，学园中的教学活动必定给予经验知识以极大关注。① 不过，如果没有观察，即使是动植物分类的深入研究，也是无法完成的（尤其是如果这种研究旨在一种完整的系统性的话），学园中的科学家们绝不会试图收集所有已知的各种草木鸟兽，他们要做的是分门别类，然后在一个涵盖"一切存在物"的巨大逻辑框架内将它们纳入正确的位置——就像在柏拉图的后期对话中关于其他学科所做的那样。这些具体科学研究的真正目的是辩证法。如果柏拉图在《王制》中关于教育方法的叙述未曾给我们留下相同的印象，那是因为（如我们前述已经指出的那样）他只是概述了教育各阶段的大略而已。因此，厄庇克拉特间接提到的动植物分类应该被置于《王制》教育方案的第二部分，即紧随在数学之后处理辩证法的部分。

辩证法中的教育

苏格拉底的对话者告诉他，迄今为止，他所设计的全部课程都极其困难。作为回答，柏拉图让苏格拉底将其比作一首主曲（一种独唱曲）的前奏曲，[310]从而表明他所达到的程度，以及向最高阶段的转变。② 数学只不过是我们现在要学习的主曲的序曲而已。即使此间的专家，也算不上辩证法家。柏拉图暗示自己平生几乎未曾遇到过也是辩证法家的数学家。泰阿泰德是其中的凤毛麟角之一。在一部以他的名字命名的对话中，柏拉图刻画了新型的哲学的数学家形象（如我们前述所言）；与此同时，通过讨论数学和哲学共同具有的知识的大问题，他表明了一个训练有素的数学家是如何经由辩证矛盾通向哲学的知识的。苏格拉底的主要对话者是一个天资聪颖而又急于求知的年轻数学家，这不只是一种巧合。柏拉图意在告诉人们，辩证法教育对那些做了最佳

① 关于这一点，参见拙著《卡利克勒斯的狄奥克勒斯》，第178页。

② 《王制》531d。

准备的人的影响究竟如何。《泰阿泰德》也表明，哲学的领悟与数学以及漫长而艰辛的教育成果相互关联。[①] 这篇晚于《王制》数年的对话，读起来像是对《王制》中给出的、经由辩证法的哲学教育的描述的一个延伸性解释。在制定教育的规则时，柏拉图无法为较早阶段的教育提供事例，当然，也无法提供辩证法的事例。相反，在其他所有的柏拉图对话中都有相关事例，它们记录了对某些特定问题的辩证探究，过程的本质对跟随它并观察其逻辑结果的读者而言完全一清二楚。但是，赋予柏拉图的描述——他在《王制》中将辩证法教育描述为教育的最高阶段——以特别的兴趣和魅力的，是柏拉图对他自己的发现的态度，以及他将这些发现的价值和问题作为一种教育的手段来描述的努力——在他二十五年的经验的基础上。

即使在这里，在辩证法的定义方面，柏拉图所提供的也不比我们从早期对话中已经知道的更多。就在教育的这一最后阶段的开头，他将辩证法定义为"提出某种论点并对之作出解释的能力"，并由此提出了它的起源。[②] 这个定义不过是苏格拉底的老方法的传统描述，苏格拉底的方法就是通过与别人的论辩和辩驳，即"辩驳论证（elenchos）"，来达到共识的方法，柏拉图的逻辑理论和辩证法技艺就是从中生长出来的。[③] 柏拉图明确认为，他在苏格拉底的谈话中所感受到的那种巨大的转化力量，[311]证明了辩证法哲学乃是真正的教育这一主张的合理性。从这一高度看，教育的第一阶段，即数学，就下沉为一种前期教育（propaideia）。[④] 但是，什么才是我们在数学这一序曲中首次聆听、然后又在辩证法中得以完成的"主曲"呢？为了理解它是什么，我们必须回到柏拉图的洞穴比喻中去。洞穴比喻是灵魂的上升之旅的一个视觉意象。当灵魂的眼睛转过身来、灵魂离开洞穴进入真实世界之后，它试图看清的，首先

---

① 《泰阿泰德》186c。

② 《王制》531e。

③ 亚里士多德知道柏拉图的辩证法源于苏格拉底的提问式讨论，但他在辩证法的根源和柏拉图后期特有的、高度发展的"辩证能力（διαλεκτικὴ ἰσχύς）"之间，以及与他自己的方法之间进行了明确的区分——后二者在苏格拉底时代和柏拉图的青年时代都不存在（《形而上学》M. 4. 1078b25）。

④ 《王制》536d。

是活的动物，然后是星辰，最后是太阳本身。就这样，一步接一步，它学会了看清事物本身，不依赖它之前习惯的阴影。通过辩证法获致知识的人以同样的方式，靠思想而不靠任何感性知觉达到每一事物的本性，直到他透彻地把握住"善[好]本身，善[好]的真正之所是"，并由此达到可知世界的终点——就像太阳，这个洞穴的光源，是可见世界的终点一样。① 思想的这一上升"旅程（πορεία）"就是辩证法。② 已知的全部科学研究的目的，是"把灵魂中最优秀的部分带上去看到最高贵的实在"。③ 思想到了那里就完成了全部旅程，如同到了道路的尽头。④ 柏拉图本人感觉到，这一简短的比喻性描述是何等勉强和概括，但他宁愿先将其作为一个大概写下来，因为他还要经常回到辩证法这一主题。⑤

辩证法的特性（τρόπος）只有通过它与其他类型的知识的关系来界定。理解事物的本性有许多种方法。经验性的技术，即"技艺"，处理人的意见和欲望：它们或是生产和建造，或是照料（θεραπεία）由艺术或自然产生的事物。⑥ 数学的诸分支比较接近真正的实在，但它们可以说只能像做梦一样触及到它，清醒的时候它们不能真正看到它。如前所述，它们从它们无法作出系统解释的假设（hypotheses）开始。因而，它们的"本原（principle）"是它们所不知道的东西；而其他一切东西都是从它们不知道的某种东西中"编织"出来的。这种类型的"一致认可（ὁμολογία）"不应该被称为科学或知识（ἐπιστήμη），尽管我们已经习惯于这样做。⑦ 辩证法是一门"排除"其他科学的假设、并直接上升到一切事物的第一本原的科学，在数学的帮助下，[312]它"轻轻地把埋没在原始状态的污泥中的灵魂的眼睛拉出来"，并引导它向上。⑧ 我们现在知道了实在和知识的各个不同阶段之间的比例的意义，这个比例是柏拉

---

① 《王制》532a—b。
② 《王制》532b4。
③ 《王制》532c。
④ 《王制》532e。
⑤ 《王制》532d。
⑥ 《王制》533b1—6。
⑦ 《王制》533b6—c5。
⑧ 《王制》533c—d。

图早先为了说明其教育目的而给出的。意义就是这个。意见关乎生成，理性关乎存在，理性与意见相对就像存在与生成相对。就像思想与意见相对，所以真正的知识（ἐπιστήμη）与感觉（πίστις）的证据相对，数学的思维与可见对象的阴影相对。① 换句话说，辩证法给出的知识对数学知识所包含的存在和实在的数量的优越性，就像可见世界中真正的对象对它们的阴影的优越性。因此，辩证法家就是能够理解每一个事物的真正本性并对之作出相应解释的人。② 同样，辩证法家必定能将"善［好］的型"从其他一切事物分离（ἀφελεῖν）开来，也就是说，将"凭其本身就是的善［好］（good by itself）"与各种具体的事物、人物、行为等等——我们把这些东西叫作善［好］（good）——分离开来，用理性（logos）来界定它，就像在战场上"经受住各种攻击"，勇往直前，坚持到战斗的最后阶段，不让他的思想在任何地方绊倒。③ 这种教育教导人"以最科学的方式提出问题和回答问题"，④它的真正力量在于它使人处于完全清醒和警觉的状态。这就是为什么柏拉图将其称作最高意义上的卫士教育（也就是城邦统治者的教育）的原因。"卫士"对统治阶级来说是一个相当奇怪的名字，柏拉图似乎是着眼于理智警觉性的哲学德性而选择的这个名字，这种理智的警觉性正是城邦的统治者要培养的。⑤"卫士"这个名称首先是给全体战士阶层的，随着选拔的深入进行，它越来越被限定在统治者身上，⑥他们是参与到高级教育中的少数人。柏拉图说，任何不以接受此种教育为乐的人，都是在睡梦中打发一生，在他醒来之前就进入了哈德斯的世界，并且永远沉睡下去。⑦ 在科学的体系中，辩证法是一切学科的盖顶石（θριγκός），人类的知识都以此为顶点：没有任何别的学科能比它更高，或者凌驾于它之上。⑧ 关于"意义"

---

① 《王制》534a。

② 《王制》534b。

③ 《王制》534b8—c。

④ 《王制》534d8—10。

⑤ 《王制》534c6。

⑥ 《王制》413b，412c。

⑦ 《王制》534c7。

⑧ 《王制》534e。

的知识是关于"存在"的知识的最终目标。

哲人的课程

我们现在可以问，谁适合上升到如此高度，戴上文化的皇冠。当柏拉图在解释如何将卫士训练得具有统治者的德性时，[313]他说，只有那些具备最坚定、最勇敢的天性的人才能被选来作为哲学的统治者，同时他们必须尽可能地英俊、高贵且以此为荣。① 不过，他们还必须把这种最优秀的品质（kalokagathia）与那些接受高级教育的必备品质（即目光敏锐、理解迅速、博闻强记和坚韧不拔）相结合。参与辩证法这种敏捷游戏的人，在甘心吃苦方面决不能是一个瘸子。也就是说，他决不能是一个这样的人：他一半甘心吃苦，另一半不愿吃苦，就像一个人喜欢体育和打猎，甘心在一切涉及身体的事情上吃苦，并乐此不疲，但很容易在需要理智劳心费神的事情上放弃，不愿学习、听讲和研究，而且痛恨这类工作。在真假问题上，他决不能只是一个真理的半吊子热爱者——他憎恨存心编造的谎言，不仅不容忍，当别人撒谎时，他还会充满愤怒，但他能容忍无意的不实之词。当他被无知所困扰时，他必须对自己非常恼火，决不能像一头猪一样在无知的污泥中自得其乐。除非他的灵魂与身体一样健康，否则没有人能够称其为统治者。② 因此，仅仅只有之前为未来的统治者规定的性格测试是不够的；③必须用一套经过精心设计的人才甄选体系对其进行补充，这样的甄选体系将考察和证实那些适合辩证法学习的人，使他们适得其所。在柏拉图的时代，所有这些想法都是全新的，与对人的健全理智的盲目信任有天渊之别——对人的健全理智的盲目相信，是那些除了日常生活，什么都不学的人的固有特征。自柏拉图时代以来，已经出现了大量的学校和考核情况，尽管我们不能确定，如果柏拉图死而复生，他是否会认为它们之中每一件事情都是他曾经希望的。

为了发现这极少数将要统治理想城邦的男人和女人（也许只有一

① 《王制》535a，412d—e，485—487，503c—e。

② 《王制》535a—536b。

③ 《王制》412d 及以下。

个),选拔工作必须在人年少时而且在一个很广泛的基础上早早开始。尽管柏拉图之前反对过在人刚刚成年的那几年集中学习哲学的想法,[1]但他的意思并不是说年轻人根本就不能学习哲学。数学这样的预备性功课,在他们还是孩子时就开始了。[2] 不过,每一种早早开始的教育尝试都会碰到一个巨大的障碍,那就是孩子们不想学习,但我们不能强迫他们学习,因为抱着害怕惩罚的奴隶心态去学习与自由教育的精神完全背道而驰。各种身体锻炼,即使在强迫中得以进行,也不会使身体不如以前,[314]但用暴力强行灌输的知识不能久存于灵魂。[3] 因此,柏拉图明确断言,在教育的这个阶段给孩子们介绍知识,应该像是在玩耍一样。[4] 毫无疑问,柏拉图的这一断言是根据他那个时代不断增长的"填鸭式"教育产生的糟糕结果所得出的,只要那些新兴学科不是只保留给那些最热切、最有天赋的学生,而是想大水漫灌,把它们也灌输给资质平平的普通学生,就会产生这种糟糕结果。甚至柏拉图自己也没有把这个阶段的标准定得太高:他说,组成这些基础教育的游戏,目的是为了显示哪些可能是最有天赋的学生。柏拉图还将这种游戏性的学习体系与同时期付诸实施的其他学习方法相比,这种方法就是将幼儿带到战场观看战斗场景:让他们像幼兽一样"尝尝血腥味",克服对学习的恐惧心理。[5] 即使在这个阶段,他们也决不机械地学习任何东西。他们的老师应该把适合他们年龄的数学问题"推荐($\pi\rho o\beta\acute{a}\lambda\lambda\epsilon\iota\nu$)"给他们。这是柏拉图首次提到专注于"问题"的学习,这种学习在柏拉图的数学课程的后期高级阶段中会变得越来越明确。[6]

第一次选拔在完成强制性体育训练之后进行。柏拉图说这种体育训练会持续两三年。在此期间,头脑完全没有得到训练,因为极度疲劳和困倦是学习的大敌。不管怎样,体育锻炼中表现出来的坚韧不拔本

---

① 《王制》498a。

② 《王制》536d。

③ 《王制》536e。

④ 《王制》537a。

⑤ 参见本卷第 289—290 页。

⑥ 《王制》536d7,530b6,531c2。

身就是一个考察和选拔的重要因素。① 智力训练从二十岁重新开始的
事实表明，强制性体育训练是在十七岁到二十岁之间——柏拉图将这
种强制性训练与早期和晚期的自愿性体育训练相区别。十七到二十这
个年龄段是雅典的合格青年作为军校学员（ephéboi）接受训练的时期：
他们的服役时间从十八岁开始并持续两年。柏拉图仿效了其时间段，
但又觉得有必要再加上一年。②

　　此后就开始了另一个教育过程，学生们必须把自己早先分散学到
的各门知识统一起来：将各门学科相互比较，直到对"它们的相互关系
和存在的本性"达到一种"综合把握（synopsis）"，一种全面而统一的理
解。[315]尽管这种综合把握始于数学，但这个阶段的知识不是数学的
知识，而是辩证法的知识，因为辩证法家就是能看清不同领域和不同对
象的知识之间相互关系的"纵观全局者"（the "synoptic"）。③ 通过声明
选拔出来的学生首先要像在战斗中"坚守到底"一样，在学习中"坚定不
移（μένειν）"，柏拉图表明他正在把军人荣誉准则的最高戒律转移到理
智的领域，就像他总是把他从斯巴达借来的东西转移到一个更高的精
神水平一样。④ 经过十年的辩证法学习，在学生们年满三十岁时，再对
那些第一次入选的人进行二次选拔（προκρίνεσθαι ἐκ προκρίτων），并给他
们更大的荣誉。⑤ 然后，三十岁到三十五岁的这五年，应该看看他们之
中谁能不依赖感官知觉，只靠自己的辩证思维能力就继续前行，跟随真
理达到真正的存在（Being）。⑥ 柏拉图说，这最后的五年意在与两到三
年的强制性体育锻炼相对应。⑦ 它们是辩证法的体操训练，其与前十
年辩证法的辩驳和综合的学习的关系，就是柏拉图《政治家》和《智术
师》中的抽象而系统的辩证法与更基本的早期对话的关系。⑧

---

① 《王制》537b。

② 《王制》537b3。

③ 《王制》537c；*ὁ μὲν γὰρ συνοπικὸς διαλεκτικός*[一个对知识具有统一认识的人就是辩证法
家]。

④ 《王制》537d。

⑤ 《王制》537d3。

⑥ 《王制》537d5。

⑦ 《王制》539d8—e2；参见《王制》537b3 中的体育馆。

⑧ 在《巴门尼德》中，探究的目的被明确地描述为辩证法的操练，参见 135c—d,136a,136c。

　　辩证法的学习和训练现在已经持续十五年了,但它还没有得出真正的结论。它绝对清楚地表明了柏拉图自己的知识观,揭示了他作为一名作家的工作性质。他的著作只是对辩证法进程的各个阶段的再现。乍一看,这十五年的学习看起来像这样一名专家的愿望梦(wish-dream):这位专家从未得到足够的时间(他认为要透彻地理解该学科所必需的时间)教授他的学科,现在他终于抓住了一个教育乌托邦的机会,将许多年时间献给了他那门通常只需教数月的学科。但是,这些不是柏拉图需要十五年的真正理由。在这很久以前,他说得非常清楚,他要将哲学学习的课程限制在数年之内,就像他那个时代的学校曾经并仍在做的那样,他不指望教授哲学对年轻人有什么好处。① 在《书信》七中,他将人们理解善[好](这是柏拉图全部教育的目的之所在)的进程描述为灵魂中的一种内在进程,要经过漫长的岁月和共同的切磋才能趋于完成,终于有一天,时节因缘一到,就会像突然迸发的火花在灵魂中生成,并马上成为不证自明的东西。② [316]这是他们的天性的一种逐渐转化——在《王制》中,柏拉图称之为灵魂向实在的转向。同一封信描述了当两个人加入到哲学学习中时实际发生的情况,柏拉图说他们每个人都"友好地接受了问答式辩驳";③这与《王制》对学生"经受住对方各种程度的辩驳"的描述相一致。④ 柏拉图所理解的"善[好]"的知识在灵魂及其目标之间假定了一种内在亲缘性。因此,当思维朝着知识前进时,人的性格必须沿着相同的道路发展,而这两方面的运动的结果就是"善[好]"的知识。⑤ 但是,学生不能马上全部理解这一影响深远的学习和领悟的学思进程。灵魂的本性如此,以至于它只能慢慢地、一步一步地接近目标,就像《会饮》以其意象表明的那样,使灵魂进入低级的和高级的神话故事之中。不过,在《会饮》中,柏拉图只是在

---

① 《王制》498a—b。

② 《书信》7. 341c。

③ 《书信》7. 344b。

④ 《王制》534c。

⑤ 《书信》7. 344a。译注:柏拉图认为,如果一个人与他要认识的对象之间缺乏一种内在的亲缘性,那么无论他有多聪明,记忆力有多好,都没有用,都无法获得对最完美的真理的理解。因此,在思维朝着真理前进时,人的品质也必须沿着相同的道路发展。

描述一种普遍的宗教符号,而在《王制》中,他是在阐释一种学习哲学的具体方法,这种方法因为以下事实而变得复杂了:它必须把治理城邦的实际任务的训练包括在内。在这个方案中,统治者的教育的知识基础,是二十岁到三十五岁期间的辩证法传授。但是,这一进程并不如我们所期望的那样,以对"善[好]"的领悟而告结束,注意到这一点很重要。在十五年的周期结束之后,在"善[好]"能够被认识之前,柏拉图设想了另一个十五年的学习。这一课程从三十五岁延续到五十岁。① 在此期间,那些接受完整的教育的学生会获得积累经验的机会,没有这种治理城邦的实际经验,他接受的教育和他的文化知识就会无用武之地。这样做的目的是让他在行动中接受各种考验,磨炼他的性格。这就构成了十五年的理论学习和十五年的实践锻炼:这个比例表达了精神的两个方面之间的和谐理想及其在统治者身上的结合。它与卫士教育中较低层次的体育和"音乐"之间的和谐理想相对应。②

无论是对作为未来统治者的教育而言,还是对他所接受的智识教育的正当使用而言,第二个十五年的性格磨炼都是必须的。柏拉图深知辩证法带来的危险。它很容易让人产生一种接受过教育的优越感,并导致精于此道者使用新技术辩驳他人,把耍嘴皮子的游戏当作目的本身。③ [317]这种忧虑时常浮现在柏拉图心头,只不过没有哪个地方像在这里那样得以充分展开,辩证法的教育价值在这里得到了讨论。通过揭示辩证法的消极方面,并放弃被它所掩盖的积极方面,柏拉图对辩证法的危险性的警告成了他描述辩证法的实际构成部分。因为如果辩证法诱使年轻人将其当作一种智力游戏来练习,那不只是因为他们太过年轻而不明白不该这样做,而且部分地是由于辩证法的本性及其形式特征所致。在同时代人(尤其是那些教育上的竞争对手)针对柏拉图的批评中,他的辩证法与争辩术(纯粹为争辩而争辩)之间的相似性一目了然。辩证法和争辩术实际上被置于了同一水平之上。④ 争辩术

① 《王制》539e—540a。
② 参见本卷第 266—267 页。
③ 《王制》537e—539d。
④ 参见本卷第 61、166 页。

自身的学习者要对其臭名昭著负责。柏拉图迫切地想让自己的读者
意识到 paideia 和 paidia（即教育和游戏）之间的区别。在希腊语中，
这两个词词根相同，因为二者起初都指孩子（*pais*）的活动；不过，柏
拉图是第一个讨论这两个概念的关系问题的人。① 这在其中一个概
念，即教育（paideia），获得如此综合性的意义以至于成为"文化"的同
义词的时代，几乎是不可避免的。终其一生，柏拉图都对游戏这一主
题兴致盎然。这一点没有一个地方比《法义》这部晚年著作体现得更
加明显了，在这部著作中，我们会遇到以一种新的形式出现的相同问
题。② 亚里士多德重拾这一问题，并用以说明他自己的文化理
想——与纯粹的消遣相对立的科学的闲暇。③ 柏拉图迫切地想把游
戏因素包括在他的教化之内：卫士的孩子们要通过游戏来学习功课，
这意味着游戏有助于教育。无论如何，辩证法是一个更高的阶段。
它不是游戏，而是严肃认真的事情，即σπουδή。④ 自从许多现代语言
接手这两个古典概念之间的对比以来，我们就很难认识到究竟是何
种抽象的哲学思维的努力创造了它。直到《法义》之前，"认真"或"认
真的活动"（即 spoudé）的观念，就没有作为一个哲学问题出现过；但
当柏拉图把那些为自己开心而滥用辩证法技艺反驳他人的初学者，
比作喜欢追逐和撕咬其他狗的小狗时，显而易见，柏拉图一直将此问
题铭记于心。⑤

　　辩证法有骚扰他人的危险，它还会导致学习者本人失去对传统的敬
畏。[318]学习辩证法使人习惯于批判一切流行的意见，因而很容易堕

---

① 赫伊津哈（J. Huizinga）的《游戏的人：对文化中游戏因素的研究》（*Homo ludens：Versuch einer Bestimmung des Spielelements der Kultur*，德译本，1939）曾经以哲学家的细微和巧妙方式深入地研究过这一问题。他也讨论了希腊人和柏拉图；实际上，他所问的问题是对只有柏拉图曾经讲过的问题的重复，只不过加上了一些现代的材料。在将一切文化追溯到人类的游戏本能方面，他比柏拉图要走得远。很明显，正当希腊人对教育达到最深刻的哲学理解之时——他们是如此严肃认真地对待这个问题——他们遇到了游戏问题的挑战。不过，游戏逐渐变成内心深处的认真，这从一开始就是必然之事。

② 参见本卷第 289 页。

③ 亚里士多德，《尼各马可伦理学》10.6. 1176b28 及以下。

④ 柏拉图在《王制》539b 中说，为纯粹的争辩而争辩（ἀντιλογία），玩游戏一样使用辩证法技艺是一种滥用（καταχρῆσθαι）。游戏的逻辑对立面是认真，即σπουδή。另可参见 539c8。

⑤ 《王制》539b6。

落成无法无天的人。① 他就像一个被收养的孩子,在成长过程中相信养父母就是亲生父母,但当他长大成人,有朝一日找到了他的亲生父母,就会鄙视他此前尊崇过的一切。柏拉图自己对正义问题的讨论就是一个他所说的那种实际例子。辩证法导致了对"什么是正义和美好"的流行意见的拒绝——例如,对那些学习者从小就在其中长大成人的法律和习俗的拒绝,好像它们就是他的养父母似的。② 柏拉图本人在《克力同》中表达了自己对于服从法律的看法,它告诉我们,当苏格拉底将要被一个他认为是错误的判决处死时,他是如何自觉地服从城邦及其权威。柏拉图的学生色诺克拉底认为,哲学的本质就是教导人们自愿做那些绝大多数人只有在法律的强制下才做的事。③ 当然,色诺克拉底的定义抹去了现行法律与绝对正义之间的冲突,而这在柏拉图对辩证法的描述中极其重要。④ 不过,色诺克拉底的话肯定也有哲学遵守的是一种更高级的正义秩序的意思,这种更高级的正义要求的不比法律应得的少,而是比法律应得的多。柏拉图认为,防止理智和道德无政府状态的主要保障,是尽可能延迟辩证法教育的最后阶段(直到三十五岁),从而用磨炼性格的十五年实践工作来抵抗辩证法的破坏性影响。当他说辩证法的学习者有可能将其当作纯粹形式的工具来滥用时,我们想起了苏格拉底在《高尔吉亚》中对修辞学[演说术]的学习者的谴责。⑤ 区别在于修辞学[演说术]不关注任何诸如善与恶、对与错这类问题,而这恰恰是辩证法的目标。因此,辩证法的滥用是对其真正本质的否定,而且,在柏拉图看来,这种滥用是这样做的学习者尚未洞察到真正的知识的一个证据。

只有在十五年的理论学习和十五年的实践工作之后,辩证法的学习者们才能到达最终目标(即"善[好]的型")。⑥ 他们将灵魂的眼睛(即理智)转向一切光芒的源泉,在看到善[好]本身之后,他们会将其当

---

① 《王制》537e。

② 《王制》538c 及以下。

③ 色诺克拉底残篇 3(海因茨编)。

④ 《王制》538d。

⑤ 《高尔吉亚》460e 及以下。

⑥ 《王制》540a。

作典范(即范型)来"安排"他们自己以及他人的公私生活。他们将自己的生活分为两个部分,[319]大部分时间用于研究哲学,小部分用于为城邦共同体服务,当轮到他们承担统治任务时,他们随时都做好准备,不是把它作为一种光荣,而是作为一种应尽的义务来实施。① 他们还用同样的方法不断训练其他人,当对方接过班做了城邦卫士之后,他们将会辞世,前往福岛,这次可不是比喻意义上的前往福岛,而是字面意义上的前往福岛。不过,在他们活着时,他们已经移居福岛,过着潜心研究的平静生活,而他们前往福岛的旅程,现在只表示一条进入永恒的"沉思生活(vita contemplativa)"的通道的意思。他们在死后接受的荣耀就像希腊城邦赐予古代英雄们的荣耀一样。至于把他们像英雄一样奉为神灵的最终决定,就留待德尔菲的神谕了,如果皮提娅(Pythia)同意,就把他们奉作神灵,如果不同意,就把他们当作幸福无比、宛如天神的凡人。②

这就是柏拉图对哲学的统治者(即哲人-王)的描述。柏拉图的教化的最高目的就是培养这样的人。只有通过他们,完美的城邦才能实现——如果说这是可能的话:柏拉图相信它是可能的,尽管困难重重。③ 柏拉图设想这样的理想城邦会由一个或几个这种类型的人统治,他被赋予了全部的权力——因而是一个国王或者一个贵族。至于究竟是一个统治者,还是几个统治者,则无关紧要,因为数目的变化并不会改变城邦组织制度的性质,人们可以把他们称为真正意义上的贵族。希腊文化自血统意义上的贵族开始,至其发展的结尾,它在柏拉图的视野中成了一种新的知识贵族的选拔原则——无论它实际上有无被这样的贵族所统治。在那些骑士精神的文化中,有两种因素相互合作。完美的城邦包含它们二者在内,就像两个相互补充的教育阶段:"哲学的理性与音乐的结合。"④二者共同构成希腊天才的最强力量。

柏拉图对他的新教育期许甚高,新教育应该为国家陪养真正的领

① 《王制》540b。
② 《王制》540c。
③ 《王制》540d。
④ 《王制》549b。

导者,柏拉图的这一骄傲断言显示了他对其地位和作用的高度期许。这些领导者将会鄙视当今国家赐予的各种荣誉,因为他们只知道一种荣誉,那就是根据正义实施真正意义上的统治。① 如果我们问那些被如此这般经由最高的教化塑造出来的统治者,将如何建构和建立国家,答案就是再一次的"经由教化"。他们的目的就是给全体人员以道德教育——就在教育的第一阶段结束之后,[320]柏拉图曾经将这一过程描述为"面向正义的教育":确切一点说,就是让灵魂保持正当状态(hexis)的教育——灵魂的这种正当状态来自于灵魂各个部分之间的完美和谐。柏拉图说,如果人的某个行为有利于创造或保持灵魂的这种和谐,那么它就是正义的,而智慧就是能够指引这样一种行为的科学知识(epistémé)。② 拥有这种知识的人现在找到了。柏拉图没有在解释他们将如何实现这一使命上多费笔墨,因为所有具体细节都留待他们来决断。值得注意的是,柏拉图并不认为他们必须另起炉灶,(如在《法义》中那样)从建立一个全新的城邦开始,而是从改造和重塑一个已经存在的城邦开始。如果统治者想要在这个城邦中实现他们的教育目标,那就必须将十岁以上的所有孩童都从城市送往农村,作为他们重塑城邦的素材;他们不是按照父母原来的生活习俗,而是根据他们自己制定的习俗和法律来培养这些幼儿,让其在完美城邦的精神气氛中长大成人。③ 正如医学书籍的许诺那样——那些遵照医嘱的人终将痊愈并长命百岁,柏拉图也许诺,采用其教育体系并普遍实施的国家,将很快实现理想的制度体系,使生活于其中的人民从此幸福无忧。④

城邦政制的类型和灵魂性格的类型

哲人会作为城邦的统治者实现完美的城邦,并作为城邦的教育者激励城邦的发展,在柏拉图对哲人的如此描述中,看来我们已经到达了

---

① 《王制》540d。

② 《王制》443e5。

③ 《王制》540e5 及以下。

④ 《王制》541a。关于柏拉图的完美城邦是一个"神话"的想法,参见《王制》376d9,501e4。

《王制》对教育的贡献的终点——也就是说，为了人格（ψυχῆς ἀρετή）的最佳部分的发展（无论是从个体，还是从社会的角度而言，它都是可能的最高价值），将国家转变成了一个教育结构。不过，柏拉图并不认为自己已经穷尽了这个主题，他在开始时就已经确定了他的真正目标，这就是定义正义本身的本性和价值，然后将正义之人和不正义之人相比较，并断定他们各自拥有多少幸福。① 在发现拥有完美正义的人之后，还必须描述完全不正义之人的性格。② 这不只是为了正式完成一个艰巨的任务——任何有心的读者都能自己完成这个任务，而是为了向整部著作中最有趣的部分过渡。[321]我们从自然而正当的国家向错误且偏离标准的国家转变；如果我们不同意柏拉图的见解，我们会说，我们正在从政治的理想世界向着政治的实存世界前行；世上只有一种完美的国家，不完美的国家却有许多种类型。③ 正如实际经验所告诉我们的那样，不完美的国家有许多类型；它们之间唯一不同的是它们不完美程度的区别。为了确立它们之间的相对等级，柏拉图挑选出最著名的几种政制类型，根据它们与完美国家的距离远近，将它们安排在价值的一个等级体系之中。④

亚里士多德在其《政治学》中，将一种完美国家的理论与一种不完美政制的形态学相结合；他详尽论述了为什么一门科学应该履行这两种迥然不同的职能。⑤ 这两个主题的结合以及这种结合为何正当的问题，亚里士多德都取自柏拉图的政治理论著作。在其《政治学》的最终形式（这是我们现有的一个版本）中，亚里士多德以逐个审查全部现存形式的政制、并指出其中哪些是正宗的政体开始，⑥然后得出完美的国家类型。⑦

---

① 《王制》449a；柏拉图暗示《王制》543c9 的那段话。

② 《王制》544a。

③ 《王制》445c5。

④ 《王制》544c。

⑤ 亚里士多德，《政治学》4.1。译注：亚里士多德在《政治学》第四卷，第一章中说，政治学为力求完备，"第一，应该考虑何者为最优良的政体"，"第二，应该考虑适合于不同公民团体的各种不同政体"，"第三，还应该考虑在某些假设的条件中，应以哪种政体为相宜"，参见亚里士多德，《政治学》，吴寿彭译，北京：商务印书馆，2008。

⑥ 亚里士多德，《政治学》3.7。

⑦ 亚里士多德，《政治学》，第七至八卷。

柏拉图做的恰恰相反；他从绝对正义和具体体现绝对正义的理想国家开始，①然后将其他各种类型的国家描述为对规范和标准的偏离，它们因而也是蜕变的国家类型。② 如果我们接受柏拉图的思想（即政治学是一门关于标准的精确科学），那么，只有从标准开始，并用它对不完美的现实作出评价，才是合乎逻辑的唯一方法。唯一需要讨论的是以下问题：经验现实中的政制类型是否应当得到描述，以及它们是否真的构成关于标准的政治学的一个有机部分。

柏拉图对此问题的回答，是由他关于政治科学的意义和目的的观念决定的。柏拉图的辩证法科学的"逻辑"方面建立在数学的基础之上，但其"政治"或"道德"方面（如我们所见）则受到当时医学的启发。③ 在《高尔吉亚》中，柏拉图大致勾勒了其政治学新技艺的轮廓，其中，他将政治学与医学相类比，从而阐释了政治学的方法和目的。④ 这种类比使哲人看起来不只是讨论抽象价值的一个人，而是一个教育者，一个与医生相似的人。他的兴趣是灵魂的健康，就像医生的兴趣是身体的健康。在《王制》中，我们清楚地看到，[322]柏拉图认为医学技艺和政治技艺之间的类比是何等重要。这种类比建立在一种贯穿《王制》始终的假设之上：每一个社会共同体的目标，就是使个体的灵魂得到充分发展——对他进行教育，直到他的性格尽可能地完美。与医学一样，政治学的对象也是人的自然（physis）。对他说的"人的自然"的意思，柏拉图在第四卷末尾进行了解释，将正义定义为灵魂的真正自然。这意味着他是在为自然概念给出一种规范性意义——正如在医生把"健康"看作是"正常[自然]状态"时所做的那样。正义即健康。我们必须努力得到它，因为这是灵魂唯一的按照自然（κατὰ φύσιν）的状态。从这个角度看，如果一个人做了坏事，他是否会更幸福一点，这个问题就无从问起，就像问如果一个人生病了，身体是否会比健康时更舒服一点一样。邪恶是背离自然（παρὰ φύσιν）。⑤ 当涉

---

① 《王制》，第二至七卷。
② 《王制》，第八至九卷。
③ 参见本卷第 276 页。
④ 参见本卷第 145、164 页。
⑤ 参见《王制》444c—e。译注：关于 human nature（physis）与 κατὰ φύσιν、παρὰ φύσιν，参见本书第一卷，第 378 页，注释①；本卷第 149 页，注释⑥。

及人的身体时，医学会在人的个体自然和普遍自然之间作出区分。例如，就个体而言，许多事情对一种虚弱的体质——它可能处于不正常的状态——来说没有问题，但对人的普遍自然来说却是不健康的。① 同样，如果灵魂的医生正在研究个体，他会用自然概念来描述与普遍标准不同的各种变体；但是，如果普遍标准只与"一些"个体或其他个体相对应，柏拉图不会承认"一切正常"，他也不会因此同意统计学意义上的那种最流行的形式是事物的正常状态。只有极少数的人、动物或植物是完全健康的，但这并不能使疾病成为健康，也不会使不充分的平均水平成为标准。

如若只有当城邦教育所有人并使其具有正常灵魂——换句话说，是正义之人——时，城邦才是正常的，那么实际存在的城邦的类型都是对标准的背离。在《王制》第四卷末尾，柏拉图直接称它们是"病态的、邪恶的"国家；在刚刚开始讨论就中断了这一主题之后，柏拉图现在言归正传，旧事重提。② 所有现存的国家都是正常国家的病态和堕落现象。这不仅仅是柏拉图关于"标准"的真正意义的观念强加于他的一个引人注目的推论。他在《书信》七中关于自己平生所为的评论表明，这是他自己固有的信念，是其政治思想的根本的、不可动摇的原则。③ 尽管如此，柏拉图的政治概念必然包括国家的堕落形式与健康形式在内——[323]正如医学不仅包括关于健康的知识，还包括关于疾病的知识：它既是治疗，也是病理学。④ 我们从《高尔吉亚》知道这一点。《王制》的新颖之处在于，柏拉图设计出了"理想标准"这一科学观念，由此，人们对任何事物的理解就与对其对立面的理解联系在了一起。

一个正常类型的国家的对立面是各种各样的病态国家。为了研究它们，柏拉图不得不用另一种方法，这种方法部分是建构性的，部分基

---

① 参见本书第三卷，第32—33页。

② 《王制》445c9—d6；544c 及以下。

③ 尤其可参见《书信》7.326a。

④ 亚里士多德在其《政治学》第四卷的开头，进一步发展了哲学的方法和体育与医学的方法之间的对比，其中，他从正确的政制转向了功能型政制（faculty constitution），但其基本观念都是柏拉图的。在《王制》544c 中，以及此前的 444d—445c 中，柏拉图将功能型政制（ἡμαρτημέναι πολιτεῖαι）描述为政制的病态形式。

于现实经验,这在后来帮助亚里士多德进一步发展了柏拉图主义中的经验因素。正是亚里士多德详尽阐述了柏拉图政治科学的经验部分,这一事实表明,柏拉图融合理想和现实的方法是多么意味深长且富有创意。柏拉图关于国家诸形式的理论首先不是一种关于政制类型的理论。与他关于理想国家的理论一样,它首先是一种关于人的灵魂的理论。以贯穿于柏拉图著作始终的国家和人之间的类比为基础,他描述和区分了荣誉型的人、寡头型的人、民主型的人和专横型的人,分别对应于荣誉制(timocracy)、寡头制、民主制和僭主制;柏拉图还为这些类型的人建立了一套价值尺度,从第一种一直堕落到专制僭主,即与正义的人极端相反的人。① 然而,在《王制》中,人和国家不只是一种外在的相互类比;国家只是正义之人的画像的一个空架子。与此类似,在其他类型的政制中,没有人,国家就什么都不是。我们谈论这种国家或那种国家的"政制的精神";但是,是构成国家的那类人创造了这种精神,并赋予这种精神以特殊的性格。② 不过,这并不排除以下事实:即共同体的政制类型一旦形成之后,通常就会在生活于其中的个体身上打上其自身的标记。但是,当循环被打破,如现实中发生的情形那样,国家从一种形式转变为另一种形式时,其原因不在于某种外在的客观状况,而在于人的精神,是人的"灵魂-结构($\varkappa\alpha\tau\alpha\sigma\varkappa\epsilon\upsilon\dot{\eta}$ $\psi\upsilon\chi\tilde{\eta}\varsigma$)"改变了。③ 由此看来,柏拉图的政制类型理论是一种关于人的性格的病理学。如果我们相信,与标准和规范相对应的人的性情和气质(hexis)是由正确的教育所塑造的话,④我们就必须坚持错误的教育造成了人的性格的堕落。如果一个国家的全体公民以某种特殊的方式没有达到标准,[324]那必定是教育的责任,而不是他们的天性的过错——人的天性永远努力向"善[好]"。因此,柏拉图的政制类型理论同时也是一种教育的病理学。⑤

---

① 《王制》544d—545a。

② 《王制》544d。

③ 《王制》544e5。

④ 《王制》443e6,444e1。

⑤ 这是主导接下来的分析和阐释的叙事视角;我们可以看到评论者们常常不能对这一视角公正以待。

根据柏拉图所言,国家政制的任何重大变动都始于统治者,而非始于其统治对象:"政治冲突(στάσις)"出现在统治阶层内部。① 柏拉图和亚里士多德关于政治变动的全部学说,无非是一种关于政治冲突(stasis)的理论——"政治冲突"一词远比我们现在的"巨变(revolution)"一词涵义广泛。人性的堕落以及由此而来的国家性质的退化的原因,与动植物的退化是一样的。原因是一些不可计算的因素:如繁荣期(phora)和枯竭期(aphoria)、好收成和坏收成。② 这一观念的起源(我们在品达关于德性的评论中首次遇到这一观念)③显然植根于希腊教育古老的贵族传统之中。旧贵族们都是优秀的农夫和教师;他们必定很快就发现了在自然界的无论什么地方,完美状态的维持都依赖于同样的规律。柏拉图用他喜欢的伦理学和医学之间的类比,对这一学说进行了科学的构想和系统的发展。在动植物的病理学和人的德性的退化之间的类比工作中,柏拉图的这段话是首次出现。这种看待自然的方式并非来自早期自然哲学,尽管早期自然哲学确实研究生成与消逝的问题,因而也研究疾病(pathé)的原因;它与德性问题紧密相连。数个世纪以来,农夫和牲畜饲养者们肯定已经对此耳熟能详,但将其知识转变成动植物的病理学则是从柏拉图到泰奥弗拉斯托斯(Theophrastus)两代人的工作。若非在经验观察的基础上(如亚里士多德学派所做的那样),柏拉图关于人的德性的生态学是不可能产生的。尽管如此,其目的论的自然观及其对"标准"的坚持显然会反过来刺激人们的经验观察。④

① 《王制》545d。译注:στάσις(stasis),即"政治冲突"或"党派纷争"。希腊语原意为"竖立的石柱或岗位",引申为"另立派别、闹分裂;内讧、倾轧"。它包括从日常的党派之争到宣布内战的全部涵义,而内战则标志着一致性的最终破裂以及对政治的放弃。在雅典民主政制时期的经典作家(修昔底德、柏拉图、亚里士多德)笔下,"stasis"成了常见词。古典时代的城邦内战频仍,杀戮、放逐以及掠夺相伴其间。修昔底德、柏拉图以及亚里士多德流传下来的著述对此均有论。只有柏拉图的理想国才是一个没有党派纷争和政治冲突的社会。参见刘小枫,《城邦航船及其舵手——古希腊早期诗歌中的政治哲学举隅》,载《文艺理论研究》2013年,第2期。

② 《王制》546a。译注:"一切生成之物都会老化,如此组成的东西(理想城邦)同样无法永恒地存在下去,它必然会瓦解。瓦解的过程就是这样:不仅扎根于大地中的植物,而且生活在大地上的动物,它们都有灵魂和身体的繁荣期和枯竭期,……",译文引自王杨译本。

③ 参见本书第一卷,第273页。

④ 《王制》444d8—11。

在泰奥弗拉斯托斯的植物病理学中——他的著作《论植物的原因》（*On the Causes of Plants*）是其经典表达——我们仍然可以追溯柏拉图的严肃想法（即常态[norm]是植物最好最有效率的形式）与关于常态的纯粹统计学观念之间的斗争，这种统计学观念甚至把一种反常现象（如果这种反常现象经常发生的话）也称之为"正常现象"。① 我们曾经指出，为了用一种深思熟虑的优生政策控制普通婚姻男女双方的选择机会——这种婚姻的生育受到许多其他因素的干扰——[325]柏拉图甚至呼吁在理想国中妇女共有。② 尽管如此，每一种生物的出生都受制于某种神秘的不可违反的数学规律，它几乎完全超出人类的理解范围；③当夫妻交媾与这种隐藏的和谐法则不一致而错失正确的时机（kairos）——神圣的机运和事情的成功都与之息息相关——时，孕育的孩子既不会有最好的自然（physis），也不会拥有 eutychia（即好运、多子多福）。④ 这样，金族就不会与金族婚配，而是与银族，甚至铜族、铁族婚配；没有亲缘关系的金属互相婚配，这种反常事件的结果就是纷争、内乱和仇恨。而这就是品种转换（metabasis）的开始，即从理想国家到另一种较次的国家的变化的开始。⑤

柏拉图对国家政制的描述是一种心理洞察的杰作。从世界文学内部看，它是对政治生活类型的首次一般描述。柏拉图对民主型政治生活的分析，由于它对民主制度的弱点的现实感知，而与修昔底德在伯利克里的葬礼演说中对雅典的歌颂大异其趣，也与出于主张寡头政制者的怨恨的《雅典政制》（*The Constitution of Athens*）这本批判性小册子不同。柏拉图不是一个党派分子。他对所有的政制进行同等的批评。他认为最接近理想国家的是斯巴达，斯巴达与克里特一样，经常被智术师们作为欧诺弥亚（eunomia，即政治秩序）的典范

---

① 参见泰奥弗拉斯托斯，《论植物的原因》（*De Causis Plant*）5.8 及以下。尤其是"非自然（παρὰ φύσιν）"这一概念的双重意义。

② 参见本卷第 283 页及以下。

③ 《王制》546b。

④ 《王制》546c。

⑤ 《王制》547c5。

来颂扬。① 为了描述它,柏拉图创造了"荣誉政治(timocracy)"这个新概念,意为"荣誉的统治",因为它的统治完全建立在"荣誉"的标准之上;②柏拉图对它的叙述富有历史个性的魅力,而对其他政制都只是叙其大略。《王制》明显借自斯巴达的观点如此之多,以至于他像老寡头(Old Oligarch)一样被粗鲁地叫作"爱拉科尼亚(斯巴达)者(philolaconian)";但是,如果将他对斯巴达的描述与他的理想国家相比较,我们就会发现,他特别注意避免斯巴达国家的那些特征。③ 充满各种矛盾和冲突的斯巴达型政制,是由各种不同"金属"种族的不恰当混合产生的。其中的铁族和铜族会极力聚敛钱财,攫取土地房屋,因为灵魂中的贫困因素试图通过外在的财富来完善它自己;[326]其中的金族和银族因素则会把它推向德性,回到其原初状态。④ 在这一品种转换中,原初的形式是完美的标准,而这种看待问题的方法取代了历史的方法,历史的方法从未回到所有这些变化的真正"原初"。构成斯巴达政制的性格的因素互相冲突,并最终在贵族制——它是真正的德性统治——和寡头制之间达成了一种妥协。⑤ 土地和房屋成了私有财产,落入统治阶层之手,而他们曾经保护过的较低阶层的成员,以及他们的朋友和奉养者,则沦为他们的仆从和奴隶。国家的统治者变成了一个贵族阶层。这些卫士原本要保卫的是他们的朋友和奉养者的自由,而现在却专门从事战争,奴役和监视这些所谓的臣民。⑥

　　由于斯巴达处于理想国和寡头制之间中途半端的位置,斯巴达政制与理想国和寡头制都有许多共同之处;当然,它也有一些属于自己的

---

① 亚里士多德在《政治学》2.1.1260b 中明确说出了斯巴达和克里特这两个国家的名字,认为它们的政制为人羡慕(πόλεις εὐνομεῖσθαι λεγόμεναι):因为该卷开头的话提到对这两个国家的描述,以及对第九至十一章的迦太基的描述。另可参见第十一章结束时的那些描述。关于《劝勉篇》中的相同问题,参见拙著《亚里士多德:发展史纲要》第 77 页的论证。在《王制》544c 中,柏拉图说斯巴达和克里特的政制为多数人所称道。伊索克拉底在《泛雅典娜集会辞》41 中也对斯巴达持相同的看法,另可参见《泛雅典娜集会辞》109、200、216。

② 《王制》545b6。

③ 《王制》547d。在这一点上,更重要的是《法义》第一、二卷对斯巴达的直接批评,参见本书第三卷,第 265 页及以下。

④ 《王制》547b。

⑤ 《王制》547c。

⑥ 《王制》547b—c。

特点。尊重统治权威(柏拉图说这是从民主制的雅典消失了的一个特征)、禁止统治阶层经商赢利、实行公餐制度、热衷体育锻炼和战争效率——斯巴达和理想国都有这些共同特征。这意味着柏拉图认为它们是正确的，因而从斯巴达借鉴了这些东西。① 但是，斯巴达人害怕文化，不敢把有文化教养的人置于统治地位。因为那里已经没有那种单纯的才智超群的人，而只有性格混合的人，斯巴达人宁愿选择性格暴烈的勇夫类型，他们更倾向于战争，而非和平；他们崇拜任何能够夺取战争胜利的阴谋诡计，因为斯巴达永远处于战争状态之中。② 所有这些特征为斯巴达所特有，而与完美的理想国不相容。另一方面，在对金钱的渴望上，斯巴达又与寡头制国家类似，他们表面上非常朴素和简单，但暗中贪图财富，热衷于搜刮金银，收藏于密室，他们的住处筑有围墙，建有爱巢，穷奢极欲。他们花自己的钱非常吝啬，但在花从别人那里偷窃来的钱财时一掷千金，十分大方；他们像躲避父亲的孩子一样，逃避国家法律的监督，躲在家里寻欢作乐。③

根据柏拉图的说法，这种伪装的清教主义是斯巴达教育的产物，这种教育不是建立在内心的信念之上，而是建立在外在的强制和训练之上。它来自于一种真正的"音乐"教育的缺乏——这种音乐教育总是能激发思想和对知识的渴望。

[327]斯巴达性格和斯巴达国家的这种片面性是由体育和"音乐"教育之间的失衡造成的，而保持这二者之间的平衡是理想国卫士教育的目标。因此，斯巴达政制是好坏混杂的城邦政制。支配斯巴达的完全是野心和荣誉。④ 柏拉图知道自己的描画有多简略；他只是想勾勒出大致轮廓，而不要求面面俱到。对于著作的这个部分，他提醒读者注意哲人必须以之指导教育的这个原则：提纲挈领，展现典型。⑤ 因为具体细节千变万化，不胜枚举，也远没有纲领重要。因此，为今人如此频

---

① 《王制》547d。
② 《王制》547e—548a。
③ 《王制》548a—b。
④ 《王制》548b—c。
⑤ 《王制》548c9—d。

繁地引用、被植入到所有时代和所有背景中的所谓"斯巴达性格",其实是柏拉图的发明。如今,绝大多数人认为它只是一幅合成图而已:即斯巴达文明的一般代表。然而,这并不是柏拉图的意思。柏拉图以斯巴达类型的政制意指对标准的一种体现,或者对价值的一定程度的体现。柏拉图笔下的"斯巴达人",作为基于其城邦的一种性格类型,表明了理想城邦的堕落的第一个阶段。柏拉图将典型的斯巴达人概括为自制的人;①他爱"音乐",但缺乏文化修养;爱听,却一点也不懂演说;对奴隶残忍,②但对自由人友善;对统治者绝对服从,但自己又渴望统治,热爱荣誉,希望自己出类拔萃;他不想凭自己的说服性演说而是凭军事训练和武力强制上台统治;他极其爱好体育和狩猎。③

柏拉图描述了一个斯巴达人的成长过程,以说明教育对他的影响。当这么一个人年轻时,他会鄙视金钱,但随着年龄的增长,他越来越贪图钱财,因为他缺乏抗拒贪婪本性的最优秀卫士,也即理性文化,要想保存德性、维持一度达到的精神气质,理性的文化是唯一保障。④也许这个年轻人有一个本质高尚的父亲,他生活在一个没有得到很好治理的城邦中,对于功名和权位以及诸如此类的东西尽可能敬而远之,为了避免引人注目,他宁愿和光同尘,不露锋芒。然而,这个年轻人的母亲却野心勃勃,抱怨丈夫地位卑微,不属于城邦的统治阶层,导致她自己被别的妇女所轻视。由于她丈夫并不十分看重金钱,拒绝投机钻营,只专注自我,安于现状;[328]他对她也不那么热爱,只给予她恰如其分的尊重;所以她烦躁不安,怨言重重。她告诉儿子,他父亲只能算半个男人;他绝对是一个不思进取的懒人;再加上妇女们平时谈论这种人时所重复的论调;家中的奴仆也假装好心,在他耳边窃窃私语,说他父亲不

---

① 《王制》548e—549a。

② 《王制》549a2。在这两种对立的观念之间,柏拉图补充了一句话:"他不像一个真正受过教育的人那样蔑视奴隶,而是对奴隶严厉且凶狠。""ἱκανῶς πεπαιδευμένος[一个真正受过教育的人]"的意思,是不像斯巴达人呵斥奴隶时那样,对奴隶的坏行为大发雷霆。

③ 人们很容易在色诺芬的文化理想中辨认出这种斯巴达类型的特征。

④ 《王制》549a9—b7。正是在此语境中,当柏拉图在批评斯巴达类型的性格时,他创造了一个了不起的短语"λόγος μουσικῇ κεκραμένος[理性的力量与音乐的力量协调一致]"来说明在另一种令人钦佩的性格中缺少的是什么。

受尊重，因为他父亲所在的阶层都认为他就是一傻瓜。所见所闻，大抵如此，两相对比之后，就有两个方向的力量在这个年轻人的灵魂中拉锯：他父亲"浇灌"和扶植了他灵魂中的理性部分，其他人则培育了他灵魂中的欲望和志气。最终，这个年轻人把灵魂的统治权交给了激情和胆魄的"中间"因素，成了一个激情充沛、雄心勃勃的人。①

完整地引述柏拉图的这段论证是必需的，这不只是为了显示其中丰富的细节，也是为了说明柏拉图是如何一以贯之地贯彻其基本观念（即教育病理学）的。他以对斯巴达的叙述开始，与其说是在解释斯巴达的政治制度，不如说是在描述斯巴达政制的精神气质。② 柏拉图预设读者已经熟知斯巴达的法律条例，而且会用这样一种方式分析它们，以便区分斯巴达国家中各种相互冲突的因素，并围绕着两个相反的极端（即贵族制和寡头制）来对它们进行分类。斯巴达处于这两个极端的张力之中，在坏的倾向最终获胜之前，这两个极端朝相反的方向不停地拉扯它。除了对斯巴达国家进行如此描述之外，柏拉图还树立了斯巴达人及其精神气质的一幅画像，它们是一一对应的关系。无论如何，我们必须小心翼翼地记住，柏拉图并不是因为国家自然而然地出现在前，③而是因为国家对我们而言方便观察，才从论述国家开始的。在他对正义和正义之人的审视中，他首先展示了正义在国家中的性质，在国家中，正义可以像大写的字母那样被看到，在此之后，他才阐释个体性格中的正义，尽管正义发源于那里并且只存在于那里。④ 这里，他以同样的方式描述了病态

---

① 《王制》549c—550b。

② 这种描述国家政制类型的心理学新方法，是柏拉图对伦理和政治科学最大的贡献之一。这种新方法产生于柏拉图的兴趣从作为一种成文法结构的国家向国家的教育功能和教育本质转移的过程中，是自然而然且合乎逻辑的。其中的重点在于关注国家的精神气质（ήϑος），而非国家的政治制度，因为决定每个个体的典型结构的，是整个共同体的精神气质。在比较各种不同政制时，柏拉图最感兴趣的是其产生的各种不同类型的个体。因为在柏拉图的时代，各城邦之间政制方面的差别并没有任何新奇之处。这也是柏拉图为什么能够如此轻易地忽略各个政制的法律方面的原因。

③ 这是亚里士多德关于国家和个体之关系的定义，参见《政治学》1.2.1253a19，1253a25。

④ 根据柏拉图所言，当每个公民用最可行的方法各司其事、各尽其责时，国家就有了正义；但是在《王制》443c 中，他说，那其实只是"正义的一个摹本"，即 εἰδωλόν τι τῆς δικαιοσύνης——因为真正的正义只存在于人的灵魂的内在结构中，只存在于灵魂的这个部分与另一个部分的正确关系中，只在于灵魂的各个部分各司其职。

灵魂的病理学,使我们能够首先在大写的受疾病折磨的国家中看到它,然后转向心理学的显微镜,去看个体灵魂中的疾病的症候。在个体的灵魂中隐藏着最终毒害整个共同体生活的病毒。① 因此,柏拉图的方法是从可见的现象开始,寻藤摸瓜地接近隐藏的原因。病态的灵魂是灵魂的三个部分之间的平衡的失调,柏拉图之前曾把这种平衡描述为"正义",即灵魂的"健康"[状态]。② [329]通过在最后一个句子中③回想和强调灵魂的三个部分的形象,柏拉图似乎希望吸引读者特别注意他的逻辑方式——他以这种逻辑方式从斯巴达荣誉政治的现象(很明显,它纯粹是政治上的),回推斯巴达灵魂内部的病理学过程。希腊的医生所定义的健康,取决于不使身体的任何一个要素占据支配地位。④ 柏拉图没有接受这种观念,因为它无法推论出他自己的"最佳政体"观念。他认为健康的本质,无论是身体上的,还是精神上的,都不是一种否定性的东西,即某个部分的主导地位的缺席,而是一种肯定性的东西,即灵魂各个部分之间的对称和平衡:一种柏拉图认为只要灵魂的较好部分支配较差部分就很容易存在的状态。他认为灵魂的自然状态,就是灵魂的最好部分(即理性)支配其他部分的那种状态。⑤ 因此,当灵魂中那个凭其本性不适合统治的部分仍要支配灵魂时,灵魂的疾病就出现了。

因此,与同时代人对无所不能的斯巴达的普遍崇拜不同,柏拉图觉得,它的弱点就在于那套著名的教育体系的缺陷,整个斯巴达城邦共同体都建立在那套教育体系之上。⑥ 根据目前流行的年代学理论——它

---

① 《王制》544d6—e2。与政制的类型对应,存在着相同数量的人的类型(εἴδη ἀνϑρώπων),因为"政制不会自己凭空产生"(或者,如柏拉图以回忆荷马的方式所说的那样,"它们不会是从橡树和石头中蹦出来的"),"而是从每个城市的精神性格中产生出来的",城市的精神性格决定它倾向于哪一边。这里,柏拉图并非以"ἐκ τῶν ἠϑῶν τῶν ἐν ταῖς πόλεσιν[来自城邦中的那些人的性格]"这个短语来指政制的精神性格,而是指公民的精神气质。这就是为什么五种政制必须与作为其原因(544e4)的五类灵魂-结构(κατασκευαὶ ψυχῆς)相对应的原因。

② 参见本卷第 273—274 页。

③ 《王制》550b。

④ 参见本书第三卷,第 5、23 页。

⑤ 《王制》443d—e。

⑥ 人们可以用《王制》548b7 中柏拉图自己的话来概括他关于此种类型教育的判断:它是一种"不靠说服,而靠强制(οὐχ ὑπὸ πειϑοῦς ἀλλ' ὑπὸ βίας πεπαιδευμένου)"的教育。

也许是对的——《王制》写就于公元前 375 至前 370 年之间。柏拉图对斯巴达的描述，看似不像写作于公元前 371 年斯巴达著名的留克特拉之败之后。正如我们可以从亚里士多德的《政治学》，以及那个时代的其他作家对斯巴达的批评中——他们就这一次异口同声——看到的那样，斯巴达在留克特拉遭受的重创，颠覆了同时代人对它的看法。① 不过，无论是这些批评，还是先前的吹捧，都直接来源于对斯巴达国家的成功的必然崇拜——它曾经征服过强大的雅典。柏拉图似乎是一个巨大的例外。柏拉图对斯巴达政制的分析，也许写作于斯巴达强权出乎意料地倒塌之前。留克特拉不仅仅是希腊强权-政治史上的转折点，由于斯巴达不再是人们模仿和尊敬的典范，所以它也是希腊教育上一场剧烈变革的起点。此前二十年或三十年如此盛行的对斯巴达的理想化，如我们所示，本质上是对斯巴达教育体系的一种普遍崇拜的反映。② 尽管柏拉图对斯巴达尊敬有加，尽管他从斯巴达那里借鉴了所有这一切，[330]但他的教育型国家确实不是对斯巴达理想的崇拜的登峰造极，而是对这种理想的最沉重的一击。这是对斯巴达的弱点的一种先知式预言。柏拉图汲取了斯巴达理想中的精华，而任凭斯巴达从一个绝对理想的层面，下降到某些方面出了问题的那些国家中的最好国家的层面。

柏拉图将寡头政治的位置安排在荣誉政治之后；这是因为他讨厌他那个时代的雅典民主政治的堕落，这使他对自己国家的历史成就视而不见。③ 他把僭主政治安排在所有政制中的最低位置。不过，尽管他对僭主政治的根本怨恨看起来与古典时期的民主政治观念相一致，但其实这种怨恨使他与民主政治的观念相区别。他的意义感——它是如此细微，以至于被文字所模糊——在《高尔吉亚》中已经促使他将暴

---

① 参见亚里士多德，《政治学》2.9 及以下。亚里士多德在其中提到了留克特拉的教训以及接下来的时期。关于伊索克拉底对斯巴达的批评，参见本书第三卷，第 127—128、151—152 页。

② 参见本书第一卷，第 102 页及以下，"斯巴达的历史传统和哲学的理想化"部分。

③ 柏拉图对民主政治的态度在《法义》中经历了一定的变化，参见本书第三卷，第 292 页。译注：在病态的政制类型中，柏拉图把寡头政治排在荣誉政治（军人政体）之后，民主政治之前，所以作者说，这是因为柏拉图讨厌那个时代的雅典民主政治的堕落的结果。

民实施的恐怖主义与暴君实施的恐怖主义相对比。① 因此,民主政治与僭主政治相近,只不过程度较低而已。绝对的自由和绝对的专制不仅仅是极端的对比;两极相遇,一个极端很容易滑入另一个极端。② 另一方面,当时的斯巴达已经有点贪图钱财,从而显示出它与寡头政治的隐秘关系,③它起初一直是寡头政治的对立面。对柏拉图来说,认为荣誉政治向寡头政治的转变是自然且必然之事,并将寡头政治置于荣誉政治之后、民主政治之前,是自然而然的。因为柏拉图甚至在亚里士多德之前就看到了,寡头政治的本质,是把钱财视为每个个体的社会价值的最高标准,并根据其所拥有的财产来评估一个人的公民权利。④ 在某种程度上,寡头政治是一种建立在物质享乐主义信念基础上的贵族政治,这种信念认为等级的本质就是金钱。当然,财产一直是早期贵族政治的基本预设之一,⑤但是土地财产从金钱中发展出了一套不同的道德规范。当金钱取代土地成为经济状况的基础,或者使土地依赖于黄金时,财富崇拜在对贵族的评价中就下降到了一个迄今尚未恢复的地位。柏拉图和亚里士多德仍然认为贵族的慷慨大方,与它在传统的希腊贵族时代一直所是的那样,是一种相同的美德。⑥ 不过,赚钱的技艺是建立在一种与正确地花钱不同的行为规范之上的。柏拉图颁布了这一原则:[331]金钱越受重视,德性越受鄙视。⑦ 早在梭伦和泰奥格尼斯时——两人都是旧贵族的代表——财富和贵族品质之间的联系纽带就已经断裂了,梭伦曾经哭喊说,他不会为了金钱而出卖德性。⑧ 敛

① 《高尔吉亚》481d。在 510b 中,苏格拉底说,当一个年轻的未受教育的僭主统治国家时,每一个想活下去的人都必须模仿他,并服从他的意见;如果城邦里有任何人比他好,他就会觉得非常糟糕。柏拉图不仅在思考名副其实的僭主政治,而且在思考一切有暴政统治行为的国家,尤其是雅典发生在苏格拉底身上的民主暴政。

② 《王制》564a。

③ 《王制》548a。

④ 《王制》550e—551a。

⑤ 品达,《奥林匹亚颂歌》(Ol.)2.53。

⑥ 参见亚里士多德讨论"慷慨(ἐλευθεριότης)"和"大方(μεγαλοπέπεια)"的两个部分,《尼各马可伦理学》4.1—3 和 4.4—6。

⑦ 《王制》550e—551a。

⑧ 关于梭伦对财富的态度,参见本书第一卷,第 184 页及以下;关于泰奥格尼斯对财富的态度,参见本书第一卷,第 256 页及以下。

财的权力居然可以是"能力"的一种衡量标准，这一庸俗的观念与柏拉图的德性理想相距如此之远，以至于他根本不屑一提——尽管他注意到普通民众发自内心地钦羡那些成功人士。[①] 他认为，无论是盈利，还是德性，都可以一心一意、不惜牺牲地去做，但对财神（Mammon）的必然崇拜和对贫穷的鄙视，在他看来就是社会有机体的病症。

他认为寡头制国家有四个特征：

1. 金钱是衡量一切的标准。不用说，这是它的一个缺陷，因为正如我们不应该根据一个人拥有的财产来确定他当舵手的资格，也不应该以同样的理由让他成为城邦的统治者。[②]

2. 国家不是一个统一体。它其实是两个国家，一个是富人的国家，一个是穷人的国家，他们住在一起，却又互不信任、互相憎恨。[③] 这样的政制无法进行战争，不能保卫自己。政府害怕（而且是正确地害怕）用武器武装民众，因为它对他们的紧张和焦虑甚于对敌人的紧张和焦虑；而如果不武装民众，亲自上阵作战，那么他们就会发现自己确实是孤家寡人，同时，他们还不愿承担战争的费用，因为他们爱钱如命。

3. 寡头政制还有另外一个与柏拉图的政治理想相冲突的特征。这就是它必然要求其公民从事多种职业。耕作、赚钱、作战，都必需由相同的人来完成，而不是每个人各司其职，各尽其责。[④]

4. 寡头政制中的每个人都可以出卖自己的全部产业，也允许其他人购买他的财产；但是，即使一个倾家荡产、其实已经根本不是城邦一员的人，仍旧有权住在这个国家里，他既不是商人，也不是手工业者，既不是骑兵，也不是重装步兵，只能说是一贫如洗、走投无路的穷人。这样的人无助于国家，最后都成为危害城邦的乞丐和恶棍。[⑤]

这里有一些柏拉图关于经济问题的具体思考的证据，远比他在讨论理想城邦时涉及到的要多得多，在讨论理想城邦时，他主要关注城邦的教育

---

① 《王制》554a11。

② 《王制》551c。

③ 《王制》551d—e。

④ 《王制》551e6。

⑤ 《王制》552a。

功能而忽略了其他主题。柏拉图在此作为对寡头政治的批评、有时也是作为寡头政治的一般原则而提出的一些思想,后来在《法义》中被赋予了成文的形式。在《法义》中,柏拉图试图通过限制房屋和土地的买卖,并使其成为一个人不可剥夺的财产,[332]来消除过度富裕和极端贫困之间的危险冲突;①不过,就大致原则而言,柏拉图显然自青年时代起就已经持有此种观念了。② 接下来:寡头政治中最危险的因素是许多"雄蜂"的存在,这些长着蜇针到处蜇人的雄蜂有些是乞丐、有些是职业小偷和扒手、有些是盗窃神殿财物的人。③ 柏拉图认为这种现象应归咎于糟糕的教育。④

当一个爱好荣誉的青年认识到他的雄心壮志的实现——它主导着斯巴达国家的一切——需要为城邦的公共福祉牺牲(城邦不会给这种牺牲支付报酬)如此之多时,他就变成了一个寡头类型的人。由于柏拉图把每一种政治变化看作一个教育现象,他在此处也以寡头类型的人的发展开始。这个年轻人起初仿效他爱好荣誉、全身心奉献给国家的父亲,亦步亦趋,后来看到他父亲获得的报偿不是荣誉和出人头地,而是忽然在政治漩涡中触礁翻船,人财两空。他父亲也许是位将军,也许担任了其他重要职务,他受到专业告密者的诬告,被撤职查办,身陷囹圄,他上法庭受审,财产被没收,他受侮辱,被流放,甚或被处死。儿子心怀恐惧,目睹并承受了这一切,他对天发誓,再也不会遭受同样的命运。⑤ 他立刻把父亲教育他的那种热爱荣誉的想法从自己灵魂的宝座上驱赶下来,随之也拒绝了灵魂中作为一切雄心壮志之源泉的勇猛胆魄。与此同时,他因耻于贫困而转向挣钱,依靠勤奋和节约贪婪地积聚财富。人到了这种时候,灵魂中的贪欲就登上了宝座,并成为心中的君王,饰之以黄金冠冕,佩之以波斯宝刀。⑥ 在这里,我们将这种转变看

---

① 《法义》741a 及以下。

② 《王制》552a。

③ 《王制》552c。

④ 《王制》552e。

⑤ 《王制》553a—b。

⑥ 《王制》553b—c。柏拉图将"节约和工作"(553c3)视为一个正在转向寡头类型的人的特征,听起来好像是一句政治口号。我们在伊索克拉底的《战神山议事会辞》24 中再次发现了它,它被看作是一种值得赞赏的表达和πάτριος πολιτεία[先祖的政体]的原则。不过,在这里,伊索克拉底是作为"温和民主派"的代表而说话的,他被那些激进的民主派称作"寡头派"。柏拉图《王制》中的这段文字是关于这一点的新证据。参见本书第三卷,第 132—133 页。

作是一幅形象的政治画面；但是，这种改朝换代——把斯巴达雄心壮志的自我牺牲精神赶下王座，转而喜欢以财富傲人的东方君主，也即心中的贪欲——发生在灵魂内部。① 它其实就是灵魂的疾病的发生过程，灵魂各部分健康和谐状态的一种失衡。灵魂中新的苏丹君王，即欲望，迫使灵魂中的理性和志气折节为奴，分列左右，只允许理性计算和研究如何更多地赚钱，只允许激情羡慕和赞美财富和阔佬，不许它们做任何其他无关钱财之事。② 柏拉图显示出高超的写作技巧，避免在每次政制转化时，在一些相同的基本观念方面老调重弹，把它们隐藏在组成灵魂的三个部分的形象背后，[333]隐藏在它们的正常关系的失衡形象背后。灵魂的三个部分之间的换位已经使最佳城邦衰退为寡头制国家。③ 我们现在看到政制的第一次转变不可避免地带来了之后的第二次转变。寡头类型之人的形象现在就立于我们面前：他极其看重金钱，讲究节俭，拼命苦干，自我克制，高度自律，只限于满足自己最基本的欲望，鄙视一切时髦样式，认为那都是徒劳无益之事，对文化或教育无动于衷——正如这一事实所表明的：他让一个瞎子（希腊财神普路同[Ploutos]是个瞎子）当合唱队的领队，并且无限崇拜。④ 因为缺乏教育（apaideusia），他体内培育出各种雄蜂般的欲望，有些是穷人的本能，有些像为非作歹的恶棍，它们都来自同一个根源，即贪婪。⑤ 只要他有机会可以不冒风险地拥有他人的钱财，寡头类型之人的性格就会现身。当他自己成为孤儿的监护者时，他就占有了孤儿的财产；但在正常的交易中，这种人拥有良好的名声，他强行克制自己身上的不良欲望，不是因为关于"善[好]"的知识软化了他，而是因为他害怕失去其他财产。⑥ 因此，从外表看，这种人看起来比大多数人更体面，更受人尊敬。然而，实际上，他更多地是一个伪君子（Pharisee），没有真正的德性和内在和谐。⑦ 民主制度要求富

---

① 柏拉图总是把对金钱的贪欲看作是非希腊的，更准确地说，是将其看作东方的，参见《法义》747c。

② 《王制》553d。

③ 《王制》550b。

④ 《王制》554b4。

⑤ 《王制》554b8。

⑥ 《王制》554c。

⑦ 《王制》554e。

裕公民为国家的公共竞赛支付的巨额花费,使他寝食不安,因为他不愿意把钱花在荣誉上,无论是争夺某个胜利或其他美好奖品,他不在乎被别人超越。① 他毫无为高尚的目的而竞争的精神,这种精神对雅典公民来说,曾经是如此自然而然,以至于柏拉图居然忘记了将其算作自己民族的一个伟大成就。

正如斯巴达人过分的雄心壮志使寡头政治取代了荣誉政治一样,对金钱从不知足的贪欲从寡头政治中产生了民主政治。② 是医学思想再次让柏拉图明白人的性格发生变化的原因。医学语言使用均衡(isomoiria)和对称的概念③——均衡和对称是两种可以通过避免过度来保持的理想状态。④ 它们很简单,很容易理解:归根到底,物质的变化是一系列有规律的填满和排空。⑤ 健康的秘密就在于那个极易错失的神秘尺度和平衡。希腊人早就认为,[334]社会财富的真正问题是"即使那些最富有的人,也努力想让财富翻倍"(梭伦),因为财富本身永无止境。⑥ 这种冲动将每一个人性的弱点都当作发财的工具——尤其是年轻人挥霍无度的倾向:因此,在寡头制国家中,统治者既然明白自己的政治地位是靠财富得来的,所以他们也不愿意用任何法律来禁止年轻人挥霍祖辈的财产,因为公民的唯一兴趣就是攫取更多的财产。⑦ 越来越多的人遭受富人的盘剥而成为穷人。穷奢极欲和高利盘剥成为社会的主导,那些一心赚钱的人对这些穷汉熟视无睹。最终,有些人负债累累,有些人失去公民资格,城里的雄蜂和乞丐越来越多,导致了动荡和革命。⑧因为越来越多的好公民陷入穷困,也因为有钱人自然而然地倾向于忽视其他所有能力,只重视赚钱的能力,富人注定会获得越来

---

① 《王制》555a。

② 《王制》555b。

③ 参见本书第三卷,第5页。

④ 《王制》555b9。

⑤ 在形成柏拉图思想方面,"κένωσις[填满]"和"πλήρωσις[排空]"这两个医学用语扮演了重要角色,参见《斐利布》35b,《会饮》186c,等等。这两个用语在希波克拉底的著作中非常重要。

⑥ 参见本书第一卷,第184页。

⑦ 《王制》555c。

⑧ 《王制》555d。

越多的权力。一边是水深火热，一边是养尊处优，但城邦的公共事务为他们两个阶层提供了相互认识的机会。柏拉图的现实主义手法在他对平民的描写中显示出前所未有的威力：当穷人和富人成为战友，一个皮包骨头、肌肤黝黑的穷人，在战场上站在一个养得白白胖胖、满身赘肉的富人旁边，看着他气喘吁吁，陷入困境，这时候穷人会想，正是由于穷人胆小怕事，这些有钱人才能保住自己的财富。柏拉图让我们无意中听到了，这种新的信念是如何逐渐传遍穷人和被压迫者的——他们聚集在一起窃窃私语："我们知道这群人是怎么回事了，他们实际上就是一群废物！"①

不健康的身体只要遇到一点外部刺激就会生病，处于相同状态中的城邦也一样，这种类型的国家只要稍微有点事情，潜在的纷争就会爆发——例如，当富人同情某个在自己国家压迫人民的外在政权，或者当穷人试图从另一个民主制国家获得支持时。② 转眼之间，民主制就取代了寡头制。民主政治的反对者要么被处死，要么被流放。每一个公民现在都获得了同样的权利。由抽签来决定公职的分配。在柏拉图眼中，抽签决定公职是民主政治的独特特征。他在他的母邦看到这一幕不断地上演。既然柏拉图将精确知识视为高于一切，那么他必然认为那支签就是一种政治制度的象征——这种政治制度坚持认为，在决定最重大的政治问题方面，一个公民的判断与另一个公民的判断具有同等价值。③ 历史地说，柏拉图是在把一种堕落的现象当作民主政治的本质特征：因为那些曾经创建了雅典民主制度的人，在谴责由抽签决定公职分配所表达的机械平等上，[335]肯定会与他保持一致。④ 如我们所知，亚里士多德曾批评他的老师在这一点上太过概括；他认为，每一种政治制度均有其正确的形式和错误的形式。实际上，他甚至对这些政制进一步细分，在其《政治学》中，他在

---

① 《王制》556c—d。

② 《王制》556e。

③ 《王制》557a。伊索克拉底持相同的观点，参见本书第三卷，第132—133页。

④ 伊索克拉底（《战神山议事会辞》21—22）明确强调了这一点，伊索克拉底的政治理想是梭伦式的民主制，即"我们祖先的政制"，参见本书第三卷，第132—135页。

民主制度的历史发展的许多不同阶段之间及其与其他类型的政制之间都作出了区分。① 毫无疑问，亚里士多德的这种条分缕析比柏拉图更接近历史真实。不过，柏拉图关注的并不是保存每一个真实情况的历史细节。他首要的兴趣根本不在于政治制度：通过描述由此种政制塑造的国家，他只是用它们来说明他正在讨论的病态灵魂的特定类型——在这个场合，就是民主制类型的人。

为了证明自己的论点，即除了教育型国家，国家的其他所有形式都是病态的堕落形式，柏拉图强调了它们所有的有害方面。例如，在其《书信》八中，他似乎对叙拉古僭主在联合西西里的希腊城市对抗迦太基威胁方面所履行的国家职能有所谅解——假如这种国家职能的履行不是凭暴力来完成的，又假如在有关这些城市的内部政制方面，僭主给了这些城市以充分的自由的话。② 但是，在《王制》中看不到任何诸如此类的话语，僭主制在这里被无条件地描述为疾病。民主制同样如此。柏拉图的《美涅克塞努》极力颂扬民主制在希波战争期间做出的贡献，正如雅典阵亡将士葬礼演说的习俗所昭示的那样，③但《王制》没有说任何一句诸如此类的话。柏拉图也没有提到这一历史事实（这一事实必定曾让他非常满意）：即民主政治始于法律的统治，从而结束了此前普遍的无法无天的无政府状态。关于民主政治的本质属性，柏拉图既不将其看作是在法律的保护下履行其自身责任的公民教育，也不将其看作是所有公职人员为其岗位职责做出叙职报告的应尽义务。埃斯库罗斯在《波斯人》一剧中曾以此将雅典的国家形式与亚洲的专制统治相区分。相反，柏拉图向我们展示的，是他那个时代的民主制的一幅阴暗画面，一幅逐渐破碎的画面。

---

① 亚里士多德在《政治学》3.7.1279b4—10 中将民主政体从立宪政体中区分出来；在《政治学》4.41291b15 及以下中，他对民主政体的几种类型作出了区分。

② 《书信》8.357a，353e，355d。

③ 在《美涅克塞努》238b 中，与其说柏拉图将在马拉松、萨拉米斯和普拉提亚打败波斯人的雅典前辈的德性归诸于他们的良好政制，不如说是归诸于他们的良好教育；亦可参见 238c。在 241c 中，他说，他们做的一件大事，就是教育其他希腊人要与他们一样有相同的大无畏精神，使他们不再害怕敌人的数量，无论是舰船的数量，还是兵员的数量。

"现在，这个国家充满了人身自由和言论自由"，柏拉图写到，"里面的每个人想做什么就做什么"。① 因此，这里的"自由"意味着免于责任和义务的自由，而不是由一个人自己的精神标准所束缚的自由。"既然允许随心所欲，那么每个人都有一套他自己的生活计划，爱怎么过，就怎么过。"②[336]个人及其纯粹依情况而定的本性获得了胜利；而人及其真正的本性却被忽略不计了。与那种依赖强制和严酷的纪律来压抑个性的体制一样，这种政治体制也扭曲了人性。柏拉图称之为民主类型的人，我们应该称之为典型的个人主义者，这种典型的个人主义者，与雄心勃勃型的人、贪得无度型的人，以及专横残暴型的人一样，在所有国家中都会出现，但他尤其是各种民主政制的威胁。因此，个人主义是人格的一种新疾病。请记住，人格不仅仅是个性。作为德性的代表，人就是由理性教化而来的人性；柏拉图已经通过其理想国家的教化表明了他的所思所想。除了讨论教育的法律之外，柏拉图的理想国对其他一切法律都忽略不计，这一事实为他的那种自由观念作出了最高贵的表达，与这种作为内在行为规范的崇高自由观念相比，我们通常的自由概念只能说是一种陈词滥调——它掩盖了许多东西，废除或者禁止这种自由会更好。

当然，柏拉图心照不宣地认定，除了在雅典，他对自己国家的尖锐批评和他的哲学的"革命"学说，在任何别的地方都将是不可能的。但是，他认为这种自由的价值是值得怀疑的，因为每一个人都拥有这种自由。他觉得他自己拥有唯一真正的哲学：他怎么能够允许那些虚假的哲学拥有相同的权利呢？尽管他的辩证方法是根据"对话"来命名的，但它与日常类型的"讨论"截然不同，那种"讨论"最终都一无所获，双方都说，"好吧，那是你的看法，这是我的意见，让我们各持己见吧"。在这一点上，在教育者（他在这样一种不负责任的气氛中感到很无助）和政治家（他信奉宽容原则，宁愿让一种错误观点得到表达，也不愿用暴力压制言论）之间，存在着一种难以避免的冲突。柏

---

① 《王制》557b。

② 《王制》557b8。

拉图认为民主制国家是一个充满了各色人等的国家，是一家"环球商店"，里面挤满了各种类型的政制，每个人都可以根据自己的喜好，喜欢什么形式，就选择什么形式。① 即使是一个不想在政治上扮演任何角色的人，也可以这样做。当这个国家的其他人都在作战，如果你不想参战，你就可以置身事外。如果有那条法律或判决禁止你担任公职，你照样有机会掌权。② 法院满是宽容和宽大：有些人被判有罪，但他们脸上仍是平安无事的表情；有些人被处以死刑和流放，但他们照样在人群中穿梭，来去自由，活得像趾高气扬的英雄。③ 民主制社会的道德准则在任何方面都不斤斤计较。一个人想要成为政客，也不需要理智训练，不需问他原来是干什么的，品行如何，[337]唯一的条件是他转向从政时声称自己热爱民众。④ 柏拉图的这一描述可以从法律演说家和谐剧作家那里逐行得到证实。雅典政制有爱国心的捍卫者是这些缺陷最引人注目的谴责者，尽管他们不会因此而抛弃其优点。柏拉图也曾考虑通过革命改变雅典政制，并决定反抗，尽管是缘于其他原因。他就像一个逻辑上的医生，只会检查病人，并发现其健康状态令人深感不安，而无力医治。⑤

　　根据柏拉图所言，民主类型的人与其他类型的人一样，是由残缺的教育造成的，这种教育接受的是一种本来就坏的类型，并使它变得更坏。寡头制国家中专门敛财之人（money-man）虽节俭，但却是完全未受教育、没有文化的人。⑥ 因此，支配他的欲望因素很快就掀翻了灵魂中的藩篱——他的那种攫取和占有的本能本来应该被圈禁在此藩篱之内。他不能区分生来就有的必要欲望和不必要的欲望，⑦尤其是在他

---

① 《王制》557d。

② 《王制》557e。

③ 《王制》558a。

④ 《王制》558b。

⑤ 参见柏拉图对当时的国家所持的态度（《书信》7.330d—331d），尤其是关于哲学家与他自己国家的正确关系（331e6）。这里，柏拉图的哲学教育理想也受到医学的影响，参见330d。

⑥ 关于教育作为这种发展的首要原因所起的作用，参见《王制》558d1，559b9，559d7，560b1，560e5，561a3。

⑦ 《王制》558d9 及以下。

的青年时期，因此，他的灵魂成了斗争和反叛的战场。正如从寡头制到民主制的变化一样，通过对灵魂-城邦（soul-state）内部的政治动荡的形象描述，柏拉图刻画了发生在年轻人灵魂中的变化，以便使这些灵魂内部的变化的政治意义更加清晰。灵魂中激情飞扬的部分对理性部分的胜利产生了荣誉政治中雄心勃勃的人，而灵魂中欲望部分对志气和理性的胜利则产生了寡头类型的人。因此，民主类型的人是由欲望部分的内部斗争产生的。一开始，年轻人身上的寡头因素通过从外部寻求亲属的援助来保卫自己，例如，从教育他的父亲那里；但年深日久，荣誉心和羞耻心（aidos）的制约性影响最终逐渐被欲望所动摇，内心的欲望变得越来越强烈，因为他父亲不知道怎样培养（τροφή[培养]＝教育）年轻人内心更好的动力。由于他对正确培养方式的 anepistemosyné（科学上的无知），整个教育工作失败了。① 一大堆骚动不安的欲望在他内心悄悄成长。② 有朝一日，它们终于蜂拥攻占了灵魂的城堡（即他的理性），因为它们发现里面空无一物，没有科学和知识，没有理性的活动。③ [338]于是各种虚假的东西、狂妄的言词和狭隘的想法趁虚而入，完全占据了年轻人的心灵。它们关上了城堡的大门，拒绝外来亲友的任何援助进入，也不倾听年长的良师益友的忠告。④ 它们开始重新命名一切善恶观念。称廉耻（aidos）为"愚蠢"，称节制为懦弱，称适度开支和合理持家为"乡巴佬的吝啬"，并将这些美德全部驱逐出境。⑤然后，它们迫不及待地带着一支庞大的合唱队伍，将红光满面、头戴花冠的相反品质迎回城中，它们称混乱为自由，称放荡为豁达，称无耻为豪迈。

很明显，柏拉图在此借鉴了修昔底德的大量文字，稍作修改，以切合自己的主题——修昔底德曾经用大段大段的文字，解释道德的崩溃

---

① 《王制》559e—560b。培养（τροφή）在此相当于教育，因为τρέφειν[培养]是παιδεύειν[教育]的同义词。

② 《王制》560b5。

③ 《王制》560b7。

④ 《王制》560c。

⑤ 《王制》560d。"aidos[羞耻心]"显然被认为是灵魂中的秘密劝告者，在此之前一直统治着灵魂；由于她对灵魂的影响，她尤其被作为反叛的排头兵的享受欲所憎恨。

是如何在词语意义的变化中得到反映的。①　在灵魂内部这场看不见的
变动中,柏拉图看到了教育史上这场最严重的动乱的症状。遵循第一
个假设,柏拉图认为历史学家所看到的事实是伯罗奔尼撒战争在全希
腊的可悲结局,并将其阐释为"民主类型的人"的过错。在这里,和其他
地方一样,起初纯粹只是一种政治概念的东西,对柏拉图来说,显然已
经成了一种特定的心理学类型的符号。柏拉图所看到的,是一个病态
的人,他沉溺于自己的一切欲望冲动,一个接一个,无论是必要的本能,
还是邪恶的享受欲。②　如果这个年轻人足够幸运,不至于被自己的穷
奢极欲所毁灭,那么,随着年龄的增长和这段暴风骤雨般的混乱生活过
去,他可能还会重新接纳一些较好的欲望。然后,他会有一段"平衡"时
期,把各种不同的欲望放在某种平等的地位,由它们轮流执政。他有时
狂欢作乐;有时发誓戒酒,喝水节食;有时热衷于体育锻炼;有时完全无
所事事,有时又研究哲学。他参与城邦公共事务,上蹿下跳,发表演说,
要不然的话,就因羡慕一位将军而去从军,又或者去经商做生意。他的
生活没有任何秩序或条理可言,但他却声称这是一种快乐的、自由的、
天堂般的生活,他一辈子就想这样。他是一大堆互相排斥的理想的集
合体。③

　　民主类型的人和僭主政治起源的密切关系,限制了柏拉图对民主
类型之人的评价。④　[339]当然,从外表看,僭主政治与柏拉图自己的
理想国最为相似。就像理想国建立在一个智慧和正义之人的统治之上
一样,僭主政治也建立在一个人的绝对统治之上。不过,它们之间的相
似是骗人的假象。柏拉图不认为绝对君主制的存在能决定国家的性
格:它只是最高统一和意志集中的一种形式,它有可能是正义的,也有

---

①　修昔底德,《伯罗奔尼撒战争史》3.82.4。不只是这里的柏拉图,还有《战神山议事会辞》
　　中的伊索克拉底,都显然受到了修昔底德对当时的政治危机及其社会症状的分析的影
　　响。这种危机理论特别适合柏拉图关于发生在城邦和个体灵魂中的蜕变过程的医学观
　　念。在讨论修昔底德对伯罗奔尼撒战争起源问题的处理时,我们已经表明了他的思想受
　　到了医学何等强烈的影响,参见本书第一卷,第 472—473 页。布克哈特(Jakob Burck-
　　hardt),连同其世界历史中的政治危机理论,是这一学派的一个后期代表。

②　《王制》561a。

③　《王制》561c—d。

④　《王制》562a。

可能是不正义的。僭主政治的原则是非正义。由于其外在相似和内在反差,它实际上只是理想国的一幅滑稽漫画,其他类型的国家与理想国越相似,这个国家就越糟糕。它的独特特征就是自由的完全缺失,这就是使它的民主制起源变得不可理解的东西。民主政治包容最大程度的自由。一旦任何一种状况过度夸张,它就会摆回相反的一端。过度的自由是通向绝对的不自由的最短捷径。① 这种对政治现象的医学解释当然植根于伯罗奔尼撒战争之后二三十年的切身体验。早期的僭主政治曾经是从贵族政制向民主政制转化的一个部分。柏拉图自己时代的新僭主制,是民主政制变得尽可能地激进之后终于崩溃的一种特有形式。因此,柏拉图的政制理论是片面的,因为它只考虑到了僭主制的现存形式;但是,随后的历史似乎证明了他的理论的合理性。历史表明,僭主制通常都随民主制而来。罗马共和国试图终止从民主制到僭主制的转变进程,它通过一种有趣的方法使一个人的绝对统治取代了一种民主机制,在紧急情况下,短时间内发挥作用;这就是罗马独裁官的岗位。不过,当柏拉图将僭主制与民主制相联系时,他不只是在阐释历史。来自其教育理论的精神病理学论证使僭主制与民主制的这种联系成为逻辑的必然。尽管柏拉图对僭主制的描述使我们深感兴趣,但吸引我们的与其说是他关于僭主制这种政治模式所说的一切,不如说是僭主制作为一种最广泛意义上的道德现象的心理学起源。在柏拉图的僭主制类型的整个陈列室里,政治上的专制君主只是最极端的一种,对社会影响最深的一种。从对政制模式的僭主制的描述到对僭主类型之人的分析,在柏拉图的这种有条不紊的过渡中,这种重要性的逐步变化是显而易见的。

[341]如我们前述所言,僭主制起源于过度的自由。柏拉图不满足于孤零零的一个警句。通过对无政府状态的病症的描述②——世界文学史上对国家与灵魂之相互关系的一种无与伦比的描述——他对这种过度自由进行了生动的说明。每一行字都告诉我们,其悲观的现实主

① 《王制》546a。

② 《王制》562e。

义色彩,以及夸张的讽刺色彩,都来自于柏拉图在雅典的切身体验。斯巴达和寡头制对他的意义,其实比他在这里描述的境况要小得多。他之所以能够将无政府状态描述得如此逼真,是因为它是一直决定着其哲学的整个趋势的一种现象。在这里,我们可以看到,柏拉图的理想国和教化理想是如何从他身边所见所闻的无政府状态中生长出来的。因此,他所说的都是一种警告,对目前状态势必会导致的一种逻辑结果的警告。这是在一个更高的平台上对梭伦预言的一种重申。因为一切政治观点归根结底都是预言,无论它是建立在对重复发生的政治现象的观察之上(柏拉图非常鄙视这种方法),①还是建立在关于精神变化的最深逻辑的知识之上。他关于一种类型的政制向另一种类型的政制转化的理论,不是一种对历史发生顺序的描述,而是与他对自由的垂死挣扎的痛苦的描述一样,在雅典明显复苏的最后几年间,他看到了雅典注定要走向的结局。也许,如果雅典城邦能够完全按照内在法则得以发展的话,历史有时会走向柏拉图推导的那条道路。然而,不管怎样,僭主制不是从雅典内部生长出来的,而是由一种外来势力强加给它的。很快,马其顿的入侵——其时,雅典正朝着柏拉图刻画的热病曲线的最后阶段行进——会把一项更重大的国家义务交给民主制度来完成;而且,只有在雅典民主政治的弱点面临这一任务时,柏拉图对政制转化的病理学诊断,才能在他不曾预见到的情况下得到证实。

无政府状态的病症首见于教育领域,因为根据柏拉图的病原学,自由放任的混乱状态根源于教育领域的杂乱无章。它把某种平等不加区别地赋予所有人,不管他们实际上是一样的,还是不一样的,而教育的虚假平等导致了一种奇怪的不正常状况。父亲们尽量使自己和孩子们一样,并且害怕自己的儿子;而儿子们俨然以为自己已经长大成人,不尊重自己的父母,举止失度,似乎只有这样才算是一个自由人。外邦人和外籍居民的地位等同于本邦公民,而本邦公民则似乎与外邦人无异。[341]教师害怕自己的学生,一味迎合他们,而学生对自己的老师则嗤之以鼻。普遍的情况是,年轻人冒充老资格,侃

---

① 《王制》516c—d。

侃而谈，与老一辈分庭抗礼，而老一辈则努力使自己看起来年轻、机敏、风趣幽默：一切的一切都在避免被认为令人生厌和专横独断。①主人和奴隶之间不再有任何区别，更不用说妇女的自由权利和解放了。这些话读起来像是对阿提卡新谐剧中出现的生动画面的系列评论，尤其是对儿子们和奴隶的自由行为的描述。柏拉图对心理事实的微妙感觉使他能够像观察人一样观察动物。在一个民主政治的自由社会里，狗、马和猴子都完全无拘无束，享有最大的自由和尊严，它们在大街上径直行走，如果有人挡道，它们似乎在说，"你不给我让路，我当然不给你让路"。②

诚所谓物极必反，这是一个不可避免的自然规律，它范围天地之化而不过，气候、植物、动物的世界无一例外，政治的世界也必然如此。③通过小心翼翼地选择自己所使用的词语，柏拉图强调他的根本原则来自于经验。例如，"通常情况是（φιλεῖ）"和"这是惯例（εἴωϑεν）"都显然暗示了医学病理学和生物病理学的方法——在这两门学科中，这些词语都曾用来表示我们对任何现象的知识的相对确定性程度。④然后，随之而来的是对疾病的描述。正如人体中的黏液和胆汁失调会对人的身体造成混乱一样，社会机体中的这些因素——无所事事而只知挥霍的人——是有害炎症的根源。⑤在寡头制国家中，我们已经看到过"雄蜂"的恶劣影响，民主制国家中的这些"雄蜂"也是致命疾病的根源。⑥一个聪明的养蜂人为保存整个蜂窝，会将它们连根切除。强悍带刺的雄蜂就是蛊惑民心的政客，他们在台上眉飞色舞，而他们的支持者[不带刺的雄蜂]则围坐四周，嗡嗡嗡地喝彩，不让持不同意见者开口。蜂蜜是富人的财产——也是雄蜂们赖以为生的饲料。人口中占大多数的劳动阶级，对政治了无兴趣，大多安分守己，没有多少财产；但当他们聚集在一起时，他们的力量却又是最大的。当政客们剥夺了富人

---

① 《王制》562e—563a。

② 《王制》563b—c。

③ 《王制》563e—564a。

④ 《王制》563e9,565c9,565e5。

⑤ 《王制》564b4—c1。

⑥ 《王制》564b6,552c。

的钱财时,常常会给他们一点点甜头作为报酬,但绝大部分留为己用。现在,这些富人也参与了政治,以在这样一种国家中唯一有效的武器[在民众中发表演说]来捍卫自己。[342]他们的抵抗激怒了另一边的政客,说他们暗中与民众作对,称他们是一帮倾向寡头统治的人;民众于是把无限制的权力交给了他们自己的捍卫者。如此这般,这个捍卫者就成了一名僭主。①

在遥远的阿卡狄亚(Arcadia)的山谷里住着一个野蛮的种族,这个种族有许多古老的习俗。即使在公元前四世纪的文明社会,他们还保留着一些奇怪的原始仪式。他们仍然一年一度给吕克昂宙斯(Lycaean Zeus)供奉人牲。某个人的心脏和其他内脏被切成碎片,与主要是动物牺牲的祭肉夹杂在一起。神话传说告诉我们,无论是谁,只要吃了一片混在其中的人肉,就会无可避免地变成狼。因此,无论是谁,只要他用邪恶的嘴尝了一口公民同胞的血,他就会变成一个僭主。在他驱逐和处死了许多对手,并着手革命性的社会变革计划之后,他要么被自己的敌人杀死,要么像一个专制君主那样统治,并成为一匹狼,而不是一个人,除此之外,别无选择。② 为了保护自己,他需要一大堆贴身跟随的保镖,民众答应了他的请求——因为他们足够愚蠢,担心他的安全远胜于担心他们自己。所有的富人都从国家捞取钱财,不然的话,他们也会被指控这样做而被处以死刑。与此同时,他推翻了国家内部的最后对手。现在,他成了城邦这辆战车的驾驭者,只不过他不是城邦的领袖,而是城邦的专制僭主。一开始,他假装是全体公民的朋友,满脸笑容地对待所有人,以逢迎讨好的方式赢得他们的感情。他向他们保证,他的领导与僭政毫无共同之处,他给他们一大堆许诺,豁免穷人的债务,重新分配土地给他的支持者和追随者。③ 但是,为了使他自己成为不可或缺的领袖,他必须发动一场接一场的战争。因此,他逐渐成为公民们憎恨的人。即使他的那些最忠实的追随者和最亲密的谋划者——他们曾经帮他赢得权力而现在各据要津——也开始严厉地批判他。他不得

① 《王制》564c6—565d。

② 《王制》565d—566a。

③ 《王制》566a—e。

不将他们全部清除干净，以确保手中的权力。① 那些最勇敢、最高贵、最聪明的人注定是他的敌人，无论他愿不愿意，他都被迫把他们从城邦"清洗"出去。"清洗或清除"这个概念，是柏拉图从医学领域转用到政治上来的，它与通常使用的意义相反：僭主被迫将社会机体中最好的部分而不是最坏的部分清除掉。② 不过，他必须有一队更强大的保镖，[343]如此，他只能用国家中那些最坏的因素来统治最好的因素。除非犯更大的罪行，没收神庙的财产，否则他无法一直拥有这么多追随者。最后，民众终于认识到他们造就了一个什么样的怪物。为了逃避被奴役的阴影——这是他们从自由人那里感受到的恐惧——他们陷入了奴隶［欲望］的专制统治。③

僭主类型的人似乎与民主类型的人相反，但他来源于欲望的过度生长，柏拉图将民主类型的人的起源也追溯到这种欲望的过度生长。后者来自于各种"多余的"欲望的过度生长，而前者则来自于各种"违法"的欲望，这是此前一直未曾提到的一种新类型。④ 为了理解他们的性格，我们必须进入人的潜意识里。柏拉图说，在梦中，灵魂抛开了理性加诸它的约束，人身上兽性的和野蛮的部分苏醒过来，力图冲出来寻求自身本能的满足，显现出他自己都不知道的一部分本性。柏拉图不愧是心理分析之父。他是第一个揭示令人震惊的俄狄浦斯情结的人，与一个人自己的母亲乱伦的色欲，是无意识人格的一部分。柏拉图通过对梦中经验的分析揭示了这一点，还有一堆同样被压抑的、类似的愿望-情结：从与诸神、野兽交媾到鸡奸和谋杀。⑤作为详细阐述细节的一个借口，柏拉图申述了潜意识的重要性——因为僭主类型的人甚至根本不想训练和约束自己的欲望。柏拉图说，每个人身上都存在着可怕、粗野、不法的欲望，甚至对我们之中最讲自我节制的人来说，情形似乎也完全如此。这些在我们的梦中表

---

① 《王制》566e6—567b。

② 《王制》567b12—c。

③ 《王制》567d—e。译注：此处的"奴隶"指僭主的欲望，参见本卷第 401 页"他［僭主］是所有奴隶中最大的奴隶"。

④ 《王制》571a—b。

⑤ 《王制》571c—d。

现得非常清楚。①

柏拉图由此推论,为了封堵这些潜伏于地下的因素,不让它们闯入有意识的冲动和目的的有序世界,他必须将教化的范围拓展到灵魂的潜意识生活。他描述了一种驯服变态欲望的方法,这一方法建立在灵魂三个部分的心理学基础之上,其基础是每个人与他自己的健康和适度的关系。现代的那种个体人格概念,即"自我(Ego)",在柏拉图那里是不存在的,这一点已经得到正确的评论。这得归功于柏拉图的人格结构观念;对柏拉图来说,[344]人格在于人的欲望部分与他的"真实自我(real self)"的关系,柏拉图将人的真实自我称之为灵魂的德性(也即最佳形式)。因此,那种"自我"没有任何真正的价值;与人的"真实自我"相比,它只是一种模糊不清的东西。教育对欲望的潜意识生活的影响,必然会影响我们的睡眠。睡梦中的生活是迄今仍未被教育覆盖的唯一领域。柏拉图完全像推行孩子还在母亲子宫里的产前生活和受孕前父母的生活那样,来推行睡梦中的生活。② 他认为,理性生活是先前在非理性生活中形成的;③因此,非理性生活是由无意识预先确定的。受柏拉图关于梦中生活与醒着时的经验和行为之关系的启示,亚里士多德为自己的睡梦研究得出了有价值的提议。不过,亚里士多德的研究更多的是本着抽象的理论研究的精神,而柏拉图,即使在他讨论睡梦心理学时,也总是密切关注着教育问题。一个人在躺下睡觉之前,(他说)他"必须"唤醒自己的理性部分。他"必须"用高贵的言语和思想款待灵魂的理性部分,以便他有清醒的意识并集中注意力。至于灵魂的欲望部分,必须基于"既不能让它过饱,又不能让它挨饿"的原则,以便它能安然入睡,不会因快乐或痛苦的活动给灵魂中的最优秀部分带来骚扰,相反,会让对方去独自进行纯粹的思考,去努力获致此前不知道的东西,包括过去的、现在的和将来的事情。同时,他必须以同样的方式安抚灵魂中的激情部分,而不是情绪激动地进入梦乡。"激情"的两种主要形式——愤怒和激动——必须得到平息。

① 《王制》572b,571b。

② 参见本卷第 283 页。

③ 《王制》401d—402a。

这样，灵魂的两个较低部分首先进入睡眠状态，而理性则必须保持清醒，直到最后一刻，以便它在灵魂焦躁不安的区域继续发挥安抚作用——即使在意识完全消除的时候。① 这种睡眠-教育在古代晚期影响深远。（例如，在新毕达哥拉斯学派中），它与意识的一种夜间审察相联系，②柏拉图没有提到这一点。他给灵魂开的处方不是道德的，而是饮食的。

灵魂中变态欲望的主宰形成了僭主类型的人。它是由肉体生活倒退到人类的早期阶段造成的，通常情况下，这种生活被束缚在潜意识之中，只在我们身上过一种地下生活。③ 人们并不总是能发现它，[345]就像在解释人格的另外三种病理学类型——它们造就了另外三种政制类型——的起源时一样，这里，柏拉图在父子关系中发现了第一颗衰败的种子。在这所有四种情况中，柏拉图都描述了一个其理想和意见与父亲截然相反的年轻人的加速堕落。④ 要想不钦佩柏拉图的教育和心理洞察力是不可能的：在谈论由于糟糕的教育而导致的灵魂堕落时，柏拉图不是从讨论孩子的学校以及孩子从那里得到的教导开始，而是从父子之间的教育关系开始。统贯整个希腊传统，父亲一直是儿子模仿的自然而然的榜样。教育，在其最简单、最清晰的形式中，就是体现在父亲身上的德性传递给自己的儿子。⑤ 后来，教育的一个更高阶段或体系出现了，在这个教育体系中，父亲只起一种更加基本的作用，甚至完全被摈弃了，教师代替了他的位置。然而，从某种意义上说，父亲是所有教师的原型，因为他是即刻可以效仿的活生生的理想和这种理想

① 《王制》571d6—572a。

② 杨布利柯，《论毕达哥拉斯的生平》(vit. Pyth.)35.356（多伊布纳[Deubner]本，第138页，第3—5行），其中，有两段来自古代作家的极为相似的文字。

③ 《王制》572b。

④ 柏拉图本人清楚地记得在寡头类型的人的教育中的类似过程，这种过程使他成为一个民主类型的人，参见《王制》572b10—d3。不过，在描述更早的阶段时，他将这种变化归诸同样的原因，参见本卷第377、383、393页。

⑤ 关于奥德修斯作为忒勒马科斯的榜样，参见本书第一卷，第41页；品达（《皮托颂歌》6.29—30)说，色诺克拉底是他儿子色拉西布洛斯的一个优秀榜样，参见本书第一卷，第275页；关于希波洛库斯给他儿子格劳库斯和佩琉斯给他儿子阿喀琉斯的教导，参见本书第一卷，第12页。苏格拉底有时会怀疑父亲们是否有能力正确地教育他们的孩子，参见本卷第124页。

的价值的证明。现在,父亲将他的推动力——它曾经在有限的范围内得到过证实——朝着自己夸大其词的理想推进得太远了。年轻人为青年和老年之间的自然对立所驱动,拒绝效仿他父亲的那种德性。如此,荣誉政治起源于儿子对父亲的那种默默无闻、毫无野心、全身心奉献给工作的生活的反叛。① 这里,父亲的行为完全合乎社会规范。故而,儿子的坏性格不是来自对父亲的片面理想的抗拒,而毋宁是来自这样的事实:即年轻一代的本性(physis)变得越来越坏了。因此,当一代又一代的儿子成为父亲时,他们的德性变得越来越片面,也逐步地堕落了;而每一个父亲都把一种缺陷更多的遗产传承给了儿子。荣誉制类型的年轻人鄙视不喜交往、谦逊退守的父亲,因为他的父亲逃避philopragmosyné,即"小心翼翼,对很多诸如名声、官职和审判之类的事情敬而远之"。② 他喜欢雄心勃勃的生活。他的儿子转而又认为他的这种为荣誉而奋斗的生活太过忘我,太过无私,宁可做一个孜孜不倦的守财奴。③ 接着,他的儿子又鄙视那种拒绝许多快乐和欲望的守财奴生活——除了与赚钱有关的事情,其他全都嗤之以鼻——他因而成了一个"民主主义者"。④ 他认为,满足自己所有不必要的欲望,[346]就是真正的自由和豪迈的标志。他的儿子又变本加厉,冲破藩篱,冒险突入到变态欲望的放荡海洋之中。⑤

在政治上实行僭主制期间,会出现很多典型现象,通过展现这些典型现象如何在灵魂的城邦中得到反映,柏拉图解释了最后一个堕落过程,并说明了其与较早阶段的堕落的相似特点。不过,尽管他对灵魂的混乱状态的描述取自政治世界,但他已经制定了这样的原则:即灵魂中发生的事情是类似政治过程的无形原型。当年轻人成为自己强烈欲望的玩物时,内在的僭主制就在他的灵魂中形成了。他的父亲和其他老师竭尽全力将他的欲望转向危险较小的途径,远离非法道路,另外一些

---

① 《王制》549c—e。

② 《王制》549c。

③ 《王制》553a9—10。

④ 《王制》558c11—d2。

⑤ 《王制》572d8。

人则在一旁纵容他追求极端的欲望；但高明的巫师和僭主制造者认识到，他们没有什么方法可以控制这个年轻人，于是他们在他心中造了一个能起统帅作用的情欲（ἔρως），让它成为其他那些无所事事的（unemployed）、只会尽情挥霍的欲望的统帅（προστάτης）——一只长着翅膀、体型巨大的雄蜂。① 请注意，无论是在灵魂中，还是在城邦中，僭主制都是从失业问题（unemployment）开始的。因此，当其他一伙欲望嗡嗡嗡地簇拥在它周围，并驱使它前进时，在保镖的保护下，灵魂的统帅自己也变得如痴如狂，如果它发现灵魂中还有其他什么欲望和信念有力量抗拒，它就会扼杀它们，或者把它们驱逐出境，直到将最后一丝残存的克制精神彻底清除。② 在实际经验中，我们发现，可以称之为僭主式性格的主要与三种形式的精神错乱相关——酗酒中毒、淫欲、躁郁。当一个人因为天性或习惯，或二者都有，而成为一个嗜酒如命者、抑郁症患者、或性躁狂症患者时，僭主式的灵魂就出现了。③ 他通常从反叛父母开始，然后对其他人变得野蛮暴烈。④ 他灵魂中的民主制被彻底摧毁。情欲[Eros]、激情[Passion]，这个大暴君，像一群卑躬屈膝的暴民，把他拉向每一种令人目瞪口呆的放纵。⑤ 柏拉图以"僭主"一词不仅指称政治上的专制暴君，还指各种类型的人和各种情况下的人，从小偷和入室盗窃者，到被相对较小的僭主式灵魂最终抬举到城邦最高位置的人，因为他们觉得他有最强的僭主气质，有最放荡的激情。⑥ 现在，如果他们不支持他，那么，当初他惩罚父母的野蛮行径就会在一个更高的层次上再次实施，只要他做得到，他就会攻击和奴役自己的父国和母国。⑦

　　僭主式的人没有任何真正的友谊，也没有自由；他永远要么是别人的主宰，要么是别人的奴隶。[347]他猜疑成性，他的本性就是不正义。

---

① 《王制》572e。
② 《王制》573a—b。
③ 《王制》573b—c。
④ 《王制》574b—d。
⑤ 《王制》574e—576a。
⑥ 《王制》575b—c。
⑦ 《王制》575d。

他和他的统治与正义之人和正义之国截然相反。① 因为正义就是灵魂
的健康状态,正义之人是幸福的。② 而僭主是悲惨的,因为他内心的自
然秩序被打乱了。没有人能够判断僭主的真实情况,除非一个人能洞
察另一个人的性格,而且不像孩子那样只看外表,被那些僭主式的威严
所蒙蔽。③ 这里,在对僭主的政治类型和个体类型的病理学分析的结
尾,柏拉图将苏格拉底既描写成描写成心理学家,又描写成了一个哲学
研究者——实际上,是描写成了一个他通篇都在刻画的理想教育者。
他让苏格拉底以一种富有魅力的反讽方式说,"来吧,让我们佯装是灵
魂的研究者"。④ 僭主的灵魂不像一个被僭主统治的国家吗? 它不遭
受同样的疾病吗? 在所有类型的灵魂中,它是最受奴役的一个,毫无自
由可言:它完全被疯狂的欲望所支配。统治它的不是最优秀的部分,而
是最糟糕的部分。不安和懊悔不断地压迫着它。它始终贫乏、永无满
足、充满恐惧、哀叹沮丧、悲伤忧惧。⑤ 然而,所有不幸中最大的不幸是
那种人的不幸:这个人有僭主气质,是一个僭主式的人,他不能以自由
平民的身份度过自己的一生,而是在命运的逼迫下,被抬举到了"彻底
腐败的"绝对权力之位,他在还不能支配自己的时候要去统治别人。⑥
在《高尔吉亚》中,苏格拉底说,尽管僭主貌似拥有权威,但其实他没有
真正的权力。对他来说,想要做善事是不可能的,而为善恰恰是人的意
志的天然目的。⑦ 在柏拉图对僭主型国家的叙述中,我们注意到,他没
有把僭主作为一个可以自由行动的人来描述;相反,他不断地强调这样
的事实:即僭主"必须"驱逐城邦中最优秀的人,甚至"必须"清除他自己
的伙伴和同党。⑧ 他做的所有事情,都是他不得不做的事情。他是所
有奴隶中最大的奴隶。⑨ 他无时无处的猜疑使他成为孤家寡人,他是

---

① 《王制》575e—576a
② 参见本卷第 275—276 页。
③ 《王制》577a。
④ 《王制》577b。
⑤ 《王制》577c—578a。
⑥ 《王制》578b6—c。
⑦ 《高尔吉亚》466b—468e。
⑧ 《王制》567b。
⑨ 《王制》579d—e。

城邦中唯一既不能独自离家远行，也不能像普通人那样到世界各地自由观光的人，只能像女人一样久居深宫。① 因此，在哲学家医生的眼中，他是极端不幸和痛苦的化身。

在我们之中的城邦

作为描述各种不同类型的国家，以及与之相应的各种不同类型的性格的动机，柏拉图说，讨论的真正目的，[348]是搞清楚正义本身是否就是一种善，而非正义本身就是一种恶。② 他想要证明，完全正义的人（根据前述对正义的定义，他是拥有完美的德性之人）③拥有真正的幸福；而不正义的人则非常痛苦。他深信，这是"幸福（eudaimonia）"一词的真正意义。拥有它的人不是"外表上的"幸福：如"幸福"一词所示，他"有一个好的守护神"。

这一宗教观念可以有无穷的变化和深化。"守护神（daemon）"主要不是指在其全部存在中的神（God），而是指在其与人的积极关系中的神。有神灵保佑的人（在绝大多数希腊人的意识中）是指有幸享有这个世界的财富、因而很幸福的人。在埃斯库罗斯的肃剧中，波斯国王冒着鄙弃眼前幸福（原有的守护神）的风险，想要赢得新的权力和更多的财富。这很清楚地说明了希腊人通常所理解的这个词的意思：因为它同时包含着物质财富和（它真正的原初意义）神的恩赐这两种含义。④ 在公元前四世纪的希腊，其物质财富的含义逐渐占据主导地位，乃至于将另一个意思彻底排除在外了。⑤ 尽管如此，"eudaimonia"一词从未丧失其宗教性的根源意义，即与一个神灵相关联：人们可以复活其宗教意义，正如柏拉图在此所做的那样。"守护神"一词本身，除了在"幸福"一词中的通常使用之外，也已经获得了越来越多的精神含义，最为我们所知的是赫拉克利特的警句："性格就是一个人的守护神。"这里，守护神不是某种

---

① 《王制》578e—579d。

② 《王制》544a。

③ 《王制》443c—444a。

④ 埃斯库罗斯，《波斯人》，第825行；比较第164行。

⑤ 因此，比如在色诺芬和其他作家那里，经常出现这样的短语：*πόλις μεγάλη καὶ εὐδαίμων*［城邦宏伟庄严、昌盛幸福］。

外在于人的东西,而是绝对与其个体本性相同的东西,因为它包含着神圣力量与个体及其命运的一种密切关系。这与柏拉图的想法相去不远:一个人的德性(我们称之为"人格"者),是他的幸福的唯一源泉。或如亚里士多德(他将柏拉图的教导概括在一个习语中)在其祭诗中所言:一个人想要幸福,只有经由德性,即经由他自己的精神价值。① 我们已经看到,在《高尔吉亚》的结尾神话中,当冥府的判官用他自己的"灵魂本身"来审查人的"灵魂本身"并对人做出最终判决时,说的就是这个意思。② 在《王制》的第一部分,柏拉图将正义定义为"灵魂的健康状态"——从而表明,问它是否值得拥有是毫无意义的。③ 既然我们已经认识到僭主生活于最悲惨的境地之中,那么此种意义上的正义就被揭示为真正的幸福和名副其实的满足的源泉。[349]如此,柏拉图就把幸福(eudaimonia)转移到了灵魂本身的内在本性及其健康之中,它使幸福成了一种尽可能客观和不假外求的东西。如果我们接受他对政制类型和性格类型的安排方式,那么正义之人是否比不正义之人更幸福的问题就已经得到回答了。僭主是最大的奴隶,而与完美的国家相对应的"王者型的"人,是唯一的自由人。柏拉图明确表达了整个讨论的这一最终结果,并正式宣告它就是裁判员的裁决——就像一场竞赛之后传令官的宣告一样。④

柏拉图用另一个证明强化了自己的立场,他把灵魂与正义之人和不正义之人在生活中享受的快乐相联系。正如城邦有三个阶层,灵魂有三个部分——它们的存在是柏拉图早就设定好的,他区分了三种类型的欲望和快乐,以及与之对应的三种类型的统治原则。灵魂的每个部分都有自己的不同欲望,攻取不同的对象。欲望部分在最广泛的意义上就是热爱利益,激情部分就是热爱荣誉,理性部分就是热爱知识:它是φιλόσοφος[爱智者]。与这三种基本的欲望相平行,柏拉图区分了三种类型的人和三种方式的生活。然后,他问,哪种方

---

① 参见拙著《亚里士多德:发展史纲要》,第107页。

② 参见本卷第172—173页。

③ 《王制》444c及以下。

④ 《王制》580b—c。王者型的人在这里再次被定义为"统治自己的人(βασιλείων αὐτοῦ)"。关于"善"的理性知识在他内心处于支配地位。这里提到的自由是苏格拉底式的自由。哲人-王是苏格拉底的理想,参见本卷第59页及以下。

式的生活最快乐呢？① 在希腊，有好几个词表达我们现在的"生活"这个词，"aion"指"有生之年（lifetime）"；"zoé"是生命的自然过程。"bios"指一个寿终正寝的个体的完整生命，但它也指人度过一生的方式，也就是说，盖棺论定，一个人过的是在性质上与他人不同的生活。使"bios"一词最适合于意指柏拉图的这种新生活观的——这种新的生活观是一种特定的道德理念（ethos）、一种"生活方式"的表达——正是 bios 所表达的后一个方面。柏拉图以其超乎寻常的"类型"划分才能，总是把人看作一个整体，而不是一系列行为或诸多品质的集合。通过塑造生活方式（bios）的概念，他为希腊哲学思想注入了强大的动力，这一动力在接下来数个世纪的哲学、宗教和伦理学中产生了持久的影响，直至最后融入基督教的"圣人生活（Saint's Life）"的观念中，以及各种其他形式和不同程度的基督徒生活中。现在，先前描述过的每一种生活方式，都有了不同类型的快乐和幸福。有什么方法可以比较内在于每一种生活方式的幸福和快乐的总量呢？柏拉图相信，要做到这一点的唯一方法就是去亲身体验一下每一种生活方式。② ［350］困难在于，每个人只能享受他自己的生活而不知他人的生活。柏拉图克服了这一困难，他指出，代表哲学的生活观念的人是唯一实实在在地体验过全部三种形式的快乐的人。因为很显然，这样的人从小已经体验过喜欢感官享受的欲望带来的快乐和对荣誉的野心勃勃的渴望给他带来的快乐。另外两种生活方式无法思考其自身之外的领域，而献身于知识的生活模式根本上优越于这两种生活方式。③ 在此，柏拉图所谈论的还是理想的人，而不是实际存在的人。因此，他觉得他有理由认为，他的"哲学人"满足下述条件，即在对这三种生活作出任何客观的比较之前都必须得到满足的条件，也就是说，他的确体验过所有这三种生活方式。这三种体验的道德价值必须由理性这一哲人的器官来判定。④

----

① 《王制》580d—582a。

② 《王制》582a。

③ 《王制》582a—d。

④ 《王制》582d11, *διὰ λόγων κρίνεσθαι*［通过理性来判断］。

因此,只有哲人热爱的才是真正的幸福。他的判断对另外两种生活同样有效。① 因此,哲学生活的理想是人的最高理想。亚里士多德在其《尼各马可伦理学》中缓和了柏拉图的这一大胆结论,他说,哲学的生活是人最高类型的幸福(eudaimonia),但他承认还有另一种形式的幸福:即建立在积极的生活而非纯粹的知识之上的道德卓越。② 亚里士多德区分了作为"智慧(sophia)"和"明智(phronésis)"的两个不同阶段;但在柏拉图那里,正如我们在描述统治者的教育时所表明的那样,二者统一于哲学的理想之中。柏拉图让哲学家成了所有最优秀的人的典范,而不是前苏格拉底传统中那些惊世骇俗的哲学家——他们都行为怪异,不食人间烟火。这不仅仅是因为柏拉图对自己的评价不同;哲人自身的本性也经历了一场转变。经过苏格拉底的诘问的尖酸清洗,哲人的生活(bios)成了一切教育和文化的目的,即人的性格的理想。③

不过,有人会反对说,尽管柏拉图将哲人的裁决当作比较内在于这三种生活的快乐的唯一标准,但它实际上只是一面之词。因此,柏拉图试图通过考察快乐本身的性质,以另一种方式为自己的发现进行了强有力的论证。④ 他在努力寻找一个中心点,由此可以比较和评估这三种不同类型的快乐。单凭理性的思维和权衡,这个问题看起来是不可能解决的;[351]柏拉图对它的研究,无论是这里,还是在《斐利布》中,在"所有的快乐性质是相同的,还是有真有假的"这一提问中达到了顶峰;再者,如果后者属实,真假快乐是否可分? 我们无需详述柏拉图的论证细节。其主要论点是,绝大多数我们所说的快乐,无非是解除和摆脱痛苦的感觉,更确切地说,它们是消极的否定性的快乐。⑤ 即使是我们体验过的"最大的"快乐,如果仔细考察,也来源于这种类型。它们是一种满足感——某种类型的痛苦或令人难以忍受的匮乏的压迫被驱散之后的满足感。⑥ 我们觉

---

① 《王制》582e。
② 亚里士多德,《尼各马可伦理学》10.7,10.8。
③ 参见拙文《哲学的生命理想的起源和循环》,载《柏林学术研讨会报告》,1928。
④ 《王制》583b 及以下。
⑤ 《王制》583c—584a。
⑥ 《王制》584c。

得满足之后的安宁（它其实位于快乐和痛苦的中间位置）是一种积极的肯定性的快乐。柏拉图将这种错误认知与我们在攀登时体验到的错觉相比，当我们攀升到中途半端时，往下一看，如果没有看到真正的上乘境界，就会觉得已经登临绝顶了。① 如果我们观看一把从黑到白排列的颜色的游标卡尺，也会有类似的经验——因为对白色缺乏经验，从黑色的一旁看到灰色，就以为我们看到的就是白色。② 因此，所有快乐和痛苦的感受都是相对的。正如柏拉图在《斐利布》中所表明的，③这决定于我们想要得"较多或较少"。如果我们假定所有的快乐和痛苦都是被填满和被清空的伴生物——柏拉图时代一个极为普通的医学概念——那么，饥饿和焦渴就是身体的空虚，而无知和愚蠢就是灵魂的空虚。饱食填充身体的空虚，而学习和知识则充实灵魂的空虚。④

乍一看，要想比较身体和灵魂这两种满足的状况和类型几乎没有可能。不过，如果以形而上的标准来衡量这两种伴生着快乐的过程，而且问哪一种过程以更真实的存在（Being）和实在充实了体验着它的人，那么我们仍然能够理解这种比较。无论是哪一种过程，它必然是真正的更充实和更满足。现在，从未有任何一种身体需要的满足，像知识给予灵魂的营养和满足那样使人充实：因为滋养身体的东西远不如滋养灵魂的知识来得真实。⑤ 如果真正的快乐是被适合于一个人的本性的东西所充满，那么，与被一种实在性较低的东西所充满相比，被一种实在性较高的东西所充满，必定是一种更真实、更本质的快乐。⑥ 因此，那些只享受感官欲望的人并非真的知道什么是"上层境界"（继续上面的比喻）：[352]他们甚至懒得抬头仰望。他们从未体验过一种纯粹的持久的快乐。他们像动物一样"目光朝下"。他们附身地面，蹲伏在食槽上胡吃海喝；为了多吃多喝，他们都用犄

---

① 《王制》584d—e。类似地，在《普罗泰戈拉》356c和《斐利布》41e中，柏拉图以判断距离远近的困难说明了衡量快乐和痛苦的感受强度的困难。

② 《王制》585a。

③ 《斐利布》24a及以下。

④ 《王制》585b。

⑤ 《王制》585b—c。

⑥ 《王制》585c—e。

角和蹄子互相踢打冲撞,杀死对方或被对方杀死,永不满足,也无法满足,因为他们不是在以真正"是(is)"的东西满足自己。他们只知道快乐的影子和幻象,而对真正的快乐一无所知——真正的快乐与人的精神部分,即他的 phronésis[智慧],是同类;因此,他们实际上认为理性与快乐相对立。他们就像诗人斯忒西库罗斯(Stesichorus)所说的那些希腊人,在特洛伊为迎回海伦而厮杀,尽管特洛伊的海伦只是一个欺骗性的幻影,而真正的海伦却远在埃及。① 因此,即使从快乐的实在性角度而言,哲人也是唯一拥有真正快乐的人。② 离这种真正的快乐最远的是僭主型的人,最近的是王者型的人,即《王制》中的"正义之人"。关于与不同的城邦类型对应的人的不同类型的幸福,柏拉图实际上开了个讽刺性的玩笑:经过他的一番运算,发现王者的生活要比僭主的生活快乐 729 倍,反过来说,僭主的生活要比王者的生活痛苦 729 倍。如果品质高尚的正义之人在快乐方面胜过品质低劣的不正义之人这么多倍,那么后者的生活在价值、美好和人的完美上与前者相比又怎可以道里计!③

　　不仅正义之人的生活比不正义之人的生活要"幸福";甚至在"有利"方面,行不义之事也比不上行正义之事——格劳孔和阿德曼托斯说许多人的观点是"行不义之事比行正义之事更有利可图"。④ 通过将正义定义为灵魂的健康与和谐,柏拉图已经得到了这个结论。⑤ 现在,在讨论的结尾,正如柏拉图在关键时刻经常所做的那样,他引入了一个意象来加固这一结论。⑥ 他提出了一个寓言故事来说明人性复杂的内在结构。它是一个人的形象——或毋宁是灵魂的一个形象;(与柏拉图的理论相一致)它将灵魂呈现为三种事物的合成物:一个多头怪兽、一头狮子和一个人的合成物。再塑造一个我们通常所谓的人的形象,包裹在这三种不一样的、互相独立的事物的表面,让

---

① 《王制》586a—c。

② 《王制》586e。

③ 《王制》587a—e。

④ 参见本卷第 232 页及以下。

⑤ 《王制》445a,444c—e。

⑥ 《王制》588b 及以下。

只看到外壳的人相信，它是一个活的整体，风平浪静，全无纷争。①被好多个或凶猛或驯服的头颅围绕的怪兽，是作为欲望的产物的人，它是灵魂的欲望部分，柏拉图将其从勇敢和理性部分区分开来。[353]狮子是作为一种情绪性存在的人，它能感受愤怒、羞耻、勇敢和激动。真正的人，"人里面的人"，正如柏拉图所完美地表达的那样，是灵魂的理性部分。②

没有必要解释这一形象在人文主义历史上的意义。它使柏拉图的教化——就它建立在对人及其本性的一种新估价之上而言——的意义和倾向一下子一清二楚。柏拉图的教化就是发展"人里面的人"。通过将其他任何东西都隶属于这一理性的目的，它创造了一幅全然不同的生活和真正完美的人的画面。理想国的整个复杂结构，只是旨在为设计出这幅灵魂的画面提供一个背景。与此类似，各种不同形式的堕落城邦的名单，只不过是各种不同形式的堕落灵魂得以展示的一个明亮背景。因此，任何赞扬不正义的人，都是在纵容多头怪兽。只有哲人强化我们灵魂中的驯服部分并使其占据主导地位，将其他一切都隶属于我们之中的神圣部分。让我们灵魂中的优秀部分为低劣部分服务，永远不可能更加"有利"，因为这违背自然。这一意象也告诉我们，为什么《王制》中有两种类型的教化，一种是针对统治者的哲学的教化，一种是针对卫士的军事的教化。如果狮子得以正确地驯化，他就不会站在另一头野兽旁边，而是听从我们之中的人，并帮助他赢得与多头怪兽的战斗。③ 教育的功能就是训练我们之中比较高尚的非理性冲动与理智部分相一致，以便我们之中软弱的人性因素能得到它们的支持，从而使我们之中的非人性部分得到抑制。

这就是柏拉图的教化想要创造的理想国。对于年轻人，我们不

---

① 《王制》588c—d。

② 《王制》588e—589b。

③ 《王制》589b，这一段落也说明了想要把人训练成"人"和仅仅训练成"驯服的狮子"的教育之间的不同。但是，从社会角度看，后者更为必要，因为纯粹的"人"的教育不可能延伸到国家的全部成员之中，只能作为针对统治者的教育而存在。

给他自由,直到我们在他们之中建造好那个内心的城邦,并成为永久性工事:即人身上神圣部分对兽性部分的统治。① 柏拉图称之为正义的人——他与真正正义的理想城邦同一性质——在当时的实际城邦中,没有任何可以支撑他的教育和行为的东西,这样的城邦只是高级的人性的一个黑暗摹本。正如柏拉图在另一段文章中所说的那样,因为缺乏一个他可以积极有为的完美城邦,他将"塑 造 他 自 己(ἑαυτὸν πλάττειν)"。② [354]尽管他不能生活在真正的城邦之内,但他也会把真正的城邦携带在灵魂中,在行动和生活中目不转睛地凝视着它。他会注意到这样的城邦里面什么都没有改变,而他对这一尘世生活中的美好事物——金钱、土地、荣誉等等——的态度,将决定于在不违背他内在城邦的法律的情况下他获得它们的可能性。③ 他会参与政治吗? 上述所有论证都阻止他这样做。苏格拉底的年轻对话者正确地得出结论说,他不会。不过,苏格拉底说,他会。在"他自己"的那个城邦,他当然会竭尽全力地参与政治,但在那个他碰巧出生的城邦,也许他不会,除非一个神圣的机遇使他有可能根据自己的标准而行动。④"他自己"的城邦,即理想的城邦,屹立于型的世界中,因为它不属于大地上的任何一个地方;但是——柏拉图以此结束了他的探究——这个城邦眼下或将来是否存在没有任何区别。也许它存在于天上,对于能看到它、看到它之后又让他自己成为真正的城邦的一部分的人而言,它是一个永恒的典范。⑤

我们从柏拉图寻找一个理想的城邦开始,但我们却找到了一个人。在柏拉图的意义上,我们可能觉得,我们像以色列的第一个国王扫罗,他出发去寻找他父亲的驴子,却建立了一个王国。无论这个理想的城邦未来是否能够存在,我们都能够而且必须不停地努力建造那个"在我们之中的城邦"。我们习以为常地发现,当柏拉图给他的人性阐释赋予

① 《王制》590e,589d,590d。

② 《王制》500d。

③ 《王制》591e—592a。

④ 《王制》592a。

⑤ 《王制》592b。

更多形而上的意义时，他开始用似非而是的悖论和隐喻的语言来说话；但这是一个他制造的最大悖论。从柏拉图著作的最早期开始，我们就已经看到了他对城邦的一种有目的的新态度的发展。我们有好几次机会发现有必要问一问，它是否真的会导致它当初认为要努力达到的目标，因为柏拉图正与通常认为对一个外在城邦的存在不可或缺的一切逆向而行。① 既然现在我们已经到达了终点，那么便可以看到，（与希腊思想最优秀的传统相一致）柏拉图将城邦看作人的生活的首要条件之一；但他完全是从道德和教育功能的角度来判断城邦。在修昔底德所叙述的历史中，我们已经看到，城邦的这种道德和教育功能，与城邦作为一种攫取和保持权力的组织的存在是相互冲突的，尽管在其对雅典的理想化画面中，[355]他力图再次平衡这两种功能。但是，有许多其他迹象表明，在柏拉图的时代，原初的和谐已经被打破了。这些迹象使我们很容易理解，城邦是如何被一劈两半的——一条鸿沟在当时的实际政治生活与柏拉图关于城邦的哲学思考之间无可抗拒地张开。在那些年里，自始至终，我们都看到，十足的强权国家常常在大政治家和僭主们的领导下快速成长，他们冷酷无情地坚持国家强权完全正当的观点；而另一方面，哲学家们对国家的教育特性的强调，清楚地显示出创造一种新型社会共同体的意图。在新的国家中，强权不再是唯一的标准——如《高尔吉亚》所证明的那样。标准是人，是精神价值，是灵魂。② 运用这一衡量标准，以严格的逻辑清洗掉现存城邦的所有浮渣废料之后，最终，除了"灵魂中的内在城邦"之外，柏拉图什么都没有剩下。在改造城邦的努力中，柏拉图起初认为，个体的这种自我改造必须是一种新的综合秩序的起点。然而，最终，他认识到，灵魂的内部纵深才是不可抗拒的法律意志[与权力意志相对]的最后避难所——当初，是法律创建了早期希腊的城市-国家，而现在，这世上已经没有它的存

---

① 亚里士多德，《政治学》2。关于柏拉图的理想国，亚里士多德采用了这一观点，他对它的批评主要是因为它无法实现。不过，柏拉图数次指出，这样的城邦能否实现与他的目的无关。这一点不会因为这一事实而改变：即柏拉图试图令叙拉古出现一个经过哲学教育的统治者。

② 参见本卷第 149、164 页。

身之所了。

最后,作为柏拉图对他的理想国能否"实现"这一问题的回答,他提出了一条令人震惊的原则,一条配得上最伟大的教育家的原则,那就是:实现你自己灵魂中的真正城邦。古代和现代的阐释者们,期望在《王制》中找到一种讨论不同形式的现存政制的政治学指南,他们一次又一次地想要在这个世界的某个地方找到柏拉图式的国家,并将其与某个在政治结构上看起来与它相似的国家的真实形式相等同。然而,柏拉图的城邦的本质(如果它真有什么本质的话)不在于其外在结构,而在于其形而上的内核,即绝对的实在和价值的思想——城邦必须围绕这样的思想来建构。通过模仿其外在的组织机构使柏拉图的理想国成为现实是不可能的,只有通过符合绝对的善[好]的规律才有可能——绝对的善[好]是柏拉图的理想国的灵魂。因此,在其个体灵魂中成功地实现了神圣秩序的人,比建造一个完整的城邦的人做出了更大的贡献——这个完整的城邦只与柏拉图的政治方案表面上相似,[356]但失去了其神圣本质,即"善[好]的型"这个完美和幸福的源泉。

柏拉图的《王制》中的正义之人,不是任何一个实际存在的城邦中的理想公民——无论这个城邦是何种政制。在这样的实际城邦中,正如柏拉图所表明的,他必定是一个异乡人。他淡然退守于现实城邦中,独善其身,又时刻准备着全身心地在与自己的道德理想相一致的那个理想城邦中工作。这并不意味着他逃避作为一个社会成员的责任。相反,他花时间去一丝不苟地履行自己的义务,因为他在做真正意义上的"自己的工作"。这是柏拉图式的正义观所要求的,在每一个城邦和每一种处境中,它都可以作为一个衡量的标准。但是,除了他灵魂中携带的那个城邦——当他"做他自己的工作"时,他努力遵从那个城邦的法律——他不是任何一个城邦的完全意义上的公民。① 自从柏拉图奠定这一原则之后,每一个具有崇高道德意识的人,都不可避免地觉得自己

---

① 参见《王制》592b:"至于完美的城邦目前存在于何处,或者将来是否存在,这无关紧要:因为正义之人要履行的是那个城邦的法律,而不是任何其他城邦的法律。"

是两个世界的公民。① 这种状况在基督教世界中继续存在。基督徒既生活于这个世界的现世国家中，同时又生活于永恒的、无形的天国中——他是其中的一员。这是从朝着真正的存在的转向（conversion）中推断出来的，柏拉图说灵魂的这种转向是他的教化的本质。但是，希腊生活原有和谐的这种中断，不是由一种出世宗教自外而内的入侵造成的，而是希腊世界人和城邦的统一体内部瓦解的产物。说到底，柏拉图之所为，无非是解释在他那个时代的城邦中，哲学人的真实处境而已，正如苏格拉底的生与死所典型地呈现的那样。性格和人格应当如此这般在希腊文化的鼎盛时期，在"内心的城邦"的基础上得到重建，这不是一个偶然事件，而是一种深刻的历史必然性。在古风时期和古典时期的希腊，个体与共同体的关系一直得到如此严肃的对待，以至于数个世纪以来，城邦的精神气质深深地渗透到了每个公民的心灵之中。"城邦教育人（πόλις ἄνδρα διδάσκει）"，不是柏拉图的名言，而是希腊伟大的旧诗人西蒙尼德斯所说，他在这句格言中表达了希腊人的原初理想。不过，柏拉图超越了它。从柏拉图的立场来看，我们就能明白，城邦对个体的这种整体性渗透和影响的逻辑结果，就是苏格拉底与雅典的冲突。个体应当超拔于尘世的国度，[357]直达他可以真正地、全身心地与之合二为一的唯一领域——神圣的领域。通过对他自身之内的城邦法律的有意识的、小心翼翼的遵从，个体最终找到了真正的自由。如此这般，希腊政治思想终于在创造自由人格的欧洲观念中登临绝顶——这种自由人格不是建立在任何人为的法律之上，而是建立在关于永恒标准的知识之上。柏拉图在洞穴意象中已经表明，那永恒的"尺度"就是关于"善［好］"的知识。现在，很清楚，朝着"尺度"的知识的辛勤攀登的目的——柏拉图在其隐喻中将这种攀登描述为教化的目的——就是在"模仿神"中寻找那个"在我们之中的城邦"。

---

① 亚里士多德在《政治学》3.4 中酷似柏拉图地解释说，完美的人和完美的公民只有在完美的城邦中才是同一的。在现实城邦中，最好的公民是根据他自己的城邦的精神（无论这种精神在绝对的意义上是如何不完美）最完美地塑造自己的人；而绝对地好的人在他的城邦中可能是一个不好的公民。这就是罗马伟大的历史学家尼布尔（Niebuhr）起而反对柏拉图的要点之所在：当他将柏拉图称之为坏公民时，他是在以德摩斯梯尼的标准来判断柏拉图。

三

诗歌的教育价值

[358]《王制》的第十卷（即最后一卷）再次开始讨论诗歌的教育价值问题。一开始，我们很容易提出这样的疑问，在达到一个如此崇高的境界以至于读者已经可以从绝顶回首来时路之后，柏拉图为什么还要如此明显地回到一个他已经讨论过的话题：因为那样的话，他肯定会削弱此前的论证效果；但在这里——在柏拉图这里，这是常有的事，一种结构性的难题将我们带向了一个深刻的哲学问题。因此，我们必须试着弄清楚他如此安排的原因。我们很容易看到，此前的诗歌批评是在讨论城邦卫士的教育问题时引入的，诗歌之所以遭到非难，是因为绝大多数希腊诗歌的宗教和道德格调的低下，这样的诗歌批评是教条式的，是柏拉图在那个阶段建立的一种批评方式。这样的批评必须诉诸读者的"正确意见"，而不能给予读者有关所涉原则的任何真正知识。① 其后出现的统治者的教育，完全建立在纯粹的哲学知识之上，其中没有诗歌教育和"音乐"教育的任何位置，因此，柏拉图不能从哲学的立场——更确切地说，从纯粹知识的立场——对诗歌的教育功能置任何确定之词。在他能这样做之前，他必须先详细阐述他的型论，型论是未来的治邦者要学习的主要科目，柏拉图正是在讨论未来统治者的教育时引入型论的。因此，在一个更高的平台上再次讨论诗歌的教育价值问题是完全合乎逻辑的。

然而，重要的是断定柏拉图为什么恰恰选择这个场合作为哲学和诗歌之间最后决定性一役的战场。关于理想城邦的整个讨论，包括关于堕落城邦的类型的影响深远的讨论，[359]都只是更清晰地揭示灵魂的道

---

① 卫士的教育建立在正确意见（ὀρθὴ δόξα）的基础上，而非建立在知识（ἐπιστήμη）的基础上。当柏拉图讨论战士阶层（辅助人员）和统治者——他们是狭义的城邦"卫士"——的德性时，这一点表达得很清楚。战士的特定德性"勇敢"，被定义为"在任何情况下，对什么可怕、什么不可怕都持有正确的意见"（《王制》430b）；因为他们没有关于善[好]的知识，所以不具备苏格拉底式的那种建立在知识之上的最高勇气。另一方面，统治者拥有知识和智慧，而城邦之所以有智慧，只是因为他们是城邦的一部分（《王制》428d—e）。

德结构，以及灵魂各个部分在城邦这个大写的形象中的合作的一种手段；①看清楚这一点有助于我们理解柏拉图的选择。讨论不同类型的政制以及与之相应的性格的诸多章节，都是对教化的描述这一漫长进程的组成部分。只有当我们认识到这一点时，才能理解为什么对城邦和人的分析以"在我们之中的城邦"的创建而收尾，以最高贵的人类品质作为整部著作的写作意图和高潮部分。② 我们已经从包括传统的"音乐"教育在内的卫士教育转向哲学的教育——它旨在把未来的统治者引导到关于真理和最高标准的知识，从而塑造他们的心智。经由这种哲学教育，灵魂将建立在内在于它的秩序和法律之上，也就是说，在其结构和行为方面，建立在与相应城邦一样的品质之上。在这种关于教育功能的观念与哲学的标识[灵魂中的城邦]——柏拉图在此将其描述为文化的最高形式——之间存在着一种密切的联系。诗歌和哲学的对立在卫士教育的较低平台上本来只是相对的对立，但从这一观点看，二者的对立成了绝对的对立。在灵魂中创造法律和秩序且体现于哲学的那些力量，毫无疑问优越于那些来自诗歌的表现和模仿的力量；前者要求后者向其表达敬意，要求它们服从理性的领导。我们现在认为诗歌只是文学的一个分支。对我们来说，理解柏拉图的这一裁决是很困难的，这个裁决就像是暴君的统治，让哲学闯入与它无关的领域。但是，希腊人一向认为诗歌是教育的主要载体，因而一旦哲学开始主张自己的权利，并在教育中占据主导地位时，哲学和诗歌之间的争执注定会变得激烈。

当攻击的矛头指向荷马时，问题就变得非常急迫了；首先因为荷马是万众景仰的诗人，当如此完美的诗人遭受指谪时，大家以最快的速度感受到了问题的严重性。柏拉图笔下的苏格拉底还为自己以这种方式暴露他关于诗歌批评的隐秘想法而辩解。③ 他说，从幼年时代起就有的对荷马的爱戴和敬畏之心阻止他公开表达自己的想法。[360]这是对所有可能埋怨他不忠诚、不虔敬、或者不包容的人的一个预警。但是，他不是简单地通过哲学和诗歌的尖锐对比来批评荷马。这样做有两个原因。

---

① 《王制》368d—e。

② 参见本卷第409页。

③ 《王制》595b9。

当柏拉图称荷马是肃剧的第一个老师和领路人时,他在讨论的开头就告诉了我们其中一个原因。① 反对诗歌的全部重量都落在肃剧之上——因为最直截了当地展示诗歌对灵魂的情绪性影响或"伤感"影响的是肃剧。② 第二个原因是,诗歌的教育自命无论在什么时候遭遇挑战,荷马都必定占据讨论的核心位置。人们相信他是传统教化的化身。③ 而且,如我们所示,这一信念可以追溯到早期希腊。(公元前六世纪时的荷马批评者塞诺芬尼称荷马为智慧的源头,有史以来,所有人都从他那里获取各种智慧。④)智术师们助长了这一信念,他们试图在自己研究的每个诗人和每个主题中都提取出教育素材。⑤ 在柏拉图的论证快要结束之际,我们开始意识到,柏拉图是在用一个认为荷马是全希腊的教师的智术师,抨击一篇特定的文章或演说。⑥ 使荷马成为某个无所不知、无所不能、精通一切技艺(τέχναι)的教师,显然支持了这种信念。⑦ 正如柏拉图的《伊翁》所示,这种态度必定相当普遍;这种态度反复出现在那些吟游诗人对荷马的解说中。⑧ 即使是"普鲁塔克",在他写于数个世纪之后的《荷马的生平和诗歌》(*Life and Poems of Homer*)中,也以同样的实践方式和教育方式,将荷马的诗歌作为知识的宝库来对待。⑨ 因此,柏拉

---

① 《王制》595c—d:"然而,我毕竟不能把对一个人的尊敬看得高于真理,而应该像我刚才说的那样,把心里话说出来。"参见598d8。

② 对艺术模仿(μίμησις)的概念的讨论,参见《王制》595c 及以下。

③ 对荷马作为一个教育者的批评,参见《王制》598e 及以下。

④ 参见塞诺芬尼残篇 9,狄尔编:ἐξ ἀρχῆς καθ᾽ Ὅμηρον ἐπεὶ μεμαθήκασι πάντες[当初有荷马,所有人都从他那里受到教育]。

⑤ 参见本书第一卷,第 362—363 页及以下。

⑥ 《王制》606e:ὡς τὴν Ἑλλάδα πεπαίδευκεν οὗτος ὁ ποιητής[这位诗人教育了全希腊]。

⑦ 《王制》598e。

⑧ 《伊翁》531c 中苏格拉底对荷马广闻博识的描述,很像他在《王制》598e 中说的那个人。在《伊翁》533e—534c 中,苏格拉底论证证,荷马的知识不是建立在一种技艺(τέχνη)之上,也就是说,不是建立在一种专业知识之上,这一点同样适用于荷马的解说者(535a),解说者与诗人本身一样,其解说也来自神圣的灵感。这确实是对智术师的理论的迎头一击——智术师认为由于荷马无所不知,所以他是希腊人的教师:尽管柏拉图在《伊翁》中没有像在《王制》(598d—e:ἐπειδή τινων ἀκούομεν[因为我们从某些人那里听说])中那样,明确引述这一理论。色诺芬在《会饮》4.6 中再次提到了这一点。

⑨ 托名的普鲁塔克在《荷马的的生平和诗歌》1073c 及以下开始证明荷马不仅拥有一切修辞技巧,而且还是哲学和其他一切技艺的大师。

图是在总体上批判希腊人关于诗歌之教育价值的普遍观念，尤其是关于荷马诗歌的教育价值。

这是希腊教育史上的转折点。柏拉图说，哲学与诗歌之间的对比是一场真理与赝品之间的对决。他简明扼要地提到了禁止模仿性的诗歌进入理想国的规则。[①] 既然理想国可能永远都无法实现（正如柏拉图本人所承认的那样[②]），那么对诗歌的这种谴责与其说是要绝对禁止诗歌进入人类生活，还不如说是为了所有遵从柏拉图的论证的人的利益而对它的智识影响力做一种清楚明确的界定。如果读者和听众没有关于诗歌的真正性质的知识作为解药，那么诗歌便会腐蚀他们的心智。[③] 这意味着必须把诗歌移置到一个较低的平台上。[361]与从前一样，诗歌仍然是审美娱乐的源泉，但不再具有最高等级的尊严，不再是人类的教师。至于诗歌的价值，则集中于一点——柏拉图必然认为这是关键性的一点，即诗歌与绝对实在的关系，与真正的存在（Being）的关系。

柏拉图批判的矛头主要指向模仿性诗歌。但究竟何为模仿？他以自己通常的方式，从型开始解释。[④] 型是思想从多样性中洞察到的一（unity）。感官所觉知的事物只是型的摹本：例如，众多可见的桌子和椅子只是一张桌子的型和一把椅子的型的摹本和模仿。这样的桌子或椅子的型只有一张。木匠通过模仿型而制造家具，型是他模仿的模范（pattern）。他所制造的只是一张桌子或一把椅子，而不是型。[⑤] 不过，除了型和感官觉知到的事物，还有第三阶段的实在。当画家描摹和表现任何物体时，他所制造的就属于这第三个阶段的实在。[⑥] 柏拉图正是在这个阶段上来对比诗歌与真理和实在的关系的。画家把木匠制作的桌子和椅子——它们为感官所知——用作模型来模仿。正如用镜子映照真实的世界就可以制造第二个世界一样，画家满足于事物的影像，即一种虚

---

① 《王制》595a。
② 《王制》592a11—b。
③ 《王制》595b6。
④ 《王制》595c 及以下。
⑤ 《王制》596b。
⑥ 《王制》596e—597b。

假的实在。① 因此,正如制作桌子和椅子的木匠低于制造型的那位一样,画家又低于木匠一等,木匠制作的是真实的桌子和椅子。当然,木匠低于制造桌子和椅子的永恒的型的那位,尘世的所有桌子和椅子都是通过模仿永恒的型而制造出来的。神(God)是型的原初创造者。② 工匠制作了型的复制品。画家又复制了木匠的复制品,所以画家的复制品与真理和实在隔了两个层次。诗人与画家处于同一层次。他们创造了一个除了表象之外什么都没有的世界。③

对于荷马的解说者们归诸荷马的一切技艺,柏拉图在这一点上感兴趣的只有一种,他选择了这一种,以便验证荷马是否真的拥有这一技艺。柏拉图没有问,荷马是否像人们所说的那样,真的是一个伟大的医生,而不仅仅是模仿医生说话的人,他也不向荷马提出关于任何其他技艺的问题;柏拉图只是问,荷马是否真的知道治理城邦的政治技艺,是否真的知道怎样教育民众。④ 就像一场正规的考试,他问诗人荷马可曾像希腊那些伟大的立法者那样,改进过城邦的制度,将一个城邦治理得更好,[362]或者赢得过一场战争,或者在私人生活中,像毕达哥拉斯及其学生那样,为人们展示了一种新的生活方式(βίος)的典范;当然,荷马也从未像智术师这些教育领域的当代大师那样,有一大群学生和追随者前呼后拥,赞扬他的丰功伟绩。⑤ (这显然是对智术师的嘲笑,智术师自认为可以与荷马和其他古代诗人相提并论,正如普罗泰戈拉在以他命名的对话中所声称的那样。⑥)自荷马以降的所有诗人,都只是制造了德性的影像(εἴδωλα),而没有触摸到真理和实在,因而不可能是人类真正的教育者。⑦

诗歌就像年轻人脸上洋溢的青春之花,它本身并不是美,一旦花落容颜老,也就魅力尽失。⑧ 这种看法使诗歌在柏拉图眼中的位置黯然

---

① 《王制》596d。

② 《王制》597b—d。

③ 《王制》597d—e,599a,599d2。

④ 《王制》599c。

⑤ 《王制》599d—600e3。

⑥ 《普罗泰戈拉》316d 及以下。

⑦ 《王制》600e5。

⑧ 《王制》601b。

明朗。青春是人的风度和魅力的第一次绽放，它在个体生命中占有固定的周期，青春（纯粹因其自身之故）是他人快乐的源泉。然而，当青春逝去，它必定为其他良好品质所代替，而且，青春的消逝告诉我们，迷人的男女常常并不拥有真正的根本的美。这里，在希腊思想中首次出现了这样一种深刻的思想，即诗歌并非存在于每一个世代的永恒之物。与人一样，民族也有其青春时期，诗性的想像是一个民族青春时期的欢乐伴侣。对于诗歌与哲学的关系，如果我们太过抽象地理解柏拉图的各种想法，即使我们对柏拉图所言的每一个细节都信以为真，它们也会让我们深感震惊。但是，柏拉图说出的每一个真相，都以其令人难以置信的预言性力量使我们深感诧异。柏拉图以普遍概念的形式预示了希腊精神的命运。个体的道德人格超拔于堕落的城邦之上，创造性精神从诗歌形式中获得解放，灵魂回归其本身——所有这些核心问题，只有柏拉图这样的绝顶天才才能发现，并使其成为新时代（它还有待于诞生）的一种愿景。当然，诗歌并不具有只有真理才有的那种不朽之美，这一深广思想使柏拉图深感欣慰。根据柏拉图所言，诗人既无哲学意义上的知识，也不像那些非哲学的务实之人那样具有正确的意见。他们只是模仿对大众而言似乎是善[好]与美的生活。① 他们的工作反映了流行的理想和标准，但却没有真正的衡量技艺——有了这种衡量技艺，我们就可以避免错误和表象。② [363]在整个对话过程中，值得注意的是苏格拉底的反语法，苏格拉底以我们熟悉的迂腐形式，用反语法掩饰他自己的深刻思想，选择诸如桌子和椅子这样的例子——这种说明方法把思想的空间留给了读者。

　　然而，从教育的观点看，对诗歌的主要异议又是另一回事。诗歌诉诸人的情感和激情——它过度刺激人的情感和激情，而不是诉诸灵魂的最优秀部分（即理性）。③ 一个具有高尚道德品格的人能够控制自己的情感，如果受到强烈的刺激，他也会小心翼翼地缓和情感对他的影响。④

---

① 《王制》602a—b。

② 《王制》602c7—d。关于作为"衡量的技艺"的哲学，参见本卷第 132、328 页。

③ 《王制》603c。

④ 《王制》603d—e。

灵魂中的法律和理性会对他的激情进行克制,而他的激情会怂恿他向悲伤让步。激情(πάϑος)和法律是两种对立的力量。法律的命令支持灵魂的思维部分抗拒强烈的欲望,①而诗歌却诉诸灵魂的幼稚部分,就像一个受伤的孩子摸着疼痛的部位大声啼哭,诗歌一唱三叹,夸大了悲伤的情感——正是诗歌通过模仿唤起了这种悲伤之情。因此,诗歌使人整个地屈从于喜怒哀乐的情感,而不是让灵魂养成一种永久的习惯,尽快从它们感受到的情感共鸣中复原,以痊愈和恢复取代哭泣和哀叹。② 肃剧精神与柏拉图哲学之间的对立,不可能有比这更一针见血的刻画了。柏拉图解释说,诗人喜欢在悲伤和温柔之情上大做文章,因为他们天然对灵魂生活中情意绵绵的部分感兴趣。诗人想要的是生动的呈现和引人入胜的变化,而灵魂生活中的情感部分为模仿者提供的机会,远比为思维部分提供的机会要多得多——思维部分具有镇定、理性、始终如一这些精神气质。后者不容易被模仿,即使被模仿,也不容易被理解。这一点尤其适用于节日集会期间大量涌入剧场看戏的民众。在剧场中,灵魂中的情感部分总是非常激动,而且喜怒哀乐形式多样,所以也更容易被模仿。③

柏拉图由此得出结论,模仿性诗人对灵魂产生一种恶劣的影响,他唤醒、喂养、壮大了灵魂中的低劣力量,杀死了灵魂中的思维和理性——就像一个统治者强化了城邦中的恶劣因素一样。④ 柏拉图提醒我们,这就是为什么他禁止模仿性诗人进入他的理想国的原因;但他没有花费太多的时间讨论这一裁决(它只是一个监管条例),尽管如果将柏拉图的理想国当作一种真实政制的蓝图的话,[364]我们首先会想到这一点。相反,他说,关于这一禁令,重要的是它对个体教育的影响。这是柏拉图在第九卷结尾时保存下来的唯一理想,而把理想国的实现问题仅仅作为偶然性事件搁置一旁。⑤ 他对模仿性诗人的指控是,他

① 《王制》604b。

② 《王制》603c—d。

③ 《王制》604d—605 a。

④ 《王制》605b,此处以及606d4中的喂养或滋养比喻表明了诗歌对教育的直接影响;因为,根据柏拉图所言,一切教育都是对心智的培养。

⑤ 参见本卷第411页。

试图通过满足灵魂中的非理性因素，"在每一个个体的灵魂中制造一个低劣的城邦"。① 这一意象取自那些蛊惑民心的政客，他们习惯于迎合听众，为此，他们经常受到批评。诗人使灵魂不能区分重要的事和不重要的事，因为诗人总是根据他自己的意图，把同一个事物一会儿说成大，一会儿又说成小。不过，正是这种相对主义表明了他只是制造了影像的影像，却对真理懵然无知。②

对诗歌最严重的指控，是诗歌腐蚀了我们的价值感。当我们聆听荷马或某位肃剧诗人模仿一位悲伤的英雄如何陷入极度的痛苦，如何在阵阵悲戚声中拉开长篇独白，或者一边哀叹吟唱，一边捶打自己的胸膛，我们会觉得很快乐，而且会把自己完全交出去，步步跟随，充满同情，我们还会赞扬他是一位杰出的诗人，他用最有力的手段拨动了我们的心弦，把我们引入胜境。同情是诗歌全部影响力的本质，③但在私人生活中，我们常常反其道而行之。当在现实生活中遇到什么不幸时，我们以能够承受痛苦、保持平静而自豪，相信只有这样做才是一个男子汉的品行，而我们在剧场里所赞扬的那种行为则是妇道人家的习惯。这种习惯我们非但不会接受，而且还会感到羞耻；然而，在剧场里，我们非但不厌恶这种表演，反而以此为乐，这完全是一种反常现象。④ 换句话说，我们的道德理想与我们对诗歌的敏锐感受力形成尖锐的对比。在生活中被强行抑制的那种哭泣和哀怨的自然渴望，为诗人所激励，而我们很享受这个过程。在那种情况下，如果我们本性中真正优秀的部分没有得到理性和习惯的良好训练，那么它就会放弃灵魂中警戒性的反对力量，而放任激情的哭泣和哀号；⑤它会觉得这样做完全合情合理，因为我们的眼泪不是为了自己的悲伤，而是为了别人的悲伤；最后，它会认为同情之乐是一种真正的价值。在肃剧中，观众为同情所影响，而在谐剧中，则被滑稽感

---

① 《王制》605b7。
② 《王制》605c。
③ 《王制》605c10—d。
④ 《王制》605e。
⑤ 《王制》606a。

所影响。我们所有人都受这些情感的影响,但当诗歌强化我们的这些情感时,很少有人意识到它对我们本性的无形的塑造作用。①

因此,柏拉图拒绝承认荷马是大家所都称呼他的那种人,[365]即全希腊的教师。他确实是最伟大的诗歌天才,第一个肃剧家,但我们对他的爱戴和尊重必不可越出这个范围。只有赞美天神的颂歌和赞美优秀人物的颂词才适合理想城邦。柏拉图并不想让人认为自己太过学究。② 他指出,诗歌与哲学的对立古已有之。他从自己的亲身体验中知道诗歌的魅力。他主动提出给予诗歌及其支持者一个为他们自己辩护的机会,让他们证明诗歌不仅令人"愉快",而且还对生活、对城邦"有用"。对于他们为诗歌所作的辩护,他愿意洗耳恭听。③ 无疑,智术师已经撰写过一篇《为诗歌申辩》(Apology for Poesy)的散文,以及按此方法撰写的一篇对荷马的辩护词。柏拉图心中所想的可能是我们已经提及过的同一篇文章,④它是第一篇按照贺拉斯的标准将荷马描述为使快乐和有用相结合的文章:

> Omne tulit punctum qui miscuit utile dulci.
> [将效用和快乐化为一体,人所共赏。]⑤

柏拉图将诗歌比作一段我们仍然依恋的旧情,尽管我们知道它对我们没有什么好处,尽管我们最终要被迫收起这段旧情。我们尽量对它仁慈一点,希望它在接受审查时会提出尽可能有力的理由证明自己的善与真;但若它不能真正证明自己存在的合理性,那么我们就要在心中默念对事实的清醒的新认识,用这种新认识来抵御旧爱的魅力。我们无须严肃认真地对待这种类型的全部诗歌,而是必须避开它,以免它扰乱"在我们之中的城邦"。判断诗歌的教育价值的

---

① 《王制》606b—d。

② 《王制》606e—607a。

③ 《王制》607b—c。

④ 参见本卷第第415页,注释⑥。

⑤ 《王制》607d。译注:贺拉斯的这句诗出自《诗艺》,第343行。

唯一方法，是看它在多大程度上将我们的灵魂带至那种内在的秩序与和谐。①

教化和末世论

现在，柏拉图已经证明了经由哲学的教育才是唯一有价值的教育。哲学的教育是实现"在我们之中的城邦"的唯一道路。不过，我们已经承认，在一个不准许有任何决定性政治变革的世界中，这是教育唯一可能的目的。我们一开始可能会认为，柏拉图主要是对建造一个由一小群精英统治的理想城邦感兴趣，他是在将伦理学和教育从属于这一目的。但是，当我们研究柏拉图的著作时，[366]事情变得一清二楚：他做的刚好相反；柏拉图是在将政治学建立在伦理学之上，这不仅仅是因为他必须以教导人们如何处世开始政治改革，还因为在他的信念中，指导社会和国家的行为原则与指导个体的道德品行的是同一个原则。对柏拉图来说，完美的城邦只是一种美好生活的理想框架，完美城邦的建构，为的是让人的性格可以根据其自身内在的道德法则在其中得到无拘无束的发展，从而确信其在自身之内实现了城邦的目的。② 在柏拉图看来，这在任何现存的城邦中都是不可能的。在每一个现存城邦中，在城邦的精神与灵魂中有"最佳城邦"并试图无愧于它的人——完美的正义之人——的精神气质之间，存在着无可避免的冲突。③ 从这个角度看，柏拉图的《王制》与其说是一部国家政治改革的蓝图，不如说它是一个人造的社会，在这个社会里，人们的全部兴趣都从属于道德人格和理性人格的教育，此种教育即教化。其中的每一件事情都旨在使人幸福，但不是通过满足个体的意志和判断，而是通过帮助他保持灵魂的健康——即正义。在第九卷的结尾，柏拉图在不同类型的灵魂和生活方式之间作了区分，他说，只有正义之人才是唯一

---

① 《王制》607e—608a。请注意以下重复：ἡ τοιαύτη ποίσις——"这个类型的所有诗歌"，即所有表现或模仿的诗歌。这个短语为其他类型的诗歌留下了空隙，参见 607a4。在 608b1 中，甚至在此前的 605 b7 中，还有另一次将"在我们之中的城邦"作为目的和标准的暗示——柏拉图以内心的城邦为标准来界定对诗歌的限制。

② 参见本卷第 408—410 页。

③ 《王制》591e—592b。

真正幸福的人。这是对格劳孔的问题的回答,格劳孔的问题引发了最重要的探讨:在得不到任何社会认可的情况下,正义本身是否足以使人幸福。① 不过,这不是柏拉图关于正义的价值以及关于导致正义的教化的最后之词。正义的报偿比这更大,生死攸关的价值远比我们在此转瞬即逝的人生中能认识到的任何东西更高。② 灵魂的存在的框架——这是我们必须研究的——不是时间,而是永恒。我们要做的是确保灵魂在此世和来世的持久安全。正义之人在地上的生活,是一种为了真正的城邦而接受的终身教育——真正的城邦与型一样在天上;③因而,一切教育都是一种为了更好生活的准备,在这种更好的生活中,灵魂将不再作为一种多头怪兽、狮子、和人的混合物而存在,而是以其纯粹的形式而存在。

在这里,我们没有必要深入探究柏拉图提出的灵魂不朽的证据。④总的倾向是,如果灵魂自身的疾病——灵魂自身的祸患和堕落——没有毁灭它自己,那么它根本就不可能被毁灭。[367]柏拉图甚至没有考虑灵魂的生命可能依赖于肉体的生命。他不是真的对灵魂的心理-生理方面感兴趣,而是对作为道德价值的存放处的灵魂感兴趣。在《王制》中,与在《高尔吉亚》和《斐多》的终结神话中一样,柏拉图向我们展示了神性之光中的灵魂——这神性之光是从世界之外落在灵魂的尘世命运之上的。他以神话的形式隐藏了灵魂与超越于此世生活的神圣世界的联系的秘密,神话的形式不准我们太过仔细地考察另一个世界的物理结构。在这里,与在其他任何地方一样,要想把诗性想像的形体与赋予形体以灵魂的深刻的宗教信念相分离是很困难的。无论是城邦,还是灵魂,都不可能以其完美的形式出现在此世之中。要想看到灵魂的真实本性,我们一定不能考察灵魂与肉体或其他邪恶混杂在一起的状态,而是必须依靠理性的帮助,考察灵魂的纯净状态。我们看到的灵魂总是老海神格劳科斯(Glaucus)的样子,原来的肢体由于海浪的伤害

---

① 《王制》488b 及以下。

② 《王制》608c。

③ 《王制》592b;真正的城邦作为一种范型存在于天上。

④ 《王制》608d—610e。

已经支离破碎，体无完肤，身上还蒙着贝壳、海草和石块，以至于本相尽失，浑身上下倒像是一头怪物。① 除非我们把目光转向灵魂对知识的热爱，转向灵魂渴望加以理解并与之交往的事物——与它具有相同属性的神圣者、不朽者、永恒者——否则，我们就不可能窥见灵魂的真正本性。灵魂的本性单纯而非多样，不像我们描述过的那些痛苦和扭曲，以及这些痛苦和扭曲的形式。②

柏拉图关于正义之人所拥有的光荣的描述，就像传统希腊诗歌对英雄们的赞颂，以及公民同胞给予他们的尊敬的描述。③ 正如古代诗人把对英雄的报偿分为他今生获得的和死后享有的两部分，④因此，哲学家也从描述此世自己的城邦给予正义之人的荣誉开始（为使读者想起柏拉图正在仿效的旧模范，他的这种描述会有一些传统的特征，而且是有意使它有这些特点），然后继续对正义之人死后的灵魂的命运进行详细的叙述。⑤ 古代城邦的道德准则，许诺给死去的英雄的只有不朽的名声，将他们的名字刻在墓碑上以纪念他们的英雄业绩。⑥在柏拉图的《王制》中，正义之人得到了灵魂不朽的保证，它比城邦给予的全部荣誉要珍贵千万倍。柏拉图式的人不是受从同胞那里赢得光荣的希望所激励——如原来城邦中的伟大人物所曾是的那样——而是为从神那里博得光荣的希望所激励。这一点即使对他的此世生活来说也是如此，[368]柏拉图在此将"神所宠爱的"这个称号置于人

---

① 《王制》611c—d。

② 《王制》611e—612a。

③ 《王制》612d；关于这一点，参见本书第一卷，第112页及以下，"提尔泰奥斯对德性的呼唤"一节中，本人关于真正的德性的许诺的讨论。

④ 参见本人在《提尔泰奥斯论真正的德性》(Berlin，1932)第537页及以下的分析。

⑤ 柏拉图对作为德性之奖赏的荣誉的叙述分为两个部分：给予正义之人活着的时候那部分（612d及以下），以及给予正义之人死后的那部分（614a及以下）。这里真正的新颖之处在于重点的转移：从这个世界给予他的荣誉——在柏拉图眼中已经不那么重要了——转移到他不是作为一个社会存在物、而是作为一个拥有不朽灵魂的自由人格而接受那部分报偿。不过，尘世的赞扬也必不可少。除了其他的一切，为继承城邦原有的道德传统起见——这种传统已经在诗歌中得到了精妙的表达——也必须接纳世间的荣誉。因此，柏拉图关于正义之人在此世的社会地位所说的一切，都在古代诗歌树立的模式之内。不过，它难免有一点的讽刺意味。

⑥ 比较提尔泰奥斯残篇9.31—32。

的所有卓越之上。① 但是,这一点对灵魂死后的千年流浪生活而言更加真实——当灵魂与身体分离之后,灵魂就进入了千年流浪生活。

《王制》中的神话,与《高尔吉亚》和《斐多》中的一样,包含着对死后生活的判定的描述;但在这里,关键之处既不是决定灵魂之价值的判断方法,也不是给予灵魂的惩罚。为了表明等待正义之人的是一种幸福的命运,而等待不正义之人的则是漫长的痛苦,这些事情在讨论开始时就提到过了。② 《王制》中末世论的关键因素是灵魂在经历了千年漂泊之后的"生活方式的选择(βίων αἴρεσις)"。③ 只有数量有限的灵魂,在远方旅居之后,必须回到人间开始新的生存。灵魂死后漂泊的教义(取自俄耳甫斯传统)使柏拉图为一切教育所承担的最高责任——即人的道德责任——赋予了一种更加深刻的意义。这就是他在灵魂转世理论中所做的改变的意义。使我们内心的道德义务感与一种对立的观念和解,是一个大胆的尝试,原来的希腊人相信命运之神,它魔幻般地掌控着每个人从生到死的一切行为。

教化的理想认定人能够做出自己的自由选择。④ 守护个人命运的神灵(δαίμων)的力量认为他们受制于 Ananké(即"必然")。⑤ 人类生活的这两个概念,在其各自的范围之内,都得到了确证。古代希腊的信念是,神灵使人盲目,使人毫无知觉地陷入邪恶的厄运;但是,希腊人也逐

① 柏拉图从两方面讨论了正义之人在今世生活中所接受的赞美:(1)他从诸神那里接受的光荣(612e—613b),(2)他从凡人那里接受的尊重(613b9—614a)。

② 《王制》614e—615a。

③ 《王制》617d 及以下。

④ 比较《王制》617e。道德"选择(choice)"(αἱρεῖσθαι, αἵρεσις)的观念在柏拉图的著作中,早就在与人的正确"行为"(πράττειν, πρᾶξις)相关的问题中出现了。这是一个与政治"选举"相当不同的概念。柏拉图首先在《申辩》39a 和《克力同》52c 中使用了这个词,在那里,柏拉图谈论的是作为一个完美的榜样的苏格拉底,苏格拉底的选择为人生的决定性选择做出了榜样。在《普罗泰戈拉》356e 和《高尔吉亚》499e 中,"选择"首次作为一个普遍的哲学问题而出现。在《高尔吉亚》的相关段落中,"选择"明确与意味深长的"行为"相联系;在《高尔吉亚》500a 中,柏拉图用"挑选(selection,即ἐκλέγεσθαι)"一词对"选择(choice)"进行了解释。柏拉图通过辩证法从希腊语言中锤炼出这些概念,亚里士多德用它们来建构他的意志学说。

⑤ 在《王制》617c 中,三位莫伊拉女神(Moirai),也即命运女神(the Fates),被叫作必然(Necessity,即 Ananké)的女儿。守护个人命运的神灵最初被呈现为至高无上的力量,它似乎拒斥任何自由选择的可能性。

渐地发展出了另一个传统，按照这个传统的说法，人是因为阿忒女神而遭受苦难，他们自己要对阿忒带来的毁灭负责，他们的明知故犯招致了阿忒女神的报复。这又导致另一个概念（即"责任"）的诞生，这一概念在梭伦的诗歌中得到了表达，而且，还创造了隐藏于希腊肃剧背后的整个思想体系。① 不过，肃剧作家的"罪恶"概念总是受到阿忒内含的双重面相的不确定性的制约，这个问题从未得到彻底的解决。只要人的良心承受着不确定性的重负，柏拉图对教育力量的强大信念，在《王制》中最后形成的信念，就不能真正地展望其终极目标。[369]但是，柏拉图不是凭借冷静的心理分析，甚至不是凭借他的道德"衡量技艺"，就可以掌握这个终极问题的。他发现，唯一的通道是把在他自己的灵魂看来漆黑一片的解决方法投射到此生之外的神圣世界中去，就像古代的诗人，在他们的人类生活画面之上，升起一个更加高贵的舞台，诸神在这个舞台上生活和行动，而人类的全部问题得到了最终的解决。只不过我们人类的眼睛只能看到它最广阔的轮廓，因而我们的理性不能对它详细地了解。

在柏拉图对古典诗歌所代表的"音乐"教育的首次批评中，他曾经批评过这样的观念，即诸神要为人们的悲剧性错误负责，是诸神将整个家族抛掷到了毁灭的深渊之中。② 每一种教化都必须反对这种观念，因为每一种教化都认定人是负责任的存在。因此，柏拉图《王制》的高潮是神话终结的那段，诗歌的地位被推翻之后，"必然"的女儿拉克西斯（Lachesis）的标牌受到了尊崇。③ 神的使者从拉克西斯的膝上（即"神灵的膝上"）拿出一大把签和一套象征各种生活方式的标牌——这些标牌是荷马放在"神灵的膝上"的。不过，神使并没有按照不可避免的"必然性"的命令将其分发给必有一死的凡人。正当

---

① 这些论证在本人的《梭伦的〈欧诺弥亚〉》(Berlin, 1926)中得到了充分的展开；另可参见本书第一卷，第 181—183 页。

② 《王制》380a—c。

③ 《王制》617d—e。译注：Ananké，"必然、必然性"。她的三个女儿，即"莫伊拉三女神"（Moῖραι），又译"命运女神"。拉克西斯，意为"释放（命运之线的）女神"；克罗托（Clotho），意为"纺线女神"；阿特洛波斯（Atropos），意为"不可违逆的女神"，参见《王制》616c—617e。

漂泊的灵魂等待他们的新身体时,神使对他们说:"一日之久的灵魂们,你们包含死亡的另一轮新生即将开始。决定你们命运的不是神灵(daimon),而是你们自己的选择"(617e),一旦灵魂选择了一种生活,将来就必须要过这种生活。"但德性不是某个人的专属。你们每一位,珍视她,她就来,轻视她,她就走。责任由选择者自负,与神灵无关。"(617e)我们看到神使把签撒到他们中间,他们各自抽签选择自己下一世的生活,这些都得到另两位命运女神克罗托(Clotho)和阿特洛波斯(Atropos)的确认。选择一经做出就无法更改。

正当我们看着这一场景并倾听神使的警告时,我们看到第一个灵魂起身做出了自己的选择。他选择了最强大的僭主的生活;由于愚蠢和贪婪,他在做这个选择时没有通盘考虑,以至于他完全没有看到这种生活还包含着吞吃自己的孩子这样的命运在内,还有其他种种祸患。等他定下心来仔细一想,就后悔自己没有听从神使的警告,于是捶胸顿足,嚎啕痛哭。他怨恨命运和神灵,就是不责怪自己。①这种怨恨的不公正是显而易见的。这是一个古老的神义论问题,即证明"神(God)"对待人的方式的合法性问题,它一直贯穿于从荷马到梭伦,再到埃斯库罗斯的希腊诗歌之中。② 现在,随着人的道德情感在柏拉图的《王制》中达到一个新高度,这个问题再次出现了。柏拉图保留了具有荷马特征的观念:即尽管有来自神的警告在前,但人仍然选择了犯罪。③ 神的警告,与人的选择本身一样,[370]被推回到了灵魂的产前生活的某个决定性时刻;但做出选择的灵魂并不是一块一尘不染的白板(tabula rasa),它不是一张白纸,而是已经经历过生的轮回,它的选择受到前世生活的影响和制约。柏拉图用很多事例说明了这一点。他说,一个曾经是俄耳甫斯的灵魂选择了天鹅的生

---

① 《王制》619d。

② 参见拙文《梭伦的〈欧诺弥亚〉》,载《柏林科学院会议报告》,1926,第 73 页;本书第一卷,第 179 页。柏拉图陈述了原来的主题,即人们认为他们自己是无辜的并诅咒提喀女神和守护神,参见《王制》619c:οὐ γὰρ ἑαυτὸν αἰτιᾶσϑαι τῶν κακῶν ἀλλὰ τύχην καὶ δαίμονα……[自己不是一切祸患的原因,根源在于命运和各种神灵(以及除他自己之外的一切)]。

③ 参见《王制》617e 和 619b 中神使的话,关于早期希腊思想家中的神义论的警告,参见拙文《梭伦的〈欧诺弥亚〉》,载《柏林科学院会议报告》,1926,第 76 页。

活，出于对女性的憎恨——因为他曾死在她们手里——如今不希望再投胎于女人来到世间。① 歌手选择了天鹅的生活，而英雄则选择了狮子的生活；忒尔西忒斯（Thersites）变成了猿猴，而阿伽门农的灵魂，出于对人类的敌意，因从前所忍受的那些痛苦，换取了雄鹰的生活。只有奥德修斯，在经历了前世多舛的命运之后，抛弃了前世的雄心壮志，选择一种不被人注意的普通公民的生活，即一种宁静的隐匿生活。他花了很长时间寻找这种生活，最后非常开心地找到了它。他已经知道了，财富、尊荣、名声和权力并不意味着比它们的反面更多的幸福。中庸的生活乃是最佳的生活。②

　　唯一有价值的科学是选择的科学，它使我们做出正确的决断。正如柏拉图本人所解释的，这就是厄尔（Er）神话的意义。我们每个人最大的危险就在于他可能选择错误的生活——或者，像哲学家所解释的那样，选择错误的生活方式，错误的理想。因此，他必须寻找到能使他选择正确的生活而忽略其他生活的知识。③ 这是柏拉图对教化的最后说明和超越性证明。柏拉图将其看作一项严肃和重大的使命，一种至高无上的人生义务。柏拉图相信，每个人都应该在这个世界上竭尽全力，为他在下一辈子必须做出的重大选择做好准备，那时，灵魂在经历了幸与不幸的千年之旅后，将开始一种更好或更糟的新生活，并回到人世间；柏拉图的深刻信念受到上述想法的激励。④ 在充分的意义上，他并不自由，尤其是在他前进的过程中要受到以往罪过的妨碍；但如果他始终坚持走上升之路，追求智慧和正义，他就能帮助自己获得自由。⑤ 在另一种生活中，他将诸事遂顺。

---

① 《王制》620a。

② 《王制》620c。

③ 《王制》618b 及以下。

④ 《王制》615a，621d。

⑤ 《王制》621c3。

索　引

(本索引所注页码为原书页码)

A

Academy of Plato, 83, 100, 177, 274, 305, 307, 309
Academy, Platonic, of Lorenzo dei Medici, 77
Aeschylus, 27, 62, 71, 213, 218, 335, 369
Agathon, poet, 176, 185
Alcibiades, 29, 49, 97, 196, 270
Alcoholism, 346
Alétheia, 39
Alexander the Great, 256
Ananke, 368, 431
Anaxagoras, 30
Anonymus Iamblichi, 201, 401
Anthropomorphism, 213
Antiphon the Sophist, 141, 377, 391
Antisthenes, 17, 21, 26, 55, 63
Aphrodite, 408
Aporia, 91, 169
Arché (principle of being), 287, 290
Archelaus, physicist, 28, 375
Archilochus, 133
Archytas, mathematician, 307, 420
Areopagus, 52, 378
Areté (perfection, excellence), 18, 38, 369
  of soul and body, 44, 405
  and happiness, 44f.
  of old Athens, 52, 375
  'lady areté' (Prodicus), 53
  'political' virtue, 61, 70, 97, 127, 388
  the four civic virtues, 61f.
  object of early dialectic, 62
  'virtue in itself,' 64, 116
  virtue as knowledge, 64f., 91, ch. 7 *passim*, 161, 381
  intellectualism, 66
  ·unity of virtues, 66f., 392
  no one errs willingly, 67
  problem of, in Plato's early dialogues, 89f
  separate virtues, *see* ch. 4 *passim*, 116f., 160f.
  teachability of, 113f., 123f., 266, 396
  and cosmos, 146, 375

Areté (Cont.)
  acquiring, ch. 7 *passim*, 172, 394
  essence of, 162, 170, 171, 387, 394
  and social recognition, 204f., 401
  misrepresentation of, by poets, 219f.
  pathology of, 242
  and wealth, 330 f.
  parts of, 381
  Aristotle's hymn to, 382
  of body, 395, 407
  rewards of, 401, 430
Aristippus of Cyrene, 52, 382
Aristocracy, 113, 137, 176, 247f., 319
  citizenship in, 409
Aristophanes, 30, 100, 176, 373
  in Plato's *Symposium*, 185
Aristotle, 22, 48, 61f., 77, 81, 86, 101f., 143, 164, 165, 166, 174, 182, 201, 210, 222, 227, 243, 253, 256, 286, 297, 300, 307, 321, 324, 329, 330, 335, 350, 404, 410, 420, 422f.
Arnim, Hans von, 383, 385, 391, 397
Arts, fine, 227, 228, 244, 245
  nakedness in, 408
Askésis, 47, 53, 173
Aspasia, 27, 36, 52
Até, 368
Athens, 238, 246, 274, 325, 424, *see* Socrates, Democracy
  after capitulation, 3f.
  the state, 4f.
  state education in after Chaeronea, 7
  middle class, 27
  society (*kaloi kagathoi*), 28
  and Spartan discipline, 52
  areté of old, 52, 375, 425
  regeneration of, 52
  power politics, 141
  danger of intellectualism, 137
  and eros, 181
  youth of, 204
  no state education, 210
Augustine, 77
Autarkeia, 55, 379